동아시아 고대의 여성사상

여성주의로 본 유교

동아시아 고대의 여성사상

초판 1쇄 인쇄 — 2005년 2월 20일
초판 1쇄 발행 — 2005년 2월 25일

지 은 이 — 이숙인
펴 낸 이 — 고갑희
펴 낸 곳 — 도서출판 여이연
　　　　　서울 종로구 명륜4가 12-3 대일빌딩 5층
　　　　　대표전화 (02)763-2825
　　　　　팩시밀리 (02)764-2825
　　　　　홈페이지 http://www.gofeminist.org
　　　　　전자우편 alterity@gofeminist.org
등록일자 — 1998년 4월 24일
등록번호 — 제22-1307호

ⓒ Lee Sook-in, 2005
ISBN 89-951903-0-2 93330
값 25,000원

동아시아 고대의 여성사상

여성주의로 본 유교

도서출판 **여이연**

현재의 여성이 과거와 연결된 정체성을 가지고 있다면 그것은 어떤 언어로 설명될 수 있을까? 우리가 갖고 있는 정보와 지식으로 잘 설명되지 않는 대상이 있다면, 그들에 대한 우리의 자세는 어떠해야 하는가? 이 책은 우리 안에서, 우리 밖에서 늘 우리와 함께 하고 있는 타자에 대한 관심에서 시작되었다. 기원전 11세기에서 기원전 2세기에 이르는 중국 고대의 10여 세기는 동아시아 가부장제가 유교의 언어로 시작되어 완성되어 갔던 시기이다. 동아시아 유교 가부장제 형성기의 모습은 오경五經이라 불리는 다섯 가지 텍스트와 그 외 고대의 다양한 문헌 속에 반영되어 있다.

경학의 시대에 사서오경은 모든 것을 각주로 만들어 버리는 위력을 행사했으며, 경전의 언어는 영원불변의 '말씀'으로 동아시아 보편주의를 생산해 왔다. 동아시아 보편주의는 이 경전의 언어에 바탕을 둔 유교 가부장제로 그 구체적인 모습을 드러내었다. 그러나 경전은 일정한 정치적 입장이 반영된 역사·문화적 구성물이다. 이것을 확인하기 위해 '말씀'의 구체적 맥락을 검토하는 일이 필요하였다. 이를 통해 '말씀'에 가려진 사건과 관계들의 진실을 읽어내려 하였고, 성인聖人과 군자君子에 반영된 '현재'의 이데올로기를 밝히고자 하였다. 말하자면 이 책은 여성주의로 유교 경전을 다시 읽은 결과물이라 할 수 있다. 경전 읽기의 역사에서 "육경개사六經皆史"의 선언이 한 시대 지식의 지형도를 바꾼 일대 혁명이었다면, 2세기가 지난 우리 시대는 "오경은 모두 남성의 역사"라는 새로운 시각을 얻게 되었다.

이 책은 총 5부 12장으로 구성되었다. 1장은 동아시아 유교 가부장제의 출발을 『서경』을 중심으로 기원전 11세기의 주초周初 상황을 통해 재현하였고, 마지막 12장은 유교적 질서 담론 속으로 여성이 포섭되는 기원전 2세기의 한초漢初 상황을 『예기』를 중심으로 재구성하였다. 그 사이에 남성중심 여성배제의 제도와 관념이 등장하였고, 성과 사랑, 혼인과 가족의 사상들이 구성되는 과정을 오경五經 및 선진제자先秦諸子의 문헌을 통해 확인하였다. 8장에서 11장에 이르는 4부의 내용들은 유교적 여성 정체성 이론에 관한 것인데, 이 부분을 쓰는 데 많은 날들을 보냈다. 이 책에 활용된 자료들은 박사 논문을 준비하면서부터 모은 것들이지만 그 체제와 내용, 그리고 시각 면에서 학위 논문과는 완전히 다른 책으로 구성되었음을 밝혀둔다. 동아시아 문화가 공유하는 바의 중국 고대 사상을 여성의 입장에서 서술하되, 그 역사의 진행 순서를 가능한 따르고자 했다. 따라서 각 절의 선후 맥락이 서로 연관되어 있기 때문에 순서대로 읽어나가는 것이 좋을 듯 하다.

유교를 맹목적으로 옹호하려는 동양철학의 한 전통에서 보면 이러한 접근은 이단異端이자, 익숙한 것을 낯설게 만들고 이미 합법화된 것을 뒤집는 '발칙한' 행위로 읽혀질 것이다. 한편 유교에 대해 부정적 선입견을 갖고 있는 페미니즘의 한 전통에서 보면 이 작업은 분명했던 목표를 지연시키는 '업무' 방해 행위로 읽혀질 법도 하다. 이러한 극단적이고 이분법적인 평가를 거부하면서 이 작업의 의도를 다시 강조하고 싶다.

이 작업은 경험과 기억 그리고 입장의 차이를 통해 유교 연구의 새로운 지평을 열고, 지금까지 이야기되지 않았던 감춰진 사실들을 통해 새로운 진실과 현실을 구성하고자 한 의도의 산물이다. 그리고 이 작업은 서구 중심의 페미니즘이 간과한 동아시아 문화의 특성에 주목하여 여성주의 전망의 한국적 맥락을 검토하는 하나의 과정이기도 하다. 여성주의의 한국적 전망은 유교 가부장제라는 동아시아 보편주의와 서구 중심주의라는 페미니즘의 한계를 넘어서야 하기 때문이다.

이 책은 여성주의 시각에서 유교를 연구해 온 나의 지난 시간들을 되돌아보고 정리하는 자리이다. 동양철학을 전공하고 페미니즘을 공부하면서, 동아시아 유교문화권 여성들의 이론적 원천과 실천적 맥락을 일관되게 설명해내고 싶었던 꿈이 지금 이 책으로 그 모습을 드러내게 된 것이다. 꿈에도 역사가 있는 것 같다. 살아 계시다면 이미 100세가 넘었을 나의 할머니 하신방河信芳은 독서로 하루의 많은 시간을 보내시며, 유교 경전의 구절들로 나를 타이르기도 하고 혼내기도 하셨다. 이미 고인이 되신 나의 어머니 하조애河祖愛는 문장을 짓거나 매일의 일기로 자신을 기록하셨다. 나는 가끔, 유교 경전에 몰두하며 글쓰기를 하는 내가 이 두 여성과 한 몸을 살고 한 꿈을 꾸는 게 아닌가 하는 생각이 든다. 꿈을 현실화하는 과정이 그리 평탄치만은 않았지만 전반적으로 매우 행복한 시간들이었다. 지난 시간 속에서 나는 유교와 페미니즘이라는 서로 다른 언어를 교차시키고 충돌시키면서 차츰 나의 언어가 생성되어 가는 긴장을 체험할 수 있었다.

이 책이 완성되기까지 많은 분들의 배려가 있었지만 여기에 일일이 다 전할 수가 없는 것이 아쉽다. 지난 학기 여성주의 사상사 수업을 통해 이 원고를 함께 읽고 토론해 준 이화여대 대학원 여성학과 학생들에게 고마움을 전하고 싶다. 그리고 편안한 연구 공간을 제공해 준 한국정신문화연구원 철학연구실의 선생님들과 새로운 이론을 함께 고민하는 여성문화이론연구소의 동지들에게 감사드린다.

2005년 1월
이숙인

차례

■ 머리글 **4**

1부 '여성'의 창조 : 제도와 관념의 이중주

1장 • 출발점에서 : 남성 문화로의 전환 **15**
1. 동아시아 '여성'의 기원 **15**
2. 상인商人의 모계 전통과 그 원리 **23**
3. 남성 문화로의 전환과 그 동인動因 **34**

2장 • 남성 지배의 제도 : 종법제宗法制 **43**
1. 종법의 원리 **43**
2. 동성불혼제同姓不婚制 **52**
3. 처첩제妻妾制 **61**
4. 매작혼제媒妁婚制 **72**

3장 • 여성 배제의 관념 : 성모론聖母論과 여화론女禍論 **80**
1. 고대 국가 흥망의 서사 **80**
2. 왕조 멸망의 진실 **94**
3. 성모론聖母論과 여화론女禍論 **108**

2부 성과 사랑 : 자유와 억압의 딜레마

4장 · 고대인古代人의 성과 사랑, 그 해석 115
1. 시조 신화에 비친 고대인의 성性 115
2. 민중 가요에 담긴 사랑의 표현 128
3. 성과 사랑에 대한 『시』 해석의 방향 148

5장 · 성 담론의 젠더 정치학 160
1. 여성의 성적 소외 160
2. 음녀淫女와 정녀貞女의 담론 166
3. 색녀色女와 덕녀德女의 담론 184
4. 성 담론의 젠더 정치학 203

3부 혼인과 가족 : 세속과 초월의 긴장

6장 · 동아시아 혼인 사상 209
1. 중국 고대의 혼인 담론 209
2. 고대 사회 혼인의 여러 형태 213
3. 혼인의 현실과 그 정치적 의미 225
4. 혼인 문화와 고대인의 질서 개념 237
5. 혼인을 통한 남녀 관계의 지형도 244

7장 · 동아시아 가족 사상 248
1. 가家의 개념과 가부장제 가족 248
2. 고대 가족의 구성 원리 260
3. 가족 윤리와 그 변화 279

차례

4부 여성 정체성 이론 : 해체와 구성의 길항

8장 • 음양 이론 : 변화와 불변의 경계 297

1. 음양, 남존여비의 이론 **297**
2. 음양, 두 가지 힘의 이론 **311**
3. 음양의 양가성 : 같음과 다름의 활용 **328**

9장 • 욕망 이론 : 절제와 활용의 성별 정치학 336

1. 욕망에 관한 두 입장 **338**
2. 욕망의 성별 정치학 **344**
3. 욕망 활용을 통한 관계의 철학 **348**

10장 • 조화 이론 : 동화와 차별의 타자 철학 355

1. 조화의 원리 : 화동론和同論과 중화론中和論 **357**
2. 조화주의 : 동일성의 추구 **362**
3. 조화의 성별 정치학 : 여성의 희생과 양보 **367**

11장 • 관계 이론 : 칭찬과 비난의 변증법 374

1. 관계성의 원리 **376**
2. 관계의 범주와 관계 유지의 이데올로기 **382**
3. 관계 속의 여성 정체성 **390**

5부 질서 속으로, 질서 밖으로

12장 · 타자로서의 여성 399

1. 질서의 담론 속으로 399
2. 여성의 삶, 하루에서 평생까지 414
3. 가부장제 이데올로기 425

에필로그 · 가부장제 이후의 유교 439

- 주 449
- 참고문헌 499
- 색인 508

1부

'여성'의 창조 : 제도와 관념의 이중주

1장 • 출발점에서 : 남성 문화로의 전환

2장 • 남성 지배의 제도 : 종법제宗法制

3장 • 여성 배제의 관념 : 성모론聖母論과 여화론女禍論

1. 동아시아 '여성'의 기원

여성에 관한 동아시아적 '상식'은 언제 만들어진 것일까? 현재의
성별 인식이 과거와 연결된 일정한 정체성을 가지고 있다면 그 출발
점은 어디일까? 성별화의 문화와 역사, 그것을 합리화하는 유교 지식
의 최초 형태를 『서경書經』[1]에서 만날 수 있다.

> 암탉을 새벽에 울리지 마라. 암탉이 새벽에 울면 집안이 망한다.(牡
> 雞無晨. 牡雞之晨, 惟家之索.)[2]

이 기록은 기원전 11세기, 중국의 역사 무대가 상족商族[3]에서 주족
周族[4]으로 넘어가는 순간의 상황을 담고 있다. 「목서」편은 목야牧野의
전쟁터에서 무왕武王이 남긴 말을 사관이 기록한 것이다. 현재의 하남

성河南省 기현淇縣 이남과 급현汲縣 일대에 해당하는 목야는 무왕이 상나라와의 마지막 전투를 치렀던 곳이다. 기원전 1066년 경에 일어난 이 전쟁은 주족을 동아시아 고대의 히로인이 되게 한 역사적 사건이었다. 2월 갑자일甲子日 새벽 동 틀 무렵, 희발姬發이라는 이름의 한 사나이 무왕은 상나라를 치기 위해 인근 800여 부족에서 차출된 군사들을 결집시켜 놓았다. 이때 대장군 희발은 군사들의 전의를 불태워 줄 말이 필요했다. 그것이 바로 '암탉을 새벽에 울리지 마라'는 말이다. 암탉이란 여자를 은유한 것인데, 그렇다면 전쟁을 해야 하는 이유 중에는 여자에 대한 불만이 큰 부분을 차지하고 있는 것이다. 『서경』의 원문에서 '신신晨'은 '새벽에 울다〔신명晨鳴〕'로 새겨야 하며, '삭素'은 파멸 또는 멸망의 뜻으로 쓰였다. 오늘날의 선거 공약과도 같은 의미를 지닌 무왕의 맹세는 이후의 중국 사회가 성별에 따른 배분의 문제를 중요하게 취급할 것을 예고하는 것이다.

암탉을 은유로 여성을 규제하는 방식은 오늘날의 우리 문화에서도 낯설지 않다. 그런 점에서 지금으로부터 3천여 년 전의 상황이 반영된 『서경』의 담론이 우리 의식의 기원이 되는 셈이다. 『서경』에 주목하는 것은 가장 오래된 역사적 사실을 알려 주는 가장 오래된 문헌이라는 점에 있다. 더 중요한 것은 이후의 역사에서 『서경』이 어떤 위치를 점해 왔는가에 있다. 『서書』는 정치적 목적을 위해 쓰여졌으며 그 내용 또한 정치 사상에 관한 것이다. 『서』의 성립에 대해서는 이견이 많지만, 성립된 후 그것은 동아시아 각 국의 정치 문화에 엄청난 영향을 끼쳐 왔다. 유가 정치 사상의 모형을 제시한 맹자는 그 어떤 텍스트보다 『서』를 가장 많이 인용하였으며, 조선조의 모든 정치 사상은

16

이 『서경』에서 나왔다고 해도 과언이 아니다. 따라서 정치에 관한 동아시아적 담론은 이 『서경』을 통해 볼 때 보다 분명하게 파악될 수 있다. 정치에 관한 한 그 자체 권위를 가지는 『서경』에서 여성의 활동을 규제하고 있다는 것은 여성 배제의 역사가 공식적으로 선포되었음을 의미하는 것이다.

사실상 『서』에는 여성과 관련된 문구가 그다지 많지 않다. 따라서 그 속에서 여성사상을 추출해 내는 것은 한계가 있을 수 있다. 또 『서』의 내용은 유교 사상의 형성기보다 앞선 시기를 반영하고 있어 『서』와 유교 사상은 구별되어야 한다고 여길 수 있다. 그럼에도 불구하고 유교 문화권의 고유한 특성을 논의하게 될 때 이 『서』를 빼놓을 수가 없는 것은 여성에 관한 『서』의 의미가 여성 관련 기사의 유무나 과다에 구속된다기보다 『서』 전반에 퍼져 있는 성별 인식에 있기 때문이다. 그런 점에서 『서』에 나타난 여성 인식을 고찰하기 위해서는 『서』에 반영된 정치 문화적 배경에까지 시야를 확대해야 한다. 그리고 『서경』을 포함한 다섯 가지 유교 경전에 중요한 의미를 두는 것은 그 발생적 기원의 문제도 중요하지만 그것을 토대로 하여 역사 속에서 어떤 의미를 생산해 왔는가에 주목하기 때문이다. 다시 말해 발생적인 기원을 다시 조명하는 것은 이후의 역사가 의미를 생산하게 된 근거가 되기 때문이다. 따라서 이미 존재하는 텍스트에 어떤 말들이 쓰여 있는가 하는 것과 이후의 역사에서 어떤 작용을 하였는가가 역동적으로 파악되어야 한다. 사실 텍스트에 실린 내용이 그 당시의 맥락에서는 필연성을 가지지 않았을 수도 있다. 상당히 우연적일 수 있고 또는 한 개인의 인식에 국한된 것일 수도 있으며, 나아가 어떤 상황의 단면을 표현한 것일 수도 있다. 문제는 그것을 근거로 유교적 지식이 구성되어 왔다는 데 있는 것이다. 그런 점에서 경전을 이미 어느 한 시기에 고정된 완상玩賞의 대상으로 삼거나 이후의 역사와 분리된 하나의 독립된 사유 체계로 둘 수가 없다.

『서』에 대한 독해는 한 문장이나 한 구절에 고정시키기보다 그것을 생산한 주나라의 국가 사상과 문물 제도와의 관련 속에서 일관된 하나의 체계로 설명해 낼 수 있어야 한다. 같은 맥락에서 유교 사상의 기원은 공자에 있지만, 공자의 사상은 그 형성의 환경적 요소, 서주西周 국가의 문물 제도와 분리될 수 없는 것이다. 특히 공자는 주나라의 문화에 강한 애착을 표시하였고,[5] 그의 사상은 "과거의 역사를 서술할 뿐 새로 만들지 않으며, 옛 것을 믿고 좋아하는"[6] 입장에 서 있기 때문이다. 즉 유교 문화권의 고유한 여성관은 공자의 세계인식, 더 올라가 공자의 사상적 젖줄인 주나라의 문화적 특성에서 찾을 수 있다. 유교적 성별화의 제도와 이념 및 그 특성을 알기 위해서는 『서』는 물론 그것을 둘러싼 주나라의 문화적 지향에 주목해야 하는 것이다.

주초周初의 상황이 반영된 중국 역사 속의 여성은 무왕武王의 교훈이 시사하는 바 이제 '목소리'를 죽이는 것에 노력해야 할 것이다. 무왕의 발언은 이제 한 사나이 희발姬發의 의견에 머물지 않고 사회적 정치적인 공식 담론으로 확대되었다는 데서 특별히 주목된다. 그렇다면 무왕은 왜 여성에 관한 문제를 정치적인 차원에서 말하고자 했는가? 여기에는 무왕과 그 시대의 고민이 함축되어 있을 터인데, 이것은 놀랍게도 현실의 남녀 관계에 갈등과 긴장이 서려 있음을 말해 주는 것이다. 무왕의 교훈은 중국 역사의 이념적 방향을 제시하는 것이기도 하지만, 과거 역사에 대한 정보를 제공하는 것이기도 하기 때문이다. 여자의 목소리를 없애야 한다는 주장 속에는 여자의 목소리가 기존의 사회에서 큰 일을 주도해 왔다는 뜻이 담겨 있기도 하다. 교훈에는 과거의 사실과 과거에 대한 서술이 함께 들어 있다. 이때의 서술이란 중립성과 객관성을 갖춘 사실 그 자체라기보다 서술자의 위치에서 본 일종의 해석인 셈이다. 그런 점에서 무왕의 과거 서술은 정복자의 위치에서, 앞 왕조를 전복시킨 것을 정당화하는 논리의 연장선상에 있다.

무왕은 정복의 역사役事에 동원된 군사를 설득해야 하는 것은 물론이고, 이후 역사에서 '불필요'한 정복 행위가 반복되지 않도록 하기 위해서 상 왕조가 필연적으로 망할 수밖에 없었다는 점을 부각시켜야 했다. 상 왕조가 망해야 하는 이유는 『서』의 「태서泰誓」와 「목서牧誓」편에서 좀더 분명하게 나타난다.

> 지금 상商왕 수受는 오직 부인의 말만 들을 뿐, 제사는 물론 신에게 감사하는 예를 올리지 않는다. 부왕父王의 형제들과 자신의 형제들을 내치고서 돌보지를 않는다.[7]

상왕 주紂의 이름은 『서』에서 자주 등장하는데, 그 때는 수受로 불린다. 무왕이 규정한 그의 죄목은 부인의 말을 듣고 정사를 행한 것, 부계 친속에게 특혜를 주지 않은 것이 핵심이다. 이러한 무왕의 교훈은 상 왕조 멸망에 관한 일종의 원인 분석인 셈이다. '설치는' 여자의 구체적인 사례가 달기妲己라면, 여자에게 눌린 '못난' 남자의 구체적인 사례가 주왕紂王이다. 여자의 그늘에 가려진 남자, 말하자면 주왕

은 모든 남성의 '품위'에 먹칠을 하는 존재이다. 그런 남자는 타도의
대상이 되어야 했다.

> 사직을 관리하는 데 힘쓰지 않을 뿐 아니라 종묘에 제향하지도 않으
> 며, 기이하고 도를 넘어선 기교로써 부인을 기쁘게 하였다.[8]

주紂는 나라를 튼튼히 하고 백성들의 삶을 풍족하게 해 주어야 할
의무가 있는 왕이다. 그리고 그는 부계 혈통의 선조를 공경하고 추모
해야 할 의무가 있다. 그럼에도 불구하고 상商의 주왕紂王은 퇴폐적이
고 방탕한 삶을 즐기는 한 개인(일부一夫)에 불과한 존재였다. 그런데
다른 자료에 의하면 주왕은 탁월한 용기와 뛰어난 재주, 언변과 지모
智謀, 그리고 감수성까지 구비한 인물로 묘사되곤 한다.[9] 왕으로서 갖
춰야 할 능력 면에서 다른 왕들에 비해 결코 뒤지지 않았던 그가 부인
달기를 벗어나지는 못한 것이다.

그렇다면 주왕紂王의 타락은 부인 달기 때문이라는 것인데, 여기서
달기는 남편의 남성성을 제거시켜 자신의 기호에 맞게 변형시켜 버린
위험한 존재로 구성되었다. 그리고 남성의 스타일을 구기는 주왕과
같은 남자는 서주 국가가 극복해야 할 모델로 강조되었다. 여기서 남
성의 '품위'를 되찾는 제도와 이념이 요청되었다. 강한 남성에 대한
요구는 곧 강한 국가를 건설하려는 의지와 맞물리면서 더욱 강조되는
데, 여기서 남성과 국가의 동일시를 확인하게 된다. 따라서 무왕이 주
왕紂王을 비판한 내용은 가부장적 가족 국가를 건설하려는 서주인西周
人의 정치적 맥락에서 나온 것이다.

무왕의 정복 전쟁이 주왕紂王의 악행에 고통스러워하는 백성을 구

제하기 위해서라는 전설은 19세기 말까지 통용되어 온 주周 정복에 의한 은殷 멸망의 '역사'이다. 우리의 머리 속에 있는 주왕은 '주지육림酒池肉林'의 타락한 존재, 포락炮烙의 형벌을 발명한 잔인한 존재, 친척과 현자를 내친 배은망덕한 인물, 백성을 괴롭힌 독재자의 이미지로 채워져 있다.[10] 그런 남자는 남자라기보다 여자에 가까운 인물이며, 반드시 성적으로 타락할 수밖에 없다는 논리가 『서』를 필두로 재생산되고 있다. 역사에서는 주왕이 나라를 망하게 한 것을 담론화하여 군주를 경계하는 사례로 삼았는데, 거기서 주왕은 여자를 사랑하고 여자의 말을 귀담아 들었던 것으로 부각되었다. 이러한 형태는 정치적 무능과 도덕적 타락은 반드시 여자와 맺게 되는 것을 구조화한 것이다.

"부인의 말을 듣고 일을 처리〔유부언시용惟婦言是用〕"했다고 한 「목서牧誓」의 말을 한대漢代의 사마천司馬遷(B.C.145?-86?)은 내용을 더 첨가하여 주왕이 "그 부인에 너무 빠져 있었고, 달기를 사랑하여 달기의 말이라면 모두 따랐다."[11]고 해석했다. 또 유향劉向(B.C.79-8)은 『열녀전』[12]에서 주왕은 "술과 가락에 빠져 있기를 늘 달기와 함께 했다. 달기가 칭찬하는 사람을 귀하게 대접했고, 달기가 증오하는 사람은 죄를 뒤집어씌워 죽였다."[13]고 썼다. 당대唐代의 공영달孔穎達(574-648)은 『오경정의五經正義』에서 『열녀전』의 내용을 그대로 인용하며 자신의 '주왕론紂王論'을 펼쳐 나갔다. 주왕의 부인에 관한 정보가 처음 나오는 곳이 『서』였다면 그 후의 사상가들은 『서』의 내용을 첨가하고 윤색하여 하나의 서사를 만들었다. 여기서 여자는 성적인 존재로서만 부각되며 남자를 미혹시키고 망하게 하는 재앙으로

포락의 형벌을 즐기는 주왕과 옆에서 웃고 있는 달기(『제감도설』에서)

인식되었다. 송대宋代의 채침蔡沈은 1209년에 완성된 『서경집전書經集傳』에서 "암탉이 새벽에 우는 것은 음양이 상도常道에 위배되는 것으로 요괴스러운 것이고 가정을 망하게 하는 것이다."[14]라고 하였다. 여기에 오면 여성의 공적 활동은 도저히 용인할 수 없는 반진리가 된다.

이렇게 상나라의 주왕紂王은 사악하고 타락한 존재로 그려졌지만 우리는 그를 다른 각도에서 접근해 볼 필요가 있다. 상나라 멸망은 주나라 지배층의 시각에 의해 구성된 것이라는 점에 주목해야 한다. 주왕紂王은 부계 친족을 중심으로 한 위계와 권위가 공고하지 못했던 은인殷人 사회를 대표하는 인물이었다. 다시 말해 그는 가부장제 가족 개념에 익숙하지 못했던 구체제를 상징하는 인물이었다. 그래서 그는

22

가부장적 사고에 익숙한 사람들에 의해 타도의 대상이 되었고, 그 모든 죄를 짊어질 수밖에 없었던 것이다. 여기서 최초의 담론이 성립될 수 있었던 현실적이고 역사적인 맥락이 무엇인가에 대한 관심이 대두된다. 무엇이 가부장적 질서 확립을 추동시키는 요인이었으며, 무엇이 가부장적 권력 확보에 걸림돌이었는가? 남성 중심의 문화 전통을 재구성하려는 주나라 지배 계층의 의지 속에는 기존의 성 문화를 거부하려는 움직임이 담겨져 있다. 강한 부정의 논리 속에는 그 반대의 현실이 있을 것이기 때문이다. 다시 말해 상인商人 문화에 대한 서주인西周人의 부정적 인식은 그들의 문화적 지향이 상인商人과는 다르기 때문에 생겼을 것이다. 주인周人의 문화적 지향을 좀더 분명하게 이해하기 위해서는 상인商人 사회의 성별 문화를 살펴보는 것이 필요하다.

2. 상인商人의 모계 전통과 그 원리

상인 사회는 후대에 비해 남녀의 역할 구분이 엄격하지 않았다. 그 아래에는 모계 전통이 흐르고 있었기 때문이다. 갑골문甲骨文에 등장하는 부호婦好나 부정婦妌이라는 여성에 대한 기록을 보면, 그녀들은 남편과 별개의 봉지封地를 갖고 있었고, 거처를 남편과 반드시 함께 할 필요가 없었음을 보여준다.[15] 부호는 상 왕조 22대 왕 무정武丁의 부인으로 알려져 있다. 부호는 군대의 통수권을 가졌던 여성이고, 부정은 농업 생산물을 총괄하는 책임자였던 것 같다. 여기서 부인의 말에 따라 좌우되었다고 하는 주왕紂王의 정치가 주나라 사람들의 주장처럼 그 개인의 부덕不德 때문이었는가 하는 의문이 든다. 상 왕조를 부흥시킨 훌륭한 군주 중의 하나로 꼽히는 무정도 그 부인을 정치적 동반자로 삼고 있기 때문이다. 무정의 시대는 상 왕조의 전성기로 평가되는데, 대략 기원전 1312년 경에 해당한다. 부인의 공식적인 정치활동은 상대商代의 보편 현상이었음을 알 수 있다.

이러한 측면에서 볼 때 상商에서 주周로 무대가 이동한 것은 단순한 왕조교체 이상의 의미가 있다. 이 시기를 연구한 학자들은 상商과 주周의 차이에 주목하였는데, 차이를 어떻게 볼 것인가에 따라 크게 두 가지의 입장으로 나뉜다. 상과 주의 문화를 아주 이질적이고 전혀 다른 성격으로 보는 입장이 있고, 제도나 관념 등에서는 차이가 있지만 큰 틀에서 보면 대동소이하다는 입장이 있다. 전자의 입장에 서 있는 학자로는 왕국유王國維, 곽말약郭沫若, 추형鄒衡, 허탁운許倬云, 좌야학佐野學 등이 있다. 후자의 입장에 서 있는 학자로는 서중서徐中舒, 장광직張光直 등이 있다.

왕국유는 "중국의 정치와 문화는 은주殷周의 교체보다 더 극적인 것이 없다."고 하고, "구제도가 폐지되고 새 제도가 일어났으며, 구문화가 폐지되고 새 문화가 일어났다."[16]고 하였다. 추형은 주초周初와 상말商末은 완전히 다른 문화로 분류되어야 한다[17]고 하였고, 허탁운은 세계 문화와의 비교 연구를 통해 은주殷周 교체기를 '대변국大變局'이라 규정하였다.[18] 장광직은 하夏·은殷·주周 삼대의 문화에 각각 그 특성이 있지만 큰 틀에서는 서로 같다고 보았다.[19] 이 시기 연구자들은 아주 다른가, 조금 다른가의 차이는 있지만, 은殷과 주周의 교체는 이후 역사에서 반복된 왕조 교체와는 질적으로 다르다는 점을 인정하고 있다.

두 문화의 서로 다른 특징은 성별 분배와 관련된 종법 제도, 혼인 제도 그리고 성별 인식과 관련된 전반적인 문화 현상을 들 수 있다. 왕국유는 은殷에서 주周로의 이동을 왕조 교체 이상의 의미를 가진 문화 혁명이었다고 하고, 좌야학은 은주殷周 교체기야말로 비서양적인 동양적 계기, 또 다른 동양 제국과 구별되는 순중국적 계기가 중국사에 나타나는 시기라고 보았

갑골문

다.[20] 이들이 '혁명'이라고 한 것은 성별에 관련된 인식과 제도의 측면을 가리키고 있음을 알 수 있다. 그렇다면 상인商人 사회가 모계적 전통이 강했다고 보는 근거로는 어떤 것이 있는가를 보자.

첫째, 상인 사회에는 형제상속의 전통이 있었다. "부사자계父死子繼의 계승 관계는 부권제의 원칙이고, 형종제급兄終弟及의 계승 관계는 모권제의 유습이다."[21] 즉 신분과 재산이 부자가 아닌 형제로 계승되는 것은 아버지보다는 어머니 쪽의 권한을 반영하는 것이다. 상대의 왕위계승은 전자傳子와 제급弟及을 함께 채택하였는데 형제상속이 위주가 되고 부자상속이 보조를 이루고 있다. 상에서는 계승할 동생이 없을 경우라야 자식이 그 상속자가 되었는데, 창설자 탕湯에서 마지막 제신帝辛에 이르는 30명의 왕 중에서 형제상속이 14명이다. 그리고

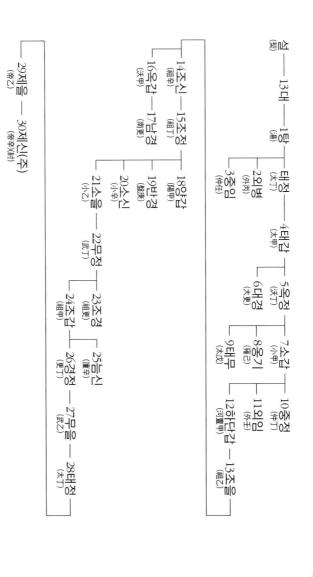

상 왕조 계보도

상 왕조 30대 중 형제상속이 무세하지만 비형제상속의 경우에도 부자상속이라고 할 수 없는 경우가 많다. 성탕(商村)의 4대는 확실한 부자상속이다.

부자상속인 경우도 본인의 자식이 아닌 동생의 자식이 계승한 예가 7건 있었다.[22] 그러나 상말商末에 이르면 전자, 즉 부자상속으로 바뀐다.[23] 이것은 상 왕조가 말기로 갈수록 부권父權 사회로 전환되고 있음을 말해준다.

왕국유는 『은주제도론殷周制度論』에서 주나라가 은나라와 크게 다른 이유를 세 개 들면서, 그 첫 번째를 '입자입적제도立子立嫡制度'라고 했다. 이것은 자식을 계승자로 세우는 입자立子의 부분을 말한 것이다. 왕국유에 의하면 '입자立子'로부터 종법과 상복 제도가 나오게 되었고, 아울러 자제子弟 분봉의 제도와 군신 관계의 제도가 파생되었다는 것이다. 동생을 제쳐두고 자식으로 계승되는 법이 천하의 통칙이 된 것은 확실히 주나라에서 시작된다. 무왕이 죽은 후 천하가 혼란스러울 때, 무왕의 동모同母 아우인 주공周公이 어린 조카 성왕을 천자의 자리에 세우고 자신은 섭정한 예에서도 알 수 있다. 유학자들이 주공을 칭송하는 이유 중에는 그가 부자계승의 원칙을 스스로 실천한 인물이라는 점에 있다. 이것은 '전자법傳子法'이 이후의 역사에서 바꿀 수 없는 제도로 확립되었음을 의미한다. 참고로 형제상속과 부자상속이라는 계승법의 두 가지 원리를 병행한 상인 사회에서는 선왕先王을 제사할 때 그 형제들을 같은 예로 하였고, 선왕의 형제가 왕이 아닌 경우에도 같은 예로 하였다. 이러한 원칙은 왕족에만 국한되지 않고 제후 이하의 사람들에게도 해당되는 것이었다. 즉 상인의 제사법祭祀法에서는 혈연의 원근遠近이 크게 작용하지 않았는데, 이것은 상대적으로 가부장적 권력 개념이 희박했음을 의미한다.

둘째, 상인 사회에는 부인의 자격을 따지는 처첩妻妾 또는 적서嫡庶

의 구별이 없었다. 즉 왕국유가 지적한 '입적立嫡'의 제도가 없었다는 것이다. 상인 사회의 실상을 말해 주는 복사卜辭에는 선왕의 배우자로 임모王母, 임첩王妾, 임처王妻, 계첩癸妾, 정석丁奭 등의 이름이 나오는데 첩과 처가 동의어로 사용되었다. 이것은 모두 배우자를 호칭하는 여성명사로, 상대 제왕의 혼인에 처첩의 구분이 없었음을 말해 주는 것이다.[24] 그러나 상나라 말기에 가까워질수록 정식 아내와 그렇지 않은 아내가 구분되기 시작하였다. 계승자를 정할 때 그 어머니의 신분이 정식 처인가 아닌가의 문제가 중요한 기준이 된 것이다. 예컨대 상의 마지막 왕 주왕紂王의 아버지 제을帝乙의 부인이 첩의 자리에 있을 때 미자微子 계啓를 낳았고, 정식 부인이 된 후에 주紂를 낳았다.[25] 다시 말해 같은 어머니에서 난 자식이지만 낳을 당시에 어머니의 신분이 무엇이었는가를 따지게 된 것이다. 한편『여씨춘추呂氏春秋』「중동기仲冬紀」에서는 미자를 주왕의 동복형同腹兄이라고 하였지만『사기史記』「송세가宋世家」에서는 이복형異腹兄이라고 하였다. 어떠한 경우라하더라도 계승자를 정하는 문제에서 적자嫡子와 서자庶子의 문제가 중요한 기준임을 말해 주는 것이다. 처와 첩을 구분하는 것은 권력과 재산이 부계로 계승되는, 부권적 가족 개념의 형성과 맥을 같이 한다.

셋째, 상인商人 사회의 전통에서는 돌아가신 할머니, '선비先妣'에 대한 특별 제사가 있었다. 왕국유는 복사卜辭 연구를 통해 상나라에 통용되고 있었던 '선비특제先妣特祭'를 발견하였는데, 그는 이것을 모권 중시의 중요한 단서로 보았다. 그러나 곽말약은 '선비특제'가 상인 사회의 모계적 전통에 대한 논거로 적절한가를 물었는데, 그에 의하면 "선비는 모계를 축으로 하는 것이 아니라 부자계승의 혈통 관계에 있는 할머니, 특히 직계 배우자에 대한 제사이므로 부권 강화의 논리에 서 있다."[26]는 것이다. 물론 '선비특제'가 완전한 모계를 말해 주는 것은 아니지만, 서주의 부권 일방적인 형태와는 달리 모권의 역할과 가치가 중시되었다는 점에서 충분히 주목할 만한 가치가 있다. 서주 사회에서는 '선비'에 대한 제사를 따로 두지 않았을 뿐 아니라 제사의 명칭도 없어졌기 때문이다. 즉 상인 사회의 전통인 '선비특제'가 서주 에서는 부자계통의 '조선제사祖先祭祀'로 대체되었다. 『시경』[27]에는 '조비祖妣'[28]이라는 용어가 두 군데 나오는데, 이것은 할아버지와 할머니를 병칭하는 용어이다. 여자 일방적인 개념이 '선비先妣'라면 남자 일방적인 개념이 '조선祖先'인 셈인데, 『시경』에는 양자를 함께 고려한 용어가 쓰이고 있다. 이 '조비祖妣'라는 개념은 선비先妣에서 조선祖 先으로 가는, 모계에서 부계로 정착되어 가는 과도기적 시대 상황을 반영하는 것이다. 따라서 성별을 탈각한 일반 개념으로 사용된 조상 祖上 · 선조先祖 · 조선祖先은 후대에 형성된 것임을 알 수 있다. 즉 내 생명에 연속성을 부여해 주는 '선인先人'의 개념이 상대商代에서는 성 별로 구분하여 사용하였고, 주대周代 초기 사회에서는 남녀를 병칭하여 사용하였다. 그러다가 남성적 개념이 선인先人에 대한 일반 개념을 대표하게 된 것이다. 즉 '선인'을 대표하는 개념이 '선비先妣' → '조비 祖妣' → '조선祖先'으로 변천되어 왔음을 알 수 있다. 상인 사회에 '선 비특제'가 행해지고 있었다는 것은 모계 전통의 분위기가 강했음을 보여주는 것이다.

넷째, 상대의 역易인 상역商易에서는 곤괘坤卦가 머리괘[수괘首卦]인 점을 들 수 있다. 역에는 우주에 관한 고대인의 인식이 표현되어 있는

데, 그 상징 체계에는 사회의 실상이 담겨 있다. 하夏·은殷·주周의 사회는 모두 괘상卦象으로 자연 현상을 표현하였는데, 그것을 통해 각 사회가 중요하게 취급하는 자연 기능이 무엇인가를 읽을 수 있다. 하夏나라는 산의 자연 기능을, 은나라는 땅의 자연 기능을, 주나라는 천天의 자연 기능을 숭상하고 있다. 자연 기능의 가치란 그 사회적 가치와 분리될 수 없으므로 역의 상징 체계에서 각 종족의 주도적인 사유 형태를 파악할 수 있다.

역易의 명칭에 관한 연구에 의하면 하역夏易인 연산連山은 간괘艮卦를, 상역인 귀장歸藏은 곤괘坤卦를, 주역은 건괘乾卦를 머리괘[수괘首卦]로 한다. 간艮은 산山을 본뜬 것이므로 그 명칭도 산에서 기가 나온다는 뜻의 '연산連山'이 되었다. 곤坤은 땅을 본뜬 것으로, 만물은 궁극적으로 모두 땅으로 돌아가게 된다는 뜻에서 '귀장歸藏'이 되었다. 건乾은 하늘을 본뜬 것인데, 천天은 사시四時를 두루 통솔한다는 뜻에서 '주역周易'이 되었다.[29] 상역商易의 다른 이름을 귀장歸藏 외에 곤건坤乾이라고도 하는데, '곤坤'을 '건乾'에 앞세운 것은 주역의 순서인 '건곤乾坤'과는 서로 상반된다. 땅이 의미하는 자연적인 기능은 고대인의 사유에서 여성적 원리에 유비될 수 있다. 상대의 철학사상이 '곤坤'을 우선으로 하고 있는 점은 그 사회가 여성 존중의 전통에 서 있음을 말해 주는 것이다. 상역의 '곤건坤乾'이 주역에서 '건곤乾坤'으로 바뀐 것은 남녀 관계에 변화가 왔음을 의미한다. 즉 "서주에서는 부권 중심의 제도가 확립됨으로써, 사회와 가정에서 남자가 주체의 지위를 차지하게 되는데, 그것은 '선건차곤先乾次坤'의 철학 관념으로 표현된다."[30]고 하였다.

30

이 외에 상인 사회가 모계 전통이 강했음을 말해 주는 예가 또 있다. 상의 유적에서 나온 복사卜辭의 기록에는 해와 달을 '동모東母'와 '서모西母'로 표현하고 있다. 상인은 자연을 숭배하는 범신론적 신앙을 가지고 있었는데, 해의 신을 존경하여 정기적으로 제사를 지냈다. "해와 달이라는 숭배 대상을 여신으로 승화한 것은 여성의 실제 생활과 밀접한 연관을 가지고 있음을 증명하는 것이다."[31] 그리고 상인 사회는 여성의 정치 활동이 활발하였음을 알 수 있다. 상 22대왕 무정武丁의 부인 부호婦好[32]는 재산권뿐만 아니라 군대 통수권도 가지고 있었고, 앞에서 소개했듯이 남편과 분리된 자신의 개인 봉지를 소유하고 있었다. 그녀에 대한 제사 기록이 무정 후기의 복사에는 수 차례 보인다. 또 재상의 자리에 해당하는 '소신小臣'의 직책에도 여성이 임명되는 등 여성이 제사를 주관하기도 했다. 이상을 통해 볼 때 상인 사회는 여성의 지위가 상대적으로 높았다고 할 수 있다. 이러한 비교는 이후 서주의 성별 정책인 부권 일방의 독주를 전제할 때 의미를 가지는 것이다.

상인商人 사회는 성을 구별하는 의식이 비교적 약했고 그리고 균등한 성별 배분이 이루어졌다면 그것은 어떻게 설명될 수 있을까? 여기서 정치 · 경제적 조직 원리에 주목하게 된다. 『춘추좌씨전春秋左氏傳』의 기록은 상인 사회가 씨족 사회였음을 말해 주고 있고,[33] 좌야학은 이 씨족적 원리가 모계 전통과 표리 관계에 있다는 점에 주목하였다.[34] 좌야학에 의하면 씨족적 원리는 씨족 사회를 운영하는 특유한 법칙으로 씨족원 상호간에 자연 발생적인 민주주의가 행해지도록 하는 것이다. 씨족적 원리로 운용되는 사회에서 사회적 업무는 공공 또는 공동으로 집행된다. 개개의 씨족은 각각에 고유한 제사를 행하고, 쟁의는 구성원 스스로의 회의에 의해 결정되는데, 그런 까닭으로 국가를 유지하는 권력 조직인 감옥이나 재판소와 같은 강제 기관은 아직 없었던 사회이다.[35] 여러 씨족이 모여 하나의 부족을 형성하고, 여러 부족이 모여 하나의 종족을 이루었는데, 상인 사회는 이러한 여러 종족으로 구성된 연합체이다. 가장 큰 종족이었던 상족이 종족 동맹의 중심이 되었으나, 상족이 주관하는 동맹회의에 다른 종족들이 참석할 수도 있고 불참할 수도 있었음을 볼 때,[36] 중심을 향한 권력이나 서열의식 등의 계급적 개념은 중요하지 않았다. 즉 서주 이후의 사회에서 통용된 천자나 제후, 군신君臣이라든가 이것을 둘러싼 의미 체계가 상인 사회에서는 그다지 큰 힘을 발휘하지 않았음을 말해 준다.

> 상왕 수에게는 수많은 보통사람이 있으나 마음이 서로 다르고 덕이 서로 다르다. 그러나 나 발發에게는 난을 다스리는 신하 10인이 있는데, 그 마음이 모두 같고 그 덕이 같다. 수에게 비록 두루 친하게 지내는 사람이 있다고 하나 나와 마음이 일치하는 사람들보다는 못하다.[37]

무왕은, 때로는 무질서한 것으로 보일 수도 있는 다양한 차이보다는 질서를 보장하는 일체성이나 동일성에 더 가치를 두고 있음을 알 수 있다. 이것은 상인 사회의 권력이 어떤 방식으로 편성되어 있는가와 무관하지 않을 것이다. 상인 사회의 권력 체계는 일인一人 내지는 소수자에 집중되어 있지 않았던 것 같다. 상 왕조란 사실상 여러 종족의 연합체로 구성되어 있고, 상족商族은 단지 그 연합체의 대표자격일 뿐이므로 각 종족의 관계는 상대적 자율성을 가지고 연결되어 있음을 알 수 있다.

　상대商代 사회를 구성하고 있는 종족들 간의 상대적 자율성의 원리는 종족의 하위 단위인 씨족들 사이에서도 그대로 적용될 수 있다. 씨족과 씨족의 관계에서 상대적 자율성이 가능하다면 한 씨족에 소속된 구성원들 사이에서도 마찬가지로 적용될 수 있다. 이것은 개인과 개인의 작은 단위로부터 씨족과 씨족, 종족과 종족 사이의 큰 단위에 이르기까지 그 사회의 지배적인 관계 원리의 영향을 받지 않을 수 없기 때문이다. 아래에서 위에까지, 가까운 데에서 먼 데까지 모든 관계가 이러한 상호 자율성의 원리로 유지될 수 있었던 것은 여러 종류의 모계 전통으로 인한 것이다. 이것은 모계 전통에 의해 씨족 제도의 본질적 부분이 확보될 수 있었다는 것인데, 양자는 친화성이 강하다고 할 수 있다.

　그러나 상인 사회에서도 왕위 계승권이 남자에게 한정되었던 것으로 보아 성차별 인식이 전혀 없었다고는 할 수 없다. 상대 역시 지배와 피지배 계층이 존재하였는데, 다만 이후 사회처럼 엄격하지는 않았다는 것이다. 즉 여성의 사회적 지위가 남성에 비해 낮지 않았으며, 적어도 성별이 지배와 종속의 원리에 작용하지 않았다는 점에서 주목된다. 완전한 형태는 아니더라도, 부권과 모권이 완만한 조화를 이루었던 사회, 그 사회는 은주殷周 혁명을 거치면서 부권 일방의 형태로 굳어지게 되었다. 상인 사회의 모계 중시의 문화 전통이 서주 국가의 부계 중심의 문화 전통으로 전환하게 된 것이다. 그러면 그 요인은 어디에 있으며, 서주 국가는 어떤 방식으로 부계적 사회를 만들어 갔는가? 서주인西周人이 모계 전통의 기존 문화를 해체하는 방식과 부계 전통의 새로운 문화를 건설하는 방법 등에 주목해 볼 필요가 있다.

3. 남성 문화로의 전환과 그 동인動因

상대商代 사회의 상호 자율성을 확보하는 씨족적 원리는 말기로 갈수록 서서히 이완되기 시작하였고, 불평등이 발생하여 사회 내부는 대항적 그룹으로 분열되어 갔다. 그렇다면 여성과 친화성을 가진 모계 씨족적 원리를 대체한 것은 무엇인가? 그것은 바로 남성을 중심으로 하는 부계 가족의 원리이다. 여기서 씨족적 원리가 쇠퇴하고 그 자리를 가족적 원리가 대체하는 것은 무엇 때문인가가 궁금해진다. 부계 가족 질서 원리는 '생산성'과 '효율성'을 담보해 주는 것으로 이해된다. 그것은 생산성의 가치가 증대되면서 부계적 가족 질서가 함께 강조되는 것을 볼 수 있기 때문이다. 이 둘은 표리 관계를 이루며 서로를 증대시키는 측면이 있음을 알 수 있다.

상商나라 말기와 주周나라 초기의 변화를 보면 쟁기의 발명과 사용으로 생산력이 점진적인 발전을 보인다는 점이다. 쟁기를 사용하여 경작을 하는 것은 노동 규율의 강제화를 수반하기 때문에 씨족적 노동 형태와는 질적으로 다른 것이다. 소나 말을 이용하는 쟁기 사용은 훨씬 후대의 일이지만 상말주초商末周初에는 이인일조二人一組의 사람이 이끄는 쟁기가 사용되고 있었다.[38] 쟁기의 사용은 필연적으로 더 강화되고 강제적인 노동기제를 요구하였다. 자연 발생적인 씨족 사회는 필요에 의한 자유로운 노동을 할 뿐, 능률과 땀과 규칙을 요구하는 것은 아니었다. 도구의 발명과 함께 효율성을 추구하게 된 인간 의식은 노동력 파악의 측면에서 씨족의 원리를 부정적인 요소로 인식하였다. 부계 가족의 원리, 이것은 작은 한 종족에 불과했던 주족周族이 왕조 교체를 단행하여 중국 역사의 주체가 될 수 있었던 주원동력이었음을 알 수 있다.

태고太古 이래 황하黃河 유역에 살고 있었던 중국인은 농업에 강했지만 상족商族은 오히려 농업보다는 유목이 우세한 민족이었다.[39] 상족의 농업은 아직 낮은 단계에 머물러 있었다. 그에 비해 주족周族은 농업의 비중이 그 어떤 산업보다 컸으며 농업 생산의 수준 또한 상당히 높은 단계에 이르고 있었다.[40] 이러한 주족周族의 발달된 농업 생산력은 부권적 노동 편제로 인한 것이다. 각 종족에 고유한 특성이 있다면 주족周族의 경우는 부권적 조직 원리가 강했다고 할 수 있다. 주족周族은 상 왕조에 소속된 하나의 종족이었던 시절에도 이미 부권 중심의 조직 원리를 갖추고 있었던 것으로 보인다. 예컨대 문왕文王의 아내이자 무왕의 어머니가 되는 태사太姒는 부덕婦德을 갖춘 여성 중의 한 사람으로 이야기되어 왔다. 그녀가 그런 흠모를 받게 된 것은 그 남편이 백 명에 이르는 많은 서자를 둘 수 있도록 도왔다는 데 있다.[41] 이를 통해 주족周族의 전통에서는 남편이 많은 첩을 두더라도 질투하지 않는 것이 여성의 미덕으로 여겨졌음을 알 수 있다. 그러나 주족周族도 처음부터 부권적 원리를 가진 것은 아니었다. 주족周族의 시조 후직을 보면 알 수 있는데, 후직은 그의 어머니 강원姜嫄의 씨족 집단인 유태국有邰國에서 살았다.[42] 이것은 자식이 모계 씨족의 소속원이 되는 모계제의 원칙을 따른 것임을 알 수 있다. 그리고 후직의 탄생 신화를 보면 그 어머니의 존재만 있고 아버지를 알 수 없는 것으로 나온다. 이 역시 주족周族의 부계 전통이란 그 역사의 전개 과정에서 형성된 것임을 말해 준다. 즉 부권 가족은 경제상의 발달에 따라 좀 더 체계적이고 조직적인 제도가 요구됨으로써 형성된 것으로 보인다. 이러한 맥락에서 생산력과 부권 중심의 조직원리는 친화성을 가진다고 할 수 있다.

효율성의 추구는 일반적으로 인위적이고 강제적인 규칙을 동반하게 된다. 이것은 보다 높은 경제성을 보장하는 한편 인간 관계가 수직적인 원리로 서열화하는 것을 피할 수 없다. 반면에 효율성이나 경제성보다는 상호성이나 서로의 친밀성이 강조될 때 수평적인 관계가 유지될 수 있을 것이다. 상인商人의 모계 전통에서는 나와 가까운 사람을 챙겨 주는 원리인 '친친親親'이 선호되었고, 서주 국가에서는 계급적으로 도덕적으로 높은 사람을 공경해야 하는 '존존尊尊'이 더 중요하게 취급되었다. 다시 말해 상商과 주周의 차이는 사회 운용의 원리로 무엇이 더 중시되는가에서도 나타나는 것이다. 한편 친밀성과 효율성이 적절한 균형을 이루는 사회가 가능한지에 대해서도 생각해 볼 필요가 있는데, 그것은 상商과 주周 두 왕조 모두 어느 한 쪽을 완전히 버리지는 않기 때문이다.

『서』에서는 상商 나라가 '애친愛親'과 '경장敬長' 두 원리를 중시했다고 보았는데, 즉 사랑으로 친밀성을 심화시키고, 공경으로 연장자를 높이는 것을 가정과 국가에서 시작하여 사해四海 내에 이르기까지 적용될 중요한 원리로 여겼다.[43] '애愛'를 '경敬'의 앞에 두었다는 점에서 상인의 전통은 사랑과 친밀성을 공경과 높임의 가치보다 중시했던 것으로 보기도 한다. 여기서 '애친愛親'의 원리는 모친의 뜻이 중시되는 '형종제급제兄終弟及制'를 뒷받침하는 것이고, '경장敬長'의 원리는 부친의 계보를 확실히 하는 '적장자계승제嫡長子繼承制'를 지지하는 것이다. '친친親親'이 모친의 권력을 강화시켜 주는 논리로 사용된 예를 사마천의『사기』「양효왕세가梁孝王世家」에서 만날 수 있다.

두竇태후는 전한前漢의 5대 황제 경제景帝의 모후母后이다.「양효왕세가」에 저소손褚少孫이 보충한 내용에 의하면 두태후는 그의 장자이자 현재의 황제인 경제에게 다음의 제위를 동생 양효왕에게 승계해 줄 것을 부탁하였다. 두태후는 왕위 계승에서 은殷나라가 친친親親의 원리를 따랐고, 주나라가 존존尊尊의 원리를 따랐지만 궁극적으로 그 뜻은 같다고 하였다. 그러나 한나라의 정치 조직은 서주의 종법에 근거하고 있었으므로 태후의 제안은 경제에게 아주 낯설었다. 경제는 중신들을 모아놓고 모후의 주장이 어디서 온 것인가를 물었다. 신하들은 이렇게 말했다.

친친親親은 동생에게 계승하는 원리이고 존존尊尊은 자식에게 계승하는 원리입니다. 동생을 후계자로 세우는 것은 은나라의 원리로 가까운 사람을 친밀하게 대하는 자연스러운 감정에 근거한 것입니다. 자식을 세우는 것은 주나라의 원칙으로 위계 질서를 위해 채택된 인위적이고 문화적인 것입니다. 그러나 우리 한漢나라는 주周의 제도를 모범으로 하기 때문에, 동생을 세울 수 없고 마땅히 자식을 태자로 세워야 합니다.[44]

태후의 제안이 묵살되자 태후는 식욕을 잃을 정도의 깊은 상심에 빠진다. 태후가 '친친親親'의 원리를 들고 나온 것은 그가 자신의 사랑하는 아들 양효왕에게 권력을 안겨주고 싶은 욕심에서였다. 따라서 하나의 원리 그 자체에 어떤 절대적인 의미를 부여하기보다 그것이 누구의 권력을 강화시키는 논리인가를 보는 것이 필요하다. 다시 말해 '친친親親'과 '존존尊尊' 각각의 원리가 권력의 문제와 연계되는 지점을 보는 것이 중요하다는 것이다. 어쨌든 '친친親親'의 원리가 어머니 쪽의 요구를 반영한다는 점은 확인되었다. 동시에 '친친親親'을 잘 활용한다면 수평적 관계를 확대해 가는 원리가 될 수 있음을 알 수 있다.

주인周人 사회는 신분이나 지위, 연령이 높은 자를 존경하는 '존존尊尊'의 원리를 중시하였다. 질서, 규칙과 관련된 이 원리는 아버지의 계보를 확보하는 데 절대적으로 필요하다. 아버지의 계보를 확실히 하기 위해서는 필연적으로 나의 아버지와 다른 사람의 아버지를 구분해야 한다. 수직적 관계를 강화하는 '존존尊尊'은 다른 사람과 관계 맺는 방식에서 아무래도 지배와 종속의 구도를 지향하게 될 것이다.

부권제적 원리에 의해 생산력의 발달을 이룩해 온 서쪽 지방 주족周族의 동진東進은 상족의 사회를 위협하기에 충분하였을 것이다. 상인商人 사회 역시 '질서', '규칙' 등을 보장해 줄 내부의 모색을 단행하는데, 상말商末에 이르면 여러 측면의 제도 개편이 이루어진다. 즉 씨족제적 사회 원리를 대체할 새로운 제도를 찾게 되어, 씨족적 원리와 안팎을 이루던 모계적 제 습속을 쇠퇴시키고 부권 가족의 원리를 채택하는 것이었다. 이에 따라 모계적 전통과 표리 관계에 있는 형제상속이 부자상속으로 전환되는 현상이 나타나는데, 상말商末의 마지막 네 왕, 무을武乙·태정大丁·제을帝乙·제신帝辛의 부자상속[45]이 그것이다. 그러나 모계적 전통을 부권적 지도 원리로 대체한 상인 사회 내부의 변혁이 상말商末에 이르기까지 완벽하게 실행된 것은 아니었다. 이는 부권적 전통과 더 높은 경제력을 가진 서주 국가가 들어서면서 비로소 가능했다. 씨족 사회에 내재한 모계적 원리를 일소하는 것과 부권을 좀 더 체계적이고 조직적으로 강화하는 것은 상말주초商末周初의 시대적 요청이었다.

상대商代에 부권적인 계급 의식이 전혀 없었던 것은 아니었지만 씨족의 원리가 강했고, 그에 비해 주인周人 사회는 이미 부권 중심의 조직 원리를 갖춘 사회였다. 즉 서주 국가는 이러한 상인 사회의 부권적인 원리를 계승하여 좀더 조직화하였고, '서주적'인 경제·정치적 조직 원리를 만들어 갔다. 한편 상인이 중심이 되어 만들어 온 모계적 습속들을 완전히 일소하기 위해서는 제도뿐 아니라 이데올로기적 노력이 요청되었다. 그것은 공적 영역에서의 여성 배제를 국가의 기본 이념으로 삼아 "전대前代와는 두드러지게 일률적인 공권公權·입적入籍·종법宗法·상복제喪服制·동성불혼同姓不婚 등 아주 엄격한 조직을 갖추기에 이르렀다."[46] 또한 이것을 지원하는 이념으로서 조선祖先 숭배가 강조되었다. 곽말약은 조祖라는 글자의 모양이 남자 생식기를 본뜬 것이라 하였고,[47] 하신何新은 남자 생식에 절하는 모습을 본뜬 것이라고 하였다.[48] 한편에서는 상인의 문화를 평가 절하하고, 부정적으로 서술하는 방법 등이 동원되었다. 게다가 새 국가는 어떤 식으로든 왕조 전복이라는 일대 정치적 사건을 정당화하기 위한 논리를 만들어 내었다. 주인周人의 시각으로 쓰여진 상商 문화는 항상 부정적이었다. 우리가 아는 상인商人 사회의 특성은 이후의 역사 무대에서 주인공이 된 주족周族의 입에서 나온 것이다.

은나라 주왕紂王은 술로 못을 만들고, 고기를 숲처럼 쌓아놓고서 벌

거벗은 남녀들이 그 사이에서 서로 쫓고 쫓기는 성적 유희를 하며 긴긴 밤을 웃고 떠들며 즐겼다.[49] 지금 상왕 수는 위로는 천天을 공경하지 않고, 아래로는 백성들에게 재앙을 내리고 있다. 술에 빠지고 여색으로 혼미해서 포학한 행동을 일삼으며, 죄를 묻기를 친족에까지 미치고 사람을 벼슬시키기를 대대로 한다.[50] 지금 상왕 수가 법도가 없는 일을 행하여 노인들을 버리고 죄인들을 가까이 하며 음탕하고 술주정하며 사납게 구니……[51]

주족周族의 상 왕조 부정의 논리는 '문란한' 남녀 관계와 여성의 정치 참여 등 주로 여성과 관련된 것들이다. 이것은 은·주의 문화적 차이를 가능하게 한 변수가 성별에 있음을 말해 주는 것이다. 은나라의 '문란한' 남녀 관계는 부인의 정치 활동을 용인한 데서 연유하고, 그 결과 부계 쪽 친족들을 배제하게 되었다는 것이다. 상 왕조 멸망의 원인을 여성의 공적 활동에 두게 된 서주의 지배 계층은 남녀 관계에 관한 새로운 정의를 정책과 이념의 주요 내용으로 설정할 수밖에 없었다.

궁에서는 늘 춤을 추었고 집에서는 마시며 노래하였는데 이를 무풍巫風이라 한다. 재물과 여색을 좇아 놀고 수렵을 즐기는 데 시도 때도 없었으니 이를 음풍淫風이라 한다. 성인의 말씀을 우습게 여기고 충직忠直함이란 조금도 없었으며, 나이 든 덕 있는 분을 멀리하기가 어리석은 아이와도 같았으니 이를 난풍亂風이라 한다.[52]

위 인용문은 상나라가 왜 망했는가에 대한 이윤伊尹의 설명이다. 다시 말하면 나라를 지키려고 한다면 무풍巫風·음풍淫風·난풍亂風의 세 가지 풍조를 없애야 한다는 것이다. 이러한 이윤의 논리는 사실상

40

서주 지배층의 논리일 뿐 아니라 문화적인 차이를 처리하는 하나의 방식이라 할 수 있다. 또한 패자敗者 상商에 대한 설명은 승자勝者 주周에 의해 구성된 것이라는 점을 놓쳐서는 안 된다. 주대周代와 비교할 때 "은대殷代는 경제적, 생산성의 측면에서는 낮은 수준이었지만 문화적인 측면에서는 훨씬 높았고",[53] 상인商人은 낙천적인 성격에 춤과 노래를 즐겼으며 술을 즐기는 문화를 보유하고 있었다고 한다. 상인 사회의 씨족적인 느슨한 생활과 생산성이나 효율성보다는 놀고 즐기는 전통의 문화, 그것과 관련된 위계와 서열 의식의 부재 등이 주족周族이 보는 상인 사회의 문화적 특성이다. 그리고 모계 전통의 상인 사회에서는 부인의 정치 참여가 자연스러웠지만, 부권 중심의 조직 원리를 추구하는 서주인西周人의 눈에는 괴이하게 비춰졌을 것이다. 부권 중심의 가족개념을 확립하고자 하는 주인에게 상인 사회의 느슨한 가족 관계는 비판의 대상이 되었다. 자연 발생적인 씨족은 의지와 권력의 조직체인 국가의 기초가 되지 못했으며 될 수도 없었다. 이후의 역사가들은 주紂가 달기妲己의 미색에 혹하여 그녀의 말에 좌우되어 아버지 계보의 형제들을 챙기지 않았던 것을 악덕惡德과 연결시킨 서주 지배층의 시각을 한층 더 정교하고 풍부하게 재생산해 나갔다.

상인 사회의 모계 전통이 반드시 모권을 보장하는 것은 아니지만 서주 국가의 부계 제도는 부권을 동반한다. 서주의 부권적 원리는 남성의 권한을 더욱 강하게, 여성의 권한을 더욱 약하게 함으로써 상인 사회에서 완만하게 유지되던 양성 균형을 남성지배 여성종속의 구도로 양극화시켰다. 즉 부권 가족의 확립은 남성의 지위를 높이는 대신 여성의 지위를 하강시켰으며, 제도와 이념은 그것을 확대 재생산해 나갔다.

주周 왕조의 대두와 함께 시작된 성별화의 문화는 동아시아 유교 문화권의 상식으로 통용되어 왔다. 근대가 시작되고 지식의 패러다임이 바뀌면서 이러한 '상식'의 권위도 약화되긴 했지만 우리 주변을 둘러 보면 아직도 "여자가 나서는 것"을 바람직하게 생각하지는 않는 것 같다. 이 절에서는 몸에 배인 이러한 의식의 구조가 언제 어떻게 형성된 것인가를 추적하고, 그 과정에 나타난 여러 가지 문제를 여성의 입장에서 분석하였다.

여기서 본 바 서주西周의 성별 인식과 성별 정책이 모든 문화에 공통된 보편적 현상이라고 할 수는 없다. 또한 동아시아 성별 문화의 기원이 되는 주초周初의 성별 인식과 정책은 남녀의 '자연스러운' 역할에서 온 것이 아니라 부계 문화에 익숙한 주 왕조 지배층이 국가 형성기에 얻은 경험의 반영이다. 그들은 강한 남성이 강한 국가를 만들고, 강한 국가란 위계 질서와 규칙을 필요로 한다고 보았다. 주 왕조의 지배층은 상 왕조 멸망의 원인을 분석하여 교훈으로 삼는 문제, 권력 주체자인 천자의 힘을 어떻게 합리적으로 행사할 것인가의 문제, 신하와 백성들을 어떤 방식으로 지배할 것인가의 문제들을 고민하였는데, 이것과 맞물려 여성에 대한 인식과 정책이 개발된 것이다. 이 절에서는 가장 오래된 시기를 반영한 경전 『서』 또는 『서경』을 주로 활용하였다.

2장

남성 지배의 제도:종법제宗法制

1. 종법의 원리

　목야牧野에서의 전투를 끝으로 상商나라를 전복시킨 무왕은 나라 이름을 주周라고 하고 먼저 제도를 새로 만들었다. "관작官爵을 공公 · 후侯 · 백伯 · 자子 · 남男의 다섯 등급으로 나누고, 등급에 따라 땅을 세 가지로 나누었는데, 공 · 후에게는 사방 100리를, 백에게는 70리를, 자 · 남에게는 50리를 주었다. 관리 선발의 기준은 도덕성에 두고, 일은 능력 있는 자에게 맡겼다. 인간의 다섯 가지 중요한 관계를 소중히 하며, 산 사람을 봉양하고 죽은 사람을 보내며 조상을 추모하는 예를 중시하였다. 신의를 돈독히 하고 의리를 밝히며, 도덕을 높이고 공에 상응하는 보상을 내리니 천하가 저절로 다스려졌다."[1] 이것은 사관이 기록한 무왕의 정치적 기획이었다.

정치적 경제적 분배의 문제와 연관된 관작은 혈연의 친소에 따라 나누어지며, 그 관작에 상응하여 공경과 복종이 요구되었다. 여기에 혈연적 유대가 없는 경우 도덕성과 능력으로 평가될 수 있도록 했다. 즉 친친親親, 존존尊尊, 현현賢賢의 원칙이 천하의 보편 진리가 된 것이다. 인간 사회의 대표적인 관계는 오교五敎[2]이며, 이에 기초하여 삶과 죽음의 예를 제정하였고, 국가는 도덕성을 갖추어야 함은 물론 공과 功過에 대한 정당한 평가를 할 때 그 운영이 쉬워진다는 것이다.

종법제는 이러한 국가 운영의 원리를 실현시킬 수 있는 구체적인 제도였다. 천하가 주나라로 다시 시작되었지만 사회 내부에는 씨족적 공동 생활의 전통이 여전히 남아 있었다. 다른 한편에는 부권 가족이 새로운 사회 원리로 확대되어 갔다. 이 두 가지를 환골탈태하여 그 보수적 부분과 반국가적인 부분을 삭제하고 국가를 강화하기 위한 수단으로 편성한 것이 종법제이다. 종법제는 전통적인 씨족 제도를 변형시켜 의지와 권력의 조직체인 국가의 이념에 부합하도록 재구성한 것이다.

도희성陶希聖은 서주 종법의 핵심을 '부계적(partrilineal), 부권적(father-right), 부치적(patriarchal)', 이 세 가지로 보았다.[3] 부계적이라 함은 계통이 부계로 계산되는 것을 말한다. 즉 "부父의 부父를 거슬러 올라가 백세百世 위에까지 닿더라도 내 조상인 줄 알지만 모母의 모母를 거슬러 올라가면 삼세三世 이상은 누가 누군지 알지 못한다."[4] 는 것이다. 부권적이라 함은 아버지의 신분과 권리가 아들에게 전해지는 것을 말한다. 아버지가 죽으면 아들이 잇는다는 '부사자계父死子繼'의 원칙은 권력의 계승자를 정하는 개념이다. 부치적이라 함은 한 가족의 권력이 부父(가족의 최고 연장자)에 있으며 자녀가 아버지의 지배를 받는 것을 말한다. 부치제란 일족 혹은 일가의 권력이 어머니에게 있는 모치제(matriarchate)의 상대 개념이다.

우리는 나와 혈통적으로 연속되어 있는 사람들을 가리킬 때 친속親屬이라는 개념을 쓴다. 혈통적으로 연결되어 있다는 것은 부계와 모계를 포함하는 것이다. 따라서 어느 한 쪽만을 기준으로 한 것은 온전한 의미의 친속이 아니다. 혼인으로 발생한 관계도 친속이 되는데, 즉 친속이란 혈친血親과 인친姻親을 아우르는 개념이다. 예컨대 아버지 및 아버지의 아버지, 어머니 및 어머니의 어머니, 아들 및 아들의 아들, 딸 및 딸의 딸은 혈친이다. 처의 부모는 나에게 인친이 되며, 남편의 부모는 나에게 인친이 된다. 혈통 관계와 혼인 관계로 규정되는 이 친속에는 부계와 모계, 양계兩系를 포함하는 의미가 들어있는 것이다. 양계를 함께 계산하는 방법은 씨족 사회에서 아주 드물게 보이고 대부분은 단계單系를 사용하였다. 단계를 사용할 경우, 모계 또는 부계 중 하나를 선택하게 된다.[5] 종법은 친속을 부계로 해석했지만 사실 친속의 개념은 다르게 해석될 수 있는 몇 가지 가능성을 함축하고 있음을 알 수 있다.

부계 쪽 요구를 반영한 종법의 친속 개념은 필연적으로 모계 쪽 권한을 배제하게 되었다. 모계의 배제는 부권 및 그 계통을 확고히 해주었지만, 여성을 남성에 종속시키는 결과를 낳았다. 즉 남성지배 여성종속이 부권 확립의 맥락에서 정당화되고, 그것의 확보를 위해 여러 가지 규범이 만들어지며, 그 규범은 가족 내의 남녀 관계를 규율하게 되었다. 종법의 핵심 내용은 가족의 범위를 정하는 문제, 가족 내의 신분과 재산 그리고 권력을 분배하는 문제를 담고 있는 가족 제도이다.

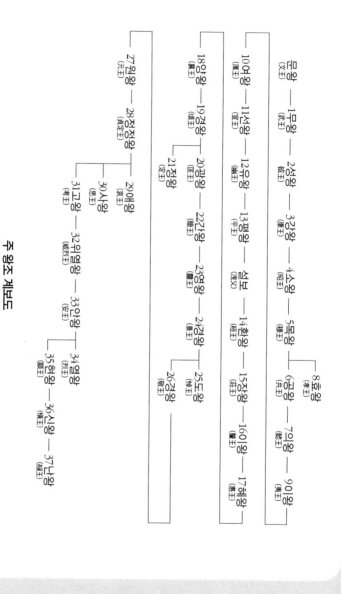

주왕조 계보도

주왕조 37대 중 부자상속은 31회, 형제상속 5회, 기타 1회

그러나 종법의 원리가 가족에 국한되지 않고 사회·정치적인 함의를 가진 것이라는 점에 주목할 필요가 있다. 즉 종법은 가족적 개념으로 구성되어 있지만 국가 경영과 그 이념을 창출하는 근간인 것이다.

남자 그리고 연장자 순으로 정해지는 가족 내부의 서열은 종법에 의해 선험적으로 주어진다. 종법은 가족뿐 아니라 국법과 일체를 이루게 되는데, 천자天子에서 서인庶人에 이르기까지 하나의 거대한 나무의 형상을 이룬다. 천자는 천하의 대종大宗이 되는데, 그 천자는 천자의 적장자로 계승된다. 천자는 또 종자宗子라는 칭호를 갖게 되며, 그의 시조이기도 한 전체 주족周族의 시조를 제사지낼 수 있는 권한이 부여된다. 천자의 동생들은 제후諸侯로 봉해지는데, 천자인 대종大宗에 대해 소종小宗이 된다. 천자가 적장자로 계승되는 방식과 같이 제후의 자리는 제후의 적장자에게 계승된다. 제후는 다시 그의 시조를 제사지내는 대종이 되고, 그의 다른 동생은 분봉되어 경대부卿大夫가 되는데, 그들은 제후에 대한 소종이 된다. 천자와 제후가 각각의 적장자로 계승되는 방식으로 경대부의 자리는 경대부의 적장자가 계승한다. 경대부는 그의 시조를 모시는 대종이 되고 경대부의 다른 동생은 사士가 되어 경대부에 대한 소종이 된다. 사의 장자는 사가 되지만 나머지 다른 자식들은 서인이 된다. 이렇게 국가는 하나의 대종족 체계로 구성된 부권적 대가족을 이루게 되는데, 이것이 바로 가족을 본위로 구성된 종법적 지배 체제이다.[6]

주 천자는 주족周族의 시조를 제사지내는 대종이기 때문에 주족周族이라면 그를 공경해야 한다. 적장자에게 계승되는 주 천자의 자리는 모든 족인族人들을 연합하는 핵심으로 백세百世 후라 하더라도 바뀔 수 없다. 이 원칙은 각 제후국과 각 경대부가에도 적용되어 그들은 대종의 자격으로 여러 동생들의 공경을 받게 된다. 소종小宗은 생물의 세포 분열과 같이 계속 생산되지만 적장자 계승의 원칙에 의해 이미 대종大宗이 되면 그 지위는 소멸될 수 없다. 절대로 변할 수 없는 '백세불천 지종百世不遷之宗'은 대종을 말하는 것이고, 오대五代가 지나면 새롭게 발생하는 '오세즉천지종五世則遷之宗'은 소종을 말하는 것이다. 소종은 그들의 고조·증조·조·부를 잇는 자로 그의 동생들에게는 종자로 존경을 받게 된다. 천자는 한 사람이지만 제후는 계속 생산되고, 경대부 또한 계속 생산된다. 이 원리대로라면 천자가 계승될 때마다 새로운 제후가 생산되며, 제후가 계승될 때마다 새로운 경대부가 생산되며, 경대부가 계승될 때마다 새로운 사·서인이 생산될 것이다.

그러나 이에 대해 왕국유는 다른 주장을 하는데, 종법제에서 천자나 제후는 세습되지만 경대부와 사士는 세습되지 않는다는 것이다. 천자와 제후는 자신의 영지를 갖게 되지만 경대부와 사는 일에 따라 등용된 관리의 신분인 것이다. 즉 경대부와 사는 세습될 수 없기 때문에 자신의 신분과 토지를 그 후손들에게 승계할 수가 없다. 종법제의 원리적 부분이 잘 구현될 수 있었던 주초周初의 상황을 보면, 삼공三公 중에 주공周公은 무왕의 동모제同母弟이고, 소공召公은 먼 족형제族兄弟 이며, 태공太公은 이성異姓의 건국 공로자이다. 이들 중에서 소공을 제외한 주공과 태공의 자식은 경의 자리를 얻지 못한 것이다. 제후국 역시 왕국과 마찬가지였는데, 그렇다면 천자와 제후는 적장자로 세습되지만 경대부 이하는 개인의 능력에 따라 그때마다 등용되는 것이지 세습되는 것이 아니다. 춘추 시대가 되면 경대부도 세습되는 '세경世

48

卿'이 나오는데, 이것을 왕국유는 국가 질서를 혼란시키는 난제亂制라고 보았다. 즉 '전자傳子'와 '입적立嫡'의 원칙을 모든 계층에 적용시킨 것은 종법제를 오독한 결과라는 것이다.[7]

상인 사회를 비판하는 것 중에서 대대로 세관世官을 지내는 사람이 있다는 구절이 있다. 즉 "지금 상왕 수는…… 친족에게까지 죄를 씌우고, 벼슬자리를 대를 이어 하도록 한다."[8]는 구절이 그것이다. 서주 국가는 상 왕조가 직면했던 문제를 극복하는 것을 목표로 삼아 종법제를 창안하였는데, 종법이 보장하는 세습제는 천자와 제후까지만 해당된다는 왕국유의 주장이 설득력 있게 들린다.

이후의 전개가 종법의 본 뜻에서 거리가 있는 경우가 있었겠지만, 종법의 현실화는 천자에서부터 제후·경대부·사·서인에 이르는 질서 체계에 권위주의적인 권력 개념이 개입될 수밖에 없었다. 종법적 질서란 대종과 소종을 구별하여 대종에 대한 소종의 존경과 절대 복종을 요구한다. 동종同宗이라 함은 공동의 시조를 통해 정의되는데, 조종祖宗에 대한 제사는 족인族人들의 연대의식과 결속력을 가져다 주는 것이다. 동종은 단순히 조선숭배祖先崇拜라는 종교적 유대뿐 아니라 종족 고유의 토지와 토지에 예속된 민民과 노예, 동산動産과 작록爵祿을 계승하고, 이것을 유지 관리하는 경제 주체적인 의의를 가졌다.[9] 종족 내부의 질서는 제사와 재산권 등 현실적인 권력을 행사할 수 있는 대종大宗이 담당하였다.[10] 즉 대종 또는 종자宗子는 현실적인 것은 물론 관념적으로도 족인族人을 통제하고 지배할 수 있는 것이다. 종법으로 구현된 이러한 사회에서는 부계로 계산된 혈통과 태어난 순서가 무엇보다 중요할 뿐, 부富라든가 다른 사회적 능력은 중요한 변수가 되지 못하였다. 즉 "아무리 부귀하다고 하여 그것으로 종가宗家에 어떤 작용을 할 수 없으며, 종자의 집안에 들어오고 나가는데 일정한 규범을 준수해야 한다."[11] 또 "돈이 많거나 지위가 높다고 해서 종족의 부형들을 얕볼 수 없다."[12]는 것이다.

귀족간의 모순을 해결하는 방법으로서 적장자 계승으로 국토를 나누는 종법제는 사실상 주천자周天子를 정점으로 하는 동성同姓의 혈연에만 적용될 수 있는 것이다. 주초의 71개 제후국은 상인에게서 취한 토지를 친척 및 정복전쟁에서 무공을 세운 사람들에게 분봉한 것이었는데 55개가 동성이었고, 나머지는 이성異姓이었다.[13] 따라서 혈통의 친소를 따지는 종법제의 기본원리로는 주천자에 대한 이성 제후들의 존경을 기대할 수 없었다. 그래서 종법을 '의제화擬制化'함으로써 비혈연 관계를 포괄하고, 그것으로 서주의 모든 사회 관계를 통치할 수 있는 조직원리로 개념화하였다. 여기에서 혈통간의 친밀감을 지지하는 '친친親親' 외에 계급적인 질서를 확보해 주는 '존존尊尊'이 종법 제도의 현실적 의미를 확보해 주는 이념으로 요청되었다. '친친親親'이란 혈연의 원근을 구분할 목적으로 사용된 씨족 사회의 관계 원리인데, 종법은 그것을 변형하여 혈통의 친소와 원근을 등급화하여 정치 이데올로기로 채택하였다. 즉 주천자와 동성 제후국과의 연대를 위해서는 '나와 혈연적으로 가까운 사람을 가깝게 대한다'는 '친친親親'의 개념이 필요하다. 그러나 이것으로는 이성 제후국을 포섭하는 이데올로기가 될 수 없으므로 '높은 사람을 존숭한다'는 '존존尊尊'이 새롭게 의미화된 것이다. 이것은 유학사상이 사회 조직의 핵심 원리로 '친친親親'과 '존존尊尊'이라는 두 종류의 관계 원리를 창안하게 된 것의 발생적 맥락이라 할 수 있다.

종법이 '친친親親'과 '존존尊尊'의 원리로 정치·경제적 조직 원리를 구성해 감으로써 모든 사회 관계와 인간 관계, 그리고 의식과 도덕, 풍습이나 습관까지 종법 제도의 틀 속에서 구현되었다. 종법이 사실은 정치 경제적 분배를 위한 현실적인 요구로부터 출발했지만 그것의 시행은 그에 적합한 인간형을 만들어내는 내면적인 연관을 가지고 있는 것이다. 예컨대 사람과 사람의 관계를 친소·존비·명분의 시각에서 보게 되어,[14] 모든 인간 관계가 종법 등급의 색채를 띠게 되었다. 무엇보다 종법이 가져다 준 최대의 사회적인 영향은 부권제의 확립을 통한 남성의 우월성 확보라고 할 수 있다.

서주 사회를 전개하는 하나의 추진력으로써 종족이라고 하는 사회생활의 새로운 조직체와 종법이라고 하는 규범 체계는 긴 역사적 시간을 거치면서, 여러 가지 사회적 변화를 겪으면서 그 원래 의미가 퇴색되어 갔다. 신분과 권위를 확보해 주는 종법의 규칙들은 부富를 비롯한 여러 가지 사회적 능력이 새로운 변수로 등장함으로써 그 적실성이 상실되어 갔기 때문이다. 대종의 가家나 지위가 높은 종인宗人은 가난하지만, 종인 중에는 그 서열이 낮은 사람이 오히려 부유해지는 현상이 발생한 것이다. 예컨대 '부귀富貴로서 종가宗家를 넘볼 수 없고, 부귀로서 부형父兄의 권위에 도전할 수 없다'[15]고 한 것은 같은 종인宗人이지만 각 가에 따라 이미 빈부의 격차가 생겼음을 뜻한다. 다시 말해 부귀로 종법의 규칙을 바꿀 수 없다고 한 것은 부귀가 사회조직 원리의 새로운 변수로 등장했음을 의미한다. 무엇을 강조하거나 어떤 규칙을 새로이 하는 배경에는 그에 대항하는 요소가 있기 때문이다. 가족의 개별적인 발달이 촉진되는 춘추말春秋末에서 전국戰國 시대가 되면 종법의 원래적 의미는 쇠퇴하기에 이른다.[16]

부권 및 그 계통을 확립하는 방법으로 창안된 종법은 사실상 씨족 사회적인 발상에 근거한다. 혈통의 개념이 권력과 재산의 분배에서 가장 중요한 변수가 되던 시대의 산물인 것이다. 그러나 혈통이란 모계와 부계를 포괄해야 하는데, 종법은 부계만 계산한 것이 특징이다. 가족 제도에서 모계 배제는 곧 국가 사회의 여성 배제로 이어지는데, 그것은 종법이 가족 제도이면서 곧 국가의 조직 원리이기도 한 '가국동체家國同體'를 지향하기 때문이다.

이것은 필연적으로 혼인의 범위를 부계를 배제한 종족으로 제한하게 되고, 신분과 권력을 정식 혼인 관계에서 낳은 큰아들에게 계승하는 것을 원칙으로 삼게 되었다. 즉 혼인의 성립이 당사자의 의사에 있기보다 제도화의 맥락에서 파악되었다. 종법의 구체적인 내용은 동성불혼제同姓不婚制와 처첩제妻妾制, 매작혼제媒妁婚制 등을 통해 구현되었다.

2. 동성불혼제同姓不婚制

혼인 관계를 구성함에 있어서 서주 종법은 부계로부터 부여된 성姓이 무엇보다 중요하다. 남녀의 성이 달라야 하는 것이 합법적인 혼인의 첫 번째 조건인 셈이다. 종법은 "동성이면 비록 백세 후라 하더라도 서로 혼인할 수 없다."[17]고 명시하였다. 그러나 상대에서는 성이 혼인의 문제와 아무런 연관이 없었으며[18] 또한 중요한 문제가 아니었다. 즉 상대에도 씨족 사회가 그랬던 것처럼 혈연간의 근친혼이 금지되긴 했지만, 오대五代가 지나면 통혼할 수 있었다.[19] 당대唐代의 공영달孔穎達은 "은에는 세계世系가 없어 육세六世부터는 혼인할 수 있었다. 그래서 부인의 성을 알 필요가 없었으나 주周는 그렇지 않다."[20]고 했다. 동성불혼의 혼인 제도를 만족시키기 위해서는 여자의 성을 아는 것, 여자에게 성을 부여하는 것이 무엇보다 중요해진다. 여기서 서주 종법이 성姓의 의미 체계를 어떻게 구성하고 있으며, 그것의 정치적 의미가 무엇인가를 살펴볼 필요가 있다. 그것을 위해 성姓의 역사를 정리해 보자.

성姓은 원래 씨족 사회의 산물로 여자를 기준으로 정해지는데 같은 어머니 자손의 성관계 금지를 위해 생긴 것이다.[21] 『설문說文』에 "성은 사람이 태어난 바를 가리킨다. 옛 성인들은 모두 그 어미가 하늘과 감응하여 자식을 낳았기 때문에 천자天子라고 한다. 태어난 것으로 성을 삼는 것은 여자를 따르기 때문"이라고 하였다. '희姬' '강姜', '사姒' 등으로 대표되는 고대의 성은 모두 '여女'변에 기초하고, 성姓의 글자가 '여女'와 '생生'의 조합으로 이루어져 있다는 사실은 성姓과 여자를 관련시키기에 충분하다. 그런데 주周 이전의 사회에서는 여자의 성이 없었거나 있다고 하더라도 그것을 호칭에 드러내지는 않았다. 갑골 복사에 나오는 제왕의 비나 어머니의 이름은 태어난 날[일명日名]에 여성명사를 붙이는 방식으로 구성되어 있다. 예컨대 비갑妣甲, 비을妣乙 등의 방식이다. 주나라 이전의 상고 시대의 사람 중에 유일하게 성을 가진 여성은 강원姜嫄인데, 그가 주족周族의 선인先人이라는 점에 주목할 필요가 있다. 다시 말해 성의 구별을 정치 조직의 중요한 조건으로 인식한 주족周族에게 그들의 시원인 여성에게 성을 찾아줄 필요가 있었을 것이다. 주나라에서는 태강太姜, 태임太任, 태사太姒, 읍강邑姜 하는 식으로 모두 성을 드러낸다. 이로부터 춘추말에 이르면 성으로 호칭되지 않는 여자가 없었다.

그러면 씨氏는 성과 어떻게 다른가? 성이 여자의 계통을 말해 주는 자연 발생적인 것이라면, 씨는 계급의 발생과 함께 사회상으로 귀천이 구분되고, 직업이 생김으로써 그 사람의 특성을 드러내기 위해 인위적으로 만들어졌다.[22] 『주례』에는 다양한 관직이 나오는데, 혼인을 주관하는 직책에 속한 사람을 '매씨媒氏'라 하였고, 독충을 제거하는 직책을 '서씨庶氏'라 하였으며 겨울잠을 자는 짐승을 포획하는 직책에 속한 사람을 '혈씨穴氏'라고 하였다. 이와 같이 씨는 직업이나 일과 관련하여 나온 것임을 알 수 있다. 분명한 것은 발생 순서상 씨는 성보다 늦은 것이다. 희姬 성을 가진 주공周公의 후손 중에 맹손씨孟孫氏, 중손씨仲孫氏, 계손씨季孫氏 등이 나오는데 성은 같지만 씨는 다를 수 있다는 것이다.

상고시대에는 성과 씨를 구분했다. 남자는 씨로 말하고, 부인은 성으로 말해졌다. 씨는 귀천을 구별하기 위한 것으로 귀한 사람은 씨가 있지만 천한 사람은 이름만 있고 씨는 없었다. 성은 혼인을 위해 필요한 것이다.…… 씨가 같고 성이 다르면 혼인할 수 있고, 씨는 다르지만 성이 같으면 혼인할 수 없다.[23]

성이 생기게 되었을 당시의 용도는 씨족 내부의 혼인을 막기 위한 것이었다. 즉 성은 혼인상의 일정한 규칙이 있어야 한다는 의식의 발달 과정에서 나온 것이며, 그 기원은 씨족 사회의 외혼제外婚制에 있다. 계급 의식이 희박했던 시대의 성은 종족이나 부족 또는 씨족을 의미했다. 그러나 그러한 조직이 와해되면서 종법제가 확립되고, 다른 한편에서는 가족의 발달이 진행되면서 성姓의 의미에 변화가 왔다. 여자의 계보를 따르던 성姓의 본래 의미가 상실되면서 가족 명을 의미하는 씨氏와 동일하게 취급되었던 것이다.[24] 그러나 주초周初만 해도 성姓과 씨氏의 구분이 명확했던 것 같다. 주인周人은 씨족 사회에서부터 전통적으로 내려오던 성을 정치적 목적하에 그 골자만 취하여 종법 확립의 수단으로 삼았다.[25] 후대로 갈수록 성姓이 씨氏와 동일하게 쓰이고, 성姓은 부계를 확인시키는 기제가 되었다.

이상을 볼 때 성은 절대적으로 외혼제의 산물이지만, 성이 중요하게 된 것은 동성불혼의 제도가 나오면서부터이다. 이전에는 이름에 성을 반드시 명시할 필요까지 없었다면 서주의 종법에서는 성이 무엇보다 중요해진 것이다. 또 모계를 의미하던 성이 부계를 의미하는 개념으로 전환되었다. 자식이 아버지의 성을 따르게 된 것이다.

성이 부계를 확인시켜 주는 상징으로 자리잡고 동성불혼을 시행하자 모든 인간 관계를 성의 개념으로 다시 바라보게 되었다. '우리'와 '그들'을 구분해 주는 개념은 다름 아닌 성姓이고, 혼인의 가불가可不可는 성이 우선적인 결정권을 갖는 것이다. '우리'라는 정체성은 부계 혈통이 같다는 사실에 있으며, 모계 혈통과는 아무런 관련이 없다. 따라서 동성불혼은 부계의 성 정체성을 강화시켜 주는 동시에 모계 혈통의 역사적 계보를 무의미하게 하는 역할을 하게 되었다. 그렇다면 부계 성에 근거한 동성불혼의 정치적 의미, 즉 동성불혼을 통해 주초의 지배 계층은 무엇을 추구하고자 했는가가 궁금해진다.

주나라는 왕국과 그 하부 조직인 제후국으로 구성된 봉건 국가였는데, 앞에서도 말한 바 제후국 71개국은 천자를 기준으로 하여 동성同姓 55개국과 이성異姓 16개국으로 출발하였다. 서주국가의 정치적 안정은 무엇보다 동성 제후국 간의 '형제애'에 기초한다. 혈연적 유대가 아직 강한 사회에서 조상이 같다는 사실은 그 어떤 것보다 강한 결속력을 보장하는 것이다. 즉 성이 같다는 사실만으로 나의 동지가 된다. 그런데 이들끼리 혼인을 한다면, 혼인이 성립되는 과정에서나 혼인후에 발생한 갈등으로 인해 종족 내부에 균열이 생길 수 있을 것이다. 그것은 형제애를 해치고 종족의 친목을 해치는 요인이 될 수 있다. 이것이 동성 간의 혼인을 금지하는 이유라고 할 수 있다. 동성불혼의 귀결은 말할 것도 없이 이성혼異姓婚이다. 혈연이 중시되는 사회에서 성이 다르다는 사실은 곧 나와 이해利害를 달리 하는 것으로 인식된다. 주왕조의 입장에서는 이성 제후국을 내 편으로 끌어들일 수 있는 기제를 마련해야 하는 것이다. 주왕조의 정치적 안정이란 동성과 이성의 제후국이 상호 협조하여 조화를 이루는 것에 있을 것이기 때문이다. 그것은 혈연적인 유대감을 확대하는 것인데, 혼인을 통해 이성을 '동성화'할 수 있다고 여겼기 때문이다. 즉 인친姻親의 관계를 맺음으로써 '그들'을 '우리'로 편입할 수 있는 것이다. 이렇게 동성불혼은 정치적 안정을 보장하는 가장 효과적인 방안으로 인식되었다. 그것은 『국어國語』에서 분명하게 드러나는데, 주초에 제기된 동성불혼의 정치적 의미가 춘추 시대의 정치 환경에서 더욱 부각된 것이다.

> 성姓이 다르면 덕德이 다르고, 덕이 다르면 류類가 다르다. 류類가 다
> 르면 비록 가깝게 지내더라도 남녀가 서로 합하여 자식을 낳을 수 있다.
> 성姓이 같으면 덕이 같으며, 덕이 같으면 마음이 같다. 같은 마음이면 뜻
> 을 같이 할 수 있다. 뜻이 같으면 비록 소원하게 지내더라도 남녀를 혼인
> 으로 묶을 수 없는데, (그것은 동성이라고) 상대를 함부로 대하게 될까
> 봐 우려해서이다. (친한 것으로) 상대를 함부로 대하게 되면 원망이 생
> 기게 되고, 원망과 난은 재화災禍를 기르게 되고, 재화가 커지면 성姓을
> 사멸시키게 된다. 처를 동성에서 구하지 않는 것은 결국 난亂과 재화災禍
> 가 생길 것을 우려한 데 근본 원인이 있었다.[26]

즉 이미 같은 마음이었고 같은 뜻을 가졌던 동성同姓 사이가 혼인을
통해 오히려 마음과 뜻이 이반될 수 있다고 본 것이다. 반면에 마음과
뜻이 서로 달랐던 이성異姓 사이는 혼인을 통해 오히려 마음과 뜻을
합할 수 있다는 것이다. 이것이 바로 동성불혼의 정치적 함의이다.[27]
다시 말해 동성끼리 혼인을 하지 않는 것은 내부의 결속력을 강화
하기 위해서이다. 또한 동성불혼은 자기의 정체성을 고집하는 것만으
로는 살아갈 수 없는 인간의 현실, 즉 이웃과 좋은 관계를 맺지 않고
는 살아갈 수 없는 현실을 반영한다. 즉 동성불혼은 이웃과 평화롭게
살 수 있는 최상의 수단으로 근친혼 금지를 생각해낸 것과 같은 맥락
에서 이해될 수 있다.

> 각각의 소규모 생물학적 단위가 그 이웃들로부터 적대감과 증오의
> 대상이 되어 두려움에 떠는 불안정한 삶을 영위하기를 원치 않는다면

그 생물학적 단위는 자신의 내부 세계에만 머무를 수 없다. 근친상간의 금지는 결혼에 의한 인척 관계의 망을 짜는 데 유용하다. 즉 낯선 사람이나 적으로부터 자신을 보호할 수 있는 가장 단순하고 확실한 방법은 결혼을 통해 그들을 동지로 바꾸는 것이다. 예컨대 전쟁 관계에 있는 사람들의 집에서만 신부를 데려온다.[28]

동성불혼을 근친혼 금지의 맥락에서 볼 때 그것은 사회적 네트워크을 확장해 가는 것이자 타자를 통해 새로운 문화를 창출하는 방법이 된다. 대신에 자기들만의 정체성과 연속성은 포기해야 할 것이다.

동성불혼의 제도는 여러 층위를 가진 새로운 담론을 만들어 내었다. 대표적으로 근친혼으로 인한 우생학상의 문제를 가지고 동성불혼의 정당성을 주장한 것을 들 수 있다. 즉 남녀가 동성일 경우 자식 생산이 위축된다[29]는 것이다. 그러나 이것은 정치적 목적을 돕기 위해 제시된 이데올로기적 성격이 강한 것임을 알 수 있다. 남계 혈통만 계산된 성의 개념은 반쪽의 근친을 보장할 뿐이다. 즉 근친이란 부계와 모계를 포함하는 것인데, 동성불혼은 부계 쪽 혈통만 고려한 것이다. 만약 동성불혼의 근본 이유가 근친혼이 파생할 우생학상의 문제에 있었다면, 모계母系 친속과의 혼인도 당연히 금지하여야 했다. 그러나 모계 친속과의 혼인은 오히려 선호되었고, 부계 친속과의 혼인만 금지되었다.

노나라와 제나라는 사위·장인의 나라라는 뜻의 구생지국舅甥之國이라 하며 예를 갖춰 서로 챙겨 주었다. 유씨劉氏와 범씨范氏는 수 세대에 걸친 혼인 파트너였다.[30] 춘추 전국기에는 혼인을 축하하는 인사말이 있었는데, '제로연인齊魯聯姻'과 '진진지호秦晉之好'가 그것이다. 제나라와 노나라, 진秦나라와 진晉나라는 역사적으로 계속적인 혼인 관계를 맺어 왔다. 두 나라 사이의 혼인이 좋은 의미로 해석되어 후대에서는 두 집안의 혼인을 축하하는 개념어로 사용한 것이다. 이들의 혼인은 희성姬姓과 강성姜姓, 영성嬴姓과 희성姬姓의 결합으로 동성불혼의 원칙을 충실히 담보해 내고 있다. 그러나 이들의 여러 세대 동안 겹겹으로 얽힌 혼인 관계는 본질적으로 근친혼이다. 결국 동성불혼은 부계 친족의 혼인 금지일 뿐이므로 근친혼 금지라는 우생학상의 문제로는 완전히 설명될 수 없는 것이다. 이것은 앞서 말한 바 부계 친족 사이에서 파생할 수 있는 갈등을 원천 봉쇄하는 것이면서 이성異姓을 원조자로 포섭하기 위한 장치이다. 즉 동성불혼이 상징하는 근친혼 금지는 부계 혈통을 강화하는 맥락에서 나온 것이다. 여기에 우생학상의 문제를 제기하고 나온 것은 동성불혼을 진리화하기 위해 '과학적' 설명 방법을 동원한 것이라 보인다. 근친혼을 두려워하는 근본적인 이유는 부계 가족의 조직 구성에 방해가 되기 때문이다.

제후국 중에는 종종 동성의 딸과 혼인을 한 사례가 나타나게 되었다. 이에 대해 역사가들은 동성끼리 혼인하게 되면 "제후의 친족들이 약해지는 반면, 부인 쪽의 권력은 더욱 강해진다."[31]고 논평하였다. 이를 통해 볼 때 동성불혼의 담론은 부계 권력을 노골적으로 강화시키는 대신에 채택된 하나의 이데올로기이다. 그러나 "백 세대가 지나더라도 서로 혼인할 수 없다."는 동성불혼은 주나라의 기본 원칙이었지만 현실 사회에서는 잘 지켜지지 않았다. 『춘추좌씨전』소공昭公원년의 기사에 의하면 진晉 평공平公은 자신과 성이 같은 희성姬姓의 부인을 네 명이나 두고 있었다. 마침 그가 병이 났는데, 사람들은 그 병의 원인을 동성혼인에서 찾고 있는 것이다. "남녀가 성을 달리 해야 하는 것이 예에서 가장 중요하다. 지금 군께서는 내실에 네 희성의 여인을 두고 있으니 이것이 이유가 아니겠는가?"[32]

노나라의 소공昭公 역시 자신과 같은 성을 가진 오나라 여성을 아내로 맞이했는데, 부인의 성을 숨기기 위해 '오맹자吳孟子'라고 불렀다. 이에 관한 논의가 『논어』에도 나온다. 소공이 예를 아는 사람이냐는 제자의 질문을 받은 공자는 그렇다고 대답했다. 그러자 그 제자는 물러나와 말하기를 "군이 오나라에 장가든 것은 동성同姓 간의 혼인인데, 오맹자라고 부른다. 군이 예를 안다고 한다면 누가 예를 모르겠는가?"[33]라고 하였다. 또 『예기』에서는 "아내를 동성에서 취하지 않는 것은 분별을 엄격히 하기 위함이다. 그리고 첩을 살 때에 여자의 성을 알 수가 없으면 점을 쳐서 결합 여부를 물었는데, 이것은 백성들에게 혼인의 문란함을 막기 위한 것이다. 그럼에도 불구하고 노나라의 『춘추』에는 부인의 실제 성을 숨기고선 '오吳'성인 양 했고, 그가 죽었을 때는 (성을 생략하고는) '맹자졸孟子卒'이라고만 썼다."[34]고 하였다.

이상에서 본 바 동성불혼의 혼인 제도는 고대 사회에서 과학과 도덕의 이름으로 합리화되었다. 그러나 그것은 부계 종족의 조직을 강화하려는 맥락에서 나온 것임이 밝혀졌다. 즉 동성불혼이란 제후국이 투쟁하는 정치적 현실에서 이성국을 포섭함으로써 자기 세력을 유지하는 방법이다. 혼인을 통해 혈연 관계를 맺고 친분 관계를 확대함으로써 정치 세력을 확장하려는 것이다. 동성불혼의 초기 의미는 치열한 겸병전쟁의 과정에서 퇴색하는데, 많은 제후국이 동성의 형제 혹은 이성의 장인이나 사위 등에게 멸망하는 사례가 발생하였다. 즉 세대가 거듭되면서 촌수가 멀어져, 비록 동성이라 하더라도 처음의 혈통적 연대감은 엷어질 수밖에 없었기 때문이다. 동성불혼이 현실적 의미를 잃게 된 이유는 무엇보다 혈연이라는 요소가 사회 조직 원리의 핵심이 아니게 되었다는 데 있다. 혈연이 아닌 다른 요소가 사회 조직 원리로 대두되기 시작하였음을 의미한다. 그것은 생산력의 제고와 함께 개별 가족이 발달되자 종족이 쇠퇴하는 양상으로 전개되었기 때문이다. 그러나 현실적인 의미가 없게 된 동성불혼은 관념의 형태로 사람들의 의식을 지배하면서 그와 관련된 문화를 재생산해 왔다. 부계 혈통을 강조하는 성은 여성을 남성 부속적인 존재로 위치시키는 데 결정적인 역할을 해 왔으며, 동성불혼에 내재된 적과 동지의 이분법적 사고는 사회 관계를 형성하는 데 깊이 관여해 왔다. 즉 성姓 정체성이 인간 정체성을 대신해 온 것이다.

3. 처첩제妻妾制

처첩제는 서주 종법을 구성하는 주요 근간이다. 상인의 전통에서는 처첩의 구분이 없었고, 배우자를 지칭하는 여성 명사로 모母, 처妻, 첩妾, 석奭이 동의어로 사용되었다.[35] 쉽게 말해 서주의 처첩제는 법적 혼인 관계에 있는 아내와 사실혼 관계에 있는 아내를 동시에 인정하는 제도이다. 처는 가문끼리의 합의에 의하고 혼인의 예를 통해 맞이한 아내인 데 반해 첩은 일정한 격식이 필요치 않았다.[36] 첩의 자격은 다만 동성同姓이 아니기를 바랐을 뿐이고 성姓을 알 수 없는 경우는 점에 의존하여[37] 심리적인 합리화를 꾀했던 것 같다. 처와 첩의 사회적 지위는 '아내를 맞이하다[취처娶妻]'와 '첩을 사다[매첩賣妾]'는 용어에서 그대로 드러난다. 그리고 처와 첩의 관계는 주인과 노예에 상응하는 것이었거나 또는 상하 위계적인 것이었음을 알 수 있다. 즉 첩은 처를 '주모主母'라고 불렀고,[38] 첩의 처에 대한 복상은 며느리가 시부모에게 행하는 것과 같은 수준으로 했다.[39] 다시 말해 처와 첩은 여성 내부를 가르는 계급 개념으로 이해할 수 있다.

『예기』는 신분에 따라 정식 부인 외에 소위 첩에 해당하는 아내를 둘 수 있는 수에 제한이 있었고, 그들을 호칭하는 용어가 달랐음을 말해 준다. 천자의 정식 부인은 후后라 하고, 그 외 천자의 여자로는 부인夫人, 세부世婦, 빈嬪, 처妻, 첩妾이 있었다.[40] 또 천자의 정식 아내를 후后라 하고, 제후의 정식 아내를 부인夫人이라 하며, 대부의 정식 아내는 유인孺人, 사士는 부인婦人, 서인庶人은 처라고 했다.[41] 처의 유고 시에도 첩은 처가 될 수 없었다. 물론 첩 중에서도 잉첩媵妾은 처의 지위를 계승할 수 있었는데, 이 특별한 존재에 대해서는 뒤에서 상세히 다루기로 한다. 계급에 따라 첩의 수에는 제한을 두었지만 사士 이상의 신분은 정식 아내 외에 첩을 들일 수 있었다.

그렇다면 처와 첩을 '법적'으로 인정하면서 그들의 신분을 확실하게 구분하려고 했던 종법의 의도는 무엇이었을까? 그것은 가족(종족) 내부의 권리와 재산을 계승할 자를 정하는 문제와 관련되어 있다. 즉 처첩제는 적장자계승제와 동전의 양면을 이루는 것이다.

대를 이을 자식은 귀천을 기준으로 하고 나이를 따지지 않는다. 정식 부인에서 난 자식일 경우 나이를 기준으로 하고 현명함을 따지지 않는다. 이것이 곧 전자傳子 상속법의 핵심이다.[42]

그러니까 서주 계승법에서 가장 중요한 것은 어머니가 아버지와 정식 혼인 관계에 있는가 아닌가에 있다. 첩의 자식이 처의 자식보다 먼저 태어났다 하더라도 처의 자식이 계승자가 되는 것이다. 즉 어머니의 신분이 가장 중요하고 아들의 나이가 그 다음으로 중요한 데 비해 후계자의 인품과 재주는 가장 비중이 낮았다. 종법에서 규정한 처와 첩의 엄격한 구분이 잘 지켜지지 않는 것은 정치 권력이 양분되어 혼란을 초래하는 것과 같은 차원에서 해석되었다.[43] 처첩의 구분은 사실상 적자와 서자를 구분하기 위한 것이고, 그것은 정치 경제적 분배 문제를 해결하기 위한 방안이었다. 처첩제와 적장자계승제가 동전의 양면을 이루고 있지만 이 둘을 나누어서 살펴볼 필요가 있다.

한 명의 정식 처 외에 첩을 들일 수 있는 제도는 여성의 입장에서는 옹호될 수 없는 것이다. 그러나 사회·경제적 특수성을 강조하면서 많은 자식을 얻고자 한 희망의 반영으로 첩의 존재를 설명하곤 한다. 이러한 시각은 주로 남성들이 첩의 존재를 합리화하는 방식이지만 여성 스스로도 그러한 해석 체계에 적극적으로 참여해 왔다. 예컨대 남편의 많은 첩에 대해 관대했다는 이유로 역사 속에서 끊임없이 존경받아 온 여성이 있다. 무왕의 아버지이자 주나라 건국의 기틀을 마련한 인물은 문왕인데, 그의 처 태사太姒가 바로 그 여성이다. 태사는 무왕의 어머니로 성스러운 여성의 모델이 되어 이후의 역사에서 닮은 꼴의 많은 여성을 '길러' 내었다. 태사에 관한 이야기는 『시경』에 나오는데 "태사는 (훌륭한 여성들의) 아름다운 가르침을 이었기 때문에 (문왕이) 백여 명을 아들을 둘 수 있었다."[44]라고 하였다.

즉 많은 자식〔다자多子〕을 얻기 위해서는 첩을 많이 들여야 하고, 그것이 가능하기 위해서는 정식 아내인 처의 협조가 있어야 했다. 사실 혈통사회에서는 많은 자손을 두는 것이 힘으로 인식되었는데, 농경사회의 특성상 자식의 수가 많으면 많을수록 부를 보장한다는 측면에서 그럴 것이다. 첩의 존재가 많은 자식을 얻기 위한 희망으로 해석될 수 있는 측면을 부정할 수 없으나, 이 해석은 처첩제의 본질에 접근하는 것을 어렵게 한다. 그럼에도 불구하고 첩의 존재를 '많은 자식〔다자多子〕'의 문제에 초점을 맞춘 것은 고금을 통하여 나타난 일반적인 현상이다. 『시경』「대아·사제」편에 나오는 문왕 처 태사의 고사라든가, 자손의 번창을 노래한 「인지麟趾」편과 「종사螽斯」편의 내용은 수많은 첩의 존재와 그것을 용인한 처의 미덕을 칭송한 것이다. 이후의 역사에서는 『시경』을 바탕으로 하여 문왕의 많은 자식을 부인 태사의 아름다움〔태사지휘太姒之徽〕[45] 때문이라고 칭송하였는가 하면, 또 번식력 강한 메뚜기가 그들이 웅웅거리며 모여사는 형상을 문왕의 번창한 자식에 빗대어 노래하며 이 또한 '태사의 어짐〔태사지인太姒之仁〕'[46] 때문이라고 평가하였다.

중국 역사상의 여성 관념 변천을 연구한 현대의 학자 두팡친杜芳琴의 경우도 첩의 존재를 합리화하는 기존의 방식을 그대로 수용하고 있다. 그 역시 서주 국가의 처첩제는 많은 자식의 이상을 실현하기 위해 제출된 것으로 보았다.[47] 그는 『주역』「귀매歸妹」[48]와 『시경』「대아大雅·한혁韓奕」[49]을 소개하며, 두 원전에 나오는 수많은 여자는 다육

多育의 희망을 담고 있는 것으로 보았다. 즉 수많은 잉첩이 한 사람의 정식 처를 따라가는 모습이 그려져 있는 이 자료들은 한 남자가 수많은 여자와 동시에 결혼을 하는 것을 말해 준다. 두광친은 태사가 남편의 다른 여자에 대해 질투가 없었던 것을 "많은 여자를 들여야 많은 자식을 낳을 수 있고, 많은 자식은 큰 복을 안겨 준다.〔다취다자多娶多子, 다자다복多子多福〕"는 측면에서 해석하였다. 이것은 남성의 행위를 보다 더 큰 구조 속에서 보려는 시각이지만, 남성측의 요구를 반영한 해석이라는 점을 분명히 할 필요가 있다. 예컨대『시경』「종사螽斯」편은 첩을 들이기 위해 처와 벌이는 협상의 논리로 즐겨 인용되곤 했다. 동진東晋 때의 사안謝安이라는 사람이 함께 놀던 기생을 첩으로 들이려 하자 그의 처가 완강하게 반대하였다. 남편은 조카들을 동원하여 처를 설득하고자 하였다. 숙모를 찾아간 조카들이「종사」편을 인용하여 자손을 많이 얻으려면 첩을 많이 얻어야 된다고 하자 그 처는 이렇게 말한다. "이 따위 시는 누가 쓴 것이냐? 주공? 그가 바로 남자이기 때문이다. 그가 여자였다면 이런 시를 썼겠는가?"[50] 사안의 처는 첩을 합리화하는 남성적 논리의 본질이 무엇인가를 꿰뚫은 드문 사람 중의 하나이다.

첩의 존재가 과연 '많은 자식〔다자多子〕'을 얻기 위한 것이었을까? 혈통 사회에서 많은 자식을 원했던 것은 사실이지만, 첩의 자식을 얻고자 한 것은 아니었다. 첩의 자식은 경제 · 정치적 분배 문제에서 오히려 분쟁의 요인이 되었다. 따라서 첩은 그 자식을 의도하고서 설정된 존재이기보다 남성의 생물학적 욕망에서 그 일차적인 원인을 찾아야 한다. 첩을 남성의 성적 욕망이라는 측면에서 조명할 때 종법이 남성 중심의 제도화뿐 아니라 남성 욕망의 극대화를 조장해 왔음을 드러낼 수 있을 것이다.

처첩제의 확립은 사실상 일부다처제一夫多妻制를 승인하는 것이다. 그러나 종법의 성별 구성이 남녀 각각에게 공정하다는 주장의 맥락에서 정식 처는 한 사람이어야 한다는 조항을 들고 있다. 즉 종법에서의 혼인은 근본적으로 일부일처제一夫一妻制라는 것이다. 나아가 처에 대한 의무 개념을 들면서 처의 지위가 낮지 않았고 따라서 여성의 지위가 낮지 않았다고 주장한다. 그러나 처의 지위가 높았다는 사실을 인정한다 하더라도 그것을 여성 일반의 문제로 환원시킬 수 없는 것은 수많은 첩의 존재가 '여성'의 범주로부터 배제되기 때문이다. 또 처의 입장에서 볼 때 처는 그 형식적인 지위가 보장되었다 하더라도 여성으로서 자신의 섹슈얼리티는 제거된 존재라고 할 수 있다. 첩은 처의 '용도'와는 반대의 측면에서 이해될 수 있다. 첩에게는 인격은 물론 가정 내부에서의 지위랄 것도 없었다. 『예기』「단궁檀弓」에는 서모를 파는 것에 대해 형제가 의논한 일화가 기재되어 있다. 첩이 종법적 가족 개념에서 어떠한 위치에 처해 있는가를 말해 주는 것이다.

자류의 어머니가 죽자 자석이 방법을 강구해 보자고 했다. 자류가 그것이 무엇이냐고 묻자 자석은 '서제庶弟의 어머니를 팔자'고 제안했다. 자류는 '어떻게 다른 사람의 어머니를 팔아서 우리 어머니 장례 비용을 마련하겠냐'고 하면서 반대했다.[51]

첩이라는 신분은 살아서 비록 남편의 애정을 받았다 하더라도 사후의 장례 의식에서는 제대로 대접받을 수 없었다. 『춘추좌씨전』에는 첩의 위치가 어떠했는가를 말해 주는 기록이 있다. 춘추 시대 진晉나라의 평공平公은 그의 첩 소강을 매우 사랑했다고 한다.

진나라 평공의 첩 소강少姜이 죽었다. 노나라의 소공은 그를 추모하기 위해 진나라로 가던 중 강을 건너게 되었다. 진의 평공은 사람을 보내 거절의 의사를 표명했는데, '나의 항려伉儷라 할 수 없으니 당신을 욕되게 하고 싶지 않습니다'라고 했다. 그래서 노나라 소공은 발길을 돌렸다.[52]

여기서 첩의 신분으로는 죽어서도 대우를 받지 못했음을 알 수 있다. 종법이 제출한 처첩제는 사실상 일부다처제이지만 명분상으로는 일부일처제이다. 그렇다면 실제와 명분이 다른 이 제도의 정치적 함의가 무엇이며, 그 발생적 기원이 어디에 있는가를 볼 필요가 있다. 종법의 일부일처제는 '부부가 각각 한 사람의 배우자를 정해 놓는다'는 일부일처제의 기본 원리와는 달리 사실은 여성에 대한 규제 요구이다. 그것은 여자만이 정해진 한 남자에 구속된다는 것이지 남자가 정해진 한 여자에게 구속되는 것은 아니라는 말이다. 즉 처첩제는 한 남자가 동시에 많은 여자를 거느릴 수 있다는 것을 의미하는데, 이것은 한 여자가 많은 남자, 한 남자가 많은 여자와 성 자유를 누리던 고대 씨족 사회의 군혼제羣昏制에 기원을 둔다. 그러나 남녀가 동등하게 누리던 성 자유를 남성에게는 예전과 같이 인정하였고, 여성에게는 금지한 것이 종법이 규정한 남녀 정책이다. 즉 혼인 규정에서 제한될 수 있는 성적 욕구를 남성에게는 그대로 보장한 반면 여성에게서는 그 권리를 박탈하였다. 한 남자가 거느릴 수 있는 첩의 수는 신분에 따라 일정한 제한이 있었지만 다수였고, 정식 처는 오직 한 사람이어야 했다. 인간 재생산과 생물학적 생존이라는 인간의 두 가지 욕구를 남성에게만 허용한 것이 처첩제의 본질이다. 다처의 승인이자 일부다처 현상을 합리화[53]하는 것에 본 뜻이 있는 처첩제는 남성 중심의 가족 제도가 도달한 필연적인 결론인 것이다. 즉 처첩제는 남성의 성욕을 보장하면서 여성의 성욕은 통제하는 구조를 낳았다. 남성 입장에서 본다면 처첩제의 적극적 의의는 남성의 성욕이 허용되면서 파생한 문제들을 해결하기 위한 방안이었다는 점에서 찾을 수 있다.

반드시 그런 것은 아니지만 대개 자식의 수는 첩의 수에 비례한다. 그러나 아버지의 신분을 계승할 수 있는 자식은 단 한 사람에 불과하므로 그 계승의 원칙이 없다면 수많은 자식들 사이에 다툼이 일어나 '골육상쟁'을 초래할 수 있다. 모두 같은 아버지의 자식이지만 똑같은 가치를 가지는 것은 아닐 것이다. 아버지의 특별한 사랑을 받는 자식이 있을 수 있지만 이 또한 형제간, 처첩간의 분쟁을 초래할 수 있다. 정치와 경제의 분배 문제를 둘러싸고 벌어질 형제 간의 갈등을 해결하기 위해서는 무엇보다, 누구도 바꿀 수 없는 선험적인 원칙이 필요했고, 그것은 그 어머니의 성분을 서열화하는 것이 대안이 될 수 있었을 것이다. 수 명의 자식 중에서 정식 처가 낳은 자식, 그 가운데서도 맨 처음 태어난 자식을 후계자로 삼는다는 것이 '적장자계승제嫡長子繼承制'이다. 적자嫡子라는 개념은 처첩의 구분이 있고 난 후에 성립될 수 있다. 부자상속은 형제상속이 안고 있는 문제를 해결하기 위해 나온 것이라면, 적장자계승제 역시 부자상속이 안고 있는 문제를 해결하기 위한 것이다. 형제상속이 될 경우 상시적인 분쟁을 벗어날 길이 없다고 생각, 소위 분쟁을 해소할 방법으로 부자상속이 채택된 것으로 이해된다. 또 부자상속이라 하지만 누가 아버지의 신분과 재산을 계승할 것인가에 직면할 때 아버지의 수많은 아들 사이에서 심한 분쟁이 일어날 수 있는 것이다.

앞에서 말했지만 주초만 해도 적자와 서자, 처와 첩의 구분이 그다지 엄격하지 않았다. 주초 70여 개국의 봉국 중에는 무왕의 형제가 15개국이었다.[54] 여기서 문왕의 정식 부인 태사가 낳은 자식은 모두 10명이었다. 이 중 장남 백읍고伯邑考는 주왕紂王에게 죽임을 당했으므로 9명의 아들 외에 나머지 분봉자는 서형제庶兄弟이다.『시경』「사제」편에서 문왕의 아들이 백 명이라고 했는데, 그렇다면 나머지 아들은 어디로 갔는가? 이에 대해 중국학자 정혜생鄭慧生은 고대의 백百의 글자는 백白, 백伯과 통용되었다는 점에 주목, 숫자 100을 말하는 것이 아니라고 했다.[55] 이러한 주장을 참고하건대, 이는 많은 자식을 둔 것에 대한 일종의 수사로 보는 것이 타당할 것 같다. 주초의 정치적 분배에서는 서자라고 해서 제외된 것이 아니라고 본다면 이것은 적서 또는 처첩의 구분이 분명하지 않았다는 근거가 된다. 그러나 이후 무왕의 자식 중 봉국을 받은 자는 4명, 주공의 자식 중 봉국을 받은 자는 6명에 불과하였다. 문왕과 비교할 때 이들의 자식 수는 아주 적은 숫자이다. 불과 1세대 사이에 자식의 수가 갑자기 줄었다기보다는 종법이 작동되면서 적서구분을 분명히 했기 때문에 그들의 서자가 본봉의 특혜에서 제외된 것으로 보인다. 달리 생각하면 점점 제한될 수밖에 없는 봉토를 합리적으로 나눌 수 있는 방법을 모색하면서 형제 내부를 서열화한 것이라 할 수 있다. 역사가 진행될수록 서자와 적자,

처와 첩의 구분은 엄격해졌다. 주나라 유왕幽王이 적부인 소생인 태자 의구를 폐하고 첩 포사가 낳은 백복으로 교체한 것에 대해 사상가들은 "서자로써 적자를 대신한다[이얼대종以孽代宗]"고 하며 비난하였다. 『시경詩經』의 「백화白華」편은 이 상황을 풍자한 것이다.

왕국유는 서주 종법에서 사람 쓰는 자격은 '입자입적立子立嫡'에 있다고 하고, 그것은 곧 '안정을 추구하며 분쟁을 없애는[구정이식쟁求定而息爭]' 방안이었다고 하였다. 종법의 논리에 의하면 권위적인 질서를 세우는 데는 형제보다는 부자가 더 효율적이다. 또 형제간의 친밀성은 부자 간의 친밀성에 못 미치며, 형을 존경하는 것은 아버지를 존경하는 것에 못 미친다고 보았다. 형제는 세대가 같고 연치가 비슷하여 형의 권력을 넘보는 동생이 나올 가능성이 부자에 비해 훨씬 높다. 형제가 순서대로 후계자가 되어 이제 그 대상이 없을 때는 맏형의 자식이 후계자가 된다는 것이 형제상속의 골자였다. 그러나 종종 현재의 권력자인 동생의 자식을 후계자로 삼는 경우가 있었다. 여기서 분쟁이 생겼다. 주인周人의 전자제傳子制는 바로 이러한 폐단을 해결하고자 하는 것에서 나온 것임을 알 수 있다.

전자제傳子制가 서주 종법의 계승 원리가 된 이상 형제상속은 비정상적인 것으로 조명되었다. 춘추 시대 송나라의 목공穆公은 형 선공宣公으로부터 제위를 물려받았는데, 그가 죽을 즈음에 형의 아들인 여이與夷에게 제위를 물려주고자 하였다. 중신들은 부자상속의 원칙에 어긋난다고 하여 반대하였지만, 목공은 과거에 형이 자기 아들을 놓아두고 동생인 자신에게 제위를 물려준 것을 상기하면서, 형에 대한 의리를 지켜야 한다는 논리를 폈다. 결국 목공의 뜻대로 형의 아들 여이가 제위에 올라 상공殤公이 되었고, 자신의 아들 풍馮은 정鄭나라로 떠나버렸다.[56] 이에 대해 '군자'들은 송나라 선공이 사람을 제대로 알아보았다고 논평하였는데, 이는 목공의 덕을 칭송하는 맥락에서이다. 이후 송상공은 10년 동안 11번의 전쟁을 치르게 되었는데, 『사기』 「양효왕세가」에서는 송나라 환란의 원인을 선공의 형제상속에서 찾았다. 이것은 부자상속을 주장하는 측근에서 나온 송나라 환란의 원인이다. 따라서 형제상속 그 자체에 분란의 요인이 들어 있는 것인지 아니면 전자제가 법으로 규정됨으로써 생긴 분란인지를 분명하게 말할 수 없다. 후자의 경우 계승권을 이미 확보했다고 여긴 적장자가 자신이 배제되었을 때 반란을 일으킬 만한 충분한 이유가 될 수 있었을 것이다.

서주 종법은 정식 부인에게는 남편의 신분 및 그에 상응하는 처우를 규정하였다. 처妻의 직분이란 남편을 계승할 자식을 낳음으로써 종법 가정의 계통을 잇고 그 질서를 유지시켜 주는 데 있다. 종법에서 처의 지위를 보장하는 것은 남녀를 차별하지 않기 때문이라기보다는 종법제가 규정한 처의 사회적 역할이 중요했기 때문이다.[57] 다시 말해 처는 남성의 아내라는 측면에서 그 신분이 보장된 것이다.

처첩제妻妾制는 정치 혼인과 애정 혼인의 모순을 보완하기 위한 남성측 요구의 제도이다. 처첩제는 인간 재생산과 생물학적 욕구 실현이라는 혼인의 두 가지 큰 의미를 남성에게만 허용한 것이다. 남성에게 있어서 처의 존재는 가족의 영속성을 보장해 주는 측면에서, 첩의 존재는 생물학적 욕구를 실현시켜 주는 측면에서 의미를 가진다고 할 수 있다.

이러한 처첩제는 동아시아 유교 문화권에서 여성의 심리적 구조와 문화적 습관에 절대적인 영향력을 행사하였다. 무엇보다 여성들 사이의 연대를 방해해 왔다는 점을 들 수 있다. 처첩간의 갈등은 처첩제의 성립과 함께 구조적으로 이미 예정된 것이지만 그 갈등은 여성 내부의 문제로 환원되었다. 즉 첩은 자신의 낮은 사회적 신분을 처를 향한 원망으로 치환시키고, 처는 첩과의 심리적 갈등의 원인을 첩에게서 찾는 구조를 생산하였다. 여기서 이러한 상황의 원인을 제공한 남성 또는 남성적 제도는 이들의 갈등을 관조하거나 중재하면서 그 책임을 빗겨갈 수 있었다. 그들은 오히려 여자들의 질투심을 누르기 위한 방안을 여러 방면에서 모색하였고, 문학 작품에서는 처첩의 갈등을 희화화함으로써 갈등과 분쟁을 즐기는 것이 여성의 본질인 양 유포시켰다. 또는 처와 첩이 아주 친한 사이임을 담론화하고 그것을 부덕婦德으로 승격시키기까지 하는데, 이 역시 처첩제가 안고 있는 근원적인 모순과 갈등을 해소하기 위한 방법이었음을 아는 것은 그다지 어려운 일이 아니다.

4. 매작혼제媒妁昏制

남녀 관계를 규율하는 서주 종법의 또 하나의 특징은 배우자를 정하는 방식이 제도적 차원으로 옮겨진다는 점이다. 이때 배우자 선택에 있어 애정의 유무나 개인적인 기대 충족의 여부는 고려의 대상이 되지 않는다. 혼인상의 질서 확립이 서주의 국가적 기획에서 중요한 요소가 됨으로써 남녀 사이에서 발생하는 애정 문제가 제도적 맥락에서 파악될 수밖에 없었다. 매씨媒氏라는 직책이 이 일을 담당하였다.

『주례周禮』에는 매씨를 "백성들의 반쪽을 만들어"[58] 주는 직책이라고 설명하고 있다. 매씨는 "각 가정에서 아들 딸의 이름이 정해지면 그 출생 연월일을 기록하고, 영令을 발동시켜 남자 30세에 장가들게 하고, 여자 20세에 시집가게 하는"[59] 일을 하였다. 매씨가 하는 일은 "판처判妻(이혼한 부인)가 재혼할 때 데리고 온 자식을 기록"하였고, "혼자 사는 남녀의 혼인을 주선"[60]하는 것이었다.

당시의 성 풍습에는 만물을 피어나게 하는 봄이 절정에 이르면 농사의 풍요를 바라는 전례典禮의 하나로 남녀가 자유롭게 만나 성교를 벌이곤 했다. 이것을 사교매祠郊媒라고 하는데 이에 대해서는 뒤에서 상세히 서술할 것이다. 『주례』에 나타난 바 종법은 국가의 규정을 어기고 서로 눈이 맞아 사는 것을 금지하였으나, 이때 만난 남녀들의 자유로운 성 관계는 처벌의 대상이 되지 않았다.[61] 이에 대해 정현鄭玄은 봄을 사람의 욕정이 피어나는 시기로 보아 천시天時를 중시했기 때문으로 해석했다. 중춘仲春의 계절이 아님에도 불구하고 매씨의 허락을 받지 않은 혼인이 발생한 경우에는 처벌의 대상이 되었다. 당시 사람들에게 중춘은 식물이나 동물의 교배에 적절한 시기이며, 그리고 인간 남녀는 성 욕구가 자연스럽게 발생하는 시기로 본 것 같다.[62] 종법은 그 외에도 "딸을 시집보내고 아내를 맞이하는 데 소용되는 예물에 제한을 두었고, 살아서 부부가 아니었던 자들이 무덤을 같이 쓰는 것을 금하였고, 죽은 자와 산 자를 결혼시키는 것을 금하였다."[63]

매씨는 남녀를 맺어주고 혼인 가부可否를 결정해 주는 담당관이지만 남녀 치정에 관한 소송을 맡아 해결하는 일도 하였다. 즉 "남녀 치정에 얽힌 소송은 망국亡國의 제단에서 수행하였다. 그 죄에 따라 사법기관으로 이관시켰다."고 한다.[64]

『주례』「지관地官」의 대사도大司徒라는 직책은 12항목에 해당하는 교화의 책임을 가졌다. 그 중 세 번째가 "음례陰禮로 백성을 가르치면 백성의 원망이 사라진다."는 내용이다. 여기서 '음례'란 혼례를 가리킨다. 즉 혼례는 당시에 통행하던 '다혼多昏'을 없애고 혼인상의 질서를 세우기 위해 요청되었던 것으로 보인다. 종법의 혼인 규정은 남녀 당사자가 직접 구혼하거나 허혼할 수 없도록 했다. 반드시 부모의 허락[부모지명父母之命]이나 중매인의 동의[매작지언媒妁之言]가 있어야만 혼인할 수 있었다. 『시경』의 「남산南山」과 「벌가伐柯」는 중매혼을 권장하는 당시의 분위기를 반영한 것이다.

> 삼을 심자면 어떻게 해야 하지? 종횡으로 밭을 갈아야겠지.
> 장가를 들려면 어떻게 해야 하지? 부모에게 반드시 아뢰어야지.
> 이미 아뢰고 데려갔는데, 어째서 또 괴롭히는가?
> 장작을 쪼개려면 어떻게 해야 하지? 도끼가 없으면 할 수 없지.
> 장가를 들려면 어떻게 해야 하지? 중매가 없으면 갈 수 없지.
> 이미 중매 넣어 장가 들었거늘, 어째서 또 곤란하게 하는가?[65]
>
> 도끼 자루감을 베려면 어떻게 해야 하지?
> 도끼가 아니면 벨 수가 없지.
> 장가를 가려면 어떻게 해야 하지? 중매인이 없으면 갈 수 없지.
> 도끼 자루를 만들려면 나무를 베어야 하는데,

그것이 먼 데 있지 않구나.

내 님을 만나 예를 갖추어 혼인을 하네.[66]

문답식으로 구성된 이 시는 지배층이 의도한 바의 혼인 규정을 풍습으로 정착시키는 데 효율성을 더해 주는 것 같다. 『예기』에서는 "남녀 사이에 중매하는 이가 없으면 서로 이름을 알려고 해서는 안 된다. 예물을 받아서도 안 되며 서로 사귀거나 가까이 해서도 안 된다."[67]라고 하였다. 즉 남녀는 가운데서 소개하는 자가 없이 만나고 교제하는 것 자체가 불가능하였다. 그 결과 처녀가 그대로 늙는 한이 있더라도 중매가 없이는 시집갈 수 없었다.[68] 이러한 분위기 속에서 "부모의 허락이나 중매인의 소개를 기다리지 못하고, 문틈으로 서로를 훔쳐보고 담을 넘어 서로 만나는 행위를 하는 남녀는 부모와 사람들의 멸시를 받게 되었다."[69]

둘째 도련님! 우리 마을에 넘어 오지 마세요.

우리 집 산버들 꺾지 마세요.

어찌 나무가 아깝겠어요? 부모님이 두려워서지요.

도련님은 그리우나 부모님 말씀이 두려워요.[70]

이처럼 좋아하더라도 서로 만나는 것은 쉽지 않았다. 배우자 선택을 부모가 주관하고, 매작을 통해 혼인을 성립시키려는 이유에 대해 한대漢代 반고班固의 『백호통白虎通』은 이렇게 말한다.

남자든 여자든 자기 마음대로 시집 장가갈 수 없다. 반드시 부모의 뜻에 따르고 매작을 통해 혼인을 해야 하는데 그 이유가 무엇이겠는가.

남녀 사이에 혹시나 모를 부끄러운 행위를 멀리하고 음란함과 방탕함을 미리 방지하기 위해서이다.[71]

『백호통』은 남녀 관계를 유교의 예적禮的 질서로 편성해야 했던 한漢나라 초기의 시대적 요구를 담고 있다. 여기서는 남녀의 혼인에 부모나 중매인이 개입하는 것은 성적인 '음란'과 '방탕'을 미연에 방지하기 위한 것이라고 하였다. 한대의 문헌 『회남자淮南子』도 남녀간의 성적 문란을 이유로 중매혼을 지지하였다. "매파를 통해 언약을 하고, 예물을 보내어 아내를 맞아하며, 사모관대를 하여 친히 맞이하는 예는 번거롭지 않음이 없었다. 그런데도 바꿀 수 없는 것은 음란함을 막기 위해서이다."[72] 물론 이러한 우려는 남성보다 여성을 통제하기 위한 것이다. 뒤에서 상세히 나오지만 성적 '음란'이라는 용어는 대부분 여성에게 해당되는 개념으로 쓰이고 있기 때문이다. 그것은 중매혼이 결국 부계 전통의 확립이라는 과제와 연계되어 있기 때문이다. 부계 계통의 확보라는 차원에서 성적인 문란을 방지하겠다는 것은 곧 여성의 성sexuality을 통제하겠다는 뜻이다. 부모의 명령과 중매쟁이의 승인에 의한 혼인 인정은 종법적 가족 제도의 필연적인 산물이다. 종법에서 혼인의 목적은 조선祖先의 업적을 계승하고 가정을 번성하게 하며, 후손을 잇는 데 있었기 때문에 가족의 이익이 우선이고 개인의 취향은 다음의 문제이거나 배제되었다.

부모의 허락이 없이는 혼인 자체가 불가능했던 시대적 상황 속에서 부모 허락을 받지 않고 혼인을 했을 경우 이는 비상식적이고 비정상적인 행위로 평가될 수밖에 없었다. 맹자 시대의 상식에서 볼 때 도저히 이해될 수 없는 혼인 사례가 있었다. 순舜임금이 바로 그이다. 맹자와 맹자의 제자 만장萬章은 중매인이 없이 혼인한 순의 경우를 놓고 치열한 논쟁을 벌였다.

만장이 물었다. 『시』에서 말하기를 '장가를 들려면 어떻게 해야 하는가? 반드시 부모에게 아뢰어야 한다.'라고 했는데, 진실로 이 말대로라면 순舜과 같이 하지 말아야 할 것 같습니다. 순이 부모에게 아뢰지 않고 장가든 이유는 무엇입니까?' 맹자가 말했다. '순이 부모에게 의논을 했다면 장가를 가지 못했을 것이다. 남녀가 혼인하는 것은 사람의 큰 도리이다. 순이 만약 부모에게 의논을 했다면 인간의 큰 도리를 실현할 수가 없게 되었을 것이다. 이 때문에 아뢰지 않은 것이다.' 만장이 말했다. '순이 부모에게 아뢰지 않고 장가든 것은 지금 선생님께 들어 알게 되었습니다. 그런데 요임금께서 순에게 딸을 시집보내면서도 그 부모에게 말하지 않은 것은 무엇 때문입니까?' 맹자가 말했다. '요임금 또한 순의 부모에게 알리게 되면 딸을 시집보낼 수 없다는 것을 알았기 때문이었다.'[73]

만장의 질문에 대한 맹자의 답변이 뭔가 좀 옹색하다는 느낌이 든다. 맹자가 순의 행위를 평가하는 기준은 순 시대의 것이 아니라 맹자자신의 상식이다. 즉 현재의 기준으로 훨씬 과거의 행위를 평가하고있는 것이다. 순의 시대에 혼인을 구성하는 조건은 서주 종법의 혼인규정과 달랐을 것이다. 즉 중매혼이란 종법의 영향 아래에 있었던 맹자 당시에 통용된 혼인 규정이다. 그런 점에서 만장의 질문에 대한 맹자의 답변은 선결되어야 할 문제를 제쳐둔 셈이다.

곽말약郭沫若은 순의 시대가 원시 군혼의 한 단계에 속한다고 보았

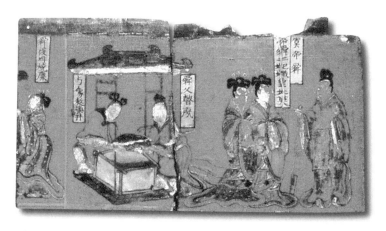

순舜과 두 비妃 아황과 여영(右), 순의 부 고수(左)(사마금룡묘에서 출토된 병풍그림)

다.[74] 여진우呂振羽는 순의 시대가 대우혼對偶婚에 해당한다고 보았
다.[75] 요의 두 딸 아황娥皇과 여영女英은 순을 공동의 남편으로 삼았
다.[76] 그리고 순의 남동생 상象은 형이 죽으면 두 형수를 자신의 처로
삼을 수 있다고 하였다.[77] 이러한 서술들을 보건대, 순의 시대 혼인
규정에 의하면 자매와 형제가 그 배우자를 서로 공유하는 것이 자연
스러웠다.『회남자淮南子』에서도 배우자를 대하는 방식에서 후대의 상
식으로는 이해되지 않는 측면이 존재했음을 보여준다.『회남자』는 말
했다. "옛날에 창오요蒼吾繞가 장가를 들었는데 아내가 아름다우므로
형에게 양보하였다. 그러나 이것은 진심으로 사랑한 것이라 하더라도
있어서는 안 되는 것이다."[78]

　서주의 중매혼은 남녀의 애정 관계를 종법이라는 일정한 구도 속에
서 관리하려는 것이다. 따라서 중매혼에 대한 이해는 혼인이 가지는
그 시대의 의미 속에서 파악되어야 한다. 그와 함께 남녀 사이의 애정

78

을 질서의 차원에서 관리하고자 한 그 시대의 방법들을 비판적으로 볼 수 있어야 한다. 그런 점에서 순이 부모에게 알리지 않고 장가든 것에 대한 맹자의 해석은 순의 진실과는 다를 수 있다. 맹자가 자기 시대의 상식을 전혀 다른 상식을 가진 시대에 그대로 적용시킨 것은 문제가 있다. 순이라는 성인을 합리화하는 과정에서 맹자는 생물학적 욕구가 제도보다 근원적인 것임을 보이고 있는데, 맹자 사상의 성격을 볼 때 이것은 맹자가 의도하지 않은 부분인 것 같다. 서주 봉건 국가의 현실적 문제를 해결하기 위해 만들어진 종법제는 남녀가 만나 함께 가정을 이루는 그 과정까지도 일정한 규칙의 지배 아래 두고자 한 것이다.

　동성불혼, 처첩분변, 중매혼 등을 내용으로 하는 서주西周의 혼인제도는 서주국가가 추구한 부권 전통의 확립과 같은 맥락에 놓여 있다. 종법의 핵심 내용은 남녀를 위계적으로 배치하고 그 관계를 지배와 종속의 체계로 규정한 것이다. 제도와 이념을 부계 중심으로 구성하기 위해서는 부계에 대항하는 여러 요소들을 주변화하는 것이 필요하다. 따라서 부계 중심의 가족 원리는 모계, 나아가 여성을 배제하는 이념을 만들어 내기에 이른다.

3장

여성 배제의 관념:성모론聖母論과 여화론女禍論

1. 고대 국가 흥망의 서사

'여성'의 범주

서주 시기를 반영하는 고대 문헌은 여성에 관한 이야기가 일정한 방향을 가지고 전개되고 있음을 보여준다. 여기서 여성이라는 존재는 인간 일반의 범주에서 배제된 존재, 즉 남성의 상대적인 범주로만 파악되는 것이다. 반면에 남성은 인간 일반과 동일시되었다. 사람을 가리키는 인人의 범주와 여자의 범주가 따로 있다는 것이 한 예가 될 수 있다. 주나라를 창설한 무왕은 『서』에서 "나를 도운 신하 10인이 있다."[1]라고 말한 적이 있었다. 이에 대해 공자는 『논어』에서 "그 중에 한 명은 부인이니 9인이 있었을 뿐이다."[2]고 말하였다. 『논어』에서 공자는 또 "여자와 소인은 대하기가 어렵다. 가까이 하면 불손하게 굴고 멀리 하면 원망을 한다."[3]고 하였다. 공자가 말한 소인이란 군자의 반대쪽에 위치한 사람을 가리키는데, 그렇다면 공자 시대의 인간이란 크게 세 종류로 나뉘어진다. 군자와 소인, 여자가 그것이다. 공자의 군자는 재위자 또는 지배자의 의미로 쓰이기도 하고, 도덕적인 개념으로 쓰이기도 한다. 군자를 어떻게 정의하는가에 따라 소인은 그 반대의 지점에 위치하게 된다. 지위나 덕의 유무有無에 의해 군자와 소인이 나누어진다면, 여자는 이러한 분류와 상관없는 제3의 존재인 셈이다.

고대 문헌에서 여자를 가리키는 용어로 여女와 부婦가 있다. 이 용어는 혼인의 미未·기旣에 따른 구분인데, 이 외에 여자를 지칭하는 다른 용어는 거의 보이지 않는다. 즉 여자란 혼인을 이미 했는가 아직 하지 않았는가 두 가지 질문으로 구성되는 존재라는 것인데, 여기서 불혼不昏이나 비혼非昏의 가능성은 아예 배제되었다. 반면에 남자를 지칭하는 용어는 다양하면서도 혼인과 무관하게 사용되고 있다. 고전 텍스트에서 '남男'의 용어는 아들 또는 여女의 상대어, 두 가지 경우에 한정적으로 쓰일 뿐 아니라 사용 빈도도 그다지 많지 않다.[4] 반면에 남성 일반을 지칭하는 용어로 빈번하게 사용된 것으로는 사士·군자君子·소인小人·장부丈夫·성인聖人 등이 있다. 예컨대 『시경』과 『서경』의 경우 남성에 해당하는 용어로 '사士'를 쓰고 있는데, 이 글자는 두 경전에서 각각 50회 이상 나온다. 즉 아들 또는 여女의 상대어로 쓰인 남男과는 달리 젠더를 탈각한 용어들이 남성 전용어로 사용되고 있는 셈이다. 다시 말해 중국 고대에서는 남성을 지칭하는 전용어가 다양하였을 뿐 아니라 그것이 곧 인간 '보편'의 언어로 사용되었던 것이다. 이것은 남성 사이의 차이는 민감하게 밝혀 내면서 모든 여성을 동일하게 처리하는 방식인데, 여기에서 여자는 남자의 소외된 존재임을 확인할 수 있다.

존재론적으로 여성은 인간의 범주에서 제외됨과 동시에 관념론적으로 여성을 배제하는 시도가 활성화된다. 여성을 주변화하는 관념은 남성 지배 구조의 필연적인 산물이다. 남성 우위의 제도는 여성 비하의 관념을 짝으로 삼는데, 이들은 한 쪽을 강화함으로써 다른 한쪽 역시 강화되는 방향으로 전개된다. 중심적 존재는 주변적 존재로 인해 돋보일 수 있고, 우위성의 확보는 상대의 열등성을 강조함으로써 가능해진다. 남성에게 우위성과 중심성을 부여한 서주의 성별 정책은 여성을 열등하고 주변적인 존재로 밀려나게 하였다. 즉 남성 보조자로서의 여성 정체성은 서주의 제도적·문화적 특수성 속에서 형성되고 강화된 것이다. 이러한 역사 과정 속에서 독립성이나 주체성 등의 용어는 여성과 점점 멀어지게 되었다. 존재론적인 의미에서 여성은 누구의 딸, 누구의 아내, 누구의 어머니로 불린다. 가치론적인 의미에서 여성은 각 역할 존재에 상응하는 행위를 했는가 아닌가로 평가되는 것이다.

중국 고대에서 여성은 두 가지 유형으로 분류되는데, 이른바 나쁜 여자와 좋은 여자이다. 이 분류는 물론 남성이 만든 것이다. 즉 '우리(남성)'를 돕는 여자와 '우리(남성)'에게 도전하는 여자이다. 여성을 어떤 존재로 설명하는가는 남성들의 역사 서술 속에서 좀더 분명해지는데, 그 역사에서는 '흥興' 아니면 '망亡'이 있을 뿐이다. 중국 고대의 국가 흥망사를 보면, 나라를 건설하는 자가 있으면 반드시 나라를 멸망시키는 자가 있었다. 과거의 모든 왕국은 능력 있는 훌륭한 사람에 의해 창설되었다가, 비뚤어진 한 개인에 의해 망한 것으로 이야기되는 것이다. 여기에서 가장 중요한 열쇠를 쥐고 있는 사람은 다름 아닌 군주의 부인이다. 이러한 설명에 의하면 군주 개인의 능력과 품덕品德이 나라의 흥망에 직접적인 동기가 되지만 군주를 움직이는 배후의 인물은 그 부인들인 것이다. 왕조 흥망의 중국적 논리는 고대의 세 왕국 하夏·상商·주周에서 시작된다.

> 하나라가 흥기한 것은 도산씨塗山氏가 있었기 때문이고, 걸왕桀王이 유배된 것은 말희末喜가 있었기 때문이다.[5] 상 왕조가 흥기한 것은 유융씨有娀氏가 있었기 때문이고, 주왕紂王이 주살당한 것은 그가 달기妲己를 사랑했기 때문이다.[6] 주나라가 흥기한 것은 강원姜嫄과 태임太任이 있었기 때문이고, 유왕幽王이 사로잡혀 서주의 마지막 왕이 된 것은 포사褒姒가 있었기 때문이다.[7]

나라의 흥망을 유도한 배후 인물로 여성의 존재를 부각시키고 있는 것이 세 고대 왕국의 공통점이다. 여기서 흥미로운 것은 나라를 세우는 데 기여한 여성은 어머니인 경우가 대부분이고, 나라의 멸망을 부추긴 여성은 모두가 군주의 아내라는 점이다. 하나라의 도산씨는 우의 부인이지만 우를 시조로 한 하夏나라가 우의 아들 계啓에 의해 기틀이 마련되었다는 점에서 그의 어머니 도산씨가 부각된 것이다. 도산씨는 도산 씨족의 장녀이다.[8] 상나라의 시조는 설契인데, 그의 어머니는 유융 씨족 출신인 간적簡狄이다. 주나라의 시조는 후직后稷인데, 그를 낳은 어머니는 유태有邰 씨족 출신 강원姜嫄이다. 태임은 문왕의 어머니인데, 지임摯任 씨족 출신으로 훌륭한 자식을 얻기 위해 태교를 잘한 여성으로 알려져 왔다. 이 논리에서 보면 하·상·주 고대 왕국이 성립될 수 있었던 것은 이들 어머니의 '훌륭한' 내조 덕분이었다.

반면에 멸망의 서사에 등장하는 여성은 모두가 군주의 아내이다. 하나라의 말희, 상나라의 달기, 서주의 포사는 각 왕조를 멸망으로 이끈 여성으로 묘사되는데, 모두 각 왕조 마지막 군주의 왕비이다. 여성들은 항상 그 출신 씨족의 이름과 함께 거론되거나 출신 씨족 명이 곧 여성들의 이름이 되었다. 여기서 흥망을 주도한 세력이 단순히 한 개인 여성이기보다 그 여성이 소속된 외척의 힘이 있었음을 알 수 있다. 즉 왕의 부족과 왕비의 부족이 상호 협조하거나 상호 쟁탈함으로써 한 왕조의 흥성과 멸망이라는 결과를 도출해 낸 것으로 보인다. 그렇지만 역사에서는 왕조 흥망의 배후 인물로 왕비라는 여성 개인을 부각시켜 왔다.

고대 사회의 서사 구조에서 여성은 흥興(일으켜 세움)과 망亡(무너뜨림)이라는 두 모델로 나누어진다. 이것은 남성 지배의 정치 구조에서 여성의 존재를 설명하는 일반화된 방식이다. 즉 나(남성)에게 도움이 되는 여자인가 해害가 되는 여자인가가 여성을 평가하는 일차적인 기준인 것이다. 다시 말해 여성에 관한 서사는 여성을 설명하기 위한 것이 아니라 남성 자신을 설명하기 위한 것이다.

여기서 여성은 남성 지배 구조에 협조하는 긍정적positive 모델과 남성 지배 구조를 교란시킨 부정적negative 모델로 나뉘어진다. 전자는 '성스러운 어머니'의 상으로 대표되고 후자는 '나쁜 아내'의 상으로 대표된다. 중국의 여성 역사와 여성 관념을 연구한 진동원陳東原은 그의 저서 『중국부녀생활사中國婦女生活史』에서 중국의 여성 윤리를 '식부주의息婦主義'라고 개념화하였다. 그에 의하면 중국의 여성 윤리란 며느리에 대한 통제와 관리에 핵심이 있었다. 즉 "여성에게는 오직 '시부모와 남편'에 대한 도덕 실천만 있을 뿐이지 흔히 말하는 현모양처주의賢母良妻主義는 없다."[9]라고 하였다. 이것은 유교 문화권의 여성이 남성에 비해 일률적으로 낮은 지위를 가지지만, 여성들 내부로 들어오면 여성들 역시 결코 동질적인 존재가 아니었음을 말해 주는 것이다. 다시 말해 유교 문화권 여성들의 차이는 '존모비처尊母卑妻'의 구도 속에서 설명될 수 있다. 여성들의 '강제된 종속'을 여성 스스로 문제화할 수 없었던 것은 이 '존모비처' 이데올로기의 작용이라 할 수 있다.

나쁜 아내

중국 역사에서 최초의 왕국으로 알려진 하 왕조는 걸왕과 말희末喜에 의해 멸망한 것으로 이야기되고 있다. 말희에 대해 서한西漢의 경학가 유향劉向은 『열녀전』에서 이렇게 말한다.

> 말희는 걸왕桀王의 부인인데 난잡하고 교만하기 짝이 없었네
> 걸왕 또한 이미 무도하여 갈수록 더 심해져 가고
> 간사한 무리까지 가세하여 법과 상식을 무시하니
> 하 왕조는 결국 망하고 상 왕조가 들어섰구나.[10]

다음은 중국 역사의 두 번째 고대 왕국 상 왕조를 파멸로 이끈 달기

와 관련된 기사들이다. 달기는 1장에서 소개된 바 상나라 마지막 군주인 주왕紂王의 왕비였다. 『서경』에서 "암탉이 새벽에 울면 집안이 망한다."고 했는데, 그 암탉에 해당되는 여성인 것이다. 달기에 대한 『열녀전』의 기사는 다음과 같다.

> 달기는 주왕의 부인인데, 미혹되고 난잡한 짓을 일삼았다.
> 주왕이 이미 무도無道했으니 서로 그 잘못을 부추켰도다.
> 불기둥에서 떨어지는 자를 보고 웃고, 간언諫言하는 자 감옥에 가뒀으니
> 목야의 전투에서 드디어 패하여, 상나라가 넘어지고 주나라로 되었다.[11]

중국 고대의 세 번째 왕국인 주周왕조는 11세기 경 무왕에 의해 창설된 지 500년이 지나자 큰 전환을 맞이했다. 주 왕조는 유왕幽王에 이르면 여러 가지 사회적 모순이 겹쳐 사실상 망하게 된다. 주나라의 명맥을 유지한다는 맥락에서 도읍을 동쪽으로 옮기는데, 이것을 기점으로 하여 역사에서는 이전을 서주西周라 하고 이후를 동주東周라고 부른다. 동주의 시대를 연 처음의 천자는 평왕平王이 되는데, 평왕 이후의 주 왕실은 실제적인 힘을 행사할 수 없는 명목상의 천자국이었다. 동주시대를 춘추 전국기라고도 하는데, 이 시대의 정치 질서는 패자들에 의해 주도되었다. 평왕은 서주의 마지막 왕 유왕의 아들이며, 서주 멸망의 이야기는 유왕을 주인공으로 한 것이다. 유왕의 왕비가 각종 경전에서 비난받은 포사褒姒이다. 『열녀전』에서 포사는 이렇게 이야기된다.

포나라 신의 침이 어린 궁녀의 몸 속으로 들어가자 포사가 잉태되었다.

포사가 자라서 유왕幽王의 비가 되면서
본래의 왕후와 태자는 퇴출당했다.
웃지 않는 포사를 위해 유왕은 거짓 봉화를 올리곤 했는데
신나라 제후의 공격을 받아 주 왕조는 마침내 문을 닫았다.[12]

　그렇다면 고대 이야기 속의 포사는 과연 어떤 여성이었는가? 『사기』와 『열녀전』은 그녀가 출생하게 된 과정을 상세하게 설명하고 있다. 포사에 관한 이야기를 요약하면 이렇다. 포사는 사람의 자식이 아니라 용이 흘린 침이 어린 동녀의 몸 속으로 들어가 태어난 요괴이다. 출생부터가 괴이하게 묘사된 포사는 결국 주周나라 천자인 유왕幽王의 왕비가 되기에 이르렀다. 포사가 왕비가 된 것은 과거에 포나라의 임금이 죄를 짓고 옥살이를 하던 중에 자신의 죄 값을 대신하여 미녀 포사를 유왕에게 바쳤기 때문이다. 유왕은 포사를 보자마자 반해서 그의 첩으로 삼았으며, 점점 그녀에게 넋을 빼앗겨 쾌락과 유흥의 길로 접어들게 되었다. 유왕에게는 신申나라 제후의 딸인 정식 왕후가 있었고, 신 왕후가 낳은 태자 의구宜臼가 있었다. 그런데 포사의 계략으로 유왕은 신 왕후를 폐하고 태자를 의구에서 포사의 아들 백복伯服으로 대체하였다.[13]
　한편 『시경』에서는 포사를 이렇게 말하였다.

　똑똑한 남자는 성城을 이루지만 똑똑한 여자는 성城을 기울게 한다. 아아! 그 똑똑한 여자 올빼미같이 부엉이같이 간악스럽도다. 부인의 말 잘하는 혀는 오로지 악을 만드는 근원이로다. 환난은 하늘로부터 내려오는 것이 아니라 부인으로부터 나온다.[14]

이상에서 본 바 하·상·주 고대 왕조가 멸망한 것은 왕의 무능과 그것을 부채질한 왕비의 욕망에 그 원인이 있는 것으로 기술되고 있다. 유교 문화권에서의 '나쁜' 아내 서사는 여성이 무한한 에너지를 가졌음을 역설적으로 보여 주는 것이고, 그들에 대한 통제와 관리가 불가피하였음을 말해 주는 것이다. 왜냐하면 가부장제 사회에서 여자들이 주도권을 잡는 것은 그 사회의 정체성을 포기하는 것이 되기 때문이다. 이러한 여성들과 대비되는 일군의 여성은 나라를 일으키는 데 내조한 여성들인데, 그들은 모두 어머니다.

성스러운 어머니

유교의 역사에서 훌륭한 어머니의 모범으로 끊임없이 이야기되어 온 세 여성이 있다. 주 왕실의 세 어머니라는 뜻의 '주실삼모周室三母'가 그들이다. 주 왕실의 기틀을 세우는 데 적극 동참한 세 여성은 태강太姜·태임太任·태사太姒를 가리킨다. 그들에 대한 고사는 여러 문헌에 나오는데, 이러한 정보들에 기초하여 서한西漢의 유향은 『열녀전』에서 그녀들을 '어머니의 모범'으로 정식화하였다. 유향은 여성의 한 유형으로 어머니를 제시하였고, 「모의母儀」장을 만들어 이 세 여성을 으뜸의 자리에 올려놓았다. 즉 태강과 태임, 태사는 '어머니의 모범'이 된 역사상의 많은 여성 중에서 가장 중요한 인물이 된 것이다.

이 세 어머니가 유향의 『열녀전』에 편입된 이후 어머니가 된 모든 여성의 이상형이 되었다. 『열녀전』 이후에 등장한 모든 교훈서는 이 세 어머니를 인용하였고, 그들을 닮고자 하는 역사 속의 여성들을 재

태강, 태임, 태사(사마금룡묘에서 출토된 병풍 그림)

생산하였다. 중국의 교육은 이론적이고 논리적인 방식보다 일정한 모델을 보여줌으로써 피교육자의 마음을 움직여 직접 실천하게 하는 방식으로 이루어진다. 주 왕실의 세 어머니는 여성이면 모두가 닮고자 했는데, 전설상의 성군聖君 요堯·순舜이나 고대 국가를 창설한 우禹·탕湯과 같은 존재로 언급되었다. 그러면 유교 문화권 여성들의 모범이 된 세 성녀聖女, 태강·태임·태사의 고사와 그 의미를 살펴보자.

태강은 태왕太王인 고공단보古公亶父의 부인이면서 태백太白과 중옹仲雍, 계력季歷의 어머니이다. 그녀는 유태씨有邰氏 부족의 딸인데, 주족周族의 시조인 후직后稷의 어머니 강원姜嫄과 같은 부족 출신이다. 『시경』에서는 고공단보가 처음에 칠수漆水 가에서 말을 달려 기산 아래에 터를 잡을 때 그의 부인 태강이 함께 했다는 것을 노래하고 있다.[15] 태강의 세 아들 중 셋째 아들 계력이 태왕을 이어 왕이 되었는데, 계력은 문왕의 아버지이자 무왕의 할아버지가 된다. 무왕은 천하를 소유하게 되자 조부인 계력을 왕계王季로 추존하였다. 계력의 어머니이자 문왕의 할머니가 되며, 주周를 개창한 무왕의 증조모가 되는 태강은 기원전 4세기의 맹자에게 바람직한 여성의 모델로 부각되었다. 『맹자』는 말한다.

옛날에 태왕께서는 색을 좋아하시어 그 아내를 몹시 사랑했습니다. 『시』에서는 이렇게 말하고 있습니다. '고공단보古公亶父께서 말을 달려서 서쪽 물가를 따라 기산岐山 아래에 이르렀습니다. 이때 강녀姜女와 함께 와 집터를 보았습니다.' 그래서 태왕의 시대에는 집안에는 원망하는 여자가 없었고, 바깥에는 혼자 사는 남자가 없었다고 합니다. 왕께서도 색을 좋아하시되 백성과 함께 하신다면 왕 노릇하시는 데 무슨 어려움이 있겠습니까?[16]

태강이 주목된 것은 태왕의 부인으로서 주 왕조의 기틀을 마련했기 때문이기도 하지만, 그녀의 존재는 무왕이라는 존재를 가능하게 한 '어머니'라는 데 더 중요한 의미가 있다. 즉 그녀는 주나라를 창설한 남자들의 계보 잇기에 결정적인 역할을 했기 때문이다.

두 번째 여성, 태임은 태강의 며느리이면서 계력의 아내이고 문왕의 어머니가 되는 여성이다. 그녀는 지임摯任 씨족의 둘째 딸이었다. 『시경』「대아」에서는 태임을 이렇게 노래한다.

지임씨의 둘째 딸이 저 상나라로부터
주나라로 시집와 주 왕실의 부인이 되셨네.
왕계 할아버지와 함께 덕을 행하시었네
태임께서 아기를 잉태하시고 낳으시니

그가 바로 문왕이시네.[17]

태임은 문왕을 잉태했을 때 보고 듣고 말하는 것을 신중하게 하는 등 태교를 잘 하여 지덕智德이 뛰어난 아들 문왕을 얻을 수 있었다고 한다. 그녀는 특히 시어머니 태강을 잘 섬겼을 뿐 아니라 며느리 태사를 잘 인도했다고 칭송되었다.

거룩하신 태임은 문왕의 어머니이시니
시어머니 태강께 효도하시며 왕실의 안주인 노릇 하셨는데
태사께서 또 아름다운 영예 이으니 많은 아들 낳으셨네.[18]

세 번째 성녀 태사는 문왕의 부인이자 무왕의 어머니인데, 유신有莘 씨족의 딸이다. 유신 씨족은 하나라 시조 우왕의 후예로, 상나라를 창립한 탕湯임금의 부인도 이 부족 출신이다. 태사는 무왕과 혼인하여 10명의 아들을 낳았다. 그 외에도 남편인 문왕이 더 많은 아들을 얻을 수 있도록 많은 첩을 허락한 인물로 이야기된다. 태사는 남편의 다른 여자에 대해 질투하지 않는 부인의 전형이 된 셈이다. 『시경』에서는 이 '훌륭한' 여성 태사가 문왕에게 시집올 때의 광경을 찬송하고 있다.

하늘이 땅을 살피시어 명을 내리셨네
문왕께서 일을 시작하심에 하늘이 배필을 마련하셨으니
흡수의 북쪽 위수가에는
문왕이 아름답게 여긴 큰 나라의 따님이 계셨다네.

큰 나라에 따님이 계셨으니 하늘이 보내신 누이 같았네
길일을 택하여 친히 신부를 맞으러 위수로 가시어
배를 이어 다리를 만드시니 그 빛이 매우 밝았다네.

하늘로부터 명이 있어 이 문왕에게 내리셨네
주나라에 도읍을 정하여 신나라의 따님을 맞이하게 하시니
맏아드님에게 시집오셔서 무왕을 낳으셨도다.
하늘이 보우하고 명하시어 상나라를 치게 하시었도다.[19]

문왕이 태사를 신부로 맞이할 때의 모습을 서술한 이 시는 무왕의
출생이 하늘의 뜻에 따른 것일 뿐 아니라 적법한 절차에 의한 것임을
보이고자 한 것이다. 즉 무왕의 출생에 숭고한 의미를 부여함으로써
무왕의 상나라 정복 또한 하늘의 뜻임을 보이고자 한 것이다. 다시 말
해 성스러운 인물로 태사를 서사화한 것은 주 왕실의 혈통을 신성시
하는 데 그 목적이 있었다. 유교 문화에서 혼인식의 이칭異稱을 '친영
례親迎禮'라고 하는데, 그것은 혼인의례에서 '친영親迎'이 가장 중요한
행사라는 뜻이다. 친영이란 남자가 여자 쪽으로 가서 직접 맞이해 오
는, '가취혼嫁娶婚'을 의미한다. 가취혼이란 '여귀남가혼女歸男家婚'의
다른 말로, 남자가 여자 쪽으로 장가드는 '남귀여가혼男歸女家婚'과 반
대되는 경우이다. 말하자면 유교 문화권에서 통용된 '친영'이라는 혼
인의 개념은 『시경』「대아」에 나온 문왕과 태사의 혼인 장면에서 기
원한다.

태강과 태임, 태사는 경전 속에 등장하는 중국 고대를 대표하는 여
성들이다. 이들의 이름 앞에 태太가 붙은 것은 '크다'는 의미의 존칭

인 것 같다. 그리고 강姜·임任·사姒는 이 여성들의 출신 씨족 명을 말한다. 고대 여성의 이름은 그들의 씨족 성姓으로 출신을 밝히고 있다. 태사의 출신족 유신有莘 부족은 사姒성인데, 태사에 관한 송가에서 "큰 나라의 따님"이라고 한 것은 보면 유신 부족은 그 규모가 아주 컸던 것 같다. 즉 그들의 혼인은 정치적 권력 형성이라는 맥락에서 이루어졌음을 알 수 있다. 무왕의 계보에서 볼 때 태강은 증조할머니가 되며 태임은 할머니, 태사는 어머니가 된다. 무왕의 부인은 읍강邑姜이라는 여성인데, 경전經典이나 사서史書는 이 여성에 대해서는 그다지 주목하지 않고 있다.

유교 문화권에서 여성의 긍정적 의미는 '아들의 어머니'로 구성된다. 예컨대 이런 방식이다. "제곡帝嚳과 세 분의 비는 성군聖君인 후직后稷과 설契, 당요唐堯를 낳으셨다. 문왕이 많은 아들을 낳을 수 있었던 것은 태강과 태임, 태사가 연이어 그 아름다움을 실천했기 때문이다."[20] 즉 그 여자의 아들이 누구인가, 그 아들을 낳은 여자가 누구인가가 중요한 것이다. 우리의 지나온 역사에서 여성들은 왜 그토록 '아들'을 낳고자 했는가? 역사상의 어떤 한 여성이 이 세상에 살다 갔음을 어떻게 알 수 있는가? 역사상 이름을 남긴 대부분의 여성들은 '아들'로 인해 그녀의 존재가 증명되었다. 물론 아들의 어머니가 아니고서 우리에게 알려진 역사 속의 여성들도 있지만 이들은 주로 특수한 경우로 취급될 뿐 '정통적'이거나 교훈적인 인물이 될 수는 없었다.

그렇다면 어머니의 이름은 누가 부여하는가? 『예기』에 나오는 자사子思의 말을 인용해 보자. "나의 처는 내 아들의 어머니이다. 내 처가 아니면 내 아들의 어머니도 아니다."[21] 여성은 남성의 계보에서 요청되는 존재, 아버지와 아들을 연결시켜 주는 간접적인 존재인 것이다. 유교 문화권의 어머니 담론은 더 이상 나와 혈연적으로 가장 가까운 생물학적 어머니가 아니라 제도적이고 인위적인 어머니이며, '아버지'의 승인을 받아야 하는 어머니이다. 이를 통해 볼 때 '훌륭한' 어머니란 남성 지배를 위한 이데올로기이며, 여성의 에너지를 이용하고자 한 맥락에서 나온 것임을 알 수 있다.

2. 왕조 멸망의 진실

하·상·주 고대 왕국은 그 왕비에 의해 멸망하였다는 것이 공통점이다. 그렇다면 과연 이들은 서사에 묘사된 바 무모한 욕망과 부도덕한 인격의 소유자였는가? 역사란 일정한 시각에 의해 구성된다는 점에 주목할 때, 역사는 다른 시각에서 다시 쓰여질 수 있다는 것을 인정하지 않을 수 없다. 다시 말해 진실이란 일종의 담론이며, 누구의 입장에서 쓰여지는가에 따라 새로운 진실이 만들어질 수 있는 것이다. 그런 점에서 유독 여성을 화근禍根으로 여기는 것이 과연 누구의 입장인가를 밝혀 낼 필요가 있는데, 이것은 은폐된 역사를 새롭게 발굴해 내는 작업과 연결되는 것이다.

앞에서 소개한 바 하나라의 멸망은 말희末喜라는 왕비와 걸왕桀王의 작품으로 알려져 있다. 『열녀전』에서는 또한 말희를 이렇게 묘사하였다. "얼굴은 아름다웠으나 덕이 없었고, 난잡하고 무도하여 여자이면서도 남자의 마음을 품고 칼을 차고 관을 썼다."[22] 이 서사에 의하면 말희는 '남자'가 되고 싶었던 여인이었던 셈이다. 다시 말해 여자이면 서 남자의 권위에 도전했기 때문에 남자들의 원성을 샀던 것이다. 말 희는 유시씨有施氏 부족의 딸이었다. 그렇다면 하 왕조가 멸망한 것은 왕비 말희가 오만방자했기 때문이라는 분석은 얼마나 역사적 사실에 부합하는가? 하 왕조 멸망의 원인을 말희라고 하는 한 개인 여성에게 돌리는 것이 과연 타당한지를 살펴보자.

말희와 관련된, 다양한 성격의 여러 자료들을 모아 보면 하 왕조 멸 망이라는 큰 역사적 전환은 한 개인의 도덕성보다는 좀더 복잡한 정 치 권력의 지형도 속에서 구성된 것임을 알 수 있다. 우리가 알고 있 는 것은 말희와 걸왕이 일심동체가 되어 하 왕조 멸망을 부추겼다는 것이지만, 여러 자료를 분석한 결과 이러한 서술은 일정한 입장과 의 도 속에서 구성된 것이었음을 알 수 있다. 『죽서기년竹書紀年』이나 『여 씨춘추呂氏春秋』 등에 나와 있는 정보는 걸과 말희가 동지적 관계가 아 니었음을 말해 준다.

> 걸이 민산岷山을 정벌했는데, 민산에서 여자 두 명을 걸에게 바쳤다. 한 사람은 완琬이고 다른 한 사람은 염琰이다. 걸은 두 여자를 취했으나 자식은 없었다. 걸은 완과 염, 두 여자의 이름을 각각 소화苕華의 옥에 새겼다. 그리고 원래 왕비를 낙洛 땅에 버려 두었는데, 그 원비元妃는 말 희씨였다. 말희씨는 이윤과 내통하여 결국 하 나라를 망하게 하였다.[23]

이와 같은 『죽서기년』의 기록에서 말희가 하나라를 망하게 한 것 은 그녀 나름의 충분한 이유가 있었다. 그녀는 걸왕와 결탁하지도 않앉을 뿐 아니라 단순하고 무모한 욕망의 화신도 아니었다. 결과적으로 그녀가 걸을 배신하였고 하나라 멸망에 일조를 한 것은 사실이지만, 그것은 자신이 권력의 중심으로부터 배제됨으로써 선택할 수밖에 없었던 정치적 입장에서 나온 것이었다. 그러나 정통 사서史書나 경전經典에서는 말희가 하나라를 멸망시키는 데 결정적인 역할을 한 것으로만 부각시켰다. 예컨대 『사기』에서는 "걸이 쫓겨난 것은 말희 때문이었다."[24]라고 하였고, 『순자』에서는 "걸은 말희에게 가려졌다."[25]고 하였다. 이렇게 여성들의 정치적 입장이나 활동은 무모하고 과도한 욕망으로 남성들을 망치는 위험한 행위로만 서술되었다.

말희를 다른 시각에서 볼 수 있는 자료로 『여씨춘추』가 있는데, 거기에는 하 왕조가 멸망하게 된 중요한 계기가 소개되어 있다. 하 왕조를 전복시키고 새로운 왕조 상을 세운 탕 임금은 원래 하 왕조의 지배하에 있었던 부족의 장이었다. 그녀는 걸의 신하인 이윤과 모의하여 하나라를 무너뜨릴 것을 약속하였다. 물론 그 이유는 걸의 정치력에 문제가 있었기 때문이었을 것이다. 이윤은 탕과의 거사를 위해 걸의 주변을 염탐하는 일을 이미 해 왔던 것 같다.

이윤伊尹은 다시 하 왕조의 상황을 알아내기 위해 말희에게 가서 물었다. 말희가 말했다. '근래 한 밤에 천자가 꿈을 꾸었는데, 서방에 해가 하나 있고 동방에도 해가 하나 있었다고 했다. 두 해가 서로 싸움을 벌였는데 서방의 해가 이겼고 동방의 해가 졌다고 했다.' 이윤은 이 사실을 탕湯에게 보고하였다. 상나라에 극심한 가뭄이 들었음에도 탕은 군사를 일으켰는데, 이는 이윤과의 약속을 지키기 위함이었다. 탕은 군대를 도성의 동쪽에서 빠져 나와 걸의 도성 서쪽을 향해 가도록 하였다.[26]

여기서 서방은 탕의 나라를 가리키고 동방은 걸의 하나라를 가리킨다. 즉 탕의 도성은 서쪽에 있었고 걸의 도성은 동쪽에 있었으므로 탕은 자신의 도성 동쪽에서 출발하여 걸의 도성 서쪽을 진격해 들어 갔다는 말이다. 중국 고대의 민족은 본래 서쪽에서 동쪽으로 진출해 왔다. 상나라는 원래 서방에 속한 나라였는데, 동방에 위치한 하나라를 압박하여 멸망시켰고, 주나라는 또 상나라의 서쪽에서 일어나 동방에 위치한 상나라를 정복한 것이었다. 처음에 탕과 이윤은 하나라 걸왕의 신하였다. 그러나 탕과 이윤 그리고 말희는 걸왕의 정치 권력에 도전한 세력으로 바뀐 것이다. 역사에서는 탕은 성군聖君으로, 이윤은 현신賢臣으로 추앙되었다. 특히 이윤은 지혜와 덕성 면에서 천하를 소유하고도 남음이 있었으나 탕의 신하에 머물렀다는 점에서 주周 왕조의 주공周公, 하夏 왕조의 익益에 대비되곤 했다.[27]

반면에 말희는 왕조 멸망의 배후 인물이 되어 온갖 치욕을 받아야만 했다. 말희가 걸왕을 배반했다면 탕과 이윤 역시 걸을 배반한 것이다. 그러나 탕과 이윤은 상 왕조를 개창한 인물이면서 동시에 하 왕조를 멸망시킨 인물로 기록되었다. 그들은 새 왕조를 창설했다는 측면에서 조명된 반면 말희는 하 왕조를 멸망시킨 인물로만 조명되었다. 하 왕조를 멸망시킨 탕과 이윤의 행위를 역사에서는 도탄에 빠진 민중을 구하기 위해서라는 가치를 부여하였는데, 그러한 평가는 말희에게도 마찬가지로 적용될 수 있을 것이다. 그러나 말희는 오히려 걸왕의 편에서 민중을 억압하고 충신들을 죽인 인물로 각색되었다. 그렇다면 문제는 걸왕과 말희의 무능과 방탕으로 설명되는 하 왕조 멸망의 서사에서 은폐된 새로운 진실은 무엇인가 하는 것이다. 그리고 유교 사상의 역사에서 '현신賢臣'으로 존숭되면서 훌륭한 신하의 한 모델로 해석되어 온 이윤伊尹의 새로운 진실은 무엇인가 하는 것이다.

하나라 멸망의 주역이 된 걸桀은 그저 먹고 마시고 노는 일에만 몰두한 것이 아니었다. 그의 비 말희는 원래 유시有施 씨족의 여성이었는데, 걸은 이 유시족을 정복하였고 그 대가로 족장의 딸 말희를 취한 것이다. 걸은 그 후에도 민산을 쳐서 두 여인을 얻었고, 유융과 회합을 주도하는 등 바쁜 정치 일정을 보낸 것 같다. 고대 국가의 전쟁 서사를 보면 정복국가는 자신의 권력을 확보하는 방법으로 피정복국가의 여성과 혼인을 하는데, 이때 여성은 정치적 긴장 관계를 완화시켜 주는 볼모인 셈이다. 걸이 민산을 공략한 이유는 자신이 주도한 회합을 배반했기 때문이었다. 이 사건에 대한 정보는 『춘추좌씨전』에 나오는데, "옛날에 걸이 유융有娀의 땅에서 회합을 열었으나 유민이 배반하였으며…… 결국 유민을 정복했으나 그 일로 나라를 잃는 꼴이 되었다."[28]는 것이다. 이러한 기록을 참고할 때 걸왕이 하나라를 잃은 것은 그의 여자 관계와 부도덕함에서 연유한 것이 아니라 정치적 권력 관계의 구도 속에서 설명되어야 함을 알 수 있다. 그런 점에서 국가의 흥망을 정세와 권력 관계로 풀어 내는 한비자韓非子의 시각에 귀 기울일 필요가 있다. 그것은 여성에 대한 왜곡된 관념을 만들어 낸 역사 서술에 대한 재고를 요청하는 의미에서이다. 한비자는 말한다.

대저 요堯가 두 사람일 경우 둘 다 왕이 될 수 없으며 걸桀이 두 사람일 경우 둘 다 망하는 것은 아니다. 망할 것인가 왕이 될 것인가 하는 것은 그 나라의 치란治亂과 강약强弱의 상태가 어느 한 쪽으로 치우치게

될 경우에 나타난다. 나무가 꺾이는 것은 반드시 벌레가 파먹기 때문이
며 담이 무너지는 것은 반드시 틈이 생겼기 때문이다. 벌레 먹은 나무라
해도 강한 바람이 불지 않으면 꺾이지 않으며 틈이 생긴 담이라 해도 큰
비가 내리지 않으면 무너지지 않는다.[29]

한비자는 나라가 흥성하거나 멸망하는 것은 한 개인의 소관이 아니
라 정치적인 권력 관계와 시대 상황의 역동성 속에서 구성된다는 입
장에 서 있다. 이상의 자료를 통해 걸의 멸망 서사는 다시 구성될 수
있다. 걸은 주변의 작은 씨족들을 정벌하는 데 많은 힘을 썼고, 그 정
복 사업을 위해 그가 다스리는 영역의 민중을 힘들게 했으며 왕조 내
부의 자원을 고갈시키게 되었다. 그 결과 민중들의 폭동과 불신을 조
장하게 되었다. 이에 탕이 이끄는 상족의 힘이 상대적으로 커지면서
결국 정복을 당하게 된 것이다. 여기에 민산에서 얻은 두 여인이 걸과
말희의 사이를 소원하게 하였으며, 말희 및 말희의 권력 기반이었던
그녀의 씨족 유시족이 가세하였다. 이윤과 말희는 평소 교류가 있었
고, 이에 대해 어떤 역사가들을 그들의 정치적 교류가 아닌 성교로 해
석하기도 하지만 이 또한 여성에 대한 이후의 가치관이 개입되었을
가능성을 배제할 수 없다. 말희가 걸로부터 떠나면서 걸의 모든 정보
를 상대편에 유출시킨 것은 말희와 그 씨족들의 정치적 입장이라고
보아야 할 것이다. 여기에 오면 말희가 "남자의 마음을 품고 칼을 차
고 관을 썼던"[30] 맥락을 이해할 수 있게 된다.
　다음으로 유학자들이 '현신賢臣'의 한 유형으로 존숭하는 이윤은 누
구인가 하는 것이다. 우리가 알고 있는 이윤은 공자와 맹자에 의해 평

가된 이윤이라면, 다른 문헌을 통해 본 이윤과 그의 행적은 전혀 다른 내용으로 구성될 수 있다. 이윤의 다른 측면을 보는 것은 그가 하 왕조 멸망의 여주인공 말희와 밀접하게 연관되어 있기 때문이다. 즉 국가와 가문을 멸망하도록 한 주요 요인이 과연 여자 한 개인의 부도덕에 있는가 하는 문제를 살펴보기 위한 것이다.

공자는 이윤을 평가하기를 "탕이 천하를 소유할 즈음 백성 속에서 이윤을 발탁했는데, 이윤을 가까이 두게 되자 불인不仁한 자들이 멀리 떠나갔다."[31]고 했다. 맹자는 "어느 분을 섬긴들 내 군주가 아니며 어느 사람을 부린들 내 백성이 아니겠는가 하고 다스려져도 나아가고 혼란해도 나아감은 이윤이었다."[32]고 평하였다. 특히 맹자는 성군聖君과 성현聖賢으로 알려진 많은 인물들에 대해 논리와 의미를 동원하여 일정한 평가 작업을 행하였다. 그들의 행적에 대해 제자가 의문을 제기하면 맹자는 그들의 존재 의미를 가능한 한 옹호하면서 그들을 손상시키지 않으려는 방향에서 답변하는 방식을 선택했다. 여기서 맹자의 평가 논리가 때론 모순된 관계에 있음을 볼 수가 있다. 「공손추상公孫丑上」에서 보인 바 이윤은 자신의 기준으로 군주와 백성을 선택하는 것이 아니라 군주나 백성이라는 존재 그 자체에 의무를 부여했던 인물로 보인다. 그러나 「만장상萬章上」과 「진심상盡心上」에서 설명되는 이윤은 이와는 다른 모습을 보인다.

이윤이 유신有莘의 들에서 농사 지으며 요堯·순舜의 도를 좋아하여 그 의義가 아니고 그 도道가 아니면 천하로써 녹을 주더라도 돌아보지 않았고, 말 4천 필을 매어 놓아도 돌아보지 않았다. 그 의義가 아니고 그 도道가 아니면 지푸라기 하나도 남에게 주지 않았으며 지푸라기 하나도 남에게서 취하지 않았다.[33] 공손추가 말했다. 이윤이 말하기를 '나는 의리에 순하지 못한 것을 볼 수 없다'고 하고, 태갑太甲을 동동桐 땅으로 추방하자 백성들이 크게 기뻐하였고, 태갑이 어질어지거늘 다시 그를 돌아오게 하자 백성들이 크게 기뻐하였습니다. 현자가 남의 신하가 되어 그 군주가 어질지 못하다고 추방할 수 있습니까? 맹자가 말했다. 이윤의 뜻이 있으면 가하거니와 이윤의 뜻이 없으면 찬탈인 것이다.[34]

여기서 맹자는 성현이라고 평가된 이윤의 행적에 의문을 제기한 제자들에게 '이윤의 뜻'이라고 하였다. 맹자의 답변은 논의를 다시 원점으로 돌려놓은 듯한 느낌을 갖게 한다.

그러면 다시 유가의 세계, 특히 맹자가 지극히 존숭한 탕임금과 이윤이라는 인물을 여러 가지 방계 자료를 통해 다시 구성해 보자. 탕은 역사에서는 성군으로 존경받지만, 다른 자료를 통해 본 그의 인물됨은 '정통적'인 평가와는 달리 도덕적이기보다 현실적인 권력 관계에 민감한 정치가에 불과했음을 알 수 있다. 『여씨춘추』에 의하면 처음에 탕은 이윤과 걸을 몰아내기로 모의하고, 걸의 사정을 염탐하기 위한 첩자로 이윤을 보냈다. 간첩 행위가 성공하기 위해서는 걸에게 신뢰를 주어야 했는데, 이때 탕과 이윤은 거짓으로 탕이 이윤에게 활을 쏘아 그것을 피해 걸에게 온 것으로 꾸몄다.[35]

다시 『한비자』에서 서술된 탕의 기사를 보자. "탕이 걸을 쳐서 멸망시켰다. 그러나 천하가 자기를 탐욕스럽다고 말할까 두려워서 무광務光에게 천하를 물려주려고 하였다. 그러나 한편 무광이 그것을 받아들일까 두려워하여 사람을 시켜 '탕이 그 군주를 죽이고 악명을 자네에게 떠넘기기 위해 천하를 물려주려고 하는 것이다.'라고 말하게 했다. 무광은 그래서 황하에 몸을 던져 죽었다."[36] 『장자』에서도 "탕이 무광에게 천자의 자리를 주려고 하자 무광이 크게 화를 내었다."[37]고 하였다.

『여씨춘추』에서 서술된 탕과 이윤의 기사는 다음과 같이 요약될 수 있다. 탕이 걸을 치려고 할 때 변수卞隨에게 의지하여 일을 도모하려고 했는데, 변수는 사양하였다. 탕은 변수에게 누가 가능하겠냐고 물었다. 변수는 자신은 모르겠다고 했다. 탕은 다시 무광에게 의지하려고 했는데, 무광 역시 사양하였다. 탕은 무광에게 누가 가능하겠냐고 물었는데, 무광 역시 모르겠다고 했다. 탕은 다시 이윤伊尹이 어떻겠냐고 했다. 무광이 대답하기를 "그는 힘이 세고 부끄러움을 참는 사람입니다. 그 외의 것에 대해서는 모르겠습니다."라고 하였다.[38]

유가가 이상으로 삼는 인격이 '차마 하지 못하는' 기본 감정으로부터 추구되는 것이라면 '부끄러움을 참을 수 있는' 이윤의 성향은 이와는 거리가 멀다. 수치와 부끄러움을 느끼도록 유도하는 유가의 예적禮的 질서와 이윤의 인격은 서로 반대를 향한다. 오히려 이윤은 권력을 쟁취하기 위해 물불을 가리지 않은 사람, 자신의 권력 확보를 위해 평소의 친분 관계를 이용하고는 배신한 사람으로 해석될 수도 있다.

이윤이라는 인물에 대한 서사는 역사적 전개에서 왜 이윤과 같은 인물을 필요로 하는가의 문제와 연결될 수 있다. 그렇다면 이상에서 본 이윤의 행적을 볼 때 유가가 추구하는 이상적 인격, 그 구체적 모델은 다시 구성되어야 할 것 같다. 그리고 다시 쓸 역사에서는 여성 역사인물에 대한 재검토가 이루어져야 하고, 역사적 사건을 보는 여성의 시각이 개입되어야 한다. 그래야만 은폐된 진실이 밝혀질 수 있다.

기원전 11세기 경의 상 왕조 멸망의 이야기도 하 왕조 멸망과 같은 패턴으로 구성되었다. 주왕紂王의 부도덕과 달기의 문란함이 상 왕조를 멸망으로 이끌었다는 것이다. 상나라 주왕의 문제는 하나라 걸왕에 비해 더 상세하게 기록되고 있다. 여기서 상 왕조와 주 왕조는 피정복자과 정복자라는 직접적인 관계에 있었고, 왕조 멸망의 서사들은 주 왕조에 들어서면서 구성되었다는 점을 상기할 필요가 있다. 주족周族의 시각에서 기록된 것이기에 자신과 직접적인 관련이 없는 하 왕조보다 상 왕조의 문제를 더 크게 부각시킬 필요가 있었다. 그래야만 자신들이 앞 왕조를 전복한 정당성이 마련될 것이기 때문이다.

1장에서 이미 상세하게 소개한 바 국가 권력이 상에서 주로 바뀐 것은 고대 국가를 창설한 만한 힘을 갖추게 된 정복자 주족周族의 역량과 피정복자 상商 왕조 내부의 중첩된 여러 모순이 결합하여 일어난 것으로 역사 발전상의 필연적인 요인으로 설명될 수 있다.[39] 정복자 주족周族이 피정복자 상족商族 및 그 대표자 주왕紂王을 비판하는 데는 주족의 도덕적 이상과 국가 이념이 반영될 수밖에 없다. 부계 계통의 형제와 친척을 배려하지 않았던 주왕의 행위는 부도덕한 것이라기보다 부계 친족을 중심으로 한 위계와 권위가 공고하지 못했던 상인 사회를 대표하는 구舊 체제의 상징이다. 여성으로서 나라 정사를 좌지우지한 달기 역시 구 체제를 상징하는 인물이다. 주왕紂王과 달기妲己는 그들의 사회에서는 '정상적'인 인물이지만, 변화하는 시대에 대처하지 못한 결과 '비정상'이 된 것이다. 주왕과 달기에게 친숙했던 상인 사회는 후대에 비해 남녀의 역할 구분이 엄격하지 않았음을 갑골문을 통해 알 수 있었다. 부호婦好나 부정婦妌이라는 여성은 남편과 별개의 봉지封地를 갖고 있었고, 거처를 남편과 반드시 함께 할 필요가 없었음을 보여준 것이 그것이다.[40]

　서주 지배층의 주장처럼 부인의 말에 따라 좌우되었다는 것이 주왕의 최대 실정이라고 하지만 그러나 그의 정치 스타일은 다른 방식으로 이야기될 수 있다. 그것은 주왕 개인의 부덕 때문이라기보다 왕비가 왕의 정치적 동반자로 활동했던 상족의 특성인 것이다. 부인의 정치 활동은 상인商人 사회의 보편 현상이었던 것이다. 가부장적 가족 개념에 익숙하지 않았던 주왕紂王은 그 모든 죄를 짊어져야 했고, 가부장적 국가를 기획하는 사람들에게 부정적인 인물로 묘사될 수밖에 없었다. 달기 역시 상대商代 말기에 조성되기 시작한 성별 인식을 무시했던 여성이라고 할 수 있다.

　서주 멸망의 남녀 주연으로 등장하는 유왕幽王과 포사褒姒 역시 정전正典의 서술과는 다른 차원의 새로운 이야기가 가능하다. 포사는 『사기』와 『열녀전』이 소개하고 있는 것처럼 요사스런 요괴라든가 왕의 비첩婢妾이 아비 없이 낳은 자식이라고 믿기 어려운 부분이 있다. 용이 흘린 침이 검은 자라로 변하고, 그것이 어린 여자 아이의 몸 속으로 들어가 아이를 잉태한다는 서사는 과학적으로 사실일 수가 없다. 여기서 사실과 서사 사이에는 어떤 중대한 사건이 있었음을 알 수 있다. 포사는 이름이 말해 주듯이 사성姒姓의 포褒나라에서 출생한 유서 깊은 가문의 여성이다. 포사라는 이름에서 포褒는 포나라를 가리키고 사姒는 성을 가리킨다. 즉 사姒 성이 포나라의 국성國姓인데, 포사는 포나라 출신의 여성인 것이다. 즉 왕비의 호칭으로 그녀가 출생한 국명과 국성을 대신한 경우이다. 포사의 지적 수준이 높았음은 그녀가 '철부哲婦'라고 불려질 정도의 소현小賢이었고 자신을 변론할 수 있는 지식을 갖춘 여성이었다는 점에서 확인할 수 있다. 반면에 포사에 의해 왕후의 자리를 빼앗긴 신후申后는 강성姜姓의 신나라 제후의 딸이었다. 『사기』의 기록을 보면 유왕의 실각은 단순히 한 개인의 덕성에 기인한 것이기보다 팽팽하게 대치하던 강성姜姓과 사성姒姓 사이에서 일어난 외척 세력의 쟁탈일 가능성이 컸다.[41]

> 다른 사람의 땅을 그대들은 빼앗아 가졌고, 다른 사람의 사람을 그대들은 또 빼앗아 갔다. 마땅히 무죄인 사람을 그대는 도리어 가두었고, 마땅히 유죄인 사람은 그대는 반대로 좋아하네. 똑똑한 남자는 성城을 만들지만 똑똑한 여자는 성城을 기울게 한다. 아아! 그 똑똑한 여자 올빼미같이 부엉이같이 간악스럽도다. 부인의 말 잘하는 혀는 악을 쌓는 지름길일 뿐이로다. 환난은 하늘로부터 내려오는 것이 아니라 여자로부터 생겨난 것이다. 남을 가르치거나 자신을 깨치는 일 없이 오로지 부인만 총애하고 있네. 남의 잘못 따지는 데엔 사납고 악독해서 참언으로 시작해서 배반으로 일을 맺네. 어찌 그만두지 않겠다고 말하지 않는다구요? 그게 무슨 잘못이냐고 한답니다. 세 배를 남기는 장사를 군자들도 할 줄을 알고 부인은 밖의 일을 간여하지 않아야 하는데도, 그녀 포사는 자신의 일인 베짜고 옷 짓는 일을 팽개쳐 버렸네.[42]

이러한 서술은 국가의 멸망을 왕과 왕비의 도덕성의 문제로 접근하지만, 사실은 정치적 대립과 사회적 모순의 결과로 파생된 것임을 알 수 있다. 서주의 멸망을 정치적으로 외척 및 동서 제후 세력의 대립에서 연유한 권력의 투쟁의 결과에서 접근한 연구가 있다.[43] 일본학자 곡구의개谷口義介는 서주 멸망을 새로운 측면에서 조명하여, '여우'와

'부도덕'의 대명사 포사를 권력 투쟁에서 실각한 인물로 복원하는 작업을 시도한 것이다. 서주西周 말末이라는 역사 시기는 사회 경제상의 새로운 문제가 대두되었고, 이에 따라 정치적인 대립이 첨예화되었다. 이 시기에는 유력한 씨족에 의한 대토지 경영이 진전되었는데, 따라서 기존의 세력은 토지와 그 소속민을 잃게 되는 현상이 발생한 것이다. 이것은 서주 왕실의 통치력 약화를 초래하였고, 그 결과로 유왕은 씨족과 제후들을 통제할 정권 기반을 잃게 된 것이다.

따라서 포사에 관한 『시경』의 서술은 특정한 이해와 긴밀히 연결된 정치적 입장에서 지어진 것이라 할 수 있다. 포사 측의 정치 세력에 의해 폐위되었던 태자 의구宜臼가 복권되어 유왕을 대신하여 새로운 천자 평왕平王이 되었다는 사실은 무엇을 말해 주는가? 포사와 신후申后의 싸움, 즉 사성姒姓과 강성姜姓의 정치적 쟁탈에서 강성의 승리로 역사는 다시 시작된 것이다.

또 유왕의 실국이 한 개인의 도덕성 문제에 기인한 것이기보다 주대 통치 이념의 하나인 적장자계승嫡長子繼承을 어긴, 즉 '적자를 폐하고 서자를 세움〔폐적입서廢嫡立庶〕'으로써 살신殺身의 화를 입은 것이라고 보기도 한다. 중국학자 정혜생鄭慧生이 그런 입장[44]인데, 그렇다면 포사는 종법제 및 그와 관련된 관념 등 기존의 틀에 구애되지 않았던 인물로 평가될 수 있다. 종법 제도가 확립되는 서주 초에 이미 여성망국론女性亡國論이 형성되면서, 부인의 능력과 활동을 제한했을 뿐 아니라 여자란 오직 남편의 내조자로서의 유순한 자세를 지닐 것을 요청했다면 포사는 이와는 대조적인 인물이었던 것으로 보인다. 포사를 '철부哲婦'라고 묘사한 것은 포사에게 남자를 능가하는 강렬한 재지와 변설이 있었음을 고백한 것이다. 즉 포사는 자신을 표현할 수 있는 문법을 갖추고 있었고, 공적인 정치 담론을 만들어 간 여성이었음을 알 수 있다.

포사를 묘사한 『시경』에 대해 전한前漢의 『모시毛詩』는 유왕이 나라를 잃게 된 경위를 비난한 나라 사람들의 시로 해석하였고,[45] 송대宋代의 주희朱熹는 『시집전詩集傳』에서 유왕이 나라를 망하게 한 것은 포사의 말을 듣고 정사를 행했기 때문으로 해석하였다.[46] 이 논리에 의하면 서주의 멸망은 군주 개인의 무능력과 왕비의 정치 참여에서 비롯된 것이다. 포사에 대한 남성들의 각색과 비난은 여성에 대한 일반적인 태도의 문제로 확대되었다. 모든 여자를 공적인 영역으로부터 축출해야 하고 여자의 활동이란 집안에서의 일들 즉 누에 치고 옷 짓는 일에 한정시켜야 한다는 것이다.[47] 여자의 정치적 참여를 배제시키는 것은 앞에서 소개한 무왕의 여성 인식과 상통하는 것이며, 종법의 여성 정책과도 연결된다. 말희가 그랬던 것처럼 '대장부와 같은 포부'를 가진 포사는 뛰어난 재지와 변설로 서주 말기의 정치 세계에 파문을 일으켰고, 그 와중에서 정적에 의해 숙청된 것이다. 그런 포사는 탄생에서부터 비정상적인 인물로 각색될 수밖에 없었다. 그녀는 『시경』에 "빛나는 천자의 나라 주 왕조여! 포사가 멸망시켰도다."[48]라는 내용으로 기록됨으로써 '여성망국론女性亡國論'의 구체적 사례를 제공하게 되었다.

3. 성모론聖母論과 여화론女禍論

주周 왕실의 세 어머니를 닮고자 하는 이후의 행렬이 중국은 물론 조선에서도 이어지는데, 그 끝을 알 수가 없을 정도이다. 태교로 유명한 태임씨는 유교 문화권의 여성들을 만드는 데 적극 활용되었다. 16세기 조선의 신사임당은 당시에 자신의 예술 세계를 구축했던 거의 유일한 여성이다. 또 그녀는 조선을 대표하는 사상가 이율곡의 어머니로 한국의 전통 여성을 대표하는 인물이 되었다. 그런데 그녀의 당호堂號 사임당師任堂에는 '태임을 스승으로 삼는다'는 뜻이 들어 있다. 18세기 조선의 임윤지당任允摯堂(1721~1793)은 여성철학자이자 조선의 대표적인 기철학자 임성주任聖周(1711~1788)의 여동생이다. 그녀의 당호 윤지당이란 '태임을 독실하게 신봉한다'는 뜻을 가진다. '윤지允摯'에서 '지摯'란 태임을 가리키는데, '임任'과 '지摯'가 같은 뜻으로 쓰이는 것은 태임이 지읍摯邑 출신이기 때문이다. 윤지당의 당호는 그녀의 오빠 임성주가 지어준 것인데, 임성주는 누이동생을 이렇게 평가한 바 있다. 그는 "누이는 우리 가문이 낳은 태임太任이나 태사太姒이다. (우리 누이에 비하면) 정자程子의 따님은 대수롭지 않다."[49]라고 하였다.

앞에서 살펴본 바 유교 문화권의 여성 인식은 이중적 구조를 가지는데, '훌륭한' 여성과 '나쁜' 여성으로 단순화된다. 이러한 구분은 가부장제의 필연적인 결과물이다. 훌륭한 여성이 여자를 적극적으로 이용하고자 하는 의도에서 나온 것이라면, 나쁜 여자는 여성을 억압하고 관리하기 위한 맥락에서 나온 것이다. 그것은 성모론과 여화론으

108

로 구성되었다. 특히 유교적 가부장제의 여성 구성 방식의 하나인 여화론女禍論과 여자망국론女子亡國論에 주목할 필요가 있다. 즉 여자로 인해 나라와 가문이 망하게 된다고 하는 논리와 여자가 모든 화를 불러오는 근원이라는 논리 속에 숨은 의도가 무엇인가 하는 것이다. 여화론과 여자망국론은 여성의 존재를 무력화시키려는 의도로 여성을 파괴와 결부시키는 방법이다.

포사에 관한 서술은 『시경』과 『시경』의 내용을 기초로 재구성한 『사기』와 『열녀전』의 서사를 통해 재생산되었다. 포사 및 그와 유사한 여성에 대한 통제의 이념은 중국이나 조선의 역사 서술에서 자연스러운 방식으로 자리잡는데, 그 시대의 문제 의식으로 새롭게 각색되곤 했다. 한대漢代에 이르러 포사는 재이災異와 연계되어 설명되었다. 『죽서기년竹書紀年』은 포사를 이렇게 서술하였다. "삼년에 왕이 포사를 첩으로 맞이하였고, 그 겨울에는 대지진이 일어났다."[50] 이것은 단순히 '왕이 포사를 총애함(왕폐포사王嬖褒姒)'과 '대지진이 일어남(대진전大震電)'이라는 두 사실을 병렬로 놓은 것에 불과하나 이러한 서술의 방법은 이 둘의 인과 관계를 암시하는 것이다. 한대의 정치 질서는 자연재해를 통해 그 적부適否가 논증되는 방식이었다. 즉 천인감응설天人感應說에 의해 군주의 정치적 공과功過는 자연 현상으로 구체화된다고 여겼던 것이다. 예컨대, 가뭄이나 홍수가 나서 나라 경제가 도탄에 빠지게 되면 그것은 군주의 정치적 과실에서 연유한 하늘의 징계라고 해석하였다. 이러한 세계 해석은 여성에게도 그대로 적용되는데, 재이災異의 발생을 부인에게 책임지우는 방식이었다. 『죽서기년』의 서술 방식은 여성을 지배하기 위해 이전에 유통되던 포사褒姒의 서사를 자신들의 세계관으로 재구성한 하나의 예이다.

중국 고대의 여화女禍 관념은 선진先秦에서 시작되어 양한兩漢에서 완성되고 후대로까지 확대되었다.[51] 여성 억압의 심화라는 측면에서 서주西周 초初의 '여화론女禍論'이 서주 말의 '여자망국론女子亡國論'으로, 여자가 나라와 성을 기울게 한다는 '경국경성설傾國傾城說'로 발전하였고, 한대漢代의 '여자재이론女子災異論'에서 완성되었다.[52] 또 현자賢者를 자처한 당시의 문인文人들은 포사 설화를 아무런 의문을 갖지 않은 채 그대로 받아들여 '여자란 남자의 마음을 타락시키는 음험한 존재'라고 하는 일반론을 펼쳐나갔다. 그리하여 여성들 나아가 버려진 처들에게 달기姐己나 포사褒姒는 지금 자신의 남편을 빼앗은 여자, 불행과 파멸을 가져올 여자를 상징하는 인물이 되었다.[53]

서주 초기의 여화론女禍論을 보는 또 하나의 시각은 부계 사회에 진입하면서, 여성이 성욕性慾의 대상이 되면서 나타난 관념이라는 것이다. 『서경』「하서夏書」의 "안에서는 색에 빠지고[내작색황內作色荒]"와 「상서商書」의 '가락과 여색[성색聲色]'이 이것을 뒷받침한다. 여기서 '색色'은 무엇을 말하는지 두팡친의 말을 들어보자. "공영달孔穎達은 경전을 통털어 볼 때 색色은 여인女人의 다른 표현이라고 하는데, 즉 여색女色이란 음탕한 가락이나, 개와 말, 또는 사냥과 병렬 관계에 있는 사치품을 말한다. 어리석은 군주뿐 아니라 훌륭한 군주라도 여색女色에 빠지게 되면 정사政事를 팽개치고 사설邪說을 믿게 되어 국가를 패망으로 이끌게 된다."[54] 즉 여성이라는 존재는 내부에 잠재되어 있는 멸망의 씨앗으로 파악되었는데, 그것은 외부에서 인간에게 피해를 주는 금수의 횡행과 같은 차원에서 검토되었다.[55]

그렇다면 여자망국론이 겨냥한 사실상의 이유는 무엇인가를 보자. 그것은 여성의 정치적 배제를 목표로 한 것이다. 여자가 화의 근원이라는 인식은 서주의 여성 정책 '여불간정女不干政'에 부응하는 것이다. '여불간정'이란 여성은 정치에 참여할 수 없다는 뜻이다. 서주의 지배 계층이 상商멸망의 원인을 주왕紂王의 비妃 달기妲己가 정치에 간여함으로써 파생된 문제로 파악하였던 것에서도 이 논리의 의도를 알 수 있다. 그러나 앞에서 논의한 바 왕조전복이라는 역사적 사건이 단순히 한 여성의 부도덕성이나 정치적 실수에서 기인된 것이라고 보기는 어렵다.

중국 고대의 사상은 인간을 성gender으로 일차적인 분류를 하였고, 여성을 대상화하여 간접적인 존재로 배치하였다. 여기서 대상화된 여성은 남성 주체에 의해 호명되는 방식이었다. 즉 우리(남성)를 돕는 존재인가 우리(남성)를 위협하는 존재인가에 따라 '좋은' 여성이거나 '나쁜' 여성으로 불리었다. '좋은' 여성은 주로 어머니라는 이름으로, '나쁜' 여성은 주로 아내라는 이름으로 설명되었다. 다시 말해 여성을 설명하는 용어와 개념은 여성을 설명하기 위한 것이 아니라 남성 자신을 설명하기 위한 것이었다.

2부

성과 사랑 : 자유와 억압의 딜레마

4장 • 고대인古代人의 성과 사랑, 그 해석
5장 • 성 담론의 젠더 정치학

고대인古代人의 성과 사랑, 그 해석

1. 시조 신화에 비친 고대인의 성性

시조에 대한 관심은 부계 중심의 제도가 확립됨으로써 생기게 된 자연스러운 경향이다. 그런 점에서 처음의 할아버지, 시조는 지나온 역사를 재구성할 필요가 있었던 '현재'의 남성들이 만들어 낸 상상물이라 할 수 있다. 부계 계보를 확실히 하기 위해서는 아버지의 아들 또는 아들의 아버지가 누구인가 하는 문제가 중요하다. 거슬러 올라가며 자신들의 계보를 만들 필요가 있었던 것은 그것이 곧 자신들의 현재의 위치를 합리화해 주는 것이기 때문이다. 따라서 시조는 시조를 요청하는 사람들의 필요와 의미로 구성된다. 그런 점에서 시조는 실재했던 인물이기보다 일종의 상징물이자 상상물이다. 중국 고대의 각 왕국이나 각 종족은 모두 자신들만의 시조를 가지고 있는데, 그것은 그들의 시조가 어떻게 세상에 오게 되었는가를 말해 주는 시조 탄생의 이야기에서 시작된다.

이러한 시조 탄생의 신화는 고대인古代人의 성 풍속을 말해 주기도 한다. 중국의 고대 왕조 하夏·상商·주周는 각각 우禹, 설契, 후직后稷이라는 시조에서 시작된다. 그런데 그들이 찾고자 한 '아버지'의 계보는 엉뚱하게도 여성으로부터 시작되고 있었다. 다시 말해 시조의 아버지는 보이지 않고 시조의 어머니만 남아 있는 것이다. 이것은 정해진 배우자가 없었던 군혼羣昏과 난혼亂昏의 현상을 말해 주는 것인데, 시조가 살았던 원시 고대 사회가 바로 이러한 시대였다.

먼저 하夏왕조의 시조 우禹의 탄생과 그의 아들 계啓에 관한 이야기를 살펴보자. 우의 탄생에 관한 이야기는 『논형論衡』과 『죽서기년竹書紀年』 등의 문헌에 보인다.[1] 신화에 의하면 우의 어머니 수기修己는 곤鯀[2]이라는 남성과 결혼하였는데, 이들의 나이가 많아지도록 아기가 생기지 않았다. 그런데 어머니가 지산砥山이라는 곳에 놀러나가 향기 나는 풀을 먹은 후 돌아와 열 달이 지난 다음에 우를 낳게 되었다. 우의 아버지 곤은 우의 탄생과 무관하다는 것을 알 수 있다. 또 우의 아들은 계啓인데, 그는 우의 부인 도산塗山씨 소생이다. 『사기』에는 아버지 우와 아들 계의 관계를 보여 주는 기사가 있다.

우가 말하였다. 내가 도산씨에게 장가들어 신辛·임壬·계癸·갑甲, 나흘을 보내고서 계가 태어났습니다. 나는 계를 내 아들로 생각하지 않았고 그래서 치수 공사를 위해 집을 떠나 큰 공을 세울 수 있었습니다.[3]

우는 집을 떠나 7년 동안 오로지 치수 공사에만 전념했는데, 세 차례나 집 앞을 지날 기회가 있었는데도 집에 들르지 않았다. 계가 성장해서 우의 아들로 또 우를 이어 하나라의 두 번째 천자가 될 수 있었던 것은 그의 어머니 도산씨의 교육 덕분이었다.[4] 계의 생부가 누군지는 알 수 없지만 우와 계를 부자로 보는 것은 계의 어머니가 도산씨이고, 또한 도산씨가 우의 부인이라는 사실 때문이다. 즉 생물학적 아버지와 '법적'인 아버지가 동일 인물이 아닐 가능성을 배제할 수는 없지만 계는 우의 아들로서 그 지위를 계승하였다. 하지만 계가 아버지 우를 이어 하나라 천자가 된 것은 우의 뜻과는 무관한 것이었다.

『사기』「하본기」에 의하면 우임금은 처음에 그의 후계자로 고요皐陶를 지명했는데, 고요가 죽자 다시 익益에게 천하를 넘겨주었다. 그리고 우임금은 죽었다. 그러나 익은 우임금의 삼년상이 끝나자 곧바로 우의 아들 계啓에게 제위를 양보하였다. 그 이유는 계의 인물됨이 천하의 신임을 얻기에 충분했다고 보았기 때문이다.[5] 이런 이야기는 계의 어머니 도산씨가 남편 없이 혼자서 아이를 양육하고 교육시켰다는 맥락에서 나온 것이다. 그런데 『죽서기년』의 기사를 보면 익益이 '훌륭한' 계啓에게 왕위를 양보한 것이 아니라 계와 익 사이에는 왕위를 놓고 다툼이 있었다. 마침내 계가 승리하여 아버지 우가 익에게 넘겨준 왕위를 빼앗았고, 익은 계에 의해 죽임을 당했다.[6]

여기서 우와 계 사이에 과연 이후의 역사에서 상식이 되었던 그런 부자 관계의 원리가 지배하고 있었는가 하는 의문이 든다. 말하자면 생물학적인 아들이면서 동시에 법적인 아들에게 재산과 지위가 계승되는 것이 이후 역사의 상식이었다. 부계에 의한 계보와 부권에 의한 권력이 정착되고 난 후에는 아들의 인품이나 능력과는 별개로 생물학적이고 법적인 요구를 충족시키는 '완벽한' 아들, 그 중에서도 적장자에게 계승하는 것이 원칙이었다. 이 원칙을 깨는 것은 비상식이었고 편법이었다.

역사에서는 우에서 비로소 왕위가 부자로 이어졌다고 하는데, 알다시피 요·순 시대에는 도덕적으로 탁월한 자에게 선양禪讓하는 형식으로 왕위가 이어졌다. 순의 아버지 고수瞽叟는 아무 이름도 없었고 그저 시대에 적응하지 못한 고집불통의 촌사람에 불과했다. 우의 아버지 곤鯀은 황하 치수에 실패한 죄에 갇히는 신세가 되었다. 그럼에도 불구하고 그들의 아들들인 순과 우는 능력을 인정받아 천자가 될 수 있었다. 그러나 우에서 계로 이어지는 왕위 계승에서는 그 패턴이 바뀐 것이다. 우는 자신이 왕위를 전해받은 대로 선양을 실천했으나 아들 계는 부자 '계승'을 추진한 것이다. 그렇다면 동시대 인물인 아들과 아버지 사이에 존재하는 생각의 차이는 어떻게 설명될 수 있으며, 아버지의 유언을 무시하고 즉시 왕위를 탈취한 계의 행위는 어떻게 설명될 수 있을까.

역사에서는 계啓를 훌륭한 인물이라고 칭찬하는데, 우는 왜 그런 아들을 두고 익에게 선양을 한 것일까. 과거에 요·순이 자신의 아들이 아닌 사람에게 왕위를 선양한 것은 자신의 아들이 불초한 인물로 이미 정평이 나 있기 때문이었다.[7] 우의 아내가 혼인한 지 나흘만에 아기를 낳았다는 사실과 "계를 내 아들로 생각하지 않았다."고 한 우의 말에서 볼 때 우는 계의 생물학적인 아버지가 아닐 수 있다. 부자 관계가 느슨하다는 증거이다. 우와 그 아들 계의 관계는 부계에 의한 계통이 확고하게 정립되지 않았던 시대의 산물이라 할 수 있다.

다음은 상商왕조의 시조 설契의 탄생에 관한 『사기』의 이야기를 보자.

은殷 왕조의 시조 설契의 어머니는 간적簡狄이라고 하는데, 그녀는 유융有娀 씨의 딸이자 제곡帝嚳의 두 번째 부인이다. 어느 날 간적은 다른 두 사람과 함께 목욕하러 냇가에 갔다. 그 때 마침 날아가던 제비가 냇물에 알을 떨어뜨리자 간적이 달려가 집어 삼켰고, 그 후에 아기를 잉태하게 되어 설을 낳았다.[8]

『시경』에서는 "하늘이 제비에게 명하시어, 내려가 상나라 시조를 낳게 하시니"[9]라고 하였고, 또 "유융有娀 씨족의 딸이 장성하자 하늘이 자식을 내려보내 상나라 조상이 되게 하시니"[10]라고 하였다. 간적은 원래 인간 사회의 일들에 많은 관심이 있었고, 하늘의 이치에 통달하였다. 그는 아들 설에게 자신의 지혜를 전수하여 훌륭한 재목으로 길러내었다. 요임금은 교화를 담당할 사도司徒의 자리에 설을 임명하여 인류의 법도를 정비하도록 하였다. 설의 후손들은 대대로 박亳 땅에 살았는데, 탕湯에 이르러 상 왕조를 건설하게 된 것이다.[11] 설의 어머니가 유융 씨족 출신으로 이름이 간적이라는 사실을 밝히고는 있지만, 설의 아버지가 누군지는 알려 주지 않았다.

주周왕조의 시조는 후직后稷인데 그가 태어나게 된 경위를 『사기』에서는 이렇게 말한다.

강원姜嫄이 야외에 나갔다가 거인巨人의 발자국을 발견하고 마음이 즐거워지면서 그것을 밟고 가보고 싶어졌다. 발자국을 따라 밟고 와서

는 몸에 이상이 생겼는데 꼭 임신한 것과 같았다. 열 달을 보내고 아들을 낳았다.[12]

『열녀전』에 의하면 유태씨有邰氏의 딸 강원은 교외를 산책하다가 어떤 발자국을 발견하고, 호기심이 발동하여 발자국을 따라 먼 곳까지 갔다 왔는데, 그 후 임신이 되었고 아들을 낳았다. 그런데 상서롭지 못하다고 여겨 아기를 들에다 내다 버렸다. 버린 자식이라는 이름이 붙여진 기棄가 조수鳥獸의 도움으로 다시 거두어 들여지고, 성장하여 주왕조周王朝의 시조 후직이 되었다. 후직 탄생의 신화는 주족周族의 계보가 사실상 강원에 의해 시작되었음을 말해 주는 것이다. 『시경』 「생민生民」편에서는 이렇게 노래한다.

처음 백성을 낳으신 분은 바로 강원이란 분이라네.
어떻게 해서 낳으셨던가?
정성 모아 기도하며 자식을 얻게 해 달라고 하시니
상제의 발, 엄지를 밟고선 놀라 멈추시더니
이때부터 태기가 있어 곧 낳아 기르시니
이분이 바로 후직이었네.[13]
아기를 좁은 골목에 버렸더니 소와 양이 감싸주고
넓은 숲 속에 버렸더니 마침 넓은 숲의 나무가 다 없어지고
찬 얼음 위에 버렸더니 새가 날개로 덮어 주네
새가 날아가자 후직께서 우시니
그 소리 하도 우렁차 큰 길가에까지 들렸다네.[14]

삼황오제三皇五帝의 출생도 시조 기원의 신화와 유사한 테두리에서

설명되고 있다. 즉 "염제炎帝 신농씨神農氏의 성은 강姜인데, 그의 어머니 유교씨有嬌氏가 신비로운 용과 감응하여 '사람의 몸에 소의 머리〔인신우수人身牛首〕'를 한 염제를 낳았다."[15]라고 하였다. 또 "황제黃帝의 어머니 부보附寶는 들판에서 기도를 올리다가 큰 번개가 북두칠성의 첫째 별을 감싸고 도는 것을 보았는데, 그 후 잉태하여 24개월 만에 황제를 낳았다."[16]라고 하였다. 또 "요堯의 어머니 경도慶都는 적룡赤龍과 감응하여 요를 낳았으며,[17] 순舜의 어머니 악등握登은 큰 무지개를 보고 감응하여 순을 낳았다."[18]는 것이다. 여기서 '감응〔감感〕'이란 성교를 뜻하는 것이다. 『박물지博物志』와 『열자列子』는 이렇게 말한다. "사사思士는 아내를 맞이하지 않고도 성교〔감感〕하고 사녀思女는 결혼하지 않고도 임신을 하였네. 후직은 큰 발자국에서 태어났고, 이윤은 뽕나무 사이에서 태어났네."[19] 전해져 내려오는 이러한 이야기를 재료로 후세 사람들은 원시 사회에 대한 자신의 생각들을 펼쳐 나갔다. 한대漢代에 저술된 『여씨춘추呂氏春秋』와 『백호통白虎通』에서는 이렇게 말한다.

사람들이 모여서 함께 살게 된 처음에는 어머니만 알고 아버지가 누군지 알지 못했다. 그래서 친척과 형제, 부부와 남녀의 구별이 없었으며, 윗사람과 아랫사람, 어른과 아이를 구분하는 도리라는 것도 없었다.[20]

옛날에는 삼강육기三綱六紀라는 게 없었다. 사람들은 단지 그 어미만 알고 아비에 대해서는 알지 못했다. 누운 채로 소리소리 지르고 걸어가면서도 시끄럽게 소리를 질러대었다. 이에 복희가 하늘을 우러러 형상을 관찰하고 땅을 내려다보고 법칙을 살펴어 부부로 오행을 바로잡으니 비로소 인도人道가 정하여졌다.[21]

이 예문들은 유가적 질서 개념으로 문명화를 추구하는 것의 내용을 보여주는 것이다. 그것은 아버지를 알 수 있어야 하고, 혈연간의 거리를 예제화해야 하며, 남녀·장유를 구분할 수 있는 개념을 마련할 것 등이다. 여기서 아비를 알 수 없다는 사실 자체를 무질서한 상태라고 본 것은 『여씨춘추』나 『백호통』의 시대가 이미 가부장제 질서 개념을 천하의 통칙으로 삼고 있었기 때문이다. 한편 『상군서商君書』는 왜 아버지의 질서가 필요하게 되었는가를 이렇게 설명한다.

> 천지가 제자리를 잡자 사람들이 태어났다. 그 때는 백성들이 그 어머니만 알고 그 아버지가 누군지 알지 못해서 혈친만을 친하게 대하고 내 자식만 사랑하는 것을 마땅하게 여겼다. 혈친만을 가깝게 여기면 차별이 생기고, 내 자식만 사랑하게 되면 균형을 잃게 된다. 백성이 많아지는데도 혈친인가 아닌가에 따라 차별하고 사랑을 기울게 하는 것을 임무로 여기니 백성들의 반란이 일어났다.[22]

여기서 아버지를 모르는 상태에서의 혈친이란 어머니 쪽의 혈통을 말하는 것이 된다. 즉 자신이 낳은 자식만을 사랑할 수밖에 없었던 시대가 있었는데, 사람들이 늘어나 사회 규모가 커지면서 혈연 감정만으로 한계가 있는 시대가 오게 되었다는 것이다. 다시 말해 아버지의 질서란 혈친에 대한 '자연스러운' 감정이 인위적인 제도에 의해 통제됨으로써 구축될 수 있는 것으로 이해된다.

이러한 혼인 현상에 대해 진고원陳顧遠은 과거 한 시기에 존재했던 모계 사회의 간접적인 자료라고 보았다.[23] 그것은 자신이 속한 집단을 기호화하는 성姓에도 드러나는데, 성의 글자가 여女변으로 만들어진 것은 성이 모계와 연관되어 있음을 말해 준다. 춘추 시대 제후국의 성은 대부분 여女변으로 이루어져 있다. 희성姬姓으로는 오吳 · 노魯 · 연燕 · 채蔡 · 위衛 · 조曹 · 진晉 · 정鄭 · 한韓 · 위魏 등이 있으며, 제齊는 강성姜姓이고, 진陳은 규성嬀姓이며, 진秦 · 조趙는 영성嬴姓이다. 춘추 전국시대 여女변을 가진 각국의 성姓은 과거의 습관이 유적遺跡의 형태로 남아 있기[24] 때문으로 보인다.

시조 시대의 탄생 신화에 나타난 일정한 원칙이란 시조에게는 어머니만 있고 아버지가 없다는 것이다. 이것은 시조와 성인의 출생에 숭고한 의미를 부여하기 위한 것인데, 말할 것도 없이 신화가 만들어진 시대의 요청이었다. 그래서 "성인은 모두 아비 없이 하늘과 감응하여 태어났다[성인개무부聖人皆無父, 감천이생感天而生]"는 감천탄생설로 아비 없는 출생 현상을 설명하려고 하였다. 예컨대 이런 방식이다. "옛 성인들은 모두 그 어미가 하늘과 감응하여 자식을 낳았기 때문에 천자天子라고 하는 것이다(『설문說文』)." 『사기』「세표世表」에는 성인이 아버지 없이 태어난 사실을 신성화하는 과정이 그려져 있다.

장부자張夫子가 저褚선생에게 물었다. 『시경』에서는 설契과 후직后稷이 모두 아버지 없이 태어났다고 하였습니다. 그러나 전기를 보면 그들에게는 아버지가 있었고, 그들의 아버지가 바로 황제의 자손이라고 말합니다. 이것은 『시경』과 위배되는 내용 아니겠습니까? 저선생이 말했다. 그렇지 않습니다. 『시경』에서는 설이 알에서 나왔고, 후직은 발자국에서 출생했다고 하였는데, 이것은 그들이 천명의 정기를 가졌음을 보이기 위한 것입니다. 귀신은 스스로 무엇을 이룰 수 없으며 반드시 사람에 의해 만들어지는 것인데, 어찌 설과 후직이 아버지 없이 태어날 수

있겠습니까? 그들의 아버지가 있다고도 하고 없다고도 하는 두 가지 설
이 내려오고 있지만, 요임금은 설과 후직이 모두 현명한 사람으로 하늘
이 보냈음을 알고 있었습니다.[25]

아버지 없이 자식을 낳았다는 것이 입으로 전해 오던 이야기라면,
후세의 사람들은 여기에 신성神聖한 의미를 부여한 것이다. 그러나 아
버지 없이 사람이 태어난다는 것은 불가능한 일이며 과학에도 부합하
지 않는 일이다. 장자莊子가 제대로 표현했듯이 '아버지가 없는〔무부無
父〕' 것이 아니라 '아버지를 알지 못하는〔부지부不知父〕' 것이다.[26] '무부
無父'가 가능했던 시대는 군혼과 잡교가 유행함으로써 아버지가 누군
지 알지 못하는 사회였다. 그러나 조상祖上이나 성인聖人이 군혼과 잡
교로 태어난 사람들이라고 하는 것은 그들의 신성성을 해치는 것이
된다. 그래서 후인들은 '제비가 떨어뜨린 알' 또는 '거인의 발자국'을
매개로 '아비 모르는' 혼인 현상을 설명해 내었을 것이다. 그렇다고
이러한 현상이 곧바로 모계사회의 존재를 증명하는 것인가 하면 반드
시 그렇다고 할 수는 없는 측면이 있다. 시조의 어머니에게 정해진 배
우자가 있고, 시조가 모두 남자라는 사실은 시조 기원의 신화가 부계
사회가 정착되고 난 후에 나왔음을 말해 주는 것이다. '무부無父', 사
실은 '부지부不知父'의 혼인 현상은 부계 혈통이 그다지 강조되지 않
았던 씨족 사회 특유의 성 풍습이나 생육관生育觀과 연관되어 있다.
그러나 어머니가 배우자가 아닌 다른 사람과 야합하여 '아비 모르는
자식'을 낳은 것이 단지 신화 시대에만 국한되는 것은 아니었다. 성에
관한 인식과 행위가 비교적 자유로웠던 기억들은 서주 이후의 사회에

124

서도 습속이나 풍습이라는 형태로 전해지고 있었다.

서주의 종법은 개인의 성 생활이나 혼인을 국가적 차원에서 파악하고자 했지만, 의례나 민풍의 형태로 내려오는 성 풍속을 완전히 통제할 수는 없었다. 『주례周禮』와 『예기禮記』 「월령月令」 등에서 신화 시대의 성 풍속의 흔적을 찾아볼 수 있다.

중춘지절仲春之節의 마을 축제에서는 이 마을 저 마을의 남녀를 서로 만나게 하였다. 이 날은 남녀가 서로 눈이 맞아 어디 어슥한 곳으로 들어 가는 행위를 막지 않았다. 그러나 아무런 까닭 없이 중매쟁이를 통하지 않고 혼인하는 자에게는 벌을 주었다.[27]

남녀의 결합에는 반드시 중매쟁이〔매작媒妁〕의 개입이 있어야 하는데 봄날에 벌어지는 이 축제에서는 배우자가 아닌 남녀의 교합을 금지하지 않았다. 엘리아데에 의하면[28] 고대 농경 사회에서 대지를 풍요롭게 하기 위해서는 그에 상응하는 신앙이 필요했다. 즉 고대 사회에서 처음 자라나는 봄의 푸르른 논밭 위에서 남녀가 하는 성 행위는 일종의 종교의례이다. 이러한 행위는 자연의 재생을 부르는 상징적인 의미를 가지는데 전全세계의 농경사회에 공통적인 현상이라고 한다. 엘리아데는 그라네[29]의 연구를 통해 중국 고대에서도 이러한 관습이 존재했다고 보았다. 이러한 설명에 따르면 『사기』의 기사와 『주례』에 나오는 중춘지절仲春之節의 축제 역시 자연의 재생과 인간 재생산을 기원하는 고대 농경 문화의 일반적인 종교 의례인 것이다.

한편에서는 이 의식을 뚜렷한 현실적 목적이 있었던 것으로 보기도 한다.[30] 그 목적이란 '자식 없는 사람에게 자식을 만들어 주는[거무자구 유자去無子求有子]' 것인데, 인구의 증가야말로 고대 농경 사회가 절실하게 희망하는 것이었다. 『예기』에 소개된 의례 행위 역시 이러한 유습遺習을 반영하고 있다.

　　중춘절에 제비가 북상하는 그 날, 제물을 크게 준비하여 고매高禖[31]에서 제사를 드렸다. 천자는 물론 후비后妃도 구빈九嬪을 거느리고 참가하였다.[32]

　　교매郊禖의 행사는 생육을 위한 남녀 교합과 관련된 의례 행위로 시조 기원 신화에 나타난 상황과 일치한다. 이러한 맥락에서 시조의 탄생은 다음과 같이 이야기될 수 있다. 하우夏禹의 어머니 도산씨는 지산砥山의 사교매에서 우를 잉태하였으며, 제비 알을 삼킨 간적簡狄의 잉태도 제비가 오는 날 행해졌던 사교매에서의 야합으로 인한 것이다. 중국 황하 유역의 중춘仲春은 남쪽으로부터 제비가 이동해 오는 시기이기도 하다. 정현鄭玄과 공영달孔潁達은 후직의 탄생도 어머니 강원이 생육을 기원하는 사교매에 참가한 후 이루어졌다고 보았다. 즉 사교매에서의 남녀 야합의 풍속은 씨족 사회의 자유로운 성 풍습의 흔적이다. 『묵자墨子』에서는 송宋나라의 상림桑林이나 초楚나라의 운몽雲夢은 남녀가 서로 만나는 곳이라 하였다.[33] 곽말약은 이 곳을 바로 『주례』에 나오는 중춘의 통음通淫과 같이 모두 남녀가 야합을 하던 곳으로 보았다.[34] 이후의 유교 지식인들이 공자 교조화 작업의 하나로써 부정하려고 했던 공자의 출생도 그 시대에는 자연스러웠던 현상이었다. 공자는 어머니 안씨가 니구산尼丘山에서 기도를 하여 낳았는

데, 이것은 곧 야합에 의한 잉태를 말해 주는 것이다.[35]

성을 통제하는 제도와 이념이 정착되기까지 중국 고대의 긴 시간 동안 야합에 의한 자녀 생산이 그리 낯선 현상이 아니었다. 시조가 살았던 시대 역시 성에 의한 규제나 통제가 없었던 것이다. 그러나 남성의 계보가 중요하게 됨에 따라 그 계보의 첫 출발인 시조의 존재가 필요하였고 당시 통용되던 여러 구전 자료들을 활용하여 시조로부터의 계보를 만들게 되었다. 처음의 사람, 시조는 모두 남자이다. 따라서 그보다 앞서 존재했던 남자가 있었다는 사실은 시조를 구성하는 데 있어서 방해가 된다. 이런 이유로 시조에게는 아버지가 없다는 서사를 만들 필요가 있었다. 그러나 사실은 아버지가 없었다기보다 아버지가 누군지 모르는 상황이었다. 아버지를 부정하는 방법으로 어머니가 자연의 요소들과 교감함으로써 자식을 잉태했다는 자연 교감설이 채택되었다.

여기서 시조가 살았던 시대와 시조 신화가 만들어진 시점은 구별되어야 함을 알 수 있다. 아버지를 알 수 없었던 것이 시조가 살았던 시대의 현상이었다면 시조에 대한 이야기는 부계 사회가 정착하고 난 후에 구성된 것이다. 다시 말해 신화의 재료가 씨족 사회라면 신화 구성의 방식은 부계 사회의 전망이 투영되어 있는 것이다. 그러나 부계 사회로 진입했다고 해서 씨족적 생활로부터 완전히 벗어난 것은 아니었다. 씨족 생활의 오랜 기억들이 여전히 현재의 사람들에게 작용하였는데, 씨족 사회가 남긴 유습을 완전히 바꾸어내는 데는 긴 역사적 시간이 필요하기 때문이다. 『시경』의 시대도 씨족 사회의 성 풍습이 많은 부분 남아 있었다.

2. 민중 가요에 담긴 사랑의 표현

사랑에 대한 고대인의 감정은 어떠했으며, 고대인들의 사랑 행위는 어떻게 표현되었을까? 기원전 5·6 세기 경 황하 유역의 15개 나라에서 채집된 민간 가요들은 당시 사람들의 생활 감정을 그대로 전해 준다. 서주 국가는 남녀 관계를 제도적 차원에서 규제하고자 하였지만 민중들의 생활 감정을 완벽하게 통제할 수는 없었다. 『시경』은 그런 규정되지 않은 고대인들의 감정이나 표현들을 보여 주는 자료이다. 『시경』은 아雅와 송頌, 풍風으로 구성되어 있는데, 이 중에서 15개국의 민요로 구성된 160여 편의 국풍國風, 그 중 절반 가량은 남녀의 자유로운 연애 이야기를 내용으로 한다. 사랑과 이별, 안타까움과 미움, 질투의 주제들은 우리가 그렇듯이 기원전의 고대인들도 피할 수 없는 것이었다. 『시경』 국풍 편에 표현된 2500년 전의 사랑 이야기는 바로 우리의 이야기같다는 착각을 일으키게 한다. 『시경』을 보면 역사의 진보가 인간의 감정이나 사랑의 표현 방식에도 그대로 적용될 수 있는지 의문스럽지 않을 수 없다.

우선 『시경』은 유가 경전 오경五經 중의 하나라는 점에 주목할 필요가 있다. 이것은 성과 사랑의 주제도 유학의 체계에 포함되었다는 것인데, 하지만 유학의 사상사에서 성과 사랑이 중요하게 다루어졌는가 하면 오히려 그 반대이다. 유학에서 성과 사랑은 '정통'과 '중심'에서 벗어난 주변적인 이야기에 불과했다. 성과 사랑이 중요한 주제가 되지 못했던 것은 다음 장에서 다룰 『시경』 해석의 역사를 통해 밝혀질 수 있으리라 본다. 일단 『시경』 시대의 남녀들, 만나고 헤어지고 사랑하고 미워하는 감정의 곡선을 그들의 맥락 속에서 충실하게 읽어 낼 필요가 있다. 제일 먼저 소개할 시는 『시경』의 권두시 「관저關雎」이다.

구룩구룩 물수리 새 강가에서 노래하네
아름다운 아가씨는 군자의 좋은 짝이로다.

올망졸망 마름풀 이리저리 흐르네
아름다운 아가씨를 자나깨나 그리도다.

그리어도 얻을 수 없어 자나깨나 생각노니
그리움은 가이없어 잠 못 자고 뒤척이네.

올망졸망 마름풀 이리저리 따노라니
아름다운 아가씨 사이좋은 벗이라네

올망졸망 마름풀 이리저리 고르노니
아름다운 아가씨를 짝으로 삼아 즐기고 싶네.

—「소남召南·관저關雎」[36]

남자와 여자의 아름다운 화합을 노래한 「관저關雎」는 『시경』의 맨 처음에 나오는 시이다. 이 시는 남자와 여자가 서로의 대상을 찾아 그리고 어울리며 결혼을 하는 과정을 자연 속의 동식물의 생태와 유비시키고 있다. 시간의 이동에 따라 자연 현상이 변하듯이 사랑의 감정 또한 진전되어 가는데, 이것을 기준으로 이 시는 다섯 부분으로 나뉘어질 수 있다.

1절은 강가 모래사장에 서식하는 물수리 새가 서로 짝을 찾는 것을 남녀가 사랑의 대상을 찾는 모습에 비유하고 있다. 2절과 3절은 물밑에 뿌리를 둔 다년생 마름풀이 봄과 함께 발아하고 여름과 함께 수면으로 떠올라 물 위에 떠다니는 모습을 남녀가 서로 구애하는 정경에 비유하였다. 4절은 마름풀이 성숙하여 채집하는 단계에서 남녀는 서로 친밀한 관계로 발전하고, 5절은 남녀의 성숙된 연애가 결실을 맺는 것에 비유되고 있다. 이 시는 봄·여름·가을·겨울의 네 계절의 흐름과 남녀 사랑의 감정이 변화해 가는 과정을 교차시키고 있는데, 자연의 운동이 그렇듯이 사랑에의 감정 또한 자연스러운 것이라는 뜻인 듯하다. 여기에는 인간과 자연의 조화를 추구하는 중국적 세계관이 반영되어 있다. 소남召南은 대략 북쪽은 황하로부터 시작하여 남쪽은 여수汝水와 한수漢水에 이르는 지역으로 지금의 하남성 낙양洛陽 이남에서 호북湖北 일대에 해당한다.

그러나 사랑이란 「관저」에서 보인 것처럼 반드시 아름다운 사건만 있는 것은 아닐 것이며, 반드시 행복한 결말을 보장하는 것만도 아닐 것이다. 기원전의 고대인들도 사랑의 행위에 수반되는 다양한 사건과 복합적인 감정들을 부담하지 않을 수 없었다. 다음에서 소개하는 시들은 사랑의 행위에 수반되는 사건과 감정의 시간적 전개를 보여줄 것이다. 이 시들은 유혹과 열정, 질투와 헤어짐, 원망과 그리움 등의 다양한 소재로 이루어져 있다.

유혹과 열정

다음에서 소개하는 정나라 민요 '마른 나무 잎새(「탁혜蘀兮」)'의 주제어는 '나를 유혹해 봐!'이다. 이런 류의 성적 표현은 우리 시대의 대중 가요를 통해서도 어렵지 않게 만날 수 있다.

　　마른 나무 잎새여, 바람이 너를 날려 보낼라
　　여러 남자들이여, 나를 불러주면 너에게 화답할게.
　　마른 나무 잎새여, 바람이 너를 흘려 보낼라
　　여러 남자들이여, 나를 불러주면 너에게 응할게.
　　　　　　　　　　　　　　　　—「정풍鄭風·탁혜撑兮」[37]

　성적 대상이 갖고 있는 '있는 그대로'의 모습에 그치지 않고 끊임
없이 상대를 나의 기호에 맞게 만들어 내려는 경향이 우리에게는
있다. 자신의 욕망이 자극을 받아 움직일 수 있도록 자신을 유혹해
보라는 것이 「탁혜撑兮」의 내용이다. 정나라는 현재의 하남성 중부

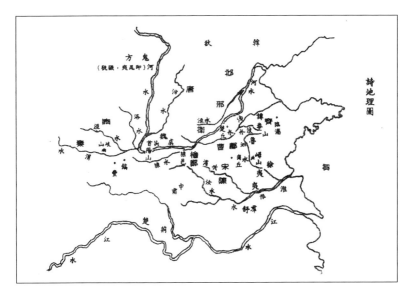

시경 지리지

에 해당하는 지역으로 정주鄭州 이남에서 밀현密縣과 신정新鄭 일대이다. 정풍은 총 21편인데 이「탁혜」와 뒤에 나올「준대로遵大路」, 「진유溱洧」, 「건상褰裳」 등의 16편이 남녀의 사랑을 노래한 연애시로 분류된다.

> 홀로 서 있는 팥배나무 왼쪽 길가에 서 있네
> 저기 저 군자여, 와서 나를 만나 주면 좋겠네
> 마음 속으로 그를 좋아하는데, 어찌하면 그를 먹을 수 있을까?
> 홀로 서 있는 팥배나무 길모퉁이에 서 있네
> 저기 저 군자여 와서 나와 놀아 주면 좋겠네
> 마음 속으로 그를 좋아하는데, 어찌하면 먹을 수 있을까?
> ─「당풍唐風 · 유체지두有杕之杜」[38]

당唐나라 민요「유체지두」의 주인공은 애모의 정을 아무도 몰래 홀로 키워가면서 상상의 세계를 맘껏 펼쳐 나간다. '우뚝 홀로 서 있는 팥배나무'란 자신의 마음을 흔들어 놓은 멋진 남성에 대한 비유라 할 수 있다. 이 여성은 상대에게 자신의 감정을 분명하게 전달할 만큼 적극적이지는 못하지만 대화를 하거나 손을 잡는 정도가 아니라 벌써 성교를 하는 단계까지 자신의 욕망을 확장시켜 놓고 있다. 원문에 나온 '어찌하면 그를 먹을 수 있을까?〔갈음식지曷飮食之〕'라고 한 것에서 '먹다'라는 표현은 성행위의 은유적 표현이라 할 수 있다.

당唐은 지금의 산서성山西省 태원太原 일대이며 진晉이라고도 한다. 「당풍」은 모두 12편이다. 주희朱熹는 『시집전』에서 당나라의 풍속이 부지런하고 검소하여 열심히 일하는 분위기였다고 하였다. 당풍의

'귀뚜라미(「실솔蟋蟀」)'라는 시를 보면 이러한 분위기를 짐작할 수 있다.
"귀뚜라미 집에 드니 이 해도 저무는구나. 지금 우리 못 즐기면 세월
은 기다려주지 않으리."[39] 우리의 민요 "노세 노세 젊어서 노세"와 그
전하는 메시지가 같다고 할 수 있다.

> 둘째 도련님, 우리 마을에 넘어 오지 마세요
> 우리 집 산 버들 꺾지 마세요
> 어찌 나무가 아깝겠어요? 부모님이 두렵기 때문이지요
> 도련님은 그리우나 부모님 말씀이 더 두려워요.
> (후렴)
> 어찌 나무가 아깝겠어요? 오빠들이 무섭기 때문이지요
> 도련님은 그리우나 오빠들의 말씀이 더 무서워요
> 어찌 나무가 아깝겠어요? 사람들의 말이 두렵기 때문이지요
> 도련님은 그리우나 사람들의 말도 역시 두려워요.
> ─「정풍鄭風·장중자將仲子」[40]

　이 시는 앞의 중매혼에서도 소개한 정나라 민요 '둘째 도련님(「장중
자將仲子」)'이다. 상대 남성의 적극적인 구애 행위에 부담을 느낀 여성
의 마음이 표현되어 있다. 이 여성은 자신을 둘러싸고 있는 가족과 동
네 사람들의 눈 때문에 자신이 그리는 남성과 확실한 사랑을 만들지
못하고 있다. 그녀는 남성의 구애를 거부하지는 않지만 자신을 주시
하는 눈들을 무시하지 못하는 어정쩡한 상황에 놓여 있다. 성과 관련
된 감정과 행동을 통제 해왔던 것이 전통 시대 대부분의 여성들의 상
황이었다면 이 시는 그런 마음을 대변해 준다고 할 수 있다.

들의 죽은 노루를 흰 띠풀로 싸는구나
아가씨는 봄을 그리고 멋진 사내는 그녀를 유혹하네.
숲에는 떡갈나무 서 있고, 들에는 죽은 사슴 있네
흰 띠 풀로 싸서 가니 그녀는 옥과 같네.
가만가만 조심조심, 내 행주치마를 건드리지 마세요
삽살개가 짖으면 안되니까요.
　　　　　　　　　　　　　—「소남召南 · 야유사균野有死麕」[41]

　소남 지방의 민요 「야유사균」은 들판에서의 정사를 묘사한 것이다. 소남은 주남의 남쪽으로부터 장강長江 유역에 이르는 지역에 해당된다. 봄이 되자 열정에 휩싸인 한 여자를 남자가 유혹하는 내용이다. 남자는 사냥해서 잡은 노루와 사슴의 고기를 깨끗한 보자기에 싸서 자신과 성교를 행한 여성에게 선물로 주었는데, 이는 원시 수렵시대에서는 흔한 풍습이었다. 이것이 『시경』의 시대에서도 유습으로 남아 젊은 남녀 사이에 통용되고 있었다는 증거이다.[42] 이와 유사한 내용으로 왕나라 민요 '저 언덕에는 삼밭이 있어요!(「구중유마丘中有麻」)'가 있다.

　언덕 속에는 삼밭이 있어요, 저 유씨댁 아드님이여
　저 유씨댁 아드님이여. 어서 빨리 오세요.
　언덕 속에는 보리밭이 있어요, 저 유씨댁 아드님의 나라여
　저 유씨님 아드님의 나라여. 어서 와서 먹어보세요.
　언덕 속에는 오얏밭이 있어요, 저 유씨님 아드님이여
　나에게 예쁜 패옥을 주시네.
　　　　　　　　　　　　　—「왕풍王風 · 구중유마丘中有麻」[43]

「구중유마」는 삼밭이나 보리밭, 오얏밭 등의 일터에서 흔히 일어났을 법한 성애 장면을 묘사한 것이다. 여기에는 남녀가 만나서 헤어지기까지의 과정이 그려져 있는데, 여자가 남자를 유혹하고 성교하고 또 그에 대한 보답으로 남자에게 선물을 받는 장면으로 전개되었다.

다음의 시 두 편은 일종의 노동요인데, 여기에서도 젊은 남녀는 연애를 꿈꾼다. 그들에게 연애의 감정은 힘든 노동을 즐거운 놀이로 바꾸어 놓는 강한 에너지이다. 왕풍王風의 「채갈采葛」과 진풍陳風의 「동문지지東門之池」를 보자.

> 칡 캐러 가세, 하루라도 못 보면 석 달이나 된 듯
> 쑥 캐러 가세, 하루라도 못 보면 세 가을이나 된 듯
> 약쑥 캐러가세, 하루라도 못 보면 삼 년이나 된 듯하네.
> ―「왕풍王風 · 채갈采葛」[44]

> 동문 밖 연못은 삼 담그기 좋은 곳
> 아름다운 아가씨와 짝지어 노래하고 싶네.
> ―「진풍陳風 · 동문지지東門之池」[45]

왕풍 「채갈」은 칡과 쑥을 캐러 가는 김에 보고 싶은 님도 만나자는 내용의 시이다. 이것을 두고 '임도 보고 뽕도 딴다'고 하는데, 우리 시대의 흘러간 대중가요 중에도 이와 유사한 표현이 있다. 그 대중 가요 중에서 도서관에 공부하러 간다는 말은 곧 이성 친구를 만나러 간다는 말로 통용되었다. 진풍陳風의 「동문지지」는 베를 만들기 위한 작업의 한 과정으로 삼을 물에 담그는 일을 소재로 삼고 있는데, 그 일은 여럿

이서 함께 해야 할 집단적인 노동을 요구했던 것 같다.

이 외에도 진陳나라 민요에는 동문을 중심으로 한 이야기가 많다. 「동문지지」 외에 「동문지양東門之楊」, 「동문지분東門之枌」이 있는데, 모두 연애에 빠진 남자의 마음이 표현된 시이다. 진나라는 현재 하남성 개봉開封 동쪽에서 안휘성 박현亳縣에 이르는 지역에 해당하며, 동문東門은 지명이다.[46] 「동문지분」은 남녀가 교외의 한 곳에서 집단적으로 가무를 즐기며 흥겹게 노는 장면을 표현한 것이다. 여기서 자중子仲이란 자중이라는 성을 가진 집안을 말한다. 그러면 진풍陳風에 실려 있는 「동문지양東門之楊」과 「동문지분東門之枌」의 시를 보자.

동문 밖 버드나무 잎새가 너풀너풀
저녁에 만나기로 한 님이 샛별 반짝이도록 오지 않네.
―「진풍陳風 · 동문지양東門之楊」[47]

동문에는 흰 느릅나무 놀이동산에는 도토리 나무
자중씨의 따님, 그 밑에서 춤을 추네.
좋은 날을 가리어 남쪽 들에 모였네
삼베 길쌈은 아니하고 날렵하게 춤을 추네.
좋은 날에 놀러 여럿이 함께 가다가
금규화 같은 그대, 내게 한줌의 산초를 주네.
―「진풍陳風 · 동문지분東門之枌」[48]

남녀 연애에 관한 시가 특히 많은 지역이 정鄭나라이다. '정음鄭淫'이라는 용어가 통용되었을 정도로 정나라의 연애시는 유명하다. '동문을 나서니(출기동문出其東門)'라는 시와 '진수와 유수(「진유溱洧」)'를 보자.

동문을 나서니 여자들이 구름처럼 많더라

비록 구름 같으나 내 마음에 둔 여자는 아니더라

흰옷에 녹색 수건 쓴 여자만이 나를 기쁘게 할 것이라.

　　　　　　　　　　　　—「정풍鄭風 · 출기동문出其東門」[49]

동문 밖이란 정鄭나라의 유흥지를 말한다. 그곳에 가면 짝을 찾아 헤매는 많은 아름다운 여인들을 만날 수 있었던 것 같다. 시의 저자는 남자이고 흰색 옷에 녹색 수건을 쓴 여성은 그의 애인이다. 뒤에서 다시 논의하겠지만 시 해석가들은 이 시를 정치시로 읽도록 안내하고 있다.

진수와 유수는 넘실넘실

남자와 여자가 난초를 들고 있네

여자가 '놀러 갈까?'하니, 남자는 '벌써 갔다 왔잖아!' 한다.

또 가요. 유수 저편은 정말 즐거울 텐데

남자와 여자, 서로 장난치며 작약을 꺾어 주네.

　　　　　　　　　　　　—「정풍鄭風 · 진유溱洧」[50]

진수와 유수는 정나라 경내를 흐르는 한 쌍의 강인데, 서로 만나서 회수로 흘러들어 간다. 진수와 유수가 합쳐지는 곳은 밀密이라는 땅이다. 춘추 시대 정나라의 풍속에는 매년 3월 상사上巳[51]에 진수와 유수의 두 강변에서 성대한 집회를 거행했는데, 인산인해를 이룬 남녀가 흥겹게 놀았다.[52] 『시경』주석가 원매袁梅는 "3월 3일은 봄기운이 무르익는 때이다. 이 날 청춘남녀의 만남을 주선하여 마음에 드는 짝을 고르게 하였는데, 이 시는 이러한 정황을 그린 것이다."[53]라고 하였다. 3월 3일은 제비가 온다는 삼월 삼짇날이 아닌가 한다. 이는 앞에서 말한 중춘지절에 행하던 사교매에서의 통음通淫의 풍속과 서로 통하는 것 같다.

질투와 헤어짐

유혹과 만남을 통해 사랑이 시작되고 열정적으로 몰입하다가 시간이 지나가면 사랑의 양상도 새로운 국면으로 접어들 것이다. 그런데 만일 나는 아직도 변함 없는데, 상대방의 애정이 식어 가는 것이 포착되었을 때 그에 대처하는 방법에는 몇 가지가 있을 것이다. 그 중 사랑을 이어가기로 작정했을 경우에도 몇 가지 방식이 있을 수 있다. 예컨대 헤어질 각오로 한판 승부를 벌이기도 하고 상대를 향해 질투나 호소를 하기도 하며, 때론 협박과 협상을 시도하게 된다. 국풍에는 이러한 상황을 잘 표현해 주는 시들이 많다. 정풍에 들어 있는 '대로를 따라가며(「준대로遵大路」)'과 패풍邶風에 들어 있는 '얌전한 그녀(「정녀靜女」)'를 보자.

> 대로를 따라가며 그의 소매를 부여잡고 애원하네
> 나를 싫어 마시고 옛정을 버리지 마소서.
> 대로를 따라가며 그의 소매를 부여잡고 애원하네
> 나를 미워 마시고 옛사랑을 버리지 마소서.
> ──「정풍鄭風·준대로遵大路」[54]

얌전하고 예쁜 그녀가 성의 모퉁이에서 나를 기다리려나

사랑하면서 만나지도 못하니 복잡한 심정 서성대기만 하네.
얌전하고 예쁜 그녀가 내게 빨간 피리를 선물했네
그것이 고운 것은 그녀를 좋아하기 때문이지.

—「패풍邶風 · 정녀靜女」[55]

패邶나라의 민요 '얌전한 그녀(「정녀靜女」)'는 만나지 못하게 된 연인을 기약 없이 기다리며 성의 모퉁이를 서성대는 남자의 심정을 담은 것이다. 예전에 그녀로부터 받았던 선물을 만지작거리며 그녀를 대하듯 새로운 의미를 부여하고 또 기억을 되살리면서 안타까워하는 심정을 읽을 수 있다. 주희朱熹에 의하면 '빨간 피리〔동관彤管〕'라는 게 구체적으로 어떤 물건인지는 알 수 없으나 남녀 사이에는 은근히 가까워지고 싶어하는 마음에서 서로 선물을 하게 된다고 하였다.[56] 다음은 정나라 민요 '치마를 걷고(「건상褰裳」)를 보자.

당신이 나를 사랑한다면 치마 걷어 진수라도 건너가리 .
당신이 나를 사랑하지 않는다면 남자가 너밖에 없다더냐
바보 같은 웃기는 놈아!
당신이 나를 사랑한다면 치마 걷고 유수라도 건너가리
당신이 나를 사랑하지 않는다면 남자가 너밖에 없다더냐
바보 같은 웃기는 놈아!

—「정풍鄭風 · 건상褰裳」[57]

정나라 민요 「건상褰裳」에는 사랑의 회복을 염원하는 여자의 마음이 들어 있다. 연인을 불러 놓고 협상과 협박을 번갈아 사용하는 당찬 여성의 모습을 보여준다. 이 시의 작자는 자존심이 무척 강한 여성인 것 같다. 흐느끼거나 호소함으로써 옛사랑을 되찾고자 하는 여성의 일반적인 유형과는 달리 무척 당당하다. 사랑의 감정이 회복될 수만 있다면 시키는 일 뭐든 다 하겠지만 돌아올 수 없는 관계라면 자신도 다른 남자를 구하겠다는 것이다. 이 시에서는 한 때의 데이트 장소였던 진수溱水가로 마음이 이미 변해 버린 남자를 불러내어 협상하는 여인의 모습이 그려진다. 여기서 우리의 주목을 끄는 구절이 있는데, '남자가 너뿐이더냐[기무타인豈無他人 또는 기무타사豈無他士]'가 그것이다. 이것을 난혼제의 흔적이라고 보기도 한다.[58] 이와 유사한 표현이 『춘추좌씨전』에도 나오는데, 정제중鄭祭仲의 처가 그의 딸에게 "남자는 다 남편이 될 수 있다[인진부야人盡夫也]"[59]라고 한 말이 그것이다. 여기서는 내가 사귈 수 있는 남자는 너 말고도 아주 많다는 뜻이다. 다음은 정나라 민요 '능구렁이 같은 자식(「교동狡童」)'을 보자.

저 능구렁이 같은 자식, 나와 말도 않네
너 때문에 내가 밥을 못 먹겠는가.
저 능구렁이 같은 자식, 나와는 이제 먹으려 하지 않네
오직 너 아니면, 내가 살지 못하겠는가.

—「정풍鄭風·교동狡童」[60]

정나라 민요 「교동」은 버림받은 여인의 심정과 상황을 표현한 것이다. 마음이 떠나 버린 애인에 대한 질투가 폭발하고 있다. 그런데 시해석학에서는 정치시로 안내하고 있다. 이 시의 해석학은 다음 장에서 다룰 것인데, 여기서는 시의 원문에 충실하는 것이 필요할 것 같다.

다음에서 소개할 소남 지방의 민요 「강유사」는 '강물은 갈라졌다

다시 합쳐지거늘'이라는 뜻인데, '강유사'는 애인들이 이별했다가 다시 만나는 모습을 상징한 것이다.

> 강물은 갈라졌다 다시 합쳐지거늘
> 그대는 시집가며 나를 무시하였네
> 나를 무시하지만 뒤에는 후회하게 되리라
> 강에는 늪도 있는 법,
> 그대는 시집가며 나와 함께 있지 않으려 하네
> 나와 함께 하지 않으려 하지만 뒤에는 함께 살게 되리라.
> ―「소남召南 · 강유사江有汜」[61]

이 시는 애인이 변심하여 다른 데로 시집을 가버리자 그 허탈한 마음을 달랠 길 없는 남성의 노래이다. 그는 떠난 애인이 얄밉기는 하지만 언젠가 자신에게 다시 돌아올 것이라는 기대를 포기하지 않고 있다. 『모시』와 『시집전』에서는 부인과 첩의 관계를 표현한 시라고 보았다. 즉 다른 곳으로 시집 가는 첩과의 이별을 아쉬워한 것이라고 하였다. 이러한 해석에 대해 근대의 시경학자들은 견강부회의 감이 있다고 평가하였다.

원망과 그리움

떠난 연인을 원망하고 그리워하는 것은 실패한 사랑의 행위에 수반되는 마지막 단계라 할 수 있다. 사랑이 회복될 수 있다는 믿음보다는 포기한 상태에서 남는 감정들이 아닐까 한다. 자신을 버린 상대를 원망하지만 자신도 모르게 또 그리워지는 복합적인 감정이 다음에 소개하는 시들에 잘 드러나고 있다. 먼저 패邶 지방의 민요 세 편을 소개하는데, 이 시의 공통점은 버림받은 사람들의 심정을 노래한 것이라는 데 있다.

둥실둥실 잣나무 배는 하염없이 떠내려 가는데
밤새도록 잠 못 이룸은 뼈저린 시름 때문인가
술이나 마시면서 나가 노닐지 못할 것도 아니건만.
　　　　　　　　　　　　　　　　─「패풍邶風·백주柏舟」[62]

해와 달은 땅을 비추고 있는데
그 사람은 이미 떠나 버렸네요
어찌하면 마음을 붙들 수 있을까, 어찌 나를 돌아보지도 않을까.
　　　　　　　　　　　　　　　　─「패풍邶風·일월日月」[63]

바람 불더니 폭풍이네, 그가 나를 보고 웃었네
놀리고 희롱하는 웃음인가, 내 가슴은 애닯기만 하네.
바람 불더니 흙비로구나, 즐거이 찾아오려나
오지도 가지도 않으니, 내 시름 한이 없어라.
바람 불더니 스산해지네, 하루도 갤 날이 없네
잠이 깨면 다시 잠들지 못하고, 생각하면 할수록 가슴이 메이네.
먹장구름 하늘을 덮네, 우릉우릉 천둥 치네
잠을 깨면 다시 잠들지 못하고, 생각하면 마음 슬퍼지네.
　　　　　　　　　　　　　　　　─「패풍邶風·종풍終風」[64]

시 '잣나무 배(「백주柏舟」)'에 대해 주희는 "부인이 남편에게서 소박을 맞고 자신을 잣나무 배에 비유한 것"으로 해석하였다. 『모시』는

'해와 달(「일월日月」)'과 '바람(「종풍終風」)에 묘사된 버림받은 여인은 위衛나라 장강莊姜의 처지에 비유된 것이라고 해석했다. 장강은 위나라 장공莊公의 부인으로 제나라 제후의 딸이다. 장공이 다른 첩을 사랑하는 바람에 정실 부인이었던 그가 밀려난 것이다. 「종풍」의 거친 바람은 장공의 난폭한 행위에 비유되었다는 것이다. 『모시』는 이 시의 주인공을 장강이라고 보았지만 대부분의 시경 연구가들은 버림받은 부인이 가질 수 있는 일반적인 심정과 상황을 표현한 것이라고 보았다.

그런데 『모시』는 패풍에 속해 있는 이 시들을 왜 위나라 제후 및 그 부인과 관련시키는가 하는 점이 궁금해진다. 패邶는 현재의 하남河南 기현淇縣 일대에 해당된다. 주周의 무왕武王은 상商의 주왕紂王을 멸망시키고 처음에는 주의 아들 무경武庚을 내세워 상나라 유민遺民들을 통치하게 했다. 그런데 그 곳을 다시 세 등분하여 패邶·용鄘·위衛로 나누고, 무경은 패邶를, 무왕의 동생들인 관숙管叔은 용鄘을, 채숙蔡叔은 위衛를 다스리게 하였다.[65] 무왕의 사후 상의 유민들을 감독하던 관숙과 채숙이 무경을 옹립하는 반란을 일으켰는데, 이 반란은 당시 실권을 잡고 있던 주공周公에 의해 진압되었다. 이 반란을 계기로 세 지역은 다시 위나라로 통합되어 강숙康叔이 다스리게 되었다. 따라서 위衛·용鄘·패邶 세 나라의 풍속은 사실 위풍衛風으로도 묶일 수 있다. 또한 이들 시에 나오는 성읍이나 하천 이름이 같은 곳들의 것이 많다. 『시경』에서는 각 지역을 나누어 각각 패풍, 용풍, 위풍으로 분리하고 있는데, 이에 대해 학자들의 다양한 의견이 제출되었지만 정해진 설은 없다.

다음은 위풍衛風에 속해 있는 '낚시질(「죽간竹竿」)'과 진풍陳風에 속해 있는 '달은 떠 오르고(「월출月出」)'와 '못의 둑(「택피澤陂」)'을 보자.

긴긴 대막대로 기수에서 낚시질 하네
어찌 그대 생각 없겠는가. 멀어 만날 수 없네
천원은 왼편에 기수는 오른편에 흐른다
여자 시집가면 부모형제와도 멀어진다더니.

　　　　　　　　　　　　　—「위풍衛風 · 죽간竹竿」[66]

달이 떠 환하게 비치니 아름다운 님의 얼굴이 떠오르네
아름다운 그대여! 마음의 시름 어찌하리.

　　　　　　　　　　　　　—「진풍陳風 · 월출月出」[67]

저 연못 둑 너머엔 부들과 연잎
아름다운 님이여, 이 시름 어찌할까
자나깨나 아무 일 못하고 눈물만 비 오듯.

　　　　　　　　　　　　　—「진풍陳風 · 택피澤陂」[68]

위衛나라 민요 「죽간」은 한 남자가 시집간 애인에 대한 그리움으로 멍하니 낚시대만 붙잡고 있는 상황을 그린 것이다. 작자는 기수라는 강가에 앉아 있는데, 그 위치는 천원泉源과 기수가 만나서 갈라지는 지점쯤인 것 같다. 같은 근원에서 나온 두 물줄기가 일정한 지점에서 갈라지기 시작하면 영원히 만날 수 없는 곳으로 향해 가듯이 자신과 애인의 관계도 여기에 비유되고 있다. 진陳나라 민요 「월출」과 「택피」에는 떠난 님을 잊기 어려워 시름시름 앓고 있는 작자의 상황이 반영되어 있다.

국풍편 160편 중에서 절반이 넘는 85여 편이 남녀 애정을 주제로 한 시이다. 앞에서 소개한 시들은 남녀 간의 애정 표현이나 갈등이 진솔하게 표현된 것들로, 주로 젊은 남녀들의 자유로운 만남과 사랑, 이별과 그리움 등이 주제였다. 이 시들을 다소 길게 소개한 것은 이후의 시경 연구가들이 해석한 내용과 너무 큰 거리가 보이기 때문이다. 시 원래의 느낌과 해석가들의 안내, 그 사이에 무슨 일이 일어났는가가 밝혀져야 한다. 문명화라는 맥락에서 지배 이데올로기는 인간의 감정을 규율하고 관리하는 쪽에 주목할 수밖에 없었다. 사랑과 애정, 갈등 등으로 표출된 개인의 자기 표현은 전체주의적 사회를 유지하기 데 있어서는 장애물로 인식된 듯하다. 그래서 전제 군주가 지배하는 이후 사회에서는 『시경』 속의 남녀 연애시가 정치적이고 도덕적인 내용으로 해석된 것이다.

사랑이나 애정을 주제로 한 시는 젊은 청춘남녀들의 전유물로 생각되기 싶다. 물론 전통 사회에서는 이마저도 제대로 표현하는 것을 용납하지 않았다. 더구나 부부의 애정적 표현이나 성애적 열정은 무시되기 십상이다. 『시경』 국풍에는 부부간의 애정시가 상당수 포함되어 있다. 왕풍王風의 시들은 부부의 애정을 다룬 내용들이 많다.

> 부역 가신 우리 님 돌아올 날 기약 없네. 언제 오시려나?
> 닭은 홰에 오르고, 날 저물어 소와 양도 돌아왔는데,
> 부역 가신 우리 님이여, 어찌 그립지 않으리오.
> ―「왕풍王風 · 군자우역君子于役」[69]

즐거운 우리 님이 왼손에 생황 들고

오른손으로 나를 방으로 부르니 정말 즐겁네.

흥겨운 우리 님이 왼손에 새 깃 들고

오른손으로 나를 춤 자리로 부르니 정말 즐겁네.

　　　　　　　—「왕풍王風 · 군자양양君子陽陽」[70]

잔잔한 물결은 한 묶음의 땔감도 떠내려 보내지 못하네.

아내를 멀리 두고 나는 신申땅으로 수자리 왔네.

보고 싶고 보고 싶은지고

어느 달에 내가 돌아갈 수 있을까.

　　　　　　　—「왕풍王風 · 양지수揚之水」[71]

　왕풍에 실려 있는 이 시들은 각각 부역 나간 남편을 기다리는 아내의 애절한 모습, 부역에서 돌아온 남편을 만나 서로 즐거워하는 모습, 멀리 국경 지대에 파견된 한 남자가 집에 두고 온 아내를 그리워하는 내용으로 되어 있다. 왕풍은 주周 천자天子가 살고 있는 도읍을 중심으로 한 왕기王畿 지역을 배경으로 한다. 「군자양양」에 나오는 생황과 새 깃은 노래와 춤을 은유한 것으로 화락한 부부의 행복한 모습을 강조하기 위한 것이다. 「양지수」에 나타난 『시경』 시대는 춘추 시대 전쟁이 일상화된 상황을 반영한 것이다. 각국이 상호 침략으로 상대를 병탄倂呑하는 과정에서 많은 남성들이 전쟁에 끌려나가게 된 것이다. '북소리(「격고擊鼓」)'에서는 이러한 상황이 아주 생생하게 묘사되어 있다.

　북소리 둥둥 울리자 무기 들고 뛰어 일어나

　도읍의 성을 쌓다 말고 나 홀로 남쪽 전쟁터로 나가네.

146

죽음과 삶, 만남과 헤어짐을 함께 하자고 했는데
그대의 손을 잡고 그대와 해로하려 했건만
오랜 이별은 우리를 함께 살지 못하게 하네.
이렇게 멀리 있으니 우리의 약속은 지킬 수 없네.

　　　　　　　　　　—「패풍邶風 · 격고擊鼓」[72]

　전쟁이나 부역에 차출된 남편을 그리워하는 아내의 애절한 사연들은 이 외에도 많다. 위풍의 '내 님(「백혜伯兮」)'과 '여우(「유호有狐」)', 소남의 '베짱이(「초충草蟲」)'와 '천둥소리(「은기뢰殷其雷」)', 패풍의 '수꿩(「웅치雄稚」)' 등을 들 수 있다.

　『시경』의 남녀 애정시는 2500년이 지난 지금의 사람들도 공감할 수 있는 인간 보편의 정서라고 하지만, 그것은 또한 『시경』 시대를 살고 있었던 사회 · 정치적 환경과 분리될 수 없다. 『시경』의 사랑은 전쟁과 부역 등에 차출된 남자들과 그 가족들의 애절한 감정들도 담아내고 있는 것이다. 우리는 진시황이 만리장성을 쌓았다는 사실을 아는 것이 곧 역사를 아는 것으로 여겨왔다. 그러나 진정한 의미에서 역사란 만리장성을 쌓는 데 동원된 민중들의 삶과 애환, 그들을 떠나 보낸 가족들의 애절한 기다림, 이러한 이야기들을 다시 불러들임으로써 새롭게 구성할 수 있어야 한다.

　이러한 시들을 통해 우리는 민중의 일상적 삶은 종법 제도의 남녀 모델과는 거리가 있었다는 것을 짐작할 수 있다. 남녀 간의 현실은 제도와 이념이 추구하는 바의 방향으로 곧장 바뀌지는 않았다는 뜻이다. 그것은 제도와 이념이란 지배층의 이상이 반영된 것일 뿐 일반 민중의 삶과는 무관한 것이기 때문이다. 민중이 지배층의 이상과 문화를 내재화하기까지는 긴 시간이 필요했을 것이다. 중매인과 부모의 승인에 의한 혼인 규정이란 사실상 민중을 파악하기 위한 서주 지배 계층의 요구이다. 사람과의 관계를 예제가 규제를 한다는 것은 사적인 감정이나 개인의 특성이 국가·사회의 질서 속으로 편입됨을 의미한다. 따라서 남녀의 만남에서 발생한 정감이나 부부 사이의 애정을 묘사한 민중의 생활 감정들은 보다 큰 사회적 질서를 위해 폐기되거나 다른 의미로 해석되어야 했다. 따라서 연애와 애정을 주제로 한 시들은 도덕적·정치적인 기준에 의해 폐기되거나 재해석될 수밖에 없었다. 남녀 간의 애정시가 지배 학문에서는 어떻게 해석되었는지, 알아보기 위해서는 『시경』 해석의 역사에서 큰 비중을 점해 온 몇 주석서를 검토할 필요가 있다.

3. 성과 사랑에 대한 『시』 해석의 방향

『시경』은 기존에 존재하던 중국 고대의 시가 총집 『시詩』가 한나라 초기의 국가 정책에 의해 정전正典으로 승격되면서 붙여진 명칭이다. 원래의 이름이 『시』라면 거기에 절대적 가치가 부여됨으로써 『시경』이 되었다. 『시』가 유가의 사상적 원천을 제공하는 다섯 가지 기본 텍스트, 오경五經 중의 하나로 선택되어 경전으로 편입되면서, 한대 이후의 사회에서는 『시경』으로 불리어 왔다. 『시』가 『시경』이 되었다는 것은 텍스트에 대한 해석이 자유로울 수 없음을 뜻한다. 즉 『시』 읽기의 행위에 수반되는 개인의 상상이나 경험들이 배제되고 이른바 『시경』 전문가의 안내를 받는다는 뜻이다. 『시』 해석의 대표적 전문서로 가장 오래된 것으로는 전한前漢 때 모형毛亨(또는 모공毛公)이 해석한 『모시毛詩』가 있다. 그 이후 후한後漢의 정현鄭玄(127-200)이 『모시』에 기초하여 『모시정전毛詩鄭箋』을 저술하였고, 당나라의 공영달孔穎達이 『모시정의毛詩正義』를, 남송南宋의 주희가 『시집전詩集傳』을 지었는데, 이들이 대표적인 『시경』의 해석본인 셈이다.

　현존 『시경』에 수록된 시는 총 305편이다. 이 숫자는 공자 시대에 이미 확정된 것으로 보이는데, 『논어』에서 "시 3백 수를 한마디로 말한다면 생각함에 사특함이 없다."[73]고 한 말이 그 근거이다. 『시』의 원래 형태는 305편의 열 배에 해당하는 3천여 편이었다고 한다.[74] 수록된 시는 성격에 따라 크게 세 부분으로 나눌 수 있는데, 국풍國風 아雅 송頌이 그것이다. 특히 국풍에 실려 있는 시는 160편으로 그 중 85여 편이 남녀 연애시로 분류된다. 국풍 편의 시는 주로 일반 민중이거나 민중의 입장에서 지어진 것이며, 저자의 성별에서도 거의 균형을 이루고 있다. 민간에 유행하던 15개국의 노래인 국풍 편의 시들은 당시 민중들의 사회적 현실과 양성 관계를 보여 주는 최고最古의 자료이다. 그뿐 아니라 『시경』 국풍은 고대 사람들의 활동과 역사, 전설, 그리고 민중들이 봉기한 사건들, 제도, 자연 현상 등의 정보를 전해 준다. 삼백여 편으로 편성된 『시』가 만들어짐으로써 춘추 이후의 상류 사회는 정치와 문화 면에서 이것의 영향을 받게 되었다. 예컨대 자신의 감정을 표현할 때나 국가간의 외교적 행사에서 『시』의 한 구절을 인용하는 것으로 자신의 의사를 대신하는 방식이 그것이다.

동아시아의 사상사에서 『시』가 가지는 위치는 유학의 시조 공자를 통해 엿볼 수 있다. 공자는 자신의 아들은 물론 제자들에게 『시』 읽기를 적극 권유하였다. 공자는 아들 백어伯魚에게 말했다. "너는 주남과 소남을 공부하고 있느냐? 사람으로서 주남과 소남을 공부하지 않으면 마치 담장을 마주하고 서 있는 것과 같으니라."[75] 주남과 소남이란 『시경』 국풍 편에 속해 있는 편명이다. 공자의 아들 백어伯魚는 이렇게 말했다. "언젠가 아버님께서 뜰에 홀로 서 계실 적에 내가 종종걸음으로 그 앞을 지나가게 되었는데, 말씀하시기를 '시를 공부했느냐'고 했습니다. 내가 '아직 공부하지 못했습니다'고 했더니 또 말씀하시기를 '시를 배우지 않으면 말을 제대로 할 수 없느니라.'라고 했습니다. 물러나 나는 시를 공부했습니다."[76] 공자는 또 제자들에게 이렇게 말했다. "너희들은 어찌하여 시를 공부하지 않으냐? 시를 공부하면 감흥을 일으킬 수 있고, 사물을 살펴볼 수 있으며, 무리와 어울릴 수 있으며, 잘못한 누군가를 원망할 수도 있다. 가까이는 아비를 섬기고 멀리는 임금을 섬길 수 있다. 새와 짐승, 풀과 나무의 이름도 많이 알 수 있느니라."[77] 그리고 시의 효용을 말한다면 "온유함과 넉넉함을 가르쳐 준다."[78]고 하겠다. 공자가 그의 아들과 제자들에게 공부하기를 권유한 『시』란 해석가들의 손이 닿지 않았던 원문 그대로를 말하는 것이다.

『시』 원문에 나와 있는 바 기원전 5·6세기 이전의 사람들이 자연스럽게 노래한 생활 감정이 후세 학자들에 의해 해석되면서, 시가 지어진 당시의 맥락보다 『시』에 대한 당위적 요청이 강하게 작용하였

150

다. 예컨대, 사랑과 이별, 애정적 갈등과 질투 등의 감정들은 도덕적이고 정치적인 의미로 해석되었다. 먼저 『시』의 권두시 「관저」가 해석가들의 손에서 어떻게 변모하게 되는지를 보자.

공자는 이 시에 대한 감상을 "즐거우면서도 음란하지 않고, 애절하면서도 마음 상하지 않는다."[79]라고 하여 남녀 관계의 이상적인 모델이라고 보았다. 그러나 이후에 나온 해석서들은 이 시의 주인공과 시를 짓게 된 목적, 그리고 시에서 무엇을 읽어야 할 것인가에 대해 전혀 다른 길로 안내한다. 『시』 해석서의 고전이라 일컬어지는 『모시』는 다음과 같이 말한다.

> 「관저」는 후비后妃의 덕을 풍습의 시작으로 하여 천하의 풍습을 부부로써 바로잡고자 한 것이다.…… 그러므로 「관저」는 군자가 숙녀를 배필로 얻게 된 즐거움을 표현한 것으로 사랑을 어짊(도덕)으로 유도하여 색에 빠지지 않게 하는 것이다. 아름다운 여성을 애닯게 그리지만 어진 인물을 사모함으로써 선한 마음을 훼손하지 않는 것에 「관저」의 뜻이 있다.[80]

『시경』에 주석한 한 당대唐代의 공영달孔穎達은 『모시』를 기초로 하여 자신의 설을 첨가한 『모시정의毛詩正義』에서 이렇게 말한다.

> 이 시는 후비가 어진 곳으로 향하는 것을 아름답게 여겨 지은 것이다. 어진 인물을 사모한다는 것은 어진 남성이 훌륭한 여성을 사모하는 것을 말한 것이다.[81]

주자학의 완성자 송대宋代 주희朱熹는 그의 『시경』 주석서 『시집전詩

集傳』에서 「관저」를 이렇게 해석한다.

요조숙녀란 문왕의 비 태사의 처녀 때를 말한 것이다. 군자는 문왕을 가리킨다.······ 주의 문왕은 태어나면서 성덕을 갖추고 있었고, 그래서 성녀 사씨를 배필로 삼을 수 있었다. 궁중의 사람들이 그들의 타고난 그 윽하고 고요한 덕을 보았으므로 이 시를 짓게 되었다.[82]

그러나 청대淸代의 주석가 방옥윤方玉潤은 『시경원시詩經原始』에서 기존의 해석을 비판하고 나왔다.

『모시』에서는 후비의 덕을 노래한 것이라 하고, 주희는 궁인宮人이 태사太姒를 노래한 것이라고 했다. 모두 확정된 것은 없다.······ 이 시는 주읍周邑에 사는 사람들 모두에 해당되는 것이며, 혼인으로 이르게 된 처음부터의 일을 노래한 것이다. 안방에서 일어나는 즐거움을 말한 것 으로 시골 사람이든 도시 사람이든 누구에게나 적용될 수 있는 일반적 인 이야기이다.[83]

문일다聞一多 역시 방옥윤과 같이 보통 남녀가 가질 수 있는 일반적 인 경험이라고 보았다. 그는 "여자가 강가에서 행채를 따고 있는데, 남 자가 그것을 보고 마음이 움직인 것을 묘사한 것이다."[84]라고 하였다.

『시경』「관저」를 놓고 볼 때 그 해석의 지점들이 다양함을 알 수 있 다. 살펴보면 대략 다음과 같다. 먼저 시의 저자와 시 속의 주인공이 누구인가의 문제가 있다. '요조숙녀'가 누구인가의 대해『모시』는 일 반 왕후로 보았다면, 주희는 문왕의 비 왕후 사씨로 보았다. 주희의 주인공이 좀더 구체적이다. 그 결과 「관저」의 '잠 못 이루고 뒤척이

152

는〔전전반측輾轉反側〕'주체를 『모시』는 민중으로 보았고, 주희는 문왕으로 보았다. 주희는 「관저」를 남녀 애정에 관한 주제로 읽었지만, 그것은 보통의 남녀 이야기를 한 것이 아니라 왕과 왕비의 사랑을 노래한 것으로 본 것이다. 그에게 있어서 남녀의 애정은 그 자체가 목적이 될 수 없는데, '금슬琴瑟'과 '종고鐘鼓'로 상징되었듯이 반드시 혼인으로 이어져야 하는 것이다. 더구나 그들의 사랑은 백성들에게 모범이 될 수 있도록 도덕적이어야 하는 것이다.

반면에 주희 이후의 해석가들은 우리가 읽은 시의 원래 의미에 가깝게 접근한 것 같다. 방옥윤과 문일다의 주장은 「관저」의 주인공을 반드시 왕과 왕후라고 보아야 할 아무런 근거가 없다는 것이고, 어디사는 어떤 계층의 사람이든 남녀 사이에서 일어날 수 있는 일반적인 감정이라는 것이다. 『모시』는 현존하는 『시』 해석의 가장 오래된 것이자 이후의 『시』 공부에서 교본이 되어왔다는 데 그 의미가 있다. 전한前漢의 『모시』 이후에 후한後漢 정현의 『모시정전』과 당대唐代 공영달의 『모시정의』는 해석서의 이름에 표현되었듯이 『모시』의 관점에서 크게 벗어나지 않았다. 남송南宋의 주희에 와서야 『시』 해석의 지평이 넓어지게 되었을 뿐 아니라 관점에서도 일대 전환이 왔다. 즉 주희에 이르러 비로소 연애시로 '회복'된 것이다. 주희 이후의 많은 시경 연구가들은 시의 본래적 느낌에 충실한 해석을 하였다. 그것은 곧 남녀 애정에 관한 시를 있는 그대로 읽어야지 정치적 목적이나 도덕적인 당위를 가진 것으로 보아야 할 하등의 이유가 없다는 것이다.

『시경』 「관저」에 대한 해석의 차이를 다시 정리하면 크게 세 부류로 나눌 수 있다. 『모시』 및 그 입장에 동조한 한대와 당대의 해석이 남녀의 애정적 감정을 정치적이고 도덕적인 관점에서 해석하였다면 주희는 이 시들을 연애시로 복원시켰다고 할 수 있다. 그러나 주희는 남녀의 애정시로 읽긴 했으나 그것을 다시 도덕적 관점에서 재해석한 것이다. 즉 주희는 음란淫亂이나 음분淫奔이라는 용어로 시를 평가하고 있는 것이다. 세 번째 부류는 주희의 해석에서 도덕적인 평가를 배제하고『시』를 있는 그대로 읽자는 시도이다.『시』해석에서 연애 그 자체를 하나의 목적으로 본 주희 이후의 입장들은 개인의 존재가 인식되기 시작함으로써 가능하지 않았나 한다. 고전 해석이 시대적 차이를 보이는 것은 고전이란 당대의 시각으로 항상 새롭게 해석될 수 있는 것이기 때문일 것이다.『시』를 어떻게 읽을 것인가는 그 시대의 가치와 해석가들의 관점이 결합됨으로써 일정한 방향이 정해지게 될 것이다. 다음에 소개하는 몇 편의 시는「관저」의 경우와 마찬가지로 해석의 몇 가지 유형을 보여준다.

앞 장에서 소개한「건상」은 마음 변한 애인을 다시 돌려보고자 협상을 벌이는 여성의 모습을 담고 있다. "당신이 나를 사랑하지 않는다면 남자가 너밖에 없다더냐?"라는 내용이었다.『모시』는 이 시에 대해 "나라에 반란군이 횡행하니 큰 나라가 와서 해결해 주었으면 하는 마음에서 지은 시"[85]라고 하였다. 정현의『모시정전』도『모시』의 관점에 동의하였다. 그러나 주자는 "음란한 여자가 한 말이다. 남자를 희롱하는 언어이다."라고 하였다. 주자에 의해「건상」은 연애시로 회복된 셈이다. 그러나 그는 남녀가 서로 사랑하는 행위 일반을 부정적인 시각으로 바라보고 있다. 즉 '음분淫奔'이라는 용어로써 이 시를 해석한 것이다. 그러나 고형高亨에 이르면 도덕적인 해석으로부터 일정한 거리를 취하게 된다. 고형은 말한다. "한 여자가 그의 연인에게 경고하는 말로, 네가 나를 사랑하지 않는다면 나는 다른 남자를 사랑하겠다는 것이다. 이런 류의 표현은 연인들 사이에서 흔히 사용하는 희롱과 농담이다."[86] 주희 이후의 주석가 대부분은 「건상」의 주제를 남녀 애정시로 보았는데, 여자가 애인을 희롱하는 말 또는 협박하는 말이라고 하였다.

시 해석에서 『모시』와 주희의 『시집전』은 분명한 차이를 보인다. 그러나 주희의 경우 연애시로 '회복'시킨 것의 일정한 공적이 있긴 하지만 연애 그 자체를 부정적으로 보았다는 점은 한계로 지적된다. 특히 그는 여성이 주도한 연애에 대해서는 음탕한 여자가 점잖은 남자를 유혹했다고 보았고, 그런 여자의 행위는 용서할 수 없다는 입장이다. 반면에 남자가 여자를 유혹한 것에 대해서는 비교적 관대하다. 다음의 예문은 주희의 연애관과 남녀관을 보여준다. 주희는 말한다.

'능구렁이 같은 자식(「교동狡童」)'과 '님의 옷깃(「자금子衿」)'은 모두 음란한 시이다. 그런데 시를 해설하는 자가 잘못하여 소공昭公을 비난한 시라거나 학교가 폐지된 것을 풍자한 시라거나 하는 식으로 읽어 왔다. 위나라 시는 그래도 볼 만한데, 그것은 남자가 여자를 희롱하기 때문이다. 그러나 정나라 시는 문제가 많다. 그것은 대부분 여자가 남자를 희롱하는 것인데, 그런 이유로 정나라 시에 대해서는 성인聖人도 아주 안 좋게 여겼다.[87]

정풍의 다른 편들에 대해서도 각 해석가들의 입장은 엇갈린다. 앞에서 소개한 바 '대로를 따라가며(「준대로遵大路」)'라는 시는 마음이 변한 애인을 따라가며 호소하는 여인의 심정을 읊은 것이다. 그런데 이 시의 해석에서 『모시』는 "정나라 장공莊公이 도를 잃자 군자들이 나라를 떠나게 되었는데, 그 나라 사람들이 떠나지 못하게 말리는 내용"[88]이라고 하였다. 반면에 주희는 "음란한 부인이 버림을 받아 남자가 떠나려 할 때 그 소매를 붙잡고 애걸하면서 자신을 거절하지 말아 달라는 내용"[89]이라고 하였다. 『모시』가 정치시로 읽은 반면 주희의 『시집전』은 애정시로 읽었다. 그러나 주희는 떠나는 남자를 잡는 여자의 행위를 '음란'한 것으로 보았다. 고형高亨은 "이 시는 한 편의 연가戀歌이다. 남자(혹은 여자)가 여자(혹은 남자)에게 자신과 절교하지 말아 달라고 요구한 것이다."[90]라고 하여 시의 본래 모습에 충실한 해석을 하였다.

정풍鄭風의 한 편인 '동문을 나서니(「출기동문出其東門」)'라는 시는 동문 밖 유흥지에서 수많은 여자들을 보지만 그 속에서 자신의 여자를 찾지 못한 남자가 읊은 것이다. 이에 대해 『모시』는 정鄭나라가 공자公子들의 빈번한 다툼으로 전란이 끊이지 않아 남녀가 서로 떨어져 살게 되자 사람들이 그 가정을 지키고자 하는 염원을 담고 있다고 보았다.[91] 그런데 주희는 "이것은 바람난 사람들을 싫어하는 시이므로 『모시』의 해석은 틀렸다."라고 하였다. 이어서 주희는 독특한 해석을 하였다.

어떤 사람이 음분한 여자를 보고 지은 시이다. 비록 아름다운 여자들이 많으나 내가 좋아하는 여자는 따로 있다는 뜻이다. 그 아름다운 여성들은 가난하고 누추한 자신의 처보다는 못하므로 스스로의 즐거움을 즐겁게 여길 수 있다는 것이다.…… 음풍이 크게 유행하는 가운데서도 이 같은 사람이 있었으니, 스스로 좋아하는 것을 지키며 습속에 물들지 않은 것이다.[92] 정나라의 시는 비록 음란하나 「출기동문」과 같은 시는 도리어 좋다. 「여왈계명女曰鷄鳴」[93]과 같은 시 역시 그 뜻이 좋다. 이런 시들을 읽으면 진실로 나도 모르게 손과 발이 춤을 추고 흔들거리게 된다.[94]

주희는 남녀간의 애정을 부정하지는 않았다. 그러나 그가 인정하는 연애 감정이나 사랑의 표현에는 조건이 따랐다. 주희는 부부와 같은 남녀 일대일一對一의 관계를 바람직한 모델로 보았다. 그러나 여자가 자신의 감정을 표현하는 것은 '음란한' 행위로 보았다면 남자가 자신의 감정을 표현하는 것은 손발이 들썩거릴 정도로 자신을 감흥시킨다는 것이다. 여기서 주희의 여성관을 엿볼 수 있다.

누가 물었다. 「정녀靜女」를 음란하게 몰래 만나는 시라고 주석을 하셨는데, '정靜'이란 정숙하다는 뜻입니다. 모르지만 음란한 사람들은 서로에게 유치할 만큼 빠져 있는데, 어째서 정숙하다는 뜻을 취했습니까? 주희가 말했다. 음분한 사람들은 그것이 추하다는 것을 모를 뿐 아니라 단지 사랑할 수 있는 것을 볼 뿐이다. 여자로서 성 모퉁이에서 남자를 기다리고 있는 것을 어찌 정숙하다고 할 수 있겠는가? 여기서 '정녀靜女'라고 한 것은 「일월日月」에서 '덕음무량德音無良'이라고 한 것과 같다. 무량이란 덕음이 되기에는 부족하다는 것이다. 여기서 말한 '덕음' 역시 사랑의 언어이다.[95]

주희가 본 '사랑의 언어'란 사랑에 빠진 당사자들이 쓰는 언어일 뿐이라는 뜻이다. 다시 말해 '사랑의 언어'란 일반적으로 쓰고 있는 '객관적인 언어'와는 다르다는 것이다. 따라서 사랑에 빠진 남자가 그 연인을 '얌전하다'고 한 것을 실제로 얌전하다는 뜻으로 읽어서는 안 된다는 말이다. 주희는 연애를 하고 있거나 연애를 한 적이 있는 여자는 모두가 음란하다고 보았다.

이상을 통해 『시』 해석학에 나타난 다양한 지점들을 살펴보았다. 사실 무엇이 『시』의 원 뜻인지 아무도 확정할 수는 없다. 따라서 『시』의 본래 의미를 완벽하게 재현해 내었다고 어느 누구도 장담할 수는 없다. 그렇다고 해서 지금까지의 모든 『시』 해석은 다 옳았다고 할 수는 없으며, 또한 아무도 『시』의 원 뜻을 복원할 수 없다고도 할 수 없다. 누구든 자신의 시대적 문제로 『시』를 해석할 수 있지만 그것은 『시』의 원 뜻을 왜곡하지 않는 범위 내에서라는 단서가 필요하다.

『시』 해석의 역사를 보면 송대의 주희 이전의 시기에는 『모시』의 입장을 『시』 해석의 정통으로 삼았다. 『모시』의 특성은 모든 시를 정치적이고 도덕적인 내용으로 해석한 것이다. 즉 남녀의 만남보다는 분리를, 감성보다는 이성을 위주로 짜여진 틀을 가지고 『시』를 읽고자 하였다. 성의 규제와 감성의 절제를 통할 때 남녀는 '바람직한' 관계를 유지할 수 있다고 보았다. 규제와 절제의 차원에서 남녀 관계를 바라볼 때 애정적 표현이 풍부한 국풍 편의 시들은 정치적인 의미를 가진 것으로 재해석될 수밖에 없었다. 『시경』 해석의 역사에서 주희가 이루어 낸 공헌은 국풍 편의 시들을 연애시로 복원시킨 것이라 할 수 있다. 이는 주희가 국풍 편을 "바람난 사람들의 말〔음사자지사淫奢者之辭〕"이라고 규정한 데서도 알 수 있다. 주희의 시대에도 성적인 자유와 진솔한 애정 표현은 극복되어야 할 '인욕人慾'에 불과한 것이었다.

특히 주희는 남자의 애정 표현은 인정한 반면 여자의 애정 표현은 용납하지 않았는데, 그 역시 자신의 시대를 넘지 못한 한계를 보여 주는 것이다. 『시경』 속의 성과 사랑이 그 자체 하나의 목적으로 읽힐 수 있으려면 개인의 존재가 인식되기 시작하는 명말청초明末淸初를 기다려야 했다.

성은 인간의 가장 본질적인 부분이며 누구라도 이 문제에서 자유로울 수는 없을 것이다. 철학이 인간을 이해하는 것으로부터 출발한다면 바로 이 본질적인 부분이 제대로 평가되어야 한다. 성과 사랑에 대한 철학적인 탐구의 궁극적 목표는 맹목적이고 형식적인 윤리를 넘어서서 그 휴머니티를 확보하는 데 있다. 『시경』 해석의 역사를 통해 나타난 남녀 연애시의 왜곡된 독해를 비판함으로써 그것을 재해석하고자 한 시도는 곧 성에 대한 철학의 목표와 연결될 것으로 본다.

5장

성 담론의 젠더 정치학

1. 여성의 성적 소외

　시간의 흐름을 따라 자연의 모습이 변화 발전해 가듯이 남녀가 만나 서로의 마음을 확인하고 결실을 맺는다는 「관저」의 시를 읽으면 대개의 경우 흐뭇한 느낌을 갖게 될 것이다. 강가 언덕에서 사이좋게 노니는 물수리 새가 한 남자로 하여금 이성을 그리워하는 흥을 돋게 하였고, 물 위에 어지러이 떠다니는 물 속에 뿌리를 둔 잎새가 연모의 정으로 괴로워하는 마음에 비유되었다. 앞장에서 소개된 「관저」는 금슬琴瑟의 조화처럼 화목한 가정을 가꾸는 부부의 모습을 여운으로 남긴다. 이러한 「관저」가 『시경』305수의 시 중에서 맨 첫 장에 배치된 것은 많은 사람들의 정서와 부합한다는 뜻이다. 하지만 모든 사랑의 행위가 정해진 수순대로 진행되어 좋은 결말을 보장해 준다면 다양한 내용의 연가가 나올 수는 없었을 것이다. 과연 사랑이란 현실의 눈을 멀게 할 수도 있다는 점을 『시경』속의 여러 시들 역시 놓치지 않고 있다. 만나서 사귀다가 마음이 변하여 헤어지는 것 등이 사랑이라는 이름에 부여된 운명이라고 할지도 모른다. 그러나 사랑의 언약이 파기되는 양상이 일정한 법칙을 보인다면, 그것을 생산해 내는 일정한 구조가 있다는 말이다.

앞장에서 살펴본 수 편의 연애시는 사랑에 빠진 남자와 여자가 마치 시소 게임을 하듯 비교적 공평한 내용을 보여주었다. 상대를 유혹함에 있어서, 그리고 배신하고 원망하고 그리워함에 있어서 그 행위의 주체가 남녀 어느 한 성으로 편중되지는 않았다. 그런데 혼인을 하여 남녀가 한 가족이 되었을 경우, 그 중에서 유독 여자가 혼인을 후회하거나 남자로부터 버림받은 시의 주인공으로 등장한다. 「관저」의 후속편이라고 할 수 있는 한 편의 시가 있는데, 여기에 소개하기는 좀 긴 듯하지만 여자의 일생에서 성과 사랑의 의미, 그리고 그것이 시간의 전개에 따라 변화되어 가는 모습을 보여주기에 충분하다. 위풍衛風에 실려 있는 「맹氓」이라는 제목의 시인데, '한 남자'로 번역된다.

> 한 남자가 실실 웃으면서 실을 사러 왔는데
> 실을 사러 온 게 아니었는지 와서는 나에게 수작을 걸더군
> 결국은 그를 바래다 주려고 기수를 건너고 돈구 땅까지 가게 되었네
> 내가 약속을 하지 못한 게 아니라 그가 중매쟁이를 못 구한 것이네
> 화내지 마시고 가을께 약속을 정하지요.
> 허물어진 토담 위에 올라가 그대가 사는 곳을 바라다보네
> 아무리 보아도 그대는 보이지 않고 눈물만 줄줄 흐르네

다시 그대가 나타나니 웃음으로 이야기꽃을 피웠지
거북점 시초점 쳐 보니 나쁘다는 말 없어
그대는 수레를 몰고 와 재물을 놓고 나를 데려갔었지.

뽕나무 잎이 시들기 전에는 그 잎새가 싱싱하더니
아아 비둘기야 오디는 따먹지 마라
아아 여자들이여 남자에게 빠지지 말기를
남자가 빠지는 것은 그래도 할 말이 있지만
여자가 빠지는 것은 말할 수도 없네.

뽕나무 잎이 시들어 누렇게 되었네
나는 그대에게 시집 와서 삼 년을 가난에 굶주렸네
내가 시집올 때 기수는 넘실넘실 수레 포장을 적셨지
여자는 잘못이 없는데도 남자는 처음과 다르네
남자란 믿을 수 없는 것, 마음이 이러저리 흔들리네.

시집 와서 삼 년 동안 실 잣느라 고생했고
새벽에 일어나 늦은 밤에 잠자리에 들어 아침이 있는 줄도 몰랐네
혼인한 이후 그는 난폭해졌는데
형제들은 알지도 못하고 그저 웃기만 하네
가만히 생각해 보니 스스로 슬퍼지기만 하네.

그대와 해로하려 했더니 늙을수록 나를 원망케 하네.
기수에도 물가 언덕이 있고 진펄에도 둔덕이 있거늘
총각 때는 말하고 웃는 것이 부드러웠는데
믿음으로 맹세할 땐 그런 줄만 알았네
바뀔 줄 생각도 못했는데, 이렇게 끝이 나다니!

—「위풍衛風 · 맹氓」[1]

총 6절로 구성된 이 시는 중국 고대, 한 여성의 일생을 표현한 것이지만 조선 시대의 가사 작품을 통해서도 이와 흡사한 내용을 만날 수 있다. 동아시아 전통 사회에서 힘든 노동과 경제적 궁핍이 남녀 모두가 직면해야 할 문제였다면, 여성의 경우는 성적인 소외라는 고통스러운 경험을 추가시켜야 했다. 전통 사회의 여성들이 직면한 성적 소외는 개인별로 정도의 차이는 있지만 거의 일반화되고 구조화된 것이었음을 알 수 있다. 구조화된 여성의 성적 소외는 남편의 또 다른 아내를 인정하는 첩 제도가 직접적인 원인이라 할 수 있다. 사실상의 일부다처제인 첩 제도는 처와 첩을 불문하고 모든 여성을 성적으로 경쟁하는 상황에 놓이게 하는 것이다. 다시 말해 어떤 위치에 있든 여성은 성적 소외라는 문제를 피할 수 없게 된다. 무엇보다 「맹氓」라는 시는 『시경』 시대의 혼인 관행을 보여 주는데, 여기에는 이미 여성의 일생이 귀결되는 방향이 제시되어 있다.

'한 남자(「맹氓」)'에서 1절과 2절은 남녀가 연애를 하여 결혼을 하게 되는 과정을 그린 것이다. 당시에는 중매혼이 권장 사항이었지만, 이들은 연애 결혼을 하였다. 다만 혼인 결정을 하기 전에 거북점과 시초점을 가지고 궁합을 보았는데, 나쁘다는 말이 없어 일을 진행시켰다. 남자는 혼인을 위해 일정한 예물을 지불해야 했음을 알 수 있다. 3절은 혼인 생활에서 남자와 다르게 여자의 자기 표현은 허락되지 않았음을 보여주고 있다. 4절과 5절, 6절은 3년 동안의 시집 생활은 여자에게 고난의 연속이었을 뿐 아니라 성적인 소외까지 당하게 된 상황이었음을 보여주고 있다. 이 여성을 힘들게 하는 것은 노동과 가난의 문제라기보다 남편의 무관심과 배신이었다.

청대清代의 연구가 방옥윤方玉閏은 『시경원시詩經原始』에서 시의 주인공인 이 여성은 뽕나무 잎의 영락榮落을 색色의 성쇠에 비유하였는데, 자신의 남편이 중요하게 여기는 것은 색色일 뿐 결코 정情이 아님을 보이고자 한 것이라고 해석했다. 고형高亨을 비롯한 시경 연구가들은 이 시를 해석하면서 가난을 극복한 부부가 도달하는 곳은 아내의 성적인 소외라는 점에 주목하였다.[2] 근대의 시경 연구들은 남성 중심의 계급 사회에서 여성들이 겪는 일반적인 모델이라는 점을 강조하였고, 중당中唐 시대의 시인 백거이白居易의 작품 등이 이 시를 저본으로 삼았다고 주장했다.[3] 유독 주희는 이 시를 "음란한 부인이 버림을 받아 그 일을 순서대로 써서 후회하는 뜻을 말한 것"[4]이라고 하였다. 주희의 해석은 성과 사랑을 여성과 연관시킬 때 갖게 되는 전통 사회 남성들의 일반적인 태도를 반영한 것이라 할 수 있다.

여성의 성적 소외는 「맹氓」 외에 『시경』의 다른 편에서도 다루어지고 있다. 버림받은 여성의 심정을 담은 「동풍谷風」이라는 제목의 시는 소아小雅와 패풍邶風에 각각 들어 있다. 곡풍谷風은 동쪽에서 부는 바람을 가리킨다.[5]

> 산들산들 동풍이 부니 바람과 함께 비가 오네.
> 살기 어렵고 걱정 있을 때엔 오직 나와 너뿐이라더니
> 편하고 즐겁게 살 만하니 그대는 나를 버리는구려.
> ―「소아小雅 · 곡풍谷風」[6]

> 가는 길 차마 발이 안 떨어짐은 마음속의 원한 때문
> 멀지 않은 저 곳에서 야박하게 나를 내보냈지요.

누가 씀바귀를 쓰다고 했나요? 오히려 내겐 냉이보다 달아요.
그대는 신혼의 즐거움이 형제를 만난 듯 감미롭겠지요.
—「패풍邶風 · 곡풍谷風」[7]

애정 문제와 관련하여 혼인 이후에 전개되는 부부 갈등, 특히 버림
받은 아내의 고통을 노래한 시는 앞의 시 외에도 더러 있는데, '골짜
기의 익모초(「중곡유퇴中谷有蓷」)',[8] '산에는 무궁화(「산유부소山有扶蘇」)'[9] 등
이 그것이다. 반면에 버림받은 남편의 시는 찾을 수 없다. 특히 「산에
는 무궁화」라는 정풍鄭風의 시는 만나기 전에는 잘 생겼고 좋은 사람
인가 했는데, 사실은 교활한 미친놈이었다고 후회하는 내용이다. 주
희는 이 시를 음녀淫女가 그의 애인에게 농담하는 내용을 읊은 것으로
해석했지만, 대다수의 시경 연구가들은 혼인을 후회하는 부인의 심정
을 담은 것으로 보았다. 부부란 비록 서로의 애정을 기초로 출발했지
만 생활 구조가 남성 위주로 되어 있을 경우, 상대에 대한 배려가 예
전과 다름을 실감하는 쪽은 여성일 것이다.

이상의 시들을 통해 볼 때 『시경』의 시대는 그나마 남녀가 자신의
성과 사랑을 표현하는 것이 자연스러웠을 뿐 아니라 그 소외를 인식
하고 표현하는 것이 가능했음을 알 수 있다. 소외에 대한 인식과 표현
이 가능했다는 점에서 『시경』의 시대는 가부장제가 좀더 확고하게 뿌
리를 내린 이후의 시대와는 차별성을 보인다. 이후의 역사가 여성의
성과 사랑이 극도로 통제되는 방향으로 구조화되면서 여성은 자신이
성과 사랑을 하는 존재라는 사실을 부정하게 되기 때문이다. 즉 성과
사랑을 자신으로부터 분리해 냄으로써 자기 소외를 인식하지 않아도

되었는데, 이것은 곧 자신을 보존하고 유지시키는 방법으로 채택된 것이다. 가부장적 가족 구조 속에서 대를 이을 자식을 낳아야 하고 시어른을 공손하게 모셔야 하며 게다가 가족 생활을 영위하는 데 필요한 여러 가지 노동에 시달리는 상황에 놓인 여성이 성애적인 감정을 유지하기란 어려울 것이다. 더구나 가부장제가 개발됨으로써 여성의 성이 국가와 사회, 가족의 관리 대상이 됨으로써 여성 스스로 자신의 성을 말하는 것이 점점 불가능하게 되었다. 즉 여성의 성은 순결〔정貞〕과 음란〔음淫〕이라는 이원체계에 의해 관리되고, 덕과 색色이라는 개념을 통해 활용되어 감을 볼 수 있다.

성과 사랑의 주체가 될 수 없었던 것이 여성들의 현실이었다면 이것은 어떠한 사회 구조 속에서 나온 것이며 어떤 이념으로 합리화되는가를 아는 것이 필요하다. 그리고 여성의 성과 사랑을 대상화함으로써 얻게 되는 것이 있다면 그것의 정치적 효과는 무엇이며, 인간의 성을 정치화하되 그것이 결국 누구의 이해와 직결되는가를 밝혀야 하는 것이다. 이러한 작업은 여성의 자기 실현에서 성과 사랑의 문제를 어떻게 풀어갈 것인가에 대한 성찰적 모색이라 할 수 있다.

2. 음녀淫女와 정녀貞女의 담론

성적 태도에 관한 일반화된 개념으로 순결〔정貞〕과 음란〔음淫〕이 있다. 이러한 개념은 성을 대상화하여 일정한 기준으로 평가함으로써 나온 것이다. 이것은 또한 개인을 전체 사회의 일원으로 파악하려는 맥락에서 구성된 개념이다. 그런데 문제는 성적인 태도에 대한 평가가 남녀에게 동일하게 적용되기보다 여성에게만 특히 강조된다는 점이다. 간단한 예로 정녀貞女나 음녀淫女는 일반적으로 통용되는 용어이지만 정남貞男이나 음남淫男이라는 용어는 사용되지 않는다는 점을 들 수 있다. 다른 개념들과 마찬가지로 '정貞'과 '음淫'의 개념 역시 그것이 형성되고 전개된 역사 과정이 있을 것이다. 이에 대해서는 뒤에서 자세히 논의할 것인데, 여기서는 성적 태도와 관련된 '정貞'과 '음淫'의 개념이 남성과는 아무 관련이 없다는 점을 분명히 해 두고자 한다.

　그렇다면 여성의 성적 태도를 지칭하는 정貞과 음淫의 개념이 그 사회의 전반적인 성 관념과는 어떤 관련이 있는가를 볼 필요가 있다. 유교적 이해에서 성은 결코 부정될 수 있는 것이 아니다. 성행위는 자식 생산을 위해 필수적인 것으로 간주되는데, 그것은 하늘과 땅의 상호작용으로 만물이 생겨나는 것과 같은 자연적인 원리로 이해되었다.[10] 또 조상 숭배의 전통에서 자식은 자기 재생산이라는 생물학적 의미 이상의 차원에서 추구되었다. 이 세계에서는 '낳고 낳음〔생생生生〕'의 행위와 가치가 그 무엇보다 위대한 덕목이 되었다.[11] 여기서 성이란 자식 생산을 위한 수단으로 이해된 측면이 있지만, 결과적으로는 성행위가 사회적 의미를 생산하는 중심에 놓여 있음을 알 수 있다. 다시 말해 유교적 세계에서 성은 생산의 계기로 인식되었다. 자식을 낳는 일이 중요한 사회적 행위가 되고 있는 사회에서 금욕禁慾은 일단 거부되어야 한다. 조상과 후손의 연결성을 확보하기 위해서는 혈통의 순수성이 보장되어야 하는데, 그런 점에서 성행위는 일정한 규칙을 요구한다. 여기서는 문란한 성행위라고 할 수 있는 종욕縱慾 역시 거부되어야 한다. 즉 유교의 성 관념에서 금욕과 종욕, 두 극단적인 성적 태도는 바람직한 모델에서 배제될 수밖에 없다.

그런데 순결〔정貞〕을 극단적으로 몰아간다면 금욕禁慾이 되고, 음란〔음淫〕을 극단적으로 몰아간다면 종욕縱慾이 된다. 따라서 유교가 바람직하게 여기는 성적 태도란 순결〔정貞〕과 음란〔음淫〕의 극단을 피한 상태, 즉 지나치지 않으면서 금지되지 않은 성이다. 성적 태도에서 양극단을 피하는 방식은 조절과 조화를 지향하는 생활의 모든 태도, 중용의 도와 연계되어 있다. 공자가 적절하게 표현했듯이 "즐거움이 지나치지 않고, 슬픔이 마음을 상하게 하지 않는다."[12]라는 말은 곧 유교적 사고에서 본 바람직한 성적 태도라 할 수 있다. 그렇다면 문제는 어느 정도가 순결과 음란의 극단을 피한 상태이고, 지나치지 않은 적절한 지점인가 하는 점이다. 여기서 성을 평가하는 유교적 기준이란 상당히 추상적일 수 있는데, 정해진 기준이 있기보다 구체적 상황에 따라 유연하게 해석될 수 있는 것이 특징이다. 그 성격은 약간 다르지만 남녀 관계에서 무엇이 예에 맞는지 또는 예에 어긋나는지, 맹자도 이 점에 대해서는 분명한 답변을 제시하지 못했다.

만장이 물었다. 『시』에는 처를 얻으려면 어떻게 해야 하지? 부모에게 반드시 알려야지.'라고 하였는데, 진실로 이 말이 맞다면 순舜과 같이 하지 않아야 합니다. 그런데 순이 부모에게 알리지 않고 장가든 것은 왜지요? 맹자가 말했다. 부모에게 알렸다면 순은 장가들 수가 없었을 것이다. 남녀가 한 방에 기거하는 것은 인간의 큰 윤리이다. 만일 부모에게 고하여 인간의 큰 윤리를 폐지하게 되면 부모를 원망하게 되니, 이

때문에 알리지 않고 장가든 것이다.[13]

성적 태도에 관한 유교의 전반적인 인식이 이러하다면, 성적 태도에 대한 평가는 남녀 모두에게 적용되어야 한다. 그럼에도 성적 태도를 평가받는 쪽은 여성에 한정된다. 다시 말해 '순결'과 '음란'은 여성의 성적 태도를 평가하는 개념이며, 그것은 여성의 성을 관리하기 위한 맥락에서 주로 사용된다. 따라서 여성의 성을 평가하는 정貞과 음淫, 그 기준은 여성의 성을 관리하는 주체에 의해 정의될 수밖에 없다. 반면에 여성은 자신의 성적 태도를 스스로 평가하는 기준을 가질 수 없다. 역사 속에는 물론 자신의 성을 철저하게 관리하고 통제한 수많은 여성들이 소개되고 있지만, 그들 역시 사회적으로 일반화된 외부의 가치를 내면화한 것이라는 점을 분명히 할 필요가 있다. 우리에게 너무나 익숙하여 더 이상 의심의 여지가 없는 성 관련의 개념들이 사실은 특정한 계급의 특수한 이해를 반영하고 있다는 사실을 아는 것이 중요하다.

그렇다면 주목할 점은 성을 대상화하여 일정한 기준으로 평가해야 할 필요성이 특히 여성에게만 강조된 맥락은 무엇인가 하는 것이다. 이 문제는 여성의 성과 관련된 다양한 기제를 분석함으로써 밝혀질 수 있다. 분명한 것은 여성의 성적 특성이 그 사회적 요청과 맞물리는 지점에서 마련되었다는 것이다. 즉 여성의 성적 특성이란 여성의 성에 내재한 본질적인 부분과 여성의 성을 사회화한 구조가 결합되어 나타난 산물이라 할 수 있다. 다시 말해 여성의 성을 순결과 음란이라는 이원화된 개념으로 분류하게 된 맥락을 이해하기 위해서는 두 가지 차원에서 접근될 필요가 있다는 것이다. 하나는 남성의 성과 다른 여성의 성적 특성이 무엇인가 하는 문제이며, 다른 하나는 여성의 성을 의미화하는 사회적 구조와 지식의 성격이 무엇인가 하는 문제이다. 물론 여성의 성이 갖는 본질적인 측면과 그 사회적 의미 구조는 각각으로 분리될 수 없으며, 상호 작용함으로써 일정한 효과를 만들어 내는 것이다. 즉 사회적인 여성이란 생물학적인 여성을 토대로 남녀의 권력 관계에 의해 구성된 것이지만, 문제의 성격을 좀더 분명히 보기 위해 둘을 나누어 볼 수 있다. 우선 음淫 개념의 발생적 맥락을 추적함으로써 여성의 성이 지닌 본질적인 부분에 주목해 보고자 한다. 여기서 여성의 성적 특성이 중국 고대 사상의 세계에서는 어떻게 이해되고 있는가를 볼 수 있을 것이다.

'음淫' 개념의 발생적 맥락

'정도에서 벗어나다', '지나치다', '흘러넘치다' 등의 용례를 가진 음淫의 글자가 성과 관련 맺을 때는 '정상에서 벗어난 행위', '난잡함' 등의 의미로 쓰인다. 초기 문헌에서 음淫이라는 글자는 성과 관련되기보다 부정적 의미에서 '과도함'이나 '지나침'의 뜻으로 쓰인 경우가 많았다. 다시 말해 '음淫'이 여성의 성과 결부되기 시작한 것은 상당히 후에 이루어진 것이다.

『주례周禮』에서 '음淫'은 물이 '흘러넘치다'[14]라는 뜻으로 쓰였고, 『춘추좌씨전』에서 음淫은 우雨와 결합하여 '지나치게 내리는 비', 장맛비의 뜻으로 쓰였다.[15] 『이아爾雅』에는 "비가 오래도록 오는 것은 음澤이라 한다. 음澤이란 장맛비를 말한다."[16]라고 하였다. 『춘추좌씨전』에는 "선인善人이 부자가 되면 복이라 하고, 음인淫人이 부자가 되면 재앙이라고 한다."[17]고 하였다. 여기서 좋은 사람과 대비된 나쁜 사람이란 곧 욕심이 많은 사람을 뜻하는 것으로 보인다. 이 외에 음澤이 과도함이나 지나침으로 쓰인 용례를 『춘추좌씨전』에서 찾아보면 다음과 같다.

은공隱公 3년조에는 교驕·사奢·음淫·일佚의 네 가지를 사악함의 전형으로 보았는데, 그것은 왕의 총애와 작록을 지나치게 많이 받은 자에게 오게 되는 것으로 여겼다.[18] 소공昭公 원년조에서 음澤은 정상에서 벗어난 것을 의미하였다. "천天에는 육기六氣가 있는데, 그것이 과도하면 여섯 가지 질병이 생긴다.…… 음陰이 지나치면 몸이 차가워지는 병이 생기고 양陽이 지나지면 열병이 생기며, 풍風이 지나치면 사지四肢가 마비되는 병이 생기고 물(雨)이 지나치면 뱃병이 생기며, 어두움이 지나치면 정신병이 생기고 밝음이 지나치면 마음 병이 생긴다."[19]

또 장공莊公 22년조에는 "술을 마시는 예에서는 과도하게〔음澤〕마시지 않는 것이 의義이다. 군주를 모시는 예에서 음澤을 들이지 않는 것은 인仁이다.[20] 앞의 '음澤'은 '과도하다'라는 의미로 쓰였지만 뒤의 '음澤'은 여색과 관련된 것으로 쓰였다. 성공成公 2년조에는 "지금 하희夏姬를 아내로 맞이하여 그 여색을 탐하고 있다. 여색을 욕심내는 것을 음澤이라 하는데, 음澤은 큰 벌이다."[21]라고 하였다. 『논어』에서 공자는 '불음不澤'을 "지나치지 않다."[22]고 하였다. 이러한 예문은 '음澤'이 술이나 색色과 관련하여 정도에서 벗어난 지나친 상태나 행위를 의미하는 것으로 쓰였다. 지금까지 소개한 '음淫'은 행위나 상태 일반을 대상으로 '지나침'이나 '과도함'의 의미로 쓰였거나, 도덕 주체인 남성의 행위를 평가하는 개념으로 쓰였다.

그렇다면 이러한 '음淫'이 어떻게 여성의 성적 태도를 평가하는 개념으로 사용되기 시작했는가를 살펴보자. 여기서 남성 계보에 대한 의식이 대두되는 시점에 주목할 필요가 있다. 앞장에서 다룬 바 시조 시대의 여성들은 아버지 없이 아이를 낳았다. 하족夏族의 시조 우禹, 상족商族의 시조 설契, 주족周族의 시조 후직后稷은 '아버지'라는 존재와 무관하게 그 출생이 설명되었다. 그들의 어머니는 각각 수기修己, 간적簡狄, 강원姜嫄이라는 이름을 갖고 있지만, 아버지는 '향기 나는 풀', '제비가 떨어뜨린 알' 그리고 '거인의 발자국'이 대신하였다. 이러한 출생 신화는 곧 어머니는 알 수 있지만 '아버지가 누구인지를 모르는[지모부지부知母不知父]' 생육 현상을 반영하는 것이다. 그런데 이러한 시조 탄생의 이야기는 성 관계가 자유로웠던 시대 상황을 반영하는 것이기도 하지만 시조의 탄생을 보다 더 큰 자연의 힘으로 설명하려는 의도가 개입되어 있음을 인정하지 않을 수 없다. 즉 기원에 대한 관심과 계보에 대한 의식은 권력이 구성되어 가고 있다는 것을 의미한다. 다시 말해 시조는 남성이어야 하고, 그로부터 남자들의 계보가 만들어진다는 점에서 권력이 남성 중심으로 구성되고 있음을 알 수 있다. 시조 이전의 시대는 『관자管子』나 『상군서商君書』, 『여씨춘추呂氏春秋』 등에서 말한 바 "사람들은 동물처럼 한 데 얽혀 살았으며 부부로 정해진 배우자가 있지 않았다."고 보았다. 하지만 시조의 시대는 배우자가 무한정 열려 있는 것이 아니라 금지와 허용에 일정한 기준이 작동되었던 시대이다. 시조의 어머니에게 배우자는 있지만 그가 반드시 자식의 아버지가 되어야 하는 것은 아닌 상태라고 할 수 있다.

아버지를 알 수 없다는 사실은 자식을 필연적으로 어머니 쪽으로 연결시켜 준다. 자녀가 어머니에게 귀속되는 이러한 상황은 아버지라는 존재를 소외시키게 될 것이다. 남성이 볼 때 임신 출산의 능력을 가진 여성의 성은 대단한 힘이면서 한편으로는 두려움을 가져다 주는 것으로 인식될 수 있다. 여기서 여성의 성에 대한 이중적인 관념이 형성되는데 그것은 여성의 생리 현상에 대한 중국인의 태도에서도 확인된다. 즉 여성의 생리현상은 태아의 살과 뼈의 원천이라고 보아 여성의 강력한 힘을 상징함과 동시에 불결한 것으로도 인식된다.[23] 여성의 성적 특성이 남성에게 힘을 가져다주고 자식을 가질 수 있게 하는 것으로 이해되면서 한편에서는 자식을 여자 쪽에 더 가깝게 만드는 성향이고 가족들을 모계 쪽으로 결속시켜 주는 성향이기 때문에 금기되는 것이다. 아버지 소외를 인식한 남성들은 어머니에게 귀속되는 '자연적'인 사실을 바꾸어 낼 인위적인 질서 개념을 생각하게 되었을 것이다. 아버지를 분명하게 확인할 수 있는 방법은 어머니의 성을 통제하는 것이고 어머니에게서 성적인 요소를 제거하는 것이다. 『백호통』은 말한다.

사람들은 그 어미만 알고 아비가 누구인지 몰랐다. …… 이에 복희가 하늘과 땅의 원리를 살펴어 부부로 오행을 바로잡으니 비로소 인도人道가 정하여졌다.[24]

이 인용문을 보건대 '사람다운 도'라고 하는 질서는 아버지가 누군지 모르는 상황을 극복함으로써 가능한 것이다. 따라서 비정상적이며 음란(淫亂)한 성이란 아버지가 누군지 모르는 상황을 만드는 행위의 다른 말이다. 반대로 음(淫)의 상대 개념인 정(貞)은 아버지를 확인할 수 있는 행위를 말한다. 이를 통해 볼 때 정(貞)의 개념은 아버지의 자리와 아버지 상징을 찾는 작업의 연장선상에서 어머니의 성을 관리하기 위한 차원에서 나온 것임을 알 수 있다. 부계 혈통 계승이라는 남근 상징을 중심으로 한 법 질서에서는 어머니의 정절을 필수적으로 요청한다. 아버지의 이름은 어머니가 주기 때문에 어머니의 성이 통제될 필요가 있는 것이다. 이러한 맥락에서 성행위의 '적절한' 형태란 부계 혈통 확인을 기준으로 성립되는 것이다. 다시 말해 정(貞)은 부계를 알 수 있고 음(淫)은 부계를 알 수 없는 것으로 해석되었다. 정과 음(淫)은 결국 아버지의 요청이었고, 부계 계보의 확립을 위한 기획이었다.

『예기』가 제시한 남녀 분리의 모델 역시 이러한 맥락에서 나온 것임을 알 수 있다. "고모나 누나, 여동생과 딸이 시집갔다가 다니러 와도 남자는 그들과 자리를 같이 하지 않는다. 과부는 밤에 곡을 하지 않는다. 부인에게 병이 생겨 문병을 할 수는 있지만 그 증세를 물어서는 안된다. 이렇게 백성을 막아도 백성은 오히려 음란하고 방탕해서 종족의 질서를 어지럽게 한다."[25] 여성의 성이 부계 혈통 확립의 요청과 맞물려 파악되어, 여성의 성을 음란(淫亂)과 순결(貞)로 이분하게 되었고 그에 상응하는 여러 가지 제도와 문화적 내용을 갖추게 된 것이다.

174

'정貞' 개념의 의미와 변천

여성의 성과 관련한 정貞은 음淫의 상대 개념으로 이해될 수 있다. 앞으로 논의될 정貞 개념의 의미와 변천을 보면, 정貞의 개념이 육체적 순결의 의미로 통용된 것은 전국戰國 말末에 해당하는 기원전 3세기 이후의 일임을 알 수 있다. 여기에는 물론 여성의 성적 순결이 요청된 시대 상황이 존재하였다. 일정한 사회적 맥락 속에서 형성된 정貞의 개념은 역사적 변천을 거치면서 몸의 순결에 그치지 않고 점점 그 범위를 확대해 나갔다. 즉 정貞은 남편에 대한 신의의 개념으로, 또는 모든 사회적 행위를 평가하는 여성적 가치 개념으로 자리잡았다. 다시 말해 몸의 순결과 연관된 정貞의 개념이 정신과 육체를 포괄하는 여성적 가치를 말해 주는 총체적인 개념으로 전환된 것이다. 여기서는 우선 '정貞'이 여성의 성과 관련된 개념이 되어 가는 과정을 살펴보자.

'정貞'의 초기 의미는 여성적 용어에 한정되지 않은 중성적인 용어로서 주로 인물을 묘사할 때 사용된 광범위하고 포괄적인 용도로 사용되었음을 알 수 있다. 이러한 '정貞'은 『주역』에서 특히 많이 나오고 그 뜻도 다양한데, 주로 '바르다'와 '근간'의 뜻으로 쓰였다.[26] 무엇이 중요하고 무엇이 바른 것인가. '바르다'는 의미가 여성과 연관될 때는 성을 포함한 태도의 문제와 관련을 맺는데, 이는 굳이 육체적 순결의 의미에 한정할 수 없는 것이었다. 예컨대 "그 덕을 오래도록 유지하는 것이 정貞이다. 부인은 길하나 남편은 흉하다."[27]라고 하였다.

정貞에는 음의 정貞이 있고 양의 정貞이 있는데, 음의 정貞에는 순종이나 유순의 의미가 있고 양의 정貞에는 강건, 굳셈의 의미가 있다. 그런데 남성이 여성의 '정貞'인 유순한 태도를 취하게 될 때는 흉하다는 것이다. 반대로 여성이 남성의 '정貞'을 가지게 될 때는 불길하다. "부인이 정고하면 위태하다."[28]라고 한 것은 음으로서 양을 거느리고 유柔이면서 강剛을 제압하는 괘로 부인에게는 좋지 않기 때문이다.

다시 말해 '정貞'이 여성과 관련하여 길한 의미로 쓰일 때는 유순한 태도로 자신의 자리를 지키는 것, 항상恒常된 태도를 의미한다. 이러한 태도는 집안의 일을 하기에 적합한 것[29]으로 해석되었다. 반면에 정貞이 남성과 관련하여 흉한 의미로 쓰일 때는 "변화를 알지 못할 뿐 아니라 자신의 뜻을 강하게 고수함으로써 외부 상황에 유연하게 대처하지 못하는 것"을 뜻한다. 즉 남자의 정貞인가 여자의 정貞인가, 또 어떤 맥락인가에 따라 긍정적인 의미를 가지기도 하고 부정적인 의미를 가지기도 하므로 '정貞' 그 자체에 일률적이고 본질적인 의미가 있는 것이 아니다. '올바름', '중요함' 등의 추상적이고 포괄적인 의미를 가진 정貞은 상황과 성별에 따라 매우 다른 의미로 해석될 수 있다.

진동원陳東原은 『주역』의 정貞이 여성과 관련될 때 세 가지 의미를 가진다고 보았다.[30] 정貞에 대한 진동원의 해석은 다음과 같다. 첫째, '정貞'은 육체적 순결과 아무런 관련이 없다. 그 예로 「가인괘家人卦」에는 "가인은 여자의 바름이 이롭다."[31]고 하였고, 이에 대한 단전彖傳의 설명은 "가인은 여자는 안에서 위치를 바르게 하고 남자는 밖에서 위치를 바르게 하니 남녀가 자신의 위치를 바르게 하는 것이야말로 천지의 큰 뜻이다."[32]라고 하였다. 이를 보면 집안에서의 위치가 성별에 따라 다르다는 사실로부터 여자가 자신이 처한 위치를 잘 지키는 것을 정貞으로 해석하였음을 알 수 있다.

둘째, '정貞'이란 자신에게 부여된 역할 모델에 따라 부부 관계를 오래도록 유지하는 것을 말한다. 「항괘恒卦」 육오六五 효사爻辭에서 "(유순柔順의) 덕을 오래도록 간직하면 정貞하니 부인은 길하고 남편은 흉하다."[33]라고 하였다. 여기서 '유순'은 부인의 도이다. 즉 부드럽고 순종하는 태도는 부인으로서 부부 관계를 오래도록 유지시키는 데 필수적인 것이다. 반면에 남편이 순종의 태도를 견지하는 것은 부부 관계를 유지하는 데 장애가 된다는 것이다. 부부 관계의 '지속성[항恒]'을 '올바름[정貞]'으로 여긴 것은 부부 관계의 성립과 해지가 자유로웠던 시대 상황이 정貞 개념에 반영된 것으로 보인다. 즉 관계를 지속시키는 것 그 자체만으로 의미가 있었다는 말이다.

셋째, '정貞'이 여자의 육체적 순결을 가리키는 의미로 쓰이면서, 한 여자가 많은 남자와 관계를 맺는 것은 부정不貞으로 해석되었다. 「구괘姤卦」는 여자의 왕성한 힘을 의미한 것으로, 그 왕성함이란 성적인 측면을 말한 것이다. 즉 주희는 「구괘」 경문經文의 설명에서 "한 음이 다섯 양을 만났으니 여자의 덕이 바르지 못하고, 그 힘셈이 심한 것이니 취하여 짝으로 삼으면 반드시 양을 해치게 된다."[34]고 해석했다. 다시 말해 "한 음이 다섯 양을 만났다."는 것은 "여자가 다섯 남자와 관계를 맺은" 것으로 해석되어 그 부정함이 정도를 넘어섰다는 것이다. 이에 대해 진동원은 "여자가 잡교를 한 것은 부정不貞하다는 의식이 들어있지만 (많은 남자가 아니라면) 처녀의 성행위는 문제되지 않은 것"으로 보았다.

이렇게 여성의 성적 태도와 관련된 '올바름' 또는 '훌륭함'의 구체적 내용이 무엇인가는 그 시대적 맥락에서 정의된다. 『주역』에 의하면 "부부의 바른 도리란 오래도록 변하지 않는 것이다. 따라서 항恒으로 받는다."[35]라고 하였다. 그러나 한초漢初에 이르면 "한번 혼례를 올렸으면 다시는 고칠 수 없다. 남편이 죽더라도 개가할 수 없다."[36]는 내용이 등장한다. "춘추 전국기에는 자연스러웠던 재가再嫁, 삼가三嫁 등의 혼인 풍습이 진한기秦漢期에 이르러 사회의 주목을 받게 된 것이다."[37] 또한 "선진 사회에서 부부는 항상됨[항恒]을 중시하였고 정조나 정절[정貞]을 강조하지 않았다. 따라서 부정不貞에 대한 사회적 범죄 의식이 형성되어 있지 않았다."[38]는 것이다. "가능하면 변하지 않고 오래도록 부부 관계를 유지하는 것이 좋다."는 것과 "여자는 재가할 수 없다."는 것 사이에는 매우 큰 간격이 놓여 있다. 이것은 여성의 성을 정의하는 '정貞' 개념의 변화를 의미하는데, 여기에서 급변하는 시대 상황을 만나게 된다.

종법적 대가족으로부터 분화되어 나온 부부 중심의 소농가족小農家族이 한초漢初 통일제국의 정치적 경제적 기초가 되는데, 이와 함께 견고한 부부 관계가 이념적으로 지지되었다. 이 시기에는 부부가 모든 관계의 핵심에 놓였을 뿐 아니라 원만한 부부 관계를 군자의 기본 요건으로 삼고 있다.[39] 그런데 부부의 중요성과 그 관계의 견고함은 여성의 의식과 행위를 규제하는 것으로 확보될 수 있다고 여겨졌다. 여기에는 전제 군주의 등장과 함께 권력을 한 곳으로 집중하려는 정치적 사상적 요청이 있었다. 즉 하늘에는 하나의 태양, 나라에는 하나의 왕, 가정에는 하나의 가부장만이 인정된다는 것이다.[40] 이것이 '개가불가改嫁不可'가 여성의 올바른 태도가 되고, 그것이 곧 한 남자에 대한 성적 충실성으로 해석된 역사적 맥락이다. 과거의 남녀 불평등이 관습적인 차원에 불과했다면 이제 여성은 가부장적 위계 질서에 개념적으로 편입되었고, 남편의 권력을 확보해 주는 동시에 가정의 화목을 부담하는 존재가 되었다. 이와 함께 여성의 성이 관리되어야 한다는 강한 인식이 대두된 것이다.

정절의 강조는 통일 국가의 과업을 완수한 진시황의 정책에서도 찾아볼 수 있다. 남녀 관계와 연관된 내용이 담겨 있는 회계각석會稽刻石에는 가족의 문제를 여성의 섹슈얼리티와 관련지어 "자식이 있으면서 다시 시집가서 남편을 배신하는 여자는 부정不貞"[41]이라고 하였다. 아버지 혈통 확보라는 차원에서 여성의 몸 관리가 요청되었고, 그것을 만족시키는 '정貞'의 개념은 시대적 요구에 부응하면서 남편에 대한 성실성으로 그 의미의 변천을 겪은 것이다. 또『사기』에 의하면 진

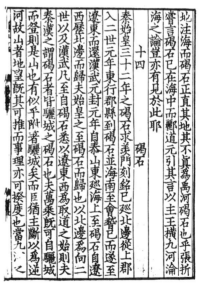

시황은 대단한 재산을 소유한 한 여성에게 '정부貞婦'라는 칭호를 내리는데, 그녀가 과부이기는 했으나 '정부'로 일컬어질 어떤 행위가 발견되지는 않는다. 그녀가 역사에 드러난 것은 단혈丹穴을 통해 엄청난 부富를 소유하였고 재산을 충실히 관리한 부호라는 점에 있다. 과부라는 이유로 그 능력이 무시되지 않는데, 사마천司馬遷은 진시황이 만승萬乘으로 그녀를 예

「우공禹貢」에 적힌 진시황의 순유에 관한 기록.

우한 이유를 그녀의 경제권 때문이라 보았다.[42] 그런데 그녀에 대한 평가는 '부호'라는 본질적인 의미로서가 아닌 '개가하지 않은 과부'라는 정부貞婦에 초점이 맞추어졌다. 여기서 '정貞'은 여성의 행적을 총괄하는 보통 명사로 자리잡는다.

아버지의 존재를 확인하기 위해서는 혈통의 순수성을 확보할 수 있어야 하고, 그와 연관되어 여성의 '올바른' 태도가 요청되는데 이러한 것들이 서로 맞물려 여성에 대한 성적 인식과 성적 행위의 양식들이 제출되었다. 경전이나 교훈서는 여성의 '올바른' 마음가짐과 몸가짐을 예시하였고, '정貞'으로 대표되는 정상적인 행위의 양식들을 모델화하였다. 그런데 그 핵심은 여성의 성sexuality을 관리하고 파악하는 문제였다.

정녀 담론의 정치학

'정貞'과 유사한 의미군으로 '절節', '조操', '열烈' 등이 있는데, 이들이 상호 결합하거나 '여女'나 '부婦'와 결합하여 남녀 애정이나 남녀 관계와 결부된 여성의 태도를 지시하는 개념이 된다. 그런데 정절貞節은 '정貞'의 신앙을 가진 기혼 여성의 남편에 대한 도道, 정조貞操는 '정貞'의 신앙을 가진 처녀의 순결이라는 의미로 구분하는 것[43]을 볼 수 있다. 즉 '정貞'이 남녀 관계에서 여성의 태도를 지칭하는 포괄적인 개념이라면 '절節'은 사회적 의무 개념에 가깝고 '조操'는 육체적 순결의 의미에 가까운 것으로 이해된다.

유향劉向의 분류에 의하면 '정貞'과 '절節'에서도 의미가 구분된다.

『열녀전』이 분류한 여성의 행적 일곱 가지 중에는 '정순貞順'과 '절의節義'의 항목을 따로 두고 있다. 「정순貞順」 편은 남편이 죽은 후 개가를 하지 않았거나 한 남자에 충실했다는 의미에서 수록된 여성들이다. 반면에 「절의節義」 편은 한 남자에 소속된 관계로서가 아니라 다른 여러 사회적 관계들, 예컨대 조카나 전처 자녀들, 또는 이웃, 군주, 윗사람 등에 대한 충실성을 갖춘 여성들이다.[44] '정貞'과 '절節'이 연용되어 '정절貞節'이 되면 '성적 순결'과 '타인에 대한 충실성'을 포괄하는 개념이 되는 것이다. 다시 말해 '정절貞節'은 한 남자에 대한 의무 개념뿐 아니라 남편과는 별도로 사회적 존재로서의 의무 개념을 포괄하고 있다.

여성의 성적 태도를 개념화한 것이 정절貞節이라면 그 개념화는 일정한 사회적 조건 속에서 가능하였다. 서복관徐復觀은 정절이 여성의 최고 덕목으로 강조되는 진秦·한초漢初의 사회적 맥락을 이렇게 설명한다. "30, 40세의 장부丈夫가 연로한 부모와 어린 자녀를 두고 죽었을 경우 처가 다른 집으로 개가해 갈 것을 생각해 볼 수 있다. 그 가정은 와해될 가능성이 크다."[45] 진한秦漢 이후의 사회에서 부부 중심의 소농가족은 경제와 정치의 기초 단위이기 때문에 가족의 안정은 정책적으로 지지되었다. 이때 여성의 정절 관념은 한 가정의 안정과 유지라는 측면(그것은 곧 국가의 안정된 지지기반이 되는데)에서 강조된다. 가정과 국가의 존립을 위해서 잠재적 문제 요인은 제거되어야 했는데 그 핵심이 여성의 섹슈얼리티로 파악되었다. 성의 통제는 곧 여성 노동력 확보로 이어진다.

진동원은 몇 가지 예를 통해 중국에서는 육체적 순결의 의미인 정조貞操 관념보다 사회적 의무 개념인 정절貞節 관념이 더 본질적인 것임을 주장한다. 즉 한 여자가 몇 사람에게 시집을 가더라도 그녀는 전 남편의 자식을 보전하거나 또는 전 남편에 대한 다른 의무를 다한다면 절부節婦가 될 수 있었다는 것이다. 『송사宋史』「회음절부淮陰節婦」에는 이러한 상황이 기록되어 있다.

> 갑의 부인은 아름다웠다. 한 동네 사는 을이 갑의 부인에게 반해 몰래 연정을 품고 있었다. 어느 날 갑과 을이 함께 외출하였고 이때 을이 갑을 물에 빠뜨려 죽였다. 돌아와서는 갑의 어머니를 아주 극진히 보살펴 드렸다. 갑의 어머니가 감동하여 며느리를 그에게 시집보냈다. 오랜 세월이 흘러 을과 갑의 부인은 부부로서의 관계가 돈독해졌다. 을이 실수로 예전의 일을 발설하게 되었는데 자초지종을 들은 부인이 을을 죽여 버렸다. 말하자면 부인은 옛 남편의 원수를 갚은 것이다. 그리고 통곡하며 '나 때문에 두 남편이 죽었으니 어떻게 살 수 있겠는가?'라고 하고 회수에 몸을 던져 죽었는데 사람들이 그녀를 절부節婦라고 하였다.[46]

또 하나의 예는 정절이란 상당히 추상적인 의미를 가지나 그 해석에서는 현실주의적 맥락이 중시되었음을 보여 준다. 유월俞樾의 「우대선관필기右臺仙館筆記」에 실린 절부節婦의 예는 남편에 대한 충실성을 보다 넓은 의미로 확대하고 있는 것이다. 아이를 양육해야 하는 현실적인 문제와 부계 혈통을 보존하는 문제가 사실은 부인의 성적 순결보다 더 중요했다. 그러나 이러한 현실적인 문제를 해결하고 난 후의 부인은 전남편과의 관계에서 불충했다는 이유로 죽음을 택한다.

송강松江의 추씨는 교씨를 아내를 맞아들여 아들 아구를 낳았다. 추씨는 죽으면서 아들을 아내에게 부탁했다. 겨우 한 몸 건사하기도 어려운 살림에 교씨는 남편의 뜻을 받들어 아들을 양육하였다. 전쟁이 나서 송강이 적들에 포위되자 교씨는 죽을 각오를 했으나 아이 때문에 포기하였다. 꿈속에 남편과 시부모가 차례로 나타나 아이를 위해 정절을 포기하라고 하였다. 그래서 그녀는 아이를 보살펴 주겠다는 조건 하에 적에게 개가한다. 소용돌이 같은 일들을 겪으며 아이는 성장하였다. 교씨는 옛 남편을 위해 결국 죽음을 택하였다.[47]

유월의 이야기에 대한 유곡원兪曲園의 논평은 다음과 같다. "이 부인은 죽지 않음으로써 아이를 길렀고 또 죽음으로써 절節을 밝혔으니 잃는 것 없이 완전한 사람이다. 정자程子는 '아사餓死는 작은 일이고 실절失節은 큰 일'이라고 했는데 아사와 실절은 모두 한 면만을 보고 한 말이다. 잃는 것이 일신의 절개라면 보존하는 것은 조상의 혈통이다. 조부의 혈통이 중요하다면 일신의 절개는 가벼운 것이다."[48] 정이가 절개를 버리는 일과 현실적인 삶을 대립하는 것으로 보았다면 유곡원은 현실적으로 무엇이 더 절실한가를 묻고 현실의 맥락에서 가치의 문제를 조정한 것으로 보인다. 조상의 혈통 보존이 더 중요하고 여성의 절개는 부차적인 것으로 여기는 듯 하지만 여성을 최종적으로 귀속시키는 가치 개념을 정절로 삼고 있는 것만은 확실하다.

여성의 성을 거점으로 '정貞'의 개념이 나왔다면 그것에 다시 사회관계에서 요구되는 신의와 충실성이 부가되었다. 그리고 다시 남편에 대한 성적 사회적 성실성으로 발전되었음을 알 수 있다. 즉 정절은 단순히 성적 순결만을 의미하지 않으며 사회적 의무 개념을 포괄하는 복합적인 의미를 갖는다. 여성 성 규제에 목적이 있었던 정절의 개념이 다면적이고 복합적으로 펼쳐지는 현실의 문제에서 조정될 수밖에 없었기 때문이다. 이같이 정절은 여성의 성을 통제하면서 동시에 사회적 책임을 부과하는 측면에서 읽힐 수 있다. 예컨대 명·청대에 유행한 정절 자살은 당시 여성들이 처한 사회적 환경을 통해 설명될 수 있는 것이다. 이 시기의 정절은 과거 시험에서 좌절한 남성들의 박탈감과 불안감을 여성이 대리 경험해 주는 심리적 메카니즘이었다.[49]

정절의 개념은 그 역사적 변천에 있어 세 분기점을 가진다.[50] 명초明初에 이르면 정절로 포상을 받은 집안에는 부역이 면제되었을 뿐 아니라 가문의 위상이 올라가게 되었는데, 남자들이 스스로 세상에 드러날 방도가 없자 부녀의 절열節烈을 빌릴 수밖에 없었다고 진동원은 말한다.[51] 여기서 여성의 성은 단순히 통제의 대상에 머물기만 한 것이 아니라 보다 적극적으로 이용될 수 있음을 보여준다.

3. 색녀色女와 덕녀德女의 담론

순결과 음란은 성의 재생산의 기능과 관련된 여성 성 관리의 메카니즘이다. 이는 여성의 생물학적 특성에 대한 가부장적인 해석 방법이다. 성에는 또한 쾌락의 기능이 있는데, 재생산의 기능과 마찬가지로 이 역시 전체 사회의 질서를 위해 통제될 필요가 있었다. 그러나 재생산의 기능은 제도를 통한 외부 통제가 비교적 가능하나 쾌락의 기능은 외부의 통제만으로는 부족한 점이 있다. 쾌락은 좀더 개인적인 영역에 속한다는 점에서 그럴 것이다. 쾌락을 통제하기 위해서는 쾌락을 경험하는 주체의 자발적인 노력을 요구한다. 가부장적 주체에게 여성이 경험하는 쾌락의 기능을 관리하게 한다는 것은 일정한 수고를 요구하는 것이다. 여성 스스로가 가부장적 의도에 맞게 자신의 성을 관리해 준다면 무엇보다 효과적인 관리 시스템을 마련하는 것이 된다.

여성의 성적 쾌락이 어떻게 관리되는가를 살펴보기 전에 쾌락에 대한 유교적 이해를 먼저 볼 필요가 있다. 성의 중요한 기능인 쾌락을 활용할 수 있다는 생각은 유교적 성 관념의 특징이라 할 수 있다. 유교적 이해에서 쾌락은 도덕과 분리된 것이라기보다 그 활용을 통해 도덕화될 수 있는 것이다. 그런데 쾌락의 부정이나 제거가 곧 도덕이 되는 것이 아니라 쾌락과 도덕은 같은 뿌리를 가진 서로 다른 양상일 뿐이다. 이를 뒤집어 보면 쾌락의 뿌리가 없어진다면 도덕이 자라날 수 없는 것으로 이해된다.

고대의 유가들은 배움의 과정에 있는 자들에게 색色을 밝히는 에너지를 덕을 실천하는 에너지로 전환시킬 것을 주문한 바 있다. 공자는 "어진 이를 어질게 여기기를 색色을 좋아하는 마음과 바꾸도록 하라."[52]고 하였고, "나는 덕을 좋아하기를 색色을 좋아하는 열정으로 대하는 사람을 보지 못했다."[53]고도 하였다. 이 말의 맥락은 덕을 기르고 실천하는 도덕적 인간을 목표로 하여 여색을 멀리하라는 뜻이다. 그러나 여기에는 색色이란 모든 인간이 추구하는 기본 욕망이며, 그것을 잘 운용한다면 다른 에너지로 사용할 수 있다는 생각이 들어 있다. 즉 뜻과 의지를 지키는 성실성은 여색을 갈망하는 수준의 에너지를 필요로 한다는 것이다. 공자와 유사한 생각은 『대학』과 『예기』에서도 확인된다.

> 뜻을 성실히 한다는 것은 스스로를 속이지 않는 것인데, 가령 나쁜 냄새를 싫어하듯이, 예쁜 여자를 좋아하듯이 한다면 스스로 만족할 만한 결과를 가져올 수 있다.[54] 공자가 말하기를 '덕을 좋아하기를 색色을 좋아하듯이 하라'고 했는데, 제후가 여색을 탐하지 않으면 군자 역시 여색을 멀리하게 되고, 백성은 이것을 본보기로 삼는다.[55]

이러한 말은 성을 부정하기보다 오히려 적극적인 계기로 여길 때 나올 수 있다. 유학 사상에서 성이 긍정되는 맥락은 혈통 계승의 수단이라는 점에 있기도 하지만 쾌락의 추구란 어느 누구도 벗어날 수 없는 보편 욕망이라고 보았기 때문이기도 하다. 다시 말해 누구나 벗어날 수 없다면 그것을 막기보다는 이용하는 쪽에 주목한 것이 유학적 성론性論의 특징이다. 이러한 성론은 도덕의 입론을 현실적이고 세속적인 인간에서 출발한 유학의 윤리관과 일맥상통하는 것이라 할 수 있다. 그런데 쾌락이 도덕 실천의 에너지로 활용될 수 있다는 입장에서는 성은 그 자체가 독립적인 의미를 가질 수 없으며 항상 사회적 행위와 결부되어 이해된다. 다시 말해 쾌락을 인간의 기본 욕망으로 적극 인정하지만 그것은 자신이 사회적으로 무엇을 해야 하는 존재인지를 잊지 않는 범위에서만 추구될 수 있는 것이다. 성에 관한 이러한 이해는 선진유가先秦儒家인 맹자에서 분명하게 제시되었다.

맹자는 식욕과 성욕은 인간의 보편 욕망이지만, 남의 욕구를 인정하지 않고 자기의 것만을 충족시키려는 행위는 도덕적인 승인을 받을 수 없다고 하였다. 맹자는 강한 성욕을 스스로의 결점으로 여기는 군주에게 짝이 없어 사회를 원망하는 여자와 남자가 없어야 하며 왕의 호색 행위가 백성의 입장을 함께 고려한다면 도덕적으로 아무런 문제가 되지 않는다고 하였다.[56]

이 말은 쾌락이라는 개인의 경험은 보다 큰 공동체 내 구성원과의 관계를 파괴하지 않는 범위에서 인정될 수 있다는 것이다. 이러한 맥락에서 여성의 쾌락을 통제하고 활용하는 메커니즘인 덕녀와 색녀의 담론이 나오게 되었다. 그렇다면 여기에서 짚어야 할 점은 여성의 쾌락도 남성의 쾌락과 같은 수준에서 고려되고 있는가 하는 것이다. 즉 여성도 자신의 쾌락을 인정할 수 있고, 그 쾌락을 주체적으로 운용할 수 있는 자격이 주어지는가 하는 것이다. 쾌락의 주체를 남성에 한정한 앞의 예들은 여성도 과연 쾌락이라는 자기 경험이 가능한가를 의문스럽게 한다. 여성은 쾌락의 주체가 될 수 없었다고 한다면 그 근거는 어디에 있으며, 배제하는 방법과 그것이 만들어 내는 정치적 효과는 무엇인가 하는 것이 궁금하다. 따라서 성의 기능 가운데 하나인 쾌락의 문제를 성별 인식과 관련시키고, 여성의 쾌락이 가부장적인 제도 속에서 어떤 방식으로 담론화되는지를 볼 필요가 있다.

'색色'의 개념과 여성의 쾌락

성과 관련된 용어 '색色'은 주로 쾌락의 측면을 가리킬 때 사용된다. 그러면 색色의 개념을 통해 쾌락이 어떻게 이해되고 있는가를 중국 고대의 문헌을 중심으로 살펴보자. 고대의 문헌이란 주로 유교 사상의 젖줄을 이루는 것으로, 여기에 유교적 성 관념이 집적되어 있다고 할 수 있다. 일단 고대 문헌에서 색色이라는 단어가 쓰이는 용례를 보자.

색色이라는 글자는 여러 가지 뜻을 가지고 있는데, 고대 문헌에서는 얼굴빛과 여색의 의미로 많이 쓰였다. 색色이 얼굴빛을 가리키는 대표적인 용례는 『서경』과 『논어』에서 "말을 좋게 하고 얼굴빛을 꾸미다〔교언영색巧言令色〕"[57]라고 한 경우를 들 수 있다. 또 『순자荀子』에서는 전해 오던 말 가운데 "예쁜 여자의 얼굴은 추한 여자에게는 해로움이 되고 공정한 선비는 대중들에게는 병폐가 된다."[58]고 한 말을 소개하였는데, 여기서도 색色은 얼굴빛을 뜻한다. 이 외에 '오색五色'이라고 하여 색깔의 의미로 쓰이기도 하지만, 대체적인 용례는 '여색'이다.

'색色'이 여색의 뜻으로 쓰인 예는 『춘추좌씨전』과 『논어』, 『맹자』 등의 고대 문헌에 두루 나타난다. 즉 "그 색色을 탐하다."[59], "어진 이를 어질게 여기기를 색色을 좋아하는 마음과 바꾸며",[60] "덕을 좋아하기를 색色을 좋아하듯이 하라."[61] 등의 경우이다. 『맹자』에서는 "색色을 좋아하는 것은 인간의 욕망이다. (순舜은) 요임금의 두 딸을 처로 삼았지만 근심을 해결하기에는 부족하였다."[62]라고 한 용례를 찾아볼 수 있다. 이러한 예는 색色을 이성 관계를 통한 쾌락의 의미로 읽기에 충분한 근거가 된다.

여기서 문제는 '색色'이 '여색'으로 한정되어 쓰이고 있다는 점이다. 사실상 '색色'이란 남녀간에 발생하는 성적인 행위로, 남녀 모두에게 사용될 수 있는 젠더 탈각적인 개념이다. 그러나 그 쓰인 맥락을 보면 모두 남성이 주체가 되고 여성을 대상화하는 뜻으로 쓰였다. 그 용법은 주로 '색色' 한 글자로 표현하지만 그것이 사용된 맥락을 본다면 '여색'으로 읽어야 뜻이 통하는 것이다. 그러면 여색은 주로 어떤 용어와 함께 쓰이는지를 볼 필요가 있다. 이를 통해 '여색'에 부여된 그 사회적 의미를 읽어낼 수가 있을 것이다. 여색이 사용되는 맥락을 몇 가지로 나누어 보면 다음과 같다.

먼저 여색은 사냥이나 음악과 같은 오락의 차원에서 이해된다. 『서경』에는 '색황色荒'이라는 용어가 나오는데, 이것은 성적 쾌락에 탐닉하는 것을 말하는 것이며, '금황禽荒'이라는 용어와 짝을 이루고 있다. 우왕禹王의 교훈 중에는 "안으로 여색을 탐닉하거나 밖으로 사냥에 빠지면서 망하지 않은 자는 없었다."[63]라는 내용이 있다. 또 『서경』의 다른 편에서는 "재물과 여색에 빠져있고 놀이와 사냥에 빠져 있는 풍조를 음풍淫風"[64]이라고 하였다. 즉 재물과 여색에 탐닉하고 놀이와 사냥에 몰두하는 것이야말로 망하는 지름길이라는 뜻이다. 고대 사회에서 사냥은 스포츠이자 오락으로서, 빠지면 중독 증세를 보일 만큼 매력이 있었던 것 같다. 『예기』에서도 "(군주가) 사냥을 즐기고 여자를 좋아한다면 그 나라는 망한다."[65]라고 하였다

다음으로 여색은 음악과 같은 성격의 것으로 사람의 본성을 바꾸어 놓는 힘을 가진 것으로 취급되었다. 『서경』에서는 "음악과 여색, 재물과 이익"[66]을 병렬로 놓고 있다. '성색聲色'을 직역하면 '소리와 모습'이지만, 의미를 좀더 확대하면 '가락과 여색'이 된다. 『서경』 외의 다른 문헌에서도 '성색聲色'은 경계하고 피해야 할 것으로 자주 거론된다. 『순자荀子』에는 "그러므로 군자는 음란한 음악을 듣지 않고 여색을 보지 않으며 악한 말을 하지 않는다. 이 세 가지는 군자가 신중

히 하는 것이다."[67]라는 구절도 있다. 『예기』에서는 "가락과 여색을 멀리하여 함께 하는 일이 없도록 하라."[68]고 하였다.

여색이 쓰인 세 번째 용례는 재물[貨]과 연용되어 사용된 경우이다. 색色은 주로 재물[貨]과 함께 쓰였는데, '화색貨色'이라는 용어가 그것이다. 『서경』에서는 "재물과 여색에 빠지다."[69]라고 하였고, 『순자』에서는 "재물과 여색을 멀리하라."[70]고 하였다. 또 『맹자』에서는 "왕이 재물을 좋아하기를 백성과 함께 한다면 왕 노릇하는 데 무슨 문제가 있겠습니까?…… 왕이 여색을 좋아하기를 백성과 함께 한다면 왕 노릇하는 데 무슨 문제가 있겠습니까."[71]라고 하였다. 이러한 예를 보건대 여색은 재물과 같은 짝으로 취급되었다.

네 번째의 용례에서 여색이 음식[食], 술[酒]과 짝을 이룬다. 『순자』는 「비십이자非十二子」에서 그 당시 군자의 이중적인 모습을 비판하고 있는데, 즉 "술과 음식, 가락과 여색을 즐기지만 그다지 관심 없는 듯 한다."[72]는 지적이 그것이다. 다시 말해 실제로는 아주 좋아하면서 겉으로는 아닌 척 한다는 말이다. 『맹자』에도 "음식과 여색은 본성이다."[73]라는 말이 나온다.

이상의 예들을 볼 때 여색과 짝을 이루는 용어는 주로 사냥[禽 또는 田], 음악[聲], 재물[貨], 음식[食], 술[酒]이다. 이들은 주로 감각적인 성향의 것으로 인간의 이성을 어둡게 하는 부류로 인식된 것들이다. 이상의 예들이 보인 바 고대 문헌에서 여색은 거의 부정적인 의미로 쓰였다.

그러면 여색과 대립하는 개념은 무엇인가를 역시 문헌을 통해 살펴보자. 『예기』에서는 "여색에 빠짐으로써 덕을 해친다."[74]라고 하였다. 또 아무리 남녀 사이를 분리시켜 그 친하게 지내는 것을 "막아도 백성은 색色을 덕보다 중요하게 여긴다."[75]고도 하였다. 앞에서 소개한 『논어』의 예에서도 색色은 덕의 대립 개념으로 쓰이고 있음을 보았다.

고대 문헌에서 사용된 색色의 개념은 곧 성과 관련된 고대 사회의 인식을 반영하는 것이다. 색色이라는 글자는 성별 구분이 없는 일반 개념인 듯 하지만 사실은 '여색'을 지칭하는 것이다. 즉 남성을 성적 주체로 하고 여성을 성적 대상으로 하는 개념인 것이다. 다시 말해 색色은 여색 또는 여성을 지칭하는데, 이것은 여성을 술과 음식, 또는 재물과 같이 대상화하고 사물화한 것이다. 나아가 여성의 성은 생물적학인 본능에 한정되지 않고 여성의 용모, 태도, 행동 등 여성이 지닌 특유의 생리적인 기능 모두를 지칭하며, 남성의 감관을 만족시켜 주며 성적 쾌감을 가져다 주는 것으로 그 의미가 확대된다.[76] 즉 '여색'이란 용어는 여성의 미美와 여성이 가진 기능과 작용을 물화物化한 것이다. 이 논리에 의하면 대상화되고 사물화된 여성의 성, 여색은 잘 사용하면 좋고 잘못 사용하면 나쁘다는 방식의 이야기가 가능해진다. 그렇다면 재물이나 술에게 어떤 책임을 물을 수 없듯이 여자에게 어떤 책임을 물을 수 없다. 오로지 여색을 어떻게 이용할 것인가, 남성 주체의 권리와 의무만 논의될 수밖에 없을 것이다.

『논어』는 "성인成人이 되지 않는 남자는 여자와의 관계를 되도록 하지 않는 게 좋다."[77]고 말한다. 『서경』과 『예기』에서는 성적 욕망을 주체적으로 운용하지 못하게 되면 집안을 망하게 하고 나라를 잃게 된다[78]고 하였다. 과도한 쾌락을 경계하는 이 말은 모두 남성을 쾌락의 주체로 설정한 용법들이다. 남성은 쾌락의 주체일 뿐 아니라 쾌락의 활용을 통해 사회적 의미를 생산하는 주체이기도 하다. 사회적 인간에게 요구되는 뜻과 의지에 대한 성실성은 성의 자연적인 기능인 쾌락의 논리로부터 확보될 수 있다는 것이다. 쾌락에 빠지지 말고 쾌락을 활용하라, 그리고 쾌락을 추구하는 에너지를 덕을 추구하는 에너지로 전환하라는 것이 쾌락에 대한 유교의 해석이다. 하지만 여성의 쾌락은 철저하게 배제되었다. 쾌락에 관한 한 여성에게는 스스로 통제할 어떤 근거나, 스스로 전환할 어떤 노력의 기회도 주어지지 않는다. 그들이 본 여성은 단지 남성의 도덕 추구의 의지와 실천 능력에 따라 그 용도가 결정되는 존재일 뿐이기 때문이다.

그러면 쾌락에서 여성이 배제된 이유와 쾌락의 배제가 어떤 방식으로 전개되는가를 살펴보자. 우선 쾌락의 속성을 통해 이 문제에 접근할 수 있다. 쾌락은 성의 자연적인 기능으로, 한 자연적인 존재로서의 자기 자신을 경험하는, 존재에 대한 자기 확인이라 할 수 있다. 남성이 주체가 되고 여성이 대상이 되는 구조에서 여성이 자신의 존재를 확인하는 따위의 행위는 인정될 수 없는 것이 마땅하였다. 다시 말해 쾌락의 활용이란 인식과 실천의 주체에게 허용되는 것이지 수동적이고 순응적인 역할을 부여받는 존재에게는 허용될 수 없다. 수동적이고 보조적인 정체성을 가진 존재에게 쾌락의 활용과 쾌락의 경험을 인정하지 않는 것은 오히려 당연한 것으로 보인다.

그렇다면 유가의 성론에서 여성을 쾌락의 주체로 인정하지 않는 것의 정치적 의미와 그 효과가 무엇인가 하는 점이다. 쾌락이 단순히 자연 기능에 불과한 것이 아니라 인식과 실천의 다른 태도들과 연계되

어 해석되는 유가의 논리에서 볼 때 여성에게서 쾌락과 같은 성적 욕
망을 박탈하는 것은 곧 여성의 모든 것을 장악할 수 있는 방법이 된
다. 푸코는 "권력 관계에서 성적 욕망은 가장 많은 술책에 이용될 수
있고 가장 다양한 전략들을 위해 거점이나 연결점의 구실을 할 수 있
는 까닭에 오히려 도구로 이용될 가능성이 가장 큰 요소들 가운데 하
나"[79]라고 한다. 다시 말해 여성이 자신의 성적 쾌락을 긍정하기 시작
한다면 그것은 곧 자신의 억압적 상황에 저항하는 출발이 될 수 있다
는 것이다.

그 구체적인 예로 여성 섹슈얼리티를 교지敎旨로 삼았던 종교 벽하
원군碧霞元君이 지배 엘리트들과 심한 갈등을 일으켰던 역사적 사실을
들 수 있다. 벽하원군은 명나라 중기에서 20세기 초에 이르기까지 중
국의 화북 지방에서 폭발적인 관심을 모았던 종교이다. 당시에 유행
한 대부분의 여신 숭배의 종교는 부계 가족 체제를 유지하는 데 도움
이 되는 교리를 가지고 있었다. 그러나 벽하원군은 그 조상彫像에서도
드러나는 바 매혹적이었는데, 이와 함께 신도들은 자연스럽게 자신의
성적 기호와 취향에 관심을 가졌다. 벽하원군의 신도들은 기존의 여
성 역할에 저항적 태도를 취하거나 기존의 가치를 주체적으로 선택하
고 해석하는 경향이 있었다. 그래서 국가와 엘리트들은 이들을 반동
세력으로 규정하였고 각종 기제들을 동원하여 그 종교를 탄압하였던
것이다.[80] 즉 자신의 섹슈얼리티를 주체적으로 확보하려는 여성들의
행위가 기존의 세력에게는 위기나 위협으로 읽혔고, 질서에 대한 도
전이자 세계로부터의 일탈로 이해된 것이다.

여성의 강한 성욕에 대한 남성의 위기 의식은 『주역』에도 표현되어

있다. 『주역』의 구괘姤卦는 남녀의 만남을 상징한다. 만남이란 서로 떨어져 있음을 전제하는 것이며, 그래서 구괘는 나뉨을 의미하는 쾌괘夬卦 다음에 배치되었다. 경문은 "구는 여자가 건장한 것이니, 이런 여자를 취하지 마라."[81]고 해석된다. 여기서 여자가 '건장하다'는 것은 성적 욕망이 강하다는 의미로 읽을 수 있다. 즉 주희는 "한 음이 다섯 양을 만나니 여자의 덕이 바르지 못하고 그 왕성함이 심한 것이니 취하여 짝으로 삼으면 반드시 해롭다."[82]라고 하였고, 진동원은 이것을 "한 여자가 다섯 남자와 관계를 맺은 것"으로 해석하였다.

이러한 맥락에서 여성의 성적 쾌락은 부정되거나 무시되었다. 그렇다면 어떤 방식으로 부정되고 무시되는가. 역사 속에는 적극적이고 능동적인 삶을 산 여성들이 존재하였다. 그 이름이 드러난 많은 여성 중에서 멸망과 연계된 여성들은 주로 성적인 이미지로 부각되는 것이다. 다시 말해 나라와 가문을 망하게 한 여성이 '쾌락의 탐닉자'로 정의되는 방식인 것이다. 여성의 정치 활동으로 나라가 멸망한 것이 사실이라면 그 원인을 섹슈얼리티의 문제로 접근하는 것이다. 예컨대 나라를 멸망으로 이끈 여성들은 한결같이 뛰어난 미모의 소유자로 그려지고, 그것은 남성을 유혹하는 데 사용된다고 보았다. 하夏왕조 걸왕의 왕비 말희에 대한 서술을 보면 "용모는 아름다웠지만 덕이 없었고, 음란함이 지나쳤다."[83]는 식으로 언급되고 있다. 이러한 사고는 쾌락의 주체와 행위의 주체를 동일시하는 맥락에서 가능하다. 즉 여성이 행위 주체가 되었을 때 그것을 부정하는 방법으로 그녀를 성적 쾌락에 몰두한 자로 대치시켜 버리는 것이다.

여기서 여성의 강한 성욕은 상대를 파멸로 이끌게 되지만 성욕이 아닌 여성의 다른 힘은 상대를 세워 주고 흥하게 한다는 논리를 만난다. 역사 속에 기록된 훌륭한 부인들의 행적을 보면 자신을 치장하거나 외모를 꾸미는 데 소홀하였다는 내용이 그 여성의 가치를 높여 주는 주요 항목이 되고 있다.[84] 다시 말해 흥성興盛의 논리에 동원된 여성들은 무성적asexual인 존재로 부각되는 것이다. 여성의 성을 극단적으로 부정하는 이러한 형태의 담론은 여성의 성을 강하게 인식한 것이자 그 두려움에 대한 남성들의 표현이라 할 수 있다. 이러한 맥락에서 여성의 성을 이용할 수 있는 방법으로, 성적인 욕망을 다른 쪽으로 전환시킬 수 있는 메카니즘을 개발하게 되었다. 덕德의 개념이 바로 그런 것이다.

덕 개념의 여성적 의미

덕德이란 동아시아 유교 문화권에서 인격을 평가하는 총체적인 개념으로 사용되었다. '덕이 있다' 또는 '덕이 없다'는 말이 의미하는 바가 무엇인지를 이 문화 속의 사람들은 대강 안다. 또한 덕이 무엇인가를 분명하게 정의하는 것이 쉽지 않다는 것도 알고 있다. 다시 말해 덕이란 구체적인 사람이나 행위를 설명하는 일상적인 용어로 자주 사용되지만 대부분의 사람들은 그것의 명확한 정의를 기대하지는 않는다. 그렇다면 자연스럽게 우리 속에 들어와 일상의 언어가 된 덕德이 여성과 관련 맺을 때에는 어떻게 구현되는가? 총체적 인격을 묘사하는 덕德이 여성과는 어떻게 만나는가? 동아시아 사상에서 여성의 의식과 태도가 어떻게 구성되는가를 보고자 할 때 덕의 여성적 의미에 주목하지 않을 수 없다.

덕德의 개념이 사용되기 시작한 초기 사회, 동아시아 사상의 형성기의 중국 고대에서 덕의 용례는 매우 다양하였다. 유덕有德과 무덕無德으로도 쓰이고, 덕치德治와 법치法治, 이덕異德과 동덕同德, 선덕善德과 악덕惡德, 문덕文德과 무덕武德 등의 다양한 용례가 있다. 또한 덕德은 이利나 색色의 대립 개념으로 쓰이기도 하였다. 어떤 경우에는 군자의 덕과 소인의 덕이라 한 것을 보면 군자와 소인이 각각 덕을 가지고 있기는 하나 그 질과 내용이 다른 것으로 이해된다. 덕德이란 도道와 짝을 이루는 최고의 덕목으로 여겨지지만 한편에서는 선덕善德과 악덕惡德처럼 '성향'이나 '속성'에 가까운 의미로 쓰이는 것도 같다. 이 중 여성과 관련된 대표적인 용례는 '부덕婦德' 또는 '여덕女德'이 될 것이다.

『예기』에서는 부덕婦德을 신의로서 사람을 섬기는 도리로 정의하고 한 번 혼인한 여자는 다시 개가하지 않는 것을 그 구체적인 예로 제시하였다.[85] 후한後漢의 반소班昭(A.D.48-117)는 부덕을 "재주와 총명함이 뛰어남을 의미하지는 않는다."[86]라고 정의하였다. 반소는 "부언婦言은 반드시 말을 잘하거나 표현을 잘하는 것을 뜻하지 않으며, 부용婦容은 반드시 외모가 아름다운 것을 말하는 것이 아니며, 부공婦功은 기술과 기교가 반드시 남보다 뛰어난 것을 의미하지는 않는다."[87]라고 하였다. 대부분의 사람들은 재주와 총명함, 자신을 잘 표현할 수 있는 언어 능력, 아름다운 외모, 기술과 기교를 갖추기를 원한다. 그러나 그것이 여성과 결부될 때는 다르게 해석된다는 것이다. 부언과 부용, 부공이 지칭하는 바는 구체적인 데 비해 부덕은 추상적이다. 그런 점에서 부덕은 나머지 세 가지를 포괄하는 종합적인 개념이라 할 수 있다.

덕의 추상성을 좀더 구체적으로 풀어내기 위해서는 덕의 개념이 색과는 대립적인 의미로 쓰인다는 점에 주목하게 된다. 덕이란 성적인 태도와는 무관한 개념으로 생각되기 쉬운데, 덕은 성적 태도와 어떤 방식으로든 관련을 맺고 있다. 다시 말해 '덕德'은 '색色'의 상대적 개념으로 정의되는 경우가 많다는 것이다. 앞에서도 본 바 색은 일반적으로 여색女色으로 쓰이고, 여색이란 여성적인 것을 물화物化한 것이다. 즉 여성의 외모도 '색'의 범주에서 파악될 수 있다. 『열녀전』에는 이런 말이 있다. "뜻밖의 행운을 얻은 자는 뜻밖의 화를 당하게 되며, 또 매우 아름다운 외모를 가진 자는 반드시 매우 악한 마음을 갖고 있다."[88] 이를 보면 성적 이미지와 관련된 아름다운 외모가 도덕적인 개념인 악과 짝을 이루는 것으로 여겨졌음을 알 수 있다. 즉 화禍의 대립 개념으로 복福을 제시했다면 악惡의 대립 개념은 선善이 되어야 하는데, 미美가 된 것이다. 이것은 여성의 덕이란 여성의 섹슈얼리티와 공존할 수 없음을 말해 주는 것이다.

『열녀전』에는 상대를 설득할 수 있는 충분한 지식과 논리를 갖춘 여성들이 등장하는데, 이들은 한결같이 추녀들이었다. 세 명의 제齊나라 여성들의 이야기를 보자. "절구통 같은 머리에 움푹 들어간 눈, 울퉁불퉁한 손가락과 발가락, 들창코에 튀어나온 목뼈, 두둑하게 살진 목과 듬성듬성 나 있는 머리카락"은 제나라 추녀 종리춘의 외모를 묘사한 것이다. 그런 그녀는 만승의 주인인 제나라 선왕宣王의 왕후가 되고자 하는 배포를 가지고 있었다. 결국 그녀는 제 선왕과의 문답을 통해 나라의 내외적 정세를 피력하게 되었고, 결국 제 선왕의 정식 왕후로 발탁되었다.[89] 숙류녀宿瘤女는 목 뒤에 큰 혹이 달려 있는 흉한 외모를 가졌지만 강하고 담대한 의식과 행동을 견지한 여성으로 결국 제나라 민왕閔王의 왕후가 되었다. 당시의 보통 여성들이 외모를 치장하는 것에 아무런 자극을 받지 않았고, 최고 권력자인 왕의 행차에도 아랑곳하지 않고 자신의 일을 묵묵히 함으로써 왕의 대폭적인 관심을 받게 된 것이다.[90] 또 너무나 못생겨서 모든 사람들에게 버림받은 여성 고축녀孤逐女 역시 제나라 재상의 아내가 되었다. 제나라 양왕襄王은 그녀와 나눈 정치적 의견에 감동하게 되었고, 그녀의 추한 외모만을 보고 그녀의 지혜를 보지 못한 보통 사람들의 우매함을 질타하였다. 시집을 가고 싶어하는 그녀의 청을 받아들여 왕은 마침 상처한 재상에게 그녀를 중매하였고, 재상은 그녀를 아내로 맞이하여 훌륭한 정치 파트너로 삼았다.[91] 이 예들은 여성의 지혜를 극단적인 추모와 대비시켜 부각시키는 방법을 쓰고 있다.

여성의 외모와 여성의 덕을 극단적으로 대립시키는 담론이 여성 안으로 들어올 때 여성들은 스스로 도덕적 선의 실현을 위해서 성적인 이미지를 부정하는 현실을 생산하게 된다. 즉 사회적 욕망이라고 할 수 있는 덕의 실천 의지가 강한 여성일수록 자신의 섹슈얼리티를 부정하게 되는 것이다. 이러한 맥락에서 신체를 손상하면서까지 사회적 의미를 실현하려고 하는 여성들이 나오게 되었다. 춘추 시대 양梁나라의 고행高行이라는 여성은 뛰어난 미모를 갖고 있었는데, 그녀가 과부가 되자 양나라의 많은 귀족들이 다투어 청혼을 했다. 고행은 모든 청혼을 슬기롭게 거절했으나 왕의 청을 거부하기는 어렵다고 판단, 자신의 코를 도려내어 흉한 외모로 만들어 버렸다. 그리고는 말했다.

"왕께서 저를 원하는 것은 제 미모 때문입니다. 지금 코를 베어 흉한 몰골이 되었으니 저를 놓아 주실 수 있겠지요?" 왕은 오히려 그녀의 행위를 높이 평가하여 '고행高行'이라는 이름을 하사하여 모든 여성들의 귀감이 되게 하였다.[92] 이 예를 통해 여성의 성적 매력은 덕을 실현하는 데 있어서 장애가 되는 구조였음을 알 수 있다. 그와 함께 여성의 지혜는 아름다운 외모를 부정함으로써 오히려 부각될 수 있었다. 다시 말해 여성의 사물화한 개념이 여색이라면 여성은 색의 이미지로부터 자신을 분리해 내는 것이 곧 도덕을 추구하는 방법이 된 것이다.

덕녀 담론의 정치학

부덕은 섹슈얼리티를 철저히 부정한다. 서로를 부정한다는 면에서 배타적으로 보이지만 부덕의 실현에 섹슈얼리티에 관한 태도가 포함된다는 점에서 부덕과 섹슈얼리티는 서로 연결되어 있다. 즉 덕이 있다는 말은 성적 욕망이 없다는 말과 동의어로 쓰이며 성적 욕망이 강한 여성은 덕이 없는 것으로 묘사되곤 한다. 부덕婦德은 여성의 사회적 가치를 총괄하는 개념으로 도덕적인 성격을 띠고 있지만, 사실은 색의 대립 개념으로 제출된 것임을 알 수 있다. 그렇다면 덕과 색을 대립적으로 놓은 이 구도는 누구의 기획이며, 누구의 이해를 대변하는가 하는 것이다.

대부분의 여성이 색녀보다는 덕녀로 평가되기를 바라는 것은 그 사회가 덕녀를 최선으로, 색녀를 최악으로 여기기 때문이다. 그런데 덕녀라는 개념이 여성의 성을 이용하여 남성 지배를 좀더 효과적으로 이루고자 하는 가부장적인 기획에서 나온 것임을 아는 것은 그다지 어렵지 않다. 먼저 덕녀와 색녀는 처와 첩의 존재가 구분되듯이 사회적으로 구조화되어 있다는 점을 들 수 있다. 앞에서도 논의한 바 남성들은 첩의 존재를 "많은 자식"에서 그 의미를 찾고자 했지만 사실상 첩은 남성의 성적 욕구와 관련이 있다. 또한 첩이란 사회적으로 무시될 뿐 아니라 질서를 교란시키는 적敵과 같은 존재로 취급되곤 한다. 첩에 대한 이러한 대우는 첩이라는 존재가 성性의 문제와 연결되어 있기 때문일 것이다. 따라서 부덕婦德이란 처妻된 자에게 요구되는 의무이자 그들만이 '누릴 수' 있는 전유물이지 첩妾과는 아무런 관련이 없다고 할 수 있다.

다음으로, 부덕은 한 여성이 갖고 있는 두 가지 특성 중의 하나로 파악되기도 한다. 즉 남성의 사회적 실현 정도에 따라 그 배우자는 '덕녀'가 되기도 하고 '색녀'로 평가되기도 하기 때문이다. 여성의 덕은 남성과 비교할 때 좀더 분명해질 텐데, 덕德과 색色이 남성에게서는 분리된 개념이 아니었다. 남성은 자신의 성적 욕망을 부정하지 않을 뿐 아니라 그 에너지를 덕을 추구하는 쪽으로 전환할 수 있다고 보았다. 성에 관한 고대 철학의 논쟁이 시사하는 것처럼 유교 철학에서 볼 때 도덕과 욕망은 서로 분리된 이원론적 개념이 아니라 한 몸을 가진 것으로 파악되기 때문이다. 그러나 여성의 성적 욕망은 부재로 서술되거나 부정하는 방식으로 서술되었다.

춘추 시대 노魯나라의 권력자였던 계손季孫씨 집안의 부인 경강敬姜은 아들의 첩들에게 이렇게 말했다.

'색을 좋아하다 죽으면 그 여자들이 함께 죽고, 진리를 추구하다 죽으면 따르던 남자들이 따라 죽는'고 했다. 지금 내 아들이 죽었다. 나는 아들이 여자를 좋아했다는 말을 듣고 싶지 않다. 너희들은 피로한 기색을 하지 말 것이며, 눈물을 흘리지도, 가슴을 치면서 울지도 말 것이며, 슬픈 모습을 하지도 마라. 지나치게 슬퍼하지 마라. 이것이 바로 내 아들의 덕을 드러내는 것이다.[93]

이에 의하면 여자는 마음 속의 진실을 드러낼 수 없다. 여자의 성적 진실이 감추어져야 하는 것은 상대 남성의 사회적 평가를 위해서이다. 경강의 입장에서는 자신의 아들이 여색을 절제하고 여자에게 무관심했다고 평가되기를 원했던 것이다. 그것은 앞에서도 본 바 남자 역시 여색보다는 덕을 추구하는 일이 당시에 형성된 군자의 조건이기 때문이다. 문제는 여자의 경우 성적인 욕망과 관련된 표현은 항상 상대 남성의 사회적 평가와 관련을 맺어야 한다는 사실이다. 예컨대 남편이 죽었는데 아무런 슬픈 기색이 없는 부인의 태도 역시 문제가 되었음을 볼 때 여자에게는 상대를 위해 자신의 슬픔을 감추거나 드러내야 하는 요청이 따랐다. 반면에 남성은 상대 여성을 고려해야 할 필요는 없었다. 오직 자신의 사회적 평가와 관련하여 성적 욕망을 재조정할 뿐이었다.

부덕이 남성 중심의 사회에서 여성의 성을 이용하고자 한 맥락이라는 나온 것임을 또 하나의 예를 통해 확인할 수 있다. 부덕의 가장 중요한 조건으로 남편의 다른 여자에 대해 질투하지 않는다는 항목이 있다. 진晉의 무제武帝(265-290)는 태자비의 자격을 제시하면서 이렇

	선호하는 상	기피하는 상	기 준
1	종현種賢	종투種妬	선천적인 성품
2	다자多子	소자少子	자식의 수
3	단정端正	추醜	외모
4	장長	단短	키
5	백白	흑黑	피부색

게 말한다. "위공衛公의 딸이 태자비가 되기에 가능한 이유 다섯 가지가 있고, 가공賈公의 딸이 불가능한 이유 다섯이 있다. 위씨는 천성이 어질어 자식이 많고, 아름답고 키가 크고 피부가 희다. 가씨는 천성이 질투가 많아 자식이 적고 못생겼고 키가 작고 피부가 검다."[94] 무제는 물론 당시의 상식을 말했을 터인데, 선호하는 여성과 기피하는 여성이 정형화되어 있다는 것이다. 이것을 도표로 정리하면 다음과 같다.

태자의 배우자로서 갖춰야 할 가장 중요한 조건이 '어짊〔현賢〕'이라면, 피해야 할 가장 중요한 것은 '질투〔투妬〕'이다. '질투'가 성적 욕망에서 나온 심리적 현상이라면 '어짊'은 자신의 성적 욕망을 포기했을 때 얻을 수 있는 상태이다. 즉 '성품이 어질어 자식이 많다'는 것은 남편이 많은 첩을 들이는 것을 허용한다는 말과 통하기 때문이다. 문왕이 '백 명'의 자식을 둘 수 있었던 것이 그의 아내 태사에게 어진 덕이 있었기 때문으로 이야기되는 것[95]은 이러한 맥락에서 나온 것이다. '질투 없음'이 '어질다'는 말과 동의어로 사용된다는 것은 부덕이 여성의 성적 욕망을 이용하기 위한 가부장적인 메커니즘이라는 점을 말해 주는 것이다.

『예기』에 보면 "과부는 밤에 곡을 하지 않는다."[96]고 하였다. 그래서 경강은 아침에는 남편인 목백을 위해 곡하고, 저녁에는 아들인 문백을 위해 곡했다. 과부는 남편을 위해 밤에 소리 내어 울지 않는 것이 예이기 때문이다. 밤에 우는 것은 정욕을 이기지 못해서 우는 것으로 생각하기 때문에 이러한 오해를 피하기 위해 남편을 아침에 배치한 것이라고 하였다.[97] 이는 여성에게는 자신의 성을 표현하는 것이 사회적으로 허락되지 않는다는 것이고, 궁극적으로 여성은 성적인 주체가 될 수 없다는 것이다. 이것은 여성의 자연적 특성에서 도출된 것이라기보다 남성 위주의 사회에서 문화적으로 구성된 것이다. 이것이 지배 담론이 됨으로써 여성 스스로가 성적인 욕망이나 성적인 표현과는 무관한 쪽을 지향하게 되었다. 부덕婦德이라는 용어는 사실상 색과 대립하는 개념으로 제시된 것이지만 발전을 거듭하면서 최상의 여성적 가치를 표현하는 용어가 된 것이다.

4. 성 담론의 젠더 정치학

이상의 논의를 바탕으로 유가의 문헌에 나타난 중국 고대의 성관념의 의의를 살펴보고 한계를 논하면서 성과 사랑에 관한 주제를 마무리하고자 한다. 중국 고대의 성 담론은 크게 세 가지 점에서 그 특성을 찾을 수 있다.

첫째, 성을 인간의 기본적인 욕망으로 인정하면서 긍정적인 의미를 부여했다는 점이다. 그것은 생명 생산이 중요한 가치를 가지는 사회적 조건 속에서 가능하였다. 성이 가지는 생명 생산의 의미는 자연 현상의 원리로 합리화되었다. '천인합일天人合一'의 논리에 따르면 우주는 하늘과 땅, 해와 달, 낮과 밤, 추위와 더위, 정正과 부負, 음과 양으로 구성되어 있고, 인간 사회는 남자와 여자로 구성되어 있다. 여기서 남녀의 성적 결합은 바로 우주의 이원적 자연력이 상호 작용한 것이다. 사람은 거대한 우주의 작용과 유사한 소우주이며 이 소우주는 대우주와 서로 감응한다고 생각하였다. 예컨대 "천지가 결합하여 만물을 낳고 남녀가 결합하여 사람을 낳는다."[98]라고 하여 천지와 남녀를 유비시켜 설명한다. 이러한 논리에서는 여성의 성을 부정하거나 배제하는 것이 불가능하다.

둘째, 중국 고대의 성 담론은 자연성과 사회성의 결합에서 성의 완전한 의미가 구현된다고 본 성속聖俗의 일원화가 특징이다. 즉 쾌락을 즐기는 행위와 도덕적인 행위가 서로 떨어져 있지 않다는 것인데, 자연적 속성의 쾌락을 사회적 속성으로 전환시키는 것이 가능하다고 보았다. 따라서 쾌락에 빠질 것이 아니라 쾌락의 기능을 긍정적으로 활용할 것을 제안하였다. 푸코에 의하면, 중국 고대에서는 성적 행동에 대한 고찰과 완전한 형태의 추구가 관계에 대한 성찰의 일부분으로 파악되었다. 즉 부부 관계의 항구성을 가능한 한 쾌락의 추구로부터 분리시키고자 한 것이 아니라 능숙한 쾌락 행위와 부부 생활의 균형이 동일한 전체에 속했다고 보았다.[99] 푸코의 분석은 "침상에 오르면 부부, 침상을 내려오면 손님"[100]이라는 중국의 속담과 어느 정도 일치하는 것 같다. 푸코에 의하면 중국사회의 성속 일원화의 전통은 사실상의 일부다처제 속에서 아내의 쾌락 제공의 능력이 곧 사회적 지위를 보장하는 것이 되는 경쟁적 상황에서 형성된 것이다.

셋째, 중국 고대의 성 담론은 철저하게 계급적이고 젠더 불평등적으로 구성되었다는 점이다. 성적 욕망을 인정하고 성 욕망의 에너지를 도덕 실천의 힘으로 전환할 수 있다고 여긴 고대의 성 담론은 모든 인간에게 적용될 수 있는 것이 아니었다. 우선 성의 쾌락적 기능의 활용이란 도덕적 주체가 될 수 없었던 계급이나 여성에게는 불가능한 것이다. 그런 점에서 고대의 성은 남성 지배 계급이 주체가 된 담론이다. 그들은 자신들의 성 의식이나 행위를 설명하기 위해 자연 철학적인 개념들을 차용하는데, 그것이 여성의 성을 설명하는 데에서는 모순을 보인다는 사실이다. 즉 여성의 성을 관리하기 위한 메카니즘인 정절의 담론은 천지 교합이나 남녀 감응을 전제로 한 만물 생성의 논리와 모순된다. 명대明代의 비판적인 학자 귀유광歸有光은 이러한 모순을 지적해 내었다. 귀유광은 말한다.

> 음양이 서로 짝이 됨은 천지 사이의 큰 뜻인데, 천지에는 태어나 짝이 없는 자가 없다. 평생 시집을 가지 않는 것은 음양의 기를 거스르는 것이고 천지의 조화를 흠집내는 것이다.[101]

이 외에도 "부부의 도는 음양陰陽과 표리表裏처럼 양이 없으면 음이 성립될 수 없고, 겉이 없으면 안이 있을 수 없는 것과 같은 관계"라고 하고, 음과 양, 안과 밖, 삶과 죽음을 표리 관계로 보는 사유 전통에서 남녀, 부부의 관계를 예외로 한 것은 중대한 결점이라는 지적도 있다.[102]

동아시아 고대 사상에서 성이 중시된 일차적인 요인은 생명 생산인데, 이때 성은 그 자체가 목적이 아니라 수단으로 인식된 것이다. 무엇을 위한 수단이든 일단 수단으로 인식된 성은 또 다른 수단으로 응용될 수 있음을 경계하지 않을 수 없다. 생명 생산이 목적이 됨으로써 생명 생산의 거점이 되는 여성의 몸과 성은 도구적으로 관리되고 이용될 수밖에 없었다. 한편 성의 쾌락적 기능을 적극 인정하지만 그 또한 도덕적으로 전환할 것을 요구하는데, 이때 쾌락이 과연 그 자체로 남을 수 있는지의 문제는 보다 깊은 철학적 논의를 필요로 하는 것이다. 고대의 성 담론을 여성의 입장에서 보면 남성은 자신의 성을 부정하거나 성으로부터의 소외를 경험하지 않고도 자신을 실현할 수 있지만 여성은 그 반대였음이 드러났다. 따라서 여성의 성에 어떤 의미를 부여하는가, 그리고 여성의 성을 관리하고 이용하는 주체가 누구인가를 그 사회의 현실과 이념의 전반적인 구도 속에서 분석해야 할 필요가 있었다. 성 담론은 진실 추구의 객관적 탐구의 결과이기보다 특정 지배 관계를 강화하려는 목적에서 구성된 경우가 많기 때문이다. 이러한 맥락에서 고대의 성 담론을 해체하고 그 논리를 다시 활용하는 방법 등을 통해 여성의 성을 여성의 입장에서 재담론화하는 작업이 과제로 남는다.

3부

혼인과 가족 : 세속과 초월의 긴장

6장 • 동아시아 혼인 사상

7장 • 동아시아 가족 사상

동아시아 혼인 사상

1. 중국 고대의 혼인 담론

중국 고대인들은 혼인을 인생의 열쇠로 생각했다. 『국어國語』에서 "혼인이란 화禍와 복福의 경계"[1]라고 했는데, 이것은 곧 혼인으로 인해 인생이 성공할 수도 있고 실패할 수도 있다는 말이다. 이후에 완성된 유교적 예제에서는 "혼례昏禮가 만세의 시작"[2]이라고 하고 "혼례는 예의 근본"[3]이라고 하였다. 즉 고대인들의 경험과 세계관이 반영된 유교적 예제는 혼인을 인간 사회의 첫 출발이자 모든 관계의 근본으로 인식한 것이다. 유교의 세계에서 혼인에 부여하는 의미가 이와 같이 큰 것이라면 중국 고대의 문화 또는 동아시아 고대 문화에 대한 이해는 혼인의 문제로 접근하는 것이 하나의 방법이 될 수 있다.

그렇다면 동아시아 고대 세계에서 혼인의 의미는 무엇이며 어떤 방식으로 행해졌는가? 그리고 혼인이라는 형식이 필요했던 고대인의 삶의 문제는 무엇이었으며, 혼인의 성립 조건에는 어떤 것들이 있는 가? 또 문명화의 맥락에서 혼인의 예제가 성립되었다면 거기에 반영된 동아시아 고대의 질서 개념은 어떤 것인가? 마지막으로 이렇게 형성된 혼인 사상은 남녀 관계의 지형도를 어떻게 구성해 갔는가? 이러한 질문들에 대한 대답은 동아시아 고대의 혼인 사상을 이해하는 데 효율적인 안내가 될 것이다. 우선 혼인이라는 형식으로 결합한 최초의 남녀는 누구이며, 그들이 혼인하게 된 동기가 무엇인가를 보자. 중국인들이 상상하는 '최초'의 혼인 이야기는 신화의 형태로 전해지고 있는데, 여기에는 중국인들이 혼인에 부여하는 의미가 잘 반영되어 나타난다.

옛날 우주가 처음 열릴 때 여와女媧 남매 두 사람만이 곤륜산에 있었고 천하에는 아무도 살고 있지 않았다. 둘이서 의논하여 부부가 되기로 하였으나 또한 스스로 부끄러움을 느꼈다. 오빠는 그 여동생과 곤륜산에 올라 주문을 외며 말하기를 '하늘이시여 만약 우리 오누이로 하여금 부부가 되게 하시려면 연기가 합하도록 하시고, 그렇지 않다면 연기가 흩어지게 하십시오.' 하니 연기가 곧 합쳐졌다. 그 여동생이 오빠에게 다가오니 오빠는 풀을 엮어 부채를 만들어 자신들의 얼굴을 가렸다. 지금의 사람들이 부인을 맞이함에 부채를 드는 것은 그 일을 본뜬 것이다.[4]

신화에 반영된 바 고대인들은 혼인의 일차적 기능이 인간을 생산하는 것에 있다고 보았다. 남매가 혼인을 결심하게 된 것은 이 세상에 둘 밖에 없다는 사실로부터 세대를 생산해야 한다는 당위에서이다.

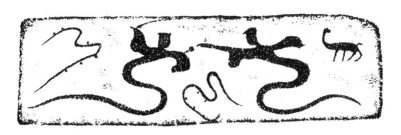

복희와 여와. 전설상의 인류 시조로
사람의 얼굴에 뱀의 몸이다.(한대漢代의 작품, 四川成都出土)

이것은 "낳고 낳는 것을 역易"이라고 한 『주역』의 세계관과 통한다고
할 수 있다. 여기서 말한 "낳고 낳는[생생生生]" 것이란 만물과 인간의
쉼 없는 생산을 의미한다. 생산을 위해서는 성적인 교접이 필요한데,
따라서 성행위가 혼인 구성의 전제가 되는 셈이다. 혼인의 목적이 인
간 생산에 두어졌을 때, 이제 누구와 혼인을 할 것인가의 문제가 생긴
다. "여와는 복희伏羲의 여동생"[5]이라 하고 "여와는 곧 복희의 부인"[6]
이라고 한 것은 남매가 부부가 될 수 있었던 시대가 있었음을 말해 준
다. 여기서 말하는 남매란 개별 가족의 남매와는 다른, 씨족 공동체
내의 세대가 같은 남녀를 지칭하는 관계 개념일 것이다. 따라서 '남
매'가 혼인을 하는 것을 부끄러운 행위로 여겼다는 것은 후세의 관념
이 반영된 것이다.

　고대 신화에서 그려지고 있는 혼인 이야기는 그 신화를 공유하는
사람들의 의식을 구성해간다. 따라서 앞의 신화는 세대를 생산하는
문제가 혼인을 통해 해결되어야 할 것이며 혼인 대상을 정하는 문제
가 또한 중요한 것임을 시사하는 것이다. 누구와 혼인을 할 것인가?
혼인의 역사적 전개란 혼인 대상의 범위를 정하는 문제와 연관된다.

인류의 초기 사회에서는 모든 남자가 모든 여자, 또는 모든 여자가 모든 남자의 성적 대상이 될 수 있었다. 혼인 대상이 규제를 받으면서 우선 친자親子와의 관계가 금지되었다. 친자가 아니면서 세대만 같다면 남매라 할지라도 모두 공동의 배우자가 될 수 있었던 시대가 있었는데, 바로 여와와 복희가 살았던 시대가 아닌가 한다. 여와와 복희가 남매이면서 부부가 될 수 있었던 시대는 혼인의 역사 과정에서 혈연 가족의 단계에 해당한다. 혼인의 대상이 점점 제한되면서 남매간의 혼인이 금지되고, 다시 같은 혈족간의 혼인이 금지되는 단계로 나아간 것이다.[7] 혼인 대상의 범위를 정하는 것은 그 시대의 산물이며, 혼인 관계에서 요구되는 덕목이나 윤리 개념은 혼인 대상의 적부適否 문제와 관련되어 구성된다고 할 수 있다.

혼인의 담론은 혼인의 목적 및 대상, 혼인의 방법과 그것을 의미화하는 기제들로 구성된다. 중국 고대에서 혼인이 일정한 사상의 형태를 갖추기까지, 그 과정에 주목할 때 혼인과 관련된 모든 담론은 그 시대를 반영하는 역사적 산물임을 확인할 수 있을 것이다. 중국의 혼인 역사에서 다양한 가치가 중첩되어 나타나는 과도기로 춘추 시대(B.C.770-403)를 들 수 있다.[8] 춘추 시대에 일어난 전쟁 횟수를 보면 1200회가 넘고 춘추 초기의 100여 국이 춘추말기에는 12개국으로 줄어들었는데, 이 같은 사실은 당시에 열국 간의 대립과 항쟁이 얼마나 치열하고 격렬하였는가를 말해 주고 있다.[9] 춘추 시대의 혼인 풍습을 보여 주는 자료는 기원전 722년에서 468년까지에 이르는 254년간의 노魯나라의 역사를 연대기 형식으로 서술한 『춘추』이다. 『춘추』 해설서로는 『좌씨전左氏傳』과 『공양전公羊傳』, 『곡량전穀梁傳』이 있다.

여기서는 나중에 오경五經 중의 하나로 채택된 『좌씨전』을 텍스트로 삼았다.

『춘추좌씨전』은 당시에 통용되었던 다양한 혼인 형태를 보여 주는데, 이를 통해 혼인에 투영된 고대적 의식의 총체를 만날 수 있다. 또 혼인이라는 하나의 사건은 반드시 전반적인 사회 구조 속에서 진행되었음을 알 수 있다. 여기에 나타난 혼인 풍습은 유교적 혼인 예제가 성립되기까지, 다양한 형태의 혼인과 이상적 형태의 혼인이 경합하고 갈등하면서 일정한 방향으로 전개되어 왔음을 보여준다. 후세의 유학자들은 유교 경전 오경五經의 하나인 『춘추좌씨전』에 나타난 혼인 현상을 반면反面교사로 삼아 그들의 혼인 사상을 구성해 갔다.

2. 고대 사회 혼인의 여러 형태

춘추 시대의 혼인 풍습은 이후의 그것과 분명한 대조를 이루는 몇 가지 특징을 가지고 있다. 이 시기는 인류 사회 초기의 '원시적' 형태의 혼인 풍습과 새로운 혼인 질서가 갈등하는 양상을 보여준다. 이른바 질서와 반질서가 공존하는 이 시기의 혼인을 역사에서는 '혼란'으로 규정하였다. 그것은 혼인의 대상과 혼인의 횟수와 관련된 문제들이 후세의 기준에 부합하지 않았기 때문일 것이다. '난혼亂婚'의 시대로 규정된 춘추 시대는 제잉제娣媵制, 증보烝報 등의 원시적 혼인 형태가 통용되고 있었다.

제잉제娣媵制

춘추 시대에 유행한 특이한 혼인 풍습인 제잉제는 자매 또는 동성同姓의 자매 그룹이 남편을 공유하는 '자매공부姉妹共夫'를 말한다. 제잉에서 제娣는 신부의 여동생을 가리키고 잉媵은 신부와 성姓이 같은 자매들을 가리킨다. 일반적으로 제弟는 성性에 따른 구분 없이 손아래의 형제를 포괄하여 지칭한다면, 여기서 제娣는 특별히 여동생을 가리키는 용어[10]로 사용된 것이다. 즉 제娣는 제弟에서 분화되어 나온 것으로 글자의 발생 순서로 보아 제弟보다 뒤에 만들어진 것임을 알 수 있다. 그런데 제娣는 여동생을 지칭하는 일반적인 용어로 사용되었다기보다 언니를 따라 함께 시집가는 여동생을 가리키는 전용어로 쓰였다는 점이 주목된다. 이것은 원시시대 군혼羣婚의 변형된 형태가 반영된 것이다. 제娣의 용어는 『주역』「귀매歸妹」편과 『시경』「대아大雅·한혁韓奕」, 그리고 『춘추좌씨전』의 여러 곳에서 발견된다. '제娣'라는 용어가 은대殷代에는 없었고 서주西周 이후부터 사용되었던 점으로 미루어 볼 때, 제娣라는 특수한 형태의 혼인은 서주에서 생겨나 춘추 시대에 유행한 것으로 보기도 한다.[11]

여자가 시집가는 것을 형상화한 『주역』의 귀매괘歸妹卦에는 신부를 따라가는 여동생 제娣의 용어가 몇 차례에 걸쳐 나온다. 귀歸는 여자가 시집가는 것을 말하고,[12] 매妹는 젊은 여자를 가리킨다.[13] 귀매괘 초구初九 효사爻辭에는 "딸을 시집보냄에 제娣의 자격으로 가니 절름발이가 걸어 가는 격이지만 그대로 나아가면 길하리라."[14]고 하였다. 이에 대해 상전象傳에는 "딸이 제娣로써 시집가지만 떳떳한 덕을 간직하였다. 절름발이가 걸어 가는 것과 같지만 길하다고 한 것은 (정식 신부를) 받들기 때문이다."[15]라고 하였다. 이 괘가 길吉한 것으로 평가된 것에 대해 정이천程伊川은 『역전易傳』에서 '제娣란 군君[적처嫡妻]을 돕는 존재이기 때문에 주체적으로 행할 수 없는 절름발이 신세이지만 그 역할에 잘 맞기 때문'으로 보았다.[16] 육삼六三에는 "딸을 시집보냄에 기다리는 것이니 (혼인이 파기되어) 돌아갈 때는 제娣도 함께 간다."[17]고 하였다. 육오六五에는 "제을帝乙이 딸을 시집보내니 군君[적처嫡妻]의 소매가 제娣의 소매의 아름다움만 못하니"[18]라고 하였다. 이상에서 본 바 『주역』 귀매괘에 나오는 제娣는 신부를 따라가는 신부의 여동생을 가리킨다.

한韓나라 제후가 장가가는 모습을 그린 『시경』의 '위대한 한나라(「한혁韓奕」)'는 신부를 따라 시집가는 여동생 제娣의 숫자가 한 둘이 아니라 매우 많았음을 보여주고 있다.

> 한韓나라 제후께서 장가드시니 신부는 여왕厲王의 생질되고
> 궤보의 따님되는 분이네. 한나라 제후가 그녀를 맞이하기 위해
> 궤씨의 마을까지 가셨네. 수많은 수레가 덜컹거리고
> 말방울 달랑거리며 그 빛 매우 환하였네
> 여러 여동생들도 따라오니 구름처럼 많기도 해라.
> 한나라 제후 그들을 돌아보니 찬란하게 문안에 가득 차네.[19]

주나라의 귀족 궤보蹶父는 딸의 혼처를 알아보기 위해 여러 나라를 다니다가 결국 경치가 좋고 물자가 풍부한 한나라를 혼처 자리로 결정하여 그 제후를 사위로 삼게 되었다.[20] 이에 의하면 궤보의 아내와 주나라 천자는 남매간이라는 말인데, 따라서 궤보의 딸이 시집가는

것은 대단한 국가적 행사였음을 짐작할 수 있다. 또한 요堯 임금의 두 딸이 순舜에게 함께 시집 간 것도 '자매공부姉妹共夫'의 맥락에서 이해할 수 있다. 요임금은 천자의 자리를 순에게 선양하기 전에 먼저 그의 두 딸 아황娥皇과 여영女英을 순에게 시집보내며 순의 인품을 확인하고자 한 것이다.

> 요임금이 말씀하셨다. '내가 시험해 보겠노라. 딸을 시집보내서 두 딸에게서 그의 능력과 품격을 관찰하겠노라.' 그리고 두 딸을 규수嬀水의 북쪽에 있는 순의 마을로 내려보내어 순의 처가 되게 하였다. 그리고 요임금은 두 딸에게 그를 '공경하라'고 당부하셨다.[21]

요의 시대에는 자매가 동시에 한 남자의 아내가 될 수 있었을 뿐 아니라 형제간에 같은 여자를 아내로 삼는 것도 가능했던 것 같다. 순의 이복동생 상象은 형이 죽기만을 염원하는데, 그 이유는 형의 두 아내를 자신이 취할 수 있고, 형의 소유물을 자신의 것으로 할 수 있었기 때문이다. 물론 이 경우는 자매공부와 다르다. 자매공부는 자매가 동시에 한 남자의 아내가 되는 것이지만 형제공처는 형의 사후에 형수를 취하는 것이다. 『맹자』에서도 순舜임금은 요堯의 두 딸을 동시에 아내로 맞이하였고, 순의 동생 상象은 형이 죽으면 두 형수는 자신의 아내가 된다고 한 이야기를 소개하고 있다.[22]

춘추 시대에는 제娣라고 하는 '자매공부'의 혼인 관습이 지배계층에서 거의 일반화된 하나의 제도였음을 보여준다. 『춘추좌씨전』은 이 풍습을 생생하게 전해준다.

위衛나라의 장공莊公은 제齊나라의 태자 득신得臣의 누이를 부인으로 삼았는데, 그녀를 장강莊姜이라고 불렀다. 아름다웠지만 자식이 없어 위衛나라 사람들이 '석인碩人'이라는 시를 지어 그녀를 위로하였다. 장공은 또 진陳나라에 장가들었는데 여규厲嬀라는 여자였다. 그녀는 아들 효백孝伯을 낳았고, 효백은 일찍 죽었다. 여규의 여동생 대규戴嬀가 환공桓公을 낳으니 장강莊姜이 환공을 자신의 아들로 삼았다.[23]

진晉나라의 헌공獻公이 여융驪戎을 정벌했을 때 여융남驪戎男이 여희驪姬를 헌공에게 바쳤다. 그녀를 데리고 돌아왔는데, 여희는 해제奚齊를 낳았고, 그녀의 여동생은 탁자卓子를 낳았다.[24] 민공閔公은 애강哀姜의 여동생인 숙강叔姜이 낳은 아들이다. 그래서 제나라 사람들이 민공을 제후로 세웠다.[25]

애강哀姜은 제나라 환공桓公의 딸이자 노나라 장공莊公의 부인으로서 유향의 『열녀전』「얼폐전孼嬖傳」에 소개되어 있다. 나쁜 여자의 여러 유형을 모아 놓은 「얼폐전」에 의하면 애강은 장공에게 시집오기 전부터 장공과는 사통하는 사이였다. 애강은 장공24년(B.C.670)에 드디어 노나라로 시집을 오게 되었다. 그러나 그때 장공에게는 노나라 대부 당씨黨氏의 딸인 맹임孟任이라는 부인이 있었고, 그들 사이에서는 자반子般이라는 아들이 있어 이미 태자로 책봉된 상태였다. 애강이 장공에게 시집올 때 그녀의 여동생인 숙강叔姜도 함께 왔는데, 언니 애강은 아이를 낳지 못했지만 동생 숙강은 아들을 낳았다. 장공이 죽자 맹임의 아들인 태자 자반이 장공을 계승하여 노나라 제후가 되었다. 그러나 애강과 공자公子 경보慶父가 계략을 꾸며 자반을 살해하였다. 그리고는 여동생 숙강이 낳은 아들을 제후의 자리에 세웠는데,

민공이 바로 그 사람이다. 이 사건은 기원전 661년의 일이다. 그 때 민공의 나이는 여덟 살이었다. 시호가 '가엽게 여기다'는 뜻의 '민閔'이 된 것은 재위 2년만에 살해되는 비운을 겪었기 때문이다.

> 목백穆伯은 거莒나라 여자 대기戴己를 아내로 맞이했다. 대기는 아들 문백文伯을 낳았다. 그녀의 여동생 성기聲己는 혜숙惠叔이라는 아들을 낳았다.[26]

목백은 장공의 부인 애강과 사통하여 쿠데타를 기획하다가 살해된 노나라 공자 경보慶父의 아들이다. 거나라 여자 대기는 곧 『열녀전』에서 훌륭한 어머니상으로 소개된 노나라 계손씨 집안의 경강敬姜과 동일 인물이다. 처음에 대기는 목백의 종제從弟인 양중襄仲의 신부감이었는데, 목백이 자신의 처로 만들어 버렸다. 문공 14년(B.C.613)에 아들 문백과 아버지 목백이 죽자 대기의 여동생 성기가 낳은 혜숙이 후계자가 되었다.

> 맹효백孟孝伯이 죽었다. 그에게는 호胡에서 시집온, 양공의 예전 첩이 었던 경귀敬歸가 있었고, 경귀의 여동생은 제귀齊歸라는 여자였다. 결국 제귀가 낳은 공자주公子裯를 맹효백의 후계자로 세웠다.[27]

이에 대해 목숙穆叔이 못마땅해 하면서 말했다. "태자가 죽으면 태자의 동모同母 아우를 세우는 것이고, 아우가 없으면 형제 중의 연장자를 세우는 것이다. 이때 만일 나이가 같으면 어진 자를 선택하고 그것마저 같다면 점을 치는 것이 옛날의 후계자 선택 방법이었다. 적통이 아닌 하필 제娣의 아들을 선택한 이유가 무엇인가?" 이것을 볼 때 정식 부인을 따라온 부인의 여동생 제娣는 그 지위가 한 등급 낮은 첩으로 대우받았던 것 같다. 그러나 일반적인 첩과는 또 다른 사회적 지위를 누렸는데, 이에 대해서는 뒤에서 다시 논의할 것이다.

이 외에도 『춘추좌씨전』 은공隱公 2년에는 "백희가 기紀의 제후에게 시집갔다."라고 하였고, 5년 후 은공 7년에는 "숙희가 기의 제후에게 시집갔다."라고 하였다.[28] 『춘추좌씨전』 경문經文에 의하면 은공 2년 9월에 기紀나라의 대부가 군주의 신부감으로 노나라 혜공의 딸 백희를 맞이하러 왔고, 다음 달 10월에 백희가 기나라에 시집갔다고 하였다. 그리고 은공 7년에 백희의 여동생 숙희가 기나라의 군주에게 시집을 갔다고 했다. 이에 대해 『춘추』의 주석가 하휴何休와 두예杜預 등은 백희가 시집갈 때 여동생 숙희가 함께 가지 않은 것은 숙희의 나이가 너무 어렸기 때문이고, 숙희는 5년 후에 언니의 남편에게 시집갔다고 하였다.[29] 희공僖公 23년에는 "진백秦伯이 딸 다섯을 시집보냈는데, 회영懷嬴도 함께 갔다.[30]"라고 기록되어 있다. 진백이란 진秦나라 목공穆公으로, 그는 진晉나라 문공文公에게 딸 문영文嬴을 시집보내며 나머지 네 명의 딸도 함께 딸려보낸 것이다. 함께 시집 간 딸들 중에서 회영은 원래 진晉나라 회공懷公의 처였기 때문에 붙여진 이름이다. 문공에게 개가한 후 회영은 신영辰嬴으로 개명하였다.[31]

이상에서 신부의 동부同父 자매가 남편을 공유하는 '자매공부'의 예를 『춘추좌씨전』을 통해 살펴보았다. 그런데, 마지막에 예로 든 희공 23년의 전傳에서는 회영을 제娣가 아닌 잉媵으로 설명하고 있다. 희공 23년의 주註에서는 『의례』 「사혼례士昏禮」에 의거하여 잉媵의 용도를 이렇게 명시하였다. "신랑이 장가들 때 신부를 따라 함께 시집오는 여자를 잉媵이라고 하는데, 신랑의 세수 수발을 드는 사람이다. 신랑을 따라오는 자는 어御라고 하는데, 신부의 수발을 들게 한다."[32]

이상을 볼 때 신부를 따라 함께 시집가는 여동생을 제娣라고 하고 또 잉媵이라고도 했다. 두 용어를 연용하여 제잉娣媵이라고 하여 구분 없이 쓰기도 했던 것 같다. 그러나 엄밀히 구분하자면 제娣가 같은 아버지의 자매를 가리킨다면, 잉媵은 동부同父 자매는 물론, 아버지 형제의 딸, 나아가 더 먼 가족의 자매, 같은 집단 내의 연배가 같은 여자, 형제의 딸인 질姪까지를 포괄하여 그 대상을 훨씬 넓힌 개념이다.[33] 즉 "고대의 제후들이 아내를 맞이하거나 딸을 시집보낼 때 질녀나 여동생을 함께 딸려보냈는데, 이것을 잉媵이라고 했다. 조카는 형의 딸이고 동생은 여동생을 가리킨다."[34]

제나라의 제후가 노나라에 장가들었는데, 신부는 안의희顏懿姬라는 여성이었다. 아들을 낳지 못해서 그녀의 조카 종성희鬷聲姬가 낳은 아들 광光을 태자로 삼았다.[35] 과거에 장선숙臧宣叔이 주鑄에 장가들었는데, 부인이 아들 급及과 위爲를 낳고 죽었다. 다음의 부인으로 그녀의 조카를 들였는데, 목강穆姜의 여동생 딸이었다.[36]

위衛나라 사람이 공희共姬의 잉媵으로 왔는데, 예에 합당하다. 대개 제후들이 딸을 시집보낼 때 동성同姓의 딸들을 잉媵으로 딸려보냈는데, 이성異姓인 경우에는 잉이 될 수 없었다.[37] 진晉나라에서 사람이 와서 잉媵을 구하고자 했는데, 이것은 예에 합당하다.[38]

잉을 선발하는 데 있어서 동성의 다른 제후국에서 초빙해 오는 예가 있었던 것 같다. 성공 8년의 주에 의하면 일국一國의 국군國君이 딸을 시집보낼 때 다른 나라의 딸을 잉첩으로 딸려보내는 제도가 있었다. 서주 초에 분봉된 동성同姓의 제후들은 동족에 해당한다. 제잉娣媵은 반드시 적부인과 동성이어야 하며 이성異姓은 제잉의 대상에서 제외되었다.[39] 『춘추공양전』 장공 19년에는 "제후가 한 나라에 장가들게 되면 다른 두 나라에 가서 잉첩으로 따라갈 사람을 구한다."[40]고 하였다. 즉 공희共姬가 출가를 하게 되자 노나라와 동성同姓인 위衛와 진晉, 제齊 삼국에서 잉을 보내온 것이다.

『춘추좌씨전』의 기록에 의하면 공희는 성공 8년 4월에 송나라의 공공共公과 혼인 약속을 하였다. 한 달 후인 5월에는 송나라에서 납폐를 행하였고, 11월에는 위나라에서 공희를 따라갈 잉媵을 보내왔으며, 이듬해 2월에 공희는 드디어 송나라에 시집을 갔다. 이때 노나라의 귀족 계문자季文子가 공희를 수행하여 송나라에 가서 혼인식을 마무리하고 노나라로 돌아왔는데, 그의 수고를 치하하여 목강과 성공이 향연을 베풀어 주었다는 기사가 『춘추좌씨전』에 기록되어 있다. 목강은 공희의 어머니이고 성공은 공희의 오빠이다. 공희共姬라는 이름은 공공共公의 부인이었기 때문에 붙여진 이름이고 원래 이름은 백희伯姬이다. 『열녀전』에는 백희가 예법을 준수한 모범적인 인물로 올라 있는데, 여기서는 '공공共公'이 아니라 '공공恭公'의 부인으로 되어 있다. 단순한 오기誤記일 수도 있지만 반드시 역사적인 사실일 필요가 없었던 『열녀전』의 서술 특성에서 비롯된 것으로, 단순한 오기가 아닐 수도 있다.

이상에서 본 바 춘추 시대의 상류 사회에서는 제娣, 잉媵, 또는 제잉娣媵이라고 하는 집단혼의 형태가 통행되고 있었다. 제잉제란 자매姉妹

가 함께 같은 남편을 갖고 고질姑姪이 함께 같은 남편을 갖는 것을 제도적으로 인정하는 것이다. 이러한 혼인풍습은 원시 군혼제群婚制에서 그 원형을 찾을 수 있다. 즉 갑甲씨족 한 그룹의 여자, 자姉·매妹·질姪·손孫이 을乙씨족 한 그룹의 남자에게로 함께 시집가던 풍습이 제잉제의 원형인 것이다.[41] 자매를 첩으로 들이는 제잉제가 언제까지 지속되었는지, 정확하게 알 수는 없다. 『춘추좌씨전』의 기록이 기원전 468년에서 끝났기 때문에 그 이후에도 지속되었는지 어떤지를 문헌을 통해 고증할 길은 없다. 일반적으로 진秦·한漢 이후에는 없어진 제도로 보고 있다.

烝報

춘추 시대 혼인 풍습의 특징을 보여 주는 또 다른 형태로 증보烝報가 있다. "윗 세대와 사통하는 것을 증烝이라 하고, 아래 세대와 사통하는 것을 보報라 하며, 방계의 혈족과 사통하는 것을 통通이라 한다."[42] 이때 손위 여자와 사통하는 증烝은 주로 서모庶母와 혼인을 하는 경우이다. 이러한 현상은 일종의 사회적 일탈의 행위로서 어느 시대에서나 발견되는 현상이지만 춘추 시대의 특징으로 이름하는 것은 그 혼인이 공적으로 인정되었기 때문이다. 춘추 시대의 증보는 사적인 영역에서 취급되는 성 일탈로만 해석되지 않았다. 증음에 의한 처는 다른 부인의 지위와 같았으며 증음에 의해 낳은 자식 또한 정식처가 낳은 자식과 같은 대우를 받았다. 이러한 증보의 혼인 사례는 『춘추좌씨전』에서 다섯 군데에 걸쳐 나타난다.

과거에 위衛나라 선공宣公은 서모庶母 이강夷姜과 증음하여 급자急子를 낳았다. 급자를 우공자右公子에게 부탁하였다. 세월이 흐른 뒤 급자를 위해 제나라에서 아내를 맞이하게 되었다. 그 여자의 미모를 보고 선공은 아들의 아내를 자신의 아내로 삼아버렸다. 그래서 수壽와 삭朔을 낳았다. 선공은 수를 좌공자左公子에게 부탁하였다.[43]

이강은 선공의 아버지인 장공의 첩이었다. 선강은 선공의 부인인데, 사실은 선공의 아들 급자의 아내이다. 이것이 기록된 환공 16년은 기원전 694년에 해당된다.

진晉나라 헌공獻公이 가국賈國에서 아내를 맞이했으나 아들을 낳지 못했다. (아버지의 첩이었던) 제강齊姜과 혼인하여 진秦나라 목공穆公의 부인이 될 딸과 태자 신생申生을 낳았다. 또 융戎에서 두 여자를 맞이했는데, 태융大戎 호희狐姬는 중이重耳를 낳았고 소융자小戎子는 이오夷吾를 낳았다.[44]

다시 말해 증烝으로 낳은 신생申生은 태자가 되었으며, 그 누이도 진목공秦穆公의 적처가 되었다. 장공 28년은 기원전 666년에 해당한다.

과거에 위나라 혜공이 즉위했을 때 나이가 너무 어렸다. 제나라에서 소백昭伯을 선강과 증음하도록 하였다. 소백이 반대했으나 강제로 증음시켜 제자齊子와 대공戴公, 문공文公의 아들 셋과 송宋나라 환공桓公의 부인과 허許나라 목공穆公의 부인이 될 딸 둘을 낳았다.[45]

이 기록이 보이는 민공閔公 2년은 기원전 660년에 해당한다. 혜공이 즉위했을 때의 나이는 15·6세 정도였다고 하고, 소백昭伯은 선공宣公

의 아들이자 혜공의 서형庶兄인 공자公子 완頑을 가리킨다. 선강宣姜은 제나라 희공僖公의 딸로 위나라 선공의 부인이자 혜공의 어머니가 된다. 선강이 소백에게는 서모庶母가 되는 셈이다. 소백과 선강의 소생 중 두 아들은 국군國君이 되었고 두 딸은 국군國君의 부인이 되었다.

　　진晉나라 제후가 들어오자 진秦나라 제후의 부인 목희穆姬는 가군賈君을 부탁하였다. 그리고 국외에서 망명 중인 여러 공자를 불러들일 것을 부탁했다. 그러나 진후晉侯는 가군과 증음했을 뿐 아니라 여러 공자를 불러들이지도 않았다. 그래서 목희는 그에게 원망을 품었다.[46]

이 기록은 희공僖公 15년(B.C.645)에 보이며, 이때의 진晉나라 제후는 혜공惠公이고 목희는 진晉나라 헌공獻公의 딸이자 태자 신생申生의 동모同母 누이이다. 목희와 신생은 앞에서 소개한 바 아버지 헌공이 할아버지의 첩이었던 제강齊姜과 증음하여 태어난 자식들이다. 가군賈君은 태자 신생의 비인데,[47] 그렇다면 신생의 누나가 동생의 처를 이모異母 아우인 국군國君에게 부탁한 것이다. 이때는 신생이 아버지 헌공에게 죽임을 당한 지 10년의 세월이 지난 시점이다. 혜공은 헌공과 소융자小戎子 사이에서 태어난 이오夷吾이며 신생에게는 이모異母 아우가 된다. 다시 말해 진晉나라 제후 혜공惠公은 자신의 큰 형수와 간통을 한 것이다. 기록된 다섯 차례의 증음에서 마지막으로 소개된 사례가 춘추 중기의 성공 2년(B.C.589)의 연윤양노連尹襄老의 아들 흑요黑要가 아버지의 여자 하희夏姬를 증음한 것이다.

다음으로 '보報'라는 용어를 보자. "정鄭나라의 문공文公은 정자鄭子의 비 진규陳嬀와 보報(간통)하였다. 그 결과 자화子華와 자장子臧을

224

낳았다."[48] 여기서 정자는 자의子儀를 말하며 문공에게는 숙부가 된다. 처음에 자의가 진陳의 여자에게 장가들었는데, 비의 이름이 진규였다. '보報'라는 용어에 대해 주註에서는 이렇게 설명한다. "친속의 처와 사통하는 것을 보報"[49]라고 하였고, 한율漢律에서는 "계부季父의 처와 사통하는 것을 보報"[50]라고 하였다. 증보烝報는 춘추 시대 귀족 사회에서 통용된 하나의 혼인 형태였지만 전傳에서는 이것을 도덕적인 잣대로 어떤 식으로든 평가를 하고 있다. 여기에는 미언微言으로 대의大義를 밝히고자 한 이후 역사가의 역사 인식이 반영되었다고 할 수 있다.[51]

3. 혼인의 현실과 그 정치적 의미

앞에서 살핀 바 춘추 시대에는 남자가 여자의 동부同父 자매 및 동족同族의 자매들과 동시에 혼인을 하는 것이 합법적이었고, 아버지의 여자 또는 친속의 처와 사통하는 형태의 증보烝報가 공공연하게 일어났다. 흔한 경우는 아니지만 형제가 한 여자와 차례로 혼인을 한 사실도 기록되어 있다. 또 숙질叔姪, 숙수叔嫂 사이라고 해서 성적 대상에서 배제되는 것은 아니었던 것 같다. 이것들은 비록 권장 사항은 아니었지만 성적 대상을 선택할 때 크게 구애를 받지 않았음을 보여 준다. 그리고 이혼[52]과 재혼이 빈번하게 행해졌다는 사실과 이혼을 뜻하는 다양한 용어가 통용되었던 것도 춘추 시대를 특징짓는 혼인 현상이라 할 수 있다. 말하자면 이후 확립된 유학의 혼인관에서 볼 때 춘추 시대는 혼인 상의 질서가 확립되어 있지 않은 것이다. 특히 배우자와의 느슨한 관계 등, 이 시기 혼인 현상은 다음에서 소개하는 몇 가지 사례를 통해서도 충분히 짐작할 수 있을 것이다.

환공桓公 15년에는 옹희雍姬라는 여자는 친정 아버지를 죽이려는 남편의 계획을 알고 고민하면서 그 어머니에게 "아버지와 남편 중에서 누가 더 중요한가?"라고 물었다. 그 어머니는 "모든 사람은 다 남편이 될 수 있지만 아버지는 오직 한 사람인데, 어찌 비교를 하는가?"[53]라고 하였다. 이에 대해 위취현衛聚賢은 "당신이 나를 사랑하지 않는다면, 어찌 다른 남자가 없으리오!"[54]라고 한 『시경詩經』의 말과 연결시키고 있다. 이처럼 배우자의 선택이 자유로울 뿐 아니라 정해진 배우자를 유지하는 데 도덕적 의미를 두지 않았던 것은 원시 씨족 사회에서 유행한 난혼제의 흔적으로 볼 수 있다.[55]

『논어』에는 공문자孔文子라는 인물에 대한 공자의 논평이 실려 있다. 그에 앞서 공자의 제자 자공子貢이 위衛나라의 대부 공어孔圉를 '문자文子'라고 부른 이유를 물었다. 공자는 '문文'이라는 시호가 붙여진 것은 공어가 호학好學의 정신이 강해서 '아랫 사람에게 묻기를 부끄러워하지 않았기〔불치하문不恥下問〕' 때문이라고 대답했다.[56] 자공이 공어의 시호에 의문을 가진 것은 다음의 사건 때문이었다. 이 사건은 춘추 시대의 성도덕이 어떠했는가를 웅변적으로 말해 준다.

겨울에 위나라 대숙질大叔疾이 송나라로 쫓겨갔다. 과거에 질은 송나라의 자조子朝의 딸을 아내로 맞이했고, 아내의 여동생을 첩으로 들였다. 자조가 축출당하자 공문자孔文子가 질에게 처를 내보내게 하였고, 자신의 딸을 질의 처가 되게 하였다. 그런데 질은 시자를 시켜 처음의 처 잉첩으로 따라왔던 여동생을 유혹하여 리犁라고 하는 위나라 땅에 두고 살림을 차렸는데, 말하자면 당시 공문자의 딸이 정식 처였으니 동시에 두 명의 처를 둔 셈이 되었다. 문자가 노하여 질을 공격하려고 했다. 중니仲尼가 말렸다. 그래서 공문자는 질의 처로 있는 자신의 딸을 데리고 가버렸다. 대숙질이 축출당하자 위나라 사람들이 질의 동생인 유遺를 후계자로 세웠다. 이에 공문자는 자신의 딸이자 대숙질의 처였던 공길孔姞을 유의 아내로 삼게 하였다.[57]

자공이 공어의 시호 '문文'을 문제시한 것은 앞에서 소개된 사건과 연관하여 공문자의 인격을 긍정적으로 보지 않았기 때문이다. 인물을 평가함에 있어서 공자와 자공은 시각의 차이를 보이는데, 이러한 지점이 바로 춘추 시대의 혼인 윤리를 보여 주는 단면이다.

춘추 시대에는 이혼과 재혼이 일상화되어 도덕적으로 별다른 규제를 받지 않았음을 제환공齊桓公의 예를 통해서도 확인할 수 있다. 제환공의 세 부인 중 한 사람인 채희蔡姬는 채나라 목후穆侯의 여동생이라고 한다. 어느 날 환공과 채희가 뱃놀이를 즐기고 있었는데 배가 강 가운데에 이르자 채희는 환공을 놀려주고 싶은 마음이 들었고, 그래서 배를 흔들었다. 환공은 겁이 났고, 얼굴색이 파랗게 질리기까지 했다. 환공은 채희에게 그만두라고 외쳤지만 채희는 아랑곳하지 않고 계속 흔들었다. 환공은 화가 머리끝까지 올라 그녀를 채나라로 쫓아버렸는데, 다만 보낸 것일 뿐 이혼을 한 것은 아니었다. 그러나 채나라에서는 채희를 다른 곳으로 개가시켜 버렸다.[58] 바로 다음 해에 제나라는 채나라를 침공했는데,『춘추』의 해석가들은 이 침공을 채희의 개가와 관련지어 설명하였다.[59] 『한비자韓非子』에 의하면 환공은 화가 나서 쫓아내었지만 결국 채희를 다시 불려들였던 것이다.[60]

노魯나라 제도에는 이혼해서 가家를 떠난 어머니가 사망했을 때 자식된 자의 복상 기간은 일 년이라고 규정하고 있다. 공구孔丘(B.C.552-479)와 그의 아들 백어伯魚, 손자 자사子思로 이어지는 공씨 삼대三代의 부인들은 이혼했거나 개가하였다. 공구와 자사의 부인은 이혼하였고, 백어는 일찍 죽어 부인이 개가한 경우이다. 이혼해서 가家를 떠난 어머니를 '출모出母'라고 하였고, 그 어머니에 대한 복상服喪을 '상출모喪出母'라는 용어를 썼다. 공자의 이혼한 부인이 죽자, 그의 아들 백어는 '출모'에 대한 상喪을 문인들과 논의한 이야기가 『예기』에 기록되어 있다.[61] 백어의 부인이자 자사子思의 어머니는 공가孔家를 떠나 위衛나라 서씨庶氏에게 개가해 갔다. 서씨에게 개가한 어머니의 사망 소식을 듣고 자사는 공씨의 사당으로 달려가 곡을 하였다. 문인들이 예에 합당하지 않음을 지적하자 자사는 자신의 실수를 인정하고 다른 방으로 가서 곡을 하였다.[62] 자사 역시 자신의 부인과 이혼하였는데, 그 부인 역시 자신보다 먼저 죽었다. 자사는 아들 공백孔白에게 복상하지 못하도록 하였다. 문인들은 말하기를 "당신의 선친도 출모에 대한 복상을 하지 않았는가? 당신이 아들 백白에게는 그 어머니에 대한 복상을 못하게 하는 이유가 무엇인가?"라고 물었다. 자사는 자신의 아버지가 출모에 대한 복상을 한 것은 그 시대의 도덕이었다고 설명하였다. 그리고 이어서 자신의 처이기 때문에 자신의 아들의 어머니가 되는 것이고, 자신의 처가 아니면 아들의 어머니도 아니라는 논리를 들어 개가한 아내에 대한 아들의 복상을 반대하였다. 출모에 대한 복상을 폐지한 것은 자사로부터 시작되었다.[63]

자사의 출모에 대한 복상은 아버지인 백어가 할아버지인 공자보다 먼저 죽었으므로 공자의 동의가 있었기 때문으로 볼 수 있다. 공자의 살아 생전의 어록을 모아 놓은 『논어』에도 부녀 개가를 주제로 한 논의는 보이지 않는다. 이러한 사실은 공자가 살았던 당시에는 이혼과 부녀 개가가 논의의 대상이 되지 못했음을 말해 주는 것이다. 자사 이후에 비로소 출모出母와 개가한 부인에 대한 규제가 있게 된 것이다. 공자와 자사는 대략 7-80년이라는 시간의 거리가 있다. 이것은 춘추 시대와 전국 시대라는 시대의 거리와 부인에 대한 규제가 역사의 진보에 반비례하여 더욱 엄격해졌다는 사실을 전제할 때 이해될 수 있는 것이다.[64]

이혼이 빈번했던 것만큼 이혼을 가리키는 용어도 다양했다. 『춘추좌씨전』에는 이혼하고 본국으로 돌아온 왕실 여성들에 대한 기록이 많다. 이혼을 가리키는 용어로는 '내귀來歸', '출出', '귀歸', '손遜', '분奔', '절絶' 등이 있다.[65] 안부 차 친정에 다니러 오는 것을 귀녕歸寧이라고 했다면 '귀歸' 또는 '내귀來歸'는 다시 돌아가지 않는 절혼絶婚을 의미했다. 이혼이 일상화되어 있고, 그 용어도 다양하다는 것은 예제가 아직 형성되지 않았던 때에 혼인 관계의 성립과 해체가 자유로웠던 시대 상황을 반영하는 것이다.

그렇다면 혼인의 역사에서 춘추 시대의 특징이라 할 수 있는 제잉제와 빈번한 이혼·재혼의 현상들은 어떤 사회적 조건 위에서 가능했으며, 그 정치적 함의는 무엇인가 하는 점이다. 중국 고대에서 시작되는 동아시아 문화권의 혼인 역사는 대개 성 관계를 규제하면서 남녀 차별적인 방향으로 전개되었다. 그런 점에서 춘추 시대의 혼인은 서주의 성립과 함께 하는 종법의 혼인제보다 어느 면에서는 후퇴한 측면이 있다. 다시 말해 춘추 시대의 혼인 현상은 동성불혼이나 중매혼, 처첩 분변 등 혼인상의 질서 확립에 주력했던 종법의 기획 의도를 벗어난 것들이다.

앞에서도 말했지만 혼인의 의미는 혼인의 대상을 정의하는 문제와 분리될 수 없는데, 이러한 맥락에서 제잉제와 증보의 역사적 의미와 정치적 배경을 살펴볼 필요가 있다. 제잉娣媵은 일종의 첩이지만 이후의 사회에서 일반화된 첩과는 그 성격이 다른 것이다. 정식 처를 맞이할 때 집단혼의 형태로 함께 온 제잉娣媵 또는 잉첩媵妾의 사회적 지위는 처의 지위를 가졌다. 잉媵으로 따라온 제娣와 질姪은 적부인嫡婦人이 죽으면 그 자리를 대신하였다. 즉 처가 죽으면 다른 부인을 새로 맞이하는 것이 아니라 잉첩으로 온 사람 중에서 선택해야 했다. 즉 "부인夫人이 죽으면 다시 장가를 드는 것이 아니라 반드시 조카와 여동생으로 구성된 잉첩媵妾이 그 자리를 잇는다."[66]라고 한 것이다. 앞에서도 본 바 처의 자매가 낳은 자식은 바로 처의 자식으로 인정되었다. '동모제同母弟'라는 것은 한 어머니에서 난 동생만을 의미하는데, 제잉娣媵이 낳은 자식 역시 동모형제同母兄弟로 보았다.[67] 그리고 혼인의 성립과 마찬가지로 혼인의 해지에서도 제잉娣媵은 정식 처와 동시에 이루어졌다.[68]

자매가 같은 남편을 갖는 자매공부姉妹共夫나 형제가 같은 아내를 갖는 형제공처兄弟共妻에는 몇 가지 특징이 있는데, 송조린宋兆麟은 그 특징을 이렇게 말한다. 첫째, 이들은 군혼群婚의 성격이 강하지만 원시사회의 군혼과는 달리 상대적 배타성을 지닌다. 즉 군혼이 혼인 대상을 정하는 데 어떠한 제한을 받지 않았다면, 자매공부나 형제공처는 비교적 한정적이고 좁은 범위 내에서만 성적 대상이 정해진다. 둘째, 그렇지만 성적 대상이 일부일처제一夫一妻制에 비하면 그다지 고정적이지 않다는 점이다. 셋째, 여자가 남자에게 시집오는 가취성嫁娶性으로 일종의 고정된 혼인형식을 지향하는 과정 중에 있는 것으로 보인다.[69] 자매공부와 형제공처는 원시사회 말기에 나타나는 공부제共夫制와 공처제共妻制의 변형태라 할 수 있는데, 그것은 혼인상의 어떠한 압박이나 착취의 성질을 동반하지 않는 것이 특징이다. 즉 공부제와 공처제가 일반화된 사회에서는 남녀의 사회적 지위가 비교적 평등하다는 것이다.[70] 그렇다면 제잉제는 자매공일부姉妹共一夫의 형태인데, 이것은 자매공부의 변형태인 셈이다. 제잉제는 공부共夫나 공처共妻라는 군혼의 풍습을 부권적 전통에 부합하도록 변형시킨 것이라 할 수 있다.

공부제와 공처제는 일인一人 독점의 '일부제一夫制'와 '일처제一妻制'로 바뀌어 가게 된다. 다시 말해 배우자를 공유하던 방식이 독점의 체제로 변해 가는 것인데, 이러한 혼인제의 변화는 사회·경제적 변화와의 연관상에서 설명될 수 있을 것이다. 군혼제가 원시공산제의 사회경제적 토대 위에서 가능했다면 수렵에서 농업으로, 유목경제에서 정착경제로 생산방식이 변화되어 감에 따라 정치 권력 또한 공공公共의 소유에서 개인의 소유로 변하게 되었다. 부권의 성립과 함께 형제가 공유했던 재산이 장자 한 사람에게 귀속되었듯이 자매와 형제가 공유하던 배우자가 한 사람에게 귀속된 것이다. 그러나 부권의 성립은 형제공처를 인정할 수 없게 되지만 자매공부는 비교적 늦게까지 잔존하게 했는데, 춘추 시대에 통행했던 제잉제가 그것이다. 즉 자매 몇 명이 형제 중의 한 사람인 장형長兄에게 시집가는 형태인 것이다.[71] 특히 형제공처兄弟共妻는 모권제가 절대적으로 우세한 지역이나 시기에는 가능했지만 부권제가 확립된 곳에서는 통용될 수 없었다. 형제공처는 다만 상대적 강세를 이루던 모계적 전통이 계통과 권리가 부父 일방의 것으로 변해 가는 과도적 시기, 다시 말해 모계가 아직 완전히 소멸되지 않으면서 부권父權은 아직 성숙되지 않았던, 양자의 세력이 균형을 이루었던 정황에서 가능했을 것이다.[72] 부계 전통이 확고하게 정착되지 않았던 과도기적 상황에서는 자매공부는 물론 형제공처, 그리고 후세에 음란과 혐오의 대상이 된 자식과 서모, 동생과 형수의 성 관계가 공공연하게 통행되었던 것이며, 그러한 관계가 도덕성의 잣대로 그다지 주목되지 않을 수 있었다.

권력과 재산이 형제로 상속되던 시대에는 형제공처兄弟共妻가 가능했는데, 이것은 다시 형의 사후 과부가 된 형수를 취하는 형태의 취리수娶釐嫂로 변형되었다. 즉 형제가 권력을 나누어 가졌던 시대에는 경제는 물론 배우자도 공유가 가능했을 것이다. 앞에서 소개한 은인殷人 사회에서 일반화된 상속 형태인 형종제급兄終弟及은 바로 부권이 확고하지 않았던 시대상황을 반영하는 것이다. 이 맥락에서 보면 아버지의 부인인 서모를 처로 삼고 남편의 아들을 배우자로 하는 증보烝報는 취리수娶釐嫂보다 뒤에 등장한 것이다. 취리수娶釐嫂는 권한이 동생에게 간 것이며 증보烝報는 자식에게 간 것인데, 이러한 맥락에서 두 혼인 형태의 근원은 계통과 권리의 상속과 관련되어 있다고 할 수 있다.[73] 형제 공유의 맥락에서 형의 배우자를 동생이 계승하는 것을 '형사취리수兄死娶釐嫂' 또는 '형사취수兄死娶嫂'라고 하는데, 이러한 혼인 풍습은 『사기史記』·『후한서後漢書』·『북사北史』에서 소개한 바 강족羌族과 흉노족匈奴族, 동이족東夷族 등의 사회에서는 매우 일반적이었던 것 같다.[74]

제잉에 대해 『후한서後漢書』는 "예禮에 천자가 한 부인과 아홉 여자라고 한 것은 적부인과 잉媵을 두고 한 말이다."[75]라고 하였다. 한대漢代의 반고班固는 절대적 권력을 가진 자들이 동시에 많은 첩을 들이는 것을 이렇게 설명한다. "천자와 제후가 한 여자를 아내로 맞을 때 아홉 명의 여자를 같이 들이는 것은 나라를 공고히 하고 후사를 널리 잇기 위해서이다."[76] 그렇다면 동성 제후국의 자매와 질녀로 구성된 제잉은 정식 처와의 관계를 보충하는 역할을 했던 것이다. 즉 정식 처가 대를 잇지 못했을 경우를 대비하자는 여자 측의 요구에서 나왔을 가능성이 있다. 앞에서도 나온 바, 정식 처와의 관계가 좋지 않거나 대를 이을 자식을 낳지 못했을 경우 다시 정식 처를 들이는 것이 아니라 제잉媵媵 가운데서 보충하였다. 따라서 제잉제는 혼인 관계를 맺는 두 이성제후국이 부부 관계에서 발생할 수 있는 부정적 가능성을 원천적으로 봉쇄하자는 뜻에서 나온 것으로 읽을 수 있다. 이것은 동성불혼의 정치적 의미와 같은 맥락에 있다.

혼인 질서의 '문란'은 제후국간의 정치 권력이 고정되어 있지 않았던 춘추 시대의 정치 환경을 반영하는 것이다. 혼인 제도는 사회적, 정치적, 이념적인 제 요소들이 종합적으로 작용하여 반영된 것이기 때문이다. 혼인이 화복의 열쇠로 인식된 것은 혼인이 가지는 정치적 의미가 강하게 표현된 것이다. 이때 혼인과 가족은 통치 계급의 정치 목적을 실현하고 정치 제도를 유지하는 수단이 된다.[77] 혼인을 정치 권력을 위한 수단으로 삼는 것은 어느 시대에나 있는 보편 현상이지만 춘추 시대의 혼인은 그 정치성이 특히 강조된다. 이는 물론 춘추 시대의 상황을 보여 주는 자료『춘추좌씨전』이 제후국간의 혼인 관계를 상세히 설명해주고 있기 때문이기도 하지만, 이는 단순히 자료의 문제만으로 돌릴 수 없다. 이 시기는 정치적 향배를 혼인이 쥐고 있었던 사건들이 실제로 많이 발생하였음을 보여준다. 혼인 규정이나 혼인의 질서가 확립된 진秦·한漢 이후의 사회에 비해 춘추 시대의 큰 사건들은 많은 경우 혼인으로 인한 갈등으로 설명해 낼 수가 있는 것이다.

> 제齊나라의 도공悼公이 노나라를 방문했는데, 계강자季康子가 자신의 여동생 계희季姬을 처로 삼게 하였다. 도공은 즉위하자마자 계희를 쫓아내 버렸다. 강자의 여동생 계희는 자신의 숙부인 계방후季魴侯와 사통한 사이였는데, 그녀가 그에 대한 정을 말하면서 도공과 부부가 될 수 없음을 말한 것이다. 제나라의 도공은 크게 화를 내었다. 5월에 제나라 포목鮑牧이 군대를 끌고 와 노나라를 공격하여 환讙과 천闡 땅을 탈취해 갔다.……11월에 제나라에서 환과 천을 다시 돌려주었는데, 계희가 제나라 도공에게 다시 돌아가 사랑을 받게 된 까닭이다.[78]

계희의 경우 숙부와 사통했고, 그 후 제나라 제후의 부인으로 시집을 갔다. 이 기사는 남녀 관계에서 발생한 감정이 국제적인 외교 분쟁으로 확대된 하나의 사례를 보여주는 것이다.

춘추 시대의 혼인은 그 정치적 의미가 무엇보다 우선되었다. 앞에서 소개한 바 진秦나라의 목공穆公은 딸을 진晉나라 문공文公에게 시집보내면서 나머지 다섯 명의 딸도 잉첩으로 딸려 보냈다. 문공은 잉첩으로 따라온 회영懷嬴에게 세수 시중을 들게 하였고, 손에 묻은 물을 부인에게 뿌렸다. 이에 회영은 자신을 무시하는 처사라고 보고 "진秦과 진晉의 국력은 서로 필적한다. 무슨 이유로 나를 우습게 보느냐?"고 화를 내었다. 이에 문공이 겁에 질려 사죄하였다[79]는 기록이 있다. 부처夫妻 사이의 관계가 개인보다는 출신 국가간의 정치 권력의 관계 내에서 해석될 수 있음을 말해 주는 것이다.

이러한 맥락에서 기원전 7세기 초 중원의 패자 제환공은 제후국간의 분쟁과 갈등을 줄이는 방법으로 혼인 동맹을 제안했다. 그 내용은 "첩을 처로 바꾸는 일을 금지하자"는 것인데, 이것은 열국들간에 공동 맹약으로 받아들여졌다.[80] 이 회맹이 바로 기원전 615년의 "채구지맹葵丘之盟"과 기원전 609년의 "양곡지회陽谷之會"이다.[81] 제후국들이 타국과의 혼인을 자기 세력을 확대할 기회로 삼게 되면서 혼인이 분쟁의 불씨가 되었기 때문이다. 즉 첩을 처로 삼을 경우, 왕위 계승을 둘러싼 적자들의 치열한 싸움과 각각의 구생舅甥국이 개입하는 등 각국의 질서는 물론 모든 제후국의 소용돌이가 예견되기 때문이었다. 이 맹약은 패권 쟁탈의 와중에서 현실적인 규제력을 잃게 된 서주 초기의 혼인 예제를 회복하자는 것이다.

혼인이 정치 권력을 유지하고 확장할 수 있는 수단으로 인식된 춘추 시대에 배우配偶를 얻는다는 것은 또 다른 하나의 동맹국을 얻는 것이었다. 즉 혼인 관계를 맺은 두 나라는 동반적 관계가 되며 그 부인 또한 본국과의 관계에 개입하여 적극적인 외교를 하였다.[82] 부인의 역할이란 후세에 형성된 순종이나 정절과 같은 소극적인 것이 아니라

한 나라를 일으킬 수도 망하게 할 수도 있는 것이었다.[83] 실제로 정鄭나라는 혼인 관계를 잘 이용하지 못한 결과 전쟁에 패배한 경험이 있었다. 환공桓公 6년에 공자홀公子忽이 융에게 패배한 것은 제나라의 청혼을 거절하여 반감을 삼으로써 제齊의 원조를 받지 못했기 때문이다. 그 뒤 제후齊侯는 또 혼인을 청하였다. 그러나 공자 홀은 또 거절하였는데 이유는 제齊나라는 대국大國이기 때문에 짝을 하기에는 어울리지 않다는 것이었다.[84] 두 번째 청혼을 받았을 때 이미 태자 홀은 진陳에서 정식 처를 얻은 상태였다. 혼인 관계의 해체와 결합이 정치 권력의 수단이 됨으로써 혼인 그 자체가 독자적으로 운용될 수 없었다.

한 시대에서 혼인상의 규정과 의미는 그 시대의 정치적인 영향권내에서 벗어날 수가 없었다. 월왕越王 구천勾踐이 오吳에 패배한 후 국력 증강책으로 생육生育의 법령法令을 장려하였다. 그 중에는 남녀 혼인상의 규정과 자녀 출산에 관한 정책들이 들어 있다.[85] 오吳에게 설욕을 다짐했던 월왕은 군사력 증강을 위해 남녀 혼인 관계상의 모든 것을 통제하게 되었던 것이다. 이것은 남녀 관계를 표현하는 관념이나 제도는 그 시대의 정치적인 상황을 필연적으로 포함하게 된다는 것을 의미한다. 또 전국 시대의 상앙商鞅은 "한 집에 장년 남자 둘이 있으면 그 집의 세금은 두 배로 한다."고 하였는데, 이는 장년 남자가 결혼하여 독립된 가구를 만들어야 함을 법으로 정한 것이다. 상앙 변법에서 드러난 혼인상의 규정들 역시 호구에 세금을 매기고자 한 당시의 경제 정치상의 문제가 반영되어 있다.

한편에서는 혼인상의 질서가 제도 등을 통해 모색되었다. 잦은 이혼이나 재혼이 정치 세력화에 동원된 상층부의 혼인에 국한된 현상이 아니라, 일반 백성들 역시 혼인과 관련된 제약으로부터 비교적 자유로웠던 것 같다. 그러나 『관자管子』에는 이혼의 횟수를 제한하는 방안이 실려 있는데, "사士와 서인庶人은 처를 버릴 수 없다."[86]고 하고 "남자가 세 차례 이상 이혼할 경우 나라 밖으로 추방시키고, 여자가 세 차례 이상 개가改嫁할 경우 용곡舂谷에 들여보낸다."[87]고 하였다. 『관자』의 이 기록을 보면 이혼 규제의 대상에서 제후諸侯나 경대부卿大夫 등의 지배계층은 배제되었음을 알 수 있다. 지배층은 혼인을 정치적 세력 확장을 위해 적극 활용한 반면에 일반 민중들에게는 횟수를 제한하는 등의 규제 정책을 펼친 것이다. 이러한 혼인 규제 정책은 이혼과 재혼이 일상화되고 있는 현실에서 그것이 파생한 여러 사회적인 문제가 있었음을 의미하는 것이다. 이어서 동아시아 고대에서의 혼인의 예와 사상은 무엇이며 그것은 어떠한 질서 개념에 의해 지지되고 있는가를 살펴보자.

4. 혼인 문화와 고대인의 질서 개념

남녀가 만나 부부가 되는 것을 『주역』은 자연 발생적인 현상으로 설명하고 있다. 즉 처음 우주가 열리고 만물이 생기게 되었던 것과 같은 맥락에서 남녀 · 부부 · 부자 · 군신 · 상하의 관계를 설명하고 있는 것이다.

천지가 있고 난 후에 만물이 존재하게 되었고, 만물이 있고 난 후에 남녀가 존재하게 되었다. 남녀가 있고 난 후 부부가 존재하게 되었고, 부부가 있고 난 후 부자가 존재하게 되었다. 부자가 있고 난 후 군신이 존재하게 되었고 군신이 있고 난 후 상하가 존재하게 되었다. 상하가 있고 난 후 예의가 시행되었다.[88]

『주역』이 본 최초의 사람은 사람 일반이 아니라 두 종류의 사람, 남자와 여자로 나뉘어져 있다. 그리고 부부라는 사회적 단위는 반드시 남자와 여자로 구성된다는 점, 부부는 어떤 사회적 관계보다 앞서며 모든 관계를 파생하는 출발이라는 점을 보여주고 있다. 인간 관계가 남녀·부부·부자·군신·상하(장유·존비)로 전개된다고 한 『주역』의 설명은 곧 인간을 분류하는 사회적 기준을 보여 주는 것이기도 하다. 나아가 『예기』는 "남녀의 구별이 있어야 부부의 바름이 있게 되고 부부의 바름이 있어야 부자의 친함이 있게 되고 부자의 친함이 있어야 군신이 바른 도가 있게 된다. 그러므로 혼례란 예의 기초이다."[89]라고 하였다.

사회적 관계와 도덕의 유학적 이해를 반영한 『주역』과 『예기』는 남자와 여자가 부부의 관계를 맺는 데서부터 세계가 시작된다는 인식에 기초하고 있다. 따라서 부부 성립의 단계인 혼례婚禮가 무엇보다 중요한 것으로 인식되었다. 이것은 『국어』에서 말한 "혼인은 화복의 열쇠"라거나 『중용』에서 말한 "부부가 모든 관계의 시초"라든가 『예기』의 "혼인은 만세의 시작" 등의 혼인 담론과 같은 맥락이다.

혼인의 역사를 보면 남녀 생물학적인 결합에 가깝던 처음의 방식이 사회가 복잡해짐에 따라 점점 규범과 규칙을 동반하게 되었고, 혼인 제도, 혼인 의례, 혼인 사상 등의 내용을 갖추어 갔다. "혼인이란 남

238

녀 결합을 규정하는 몇 가지 의식을 거치는데, 그것은 사회의 허가를 받게 된다는 의미이다. 또 이러한 제도는 사회가 허가하는 범위의 특징을 가지게 된다. 이것은 어떠한 문화 체계에서든 다 그러하다."[90] 그 시대 혼인 문화에 대한 이해는 형식으로 드러나는 의례儀禮와 혼인에 부여하는 의미를 통해 접근할 수 있다.

중국 고대인들은 혼인 성립에 필요한 여섯 단계의 의례를 만들어 내었다. 그것을 육례六禮라고 하는데, 납채納采 · 문명問名 · 납길納吉 · 납징納徵 · 청기請期 · 친영親迎이 그것이다.[91] 납채는 남자 집에서 여자 집에 구혼하는 것이고, 문명은 남자 집에서 사람을 보내 여자의 생년일시 등을 묻는 것을 말하며, 납길은 혼인날을 잡는 것으로 그 길일을 구하는 것을 말한다. 즉 이 세 단계의 의례는 혼인을 의논하는 과정에 속한다. 다음으로 납징은 정식으로 혼인이 정해짐으로써 남자 집에서 여자 집에 예물을 보내는 것을 말한다. 청기는 여자 집에 혼인 날짜에 대한 동의를 구하는 것을 말한다. 친영은 신랑이 신부를 데려오는 의식, 즉 혼인식을 말한다.

앞의 다섯 단계는 친영에 이르기까지의 과정인데, 말하자면 친영은 오례五禮를 거친 혼인 성립의 최종 단계이다. 문왕이 태사太姒를 아내로 맞이할 때의 장엄한 광경이 『시경』에 묘사되어 있는데, 여기서 '친영親迎'이라는 용어가 나온다.

> 큰 나라에 따님이 계셨으니 하늘의 소녀 같으셨네.
> 길일을 예로 정하고 위수로 친히 신부 맞으심에
> 배 이어 다리 놓으시니 그 빛이 매우 밝았네.[92]

다시 말해 친영이란 신랑이 직접 신부를 맞이해 오는 것을 말한다. 문왕은 위수渭水 건너에 사는 태사를 맞이하면서 수많은 배를 이어서 다리를 만들었다고 한다. 신랑은 신부를 맞으러 가기 직전에, 신부는 혼례식을 치르는 당일에 각각 자신의 집에서 초례醮禮를 거행한다. 초례란 그 부모가 혼인 당사자에게 술을 따라 주며 혼인 생활에서 지켜야 할 당부의 말을 건네는 의식이다. 그리고 신랑이 신부의 집으로 와서 일정한 예식을 거행한 후 신부의 부모로부터 신부를 건네 받고 수레에 태워 신랑의 집으로 돌아온다. 안으로 들어가 함께 뇌牢(희생음식)를 먹음으로서 몸을 합하여 존비尊卑를 같게 하여 서로 친하게 하는 것이다.[93]

신부가 그 부모에 의해 신랑에게 인도되는 데서도 일정한 형식이 있고, 그것을 의미화하는 내용이 있게 된다. 『예기』는 말한다.

> 공자가 말씀하셨다. 혼례에 사위가 친영해서 장인과 장모를 뵈면 그들은 자식을 나오게 하여 사위에게 인계하기를 경건하게 하는 것은 일이 어긋날까봐 두려워해서이다. 이러한 예로써 백성들이 방만해지는 것을 막으려 하지만 며느리는 오히려 남편을 좇지 않는 자가 있다.[94]

『예기』의 인용이 과연 공자의 말인가 하는 것은 의문스럽다. 공자 시대에는 앞에서 본 바 혼인의 예가 아직 정비되지 않았고 『예기』의 편찬은 한초漢初에 이루어진 점을 상기할 필요가 있다. 혼인을 '질서'의 차원에서 의미화할 필요가 있었던 것이 한초의 시대 상황이었다면, 『예기』의 내용은 지배 담론을 강화하기 위한 방법으로 유학의 비조 공자의 권위에 기댄 것이라 할 수 있다. 『예기』에서 고백한 바 혼

240

인의 예란 애초에 질서와 반질서의 갈등을 잠재하고 있는 것이다.

혼인의 예 역시 다른 예와 마찬가지로 무질서한 상황에서 벗어나고자 정하게 된 일정한 규칙이다. 『예기』는 이렇게 말한다. "혼인의 예는 남녀의 다름을 밝히고자 한 것이다. 예란 대체로 혼란의 근원을 막고자 하는 것인데, 이는 마치 물이 들어오는 곳을 막고자 하는 것과 같다.…… 그러므로 혼인의 예가 폐지된다면 부부의 도리가 소홀하게 되어 음란의 죄악이 많아질 것이다."[95] 그렇다면 고대인이 본 남녀 관계의 무질서한 상황이란 어떤 것인가. 혼인의 예가 갖추어지기 전에 배우자 선택이 어떤 방식으로 이루어졌는가는 『주역』을 통해 짐작할 수 있다.

육이六二는 어렵게 여기고 머뭇거리며 말을 타고 있다가 내려오니, 적이 아니면 배우자이니…….[96] 육사六四는 꾸밈이 희며 백마白馬가 나는 듯이 달려가니, 도둑이 아니면 배우자이리라.[97]

다시 말해 한 무리의 사람들이 말을 타고 용맹스럽게 한 씨족에게 다가오면 그 씨족 사람들은 이들을 약탈하러 온 도적이라고 생각하나 실제로는 구혼求婚하러 온 사람이라는 것이다. 도적과 배우자〔혼구婚媾〕를 구하러 온 사람을 구별하기 어렵다는 것인데, 이것은 곧 약탈혼이 일반적으로 행해졌음을 말해 주는 것이다. 이 외에도 여러 문헌이 전하는 바의 원시 고대 사회의 문제는 사회의 각종 관계에 필요한 질서 개념이 없어 그야말로 '무질서'하고 '혼란'스러운 상태였다는 것이다. 이러한 무질서를 고대인들은 남녀 및 부부 사이의 질서가 갖추어지지 않았던 데서 연유한 것으로 보았다. 그들에게는 남녀의 생물학적이고 자연적인 결합이 파생한 문제가 모든 혼란의 출발점으로 여겨졌다.

> 천지가 열리고 사람들이 그 곳에 살게 되었다. 그 때에는 그 어미를 알지만 그 아비를 알 수 없었다. 사람들 사이의 관계 원리는 혈연적으로 가까운 사람을 가깝게 대하였고, 가까운 사람을 사랑할 뿐이었다.[98] 옛날에는······ 그 어미는 알지만 그 아비를 알 수 없었다. 그래서 친척 형제 부부 남녀의 구별은 물론 윗사람과 아랫사람, 어른과 아이를 구별할 도리가 없었다.[99] 옛날에는 군신君臣 · 상하上下의 구별도 없었고, 부부가 되는 일정한 형식도 없었다. 짐승처럼 엉켜 살면서 힘으로 서로를 정복하였다.[100] 옛날에는······ 그 어미만 알고 아비가 누구인지 몰랐다. 누운 채로 소리 지르고 걸어가면서도 시끄럽게 떠들며 어떤 법도나 문화라는 게 없었다.[101]

『상군서』, 『여씨춘추』, 『관자』, 『백호통』의 저자들은 자신의 시대가 문명의 시대라고 보았고, 자신들의 과거 시대, '옛날'은 미개의 상태에 머물러 있는 것으로 보았다. 그들이 본 문명과 미개의 차이는 아버지가 누구인가를 알 수 있는가 없는가에 있다. 아버지를 알기 위해서는 남녀 관계를 일정하게 통제할 필요가 있었는데, 혼인의 예가 그것이다. 고대인들의 '미개한' 옛날 이야기는 현재 혼인의 예가 중요하다는 것을 강조하기 위한 일종의 서사이다.

그렇다면 '옛날'은 과연 무질서한 혼란의 시대였는가? 장자莊子가 생각한 '옛날'의 모습은 앞에서 소개한 문헌의 저자들과 같았으나 그 해석에서는 정반대였다. 장자의 '옛날'은 무질서한 사회가 아니라 자유와 자득自得이 보장된 지극히 행복한 이상 사회였다.

신농神農의 시대에는 누워서는 편안하고 서서는 자득自得한 생활을 할
줄 알았으며, 백성들이 그 어머니는 알면서도 아버지는 몰랐으며, 사슴
과 더불어 같이 살고 밭을 갈아 밥을 먹고 옷을 짜서 입으면서도 서로 해
치는 마음이 없었으니, 이것이야말로 지극한 덕이 융성했던 때였다.[102]

위에서 소개한 『장자』의 글은 아버지를 확인할 수 있는 질서 개념
이나 상하 · 남녀를 구분하는 제도를 문명의 상태로 보는 기존의 입장
을 낯설게 하는 것이다. 무엇이 질서이고 무엇이 무질서인가는 상대
적이고 주관적일 수 있음을 확인하였다. 그러나 중국 고대의 대체적
인 방향은 예禮라는 형식을 통해 사회를 문명화하는 데 있었다. 예는
형식과 내용으로 구성되는데, 혼인을 구성하는 의례 행위에는 혼인에
부여하는 당시의 의미가 반영되어 나타난다. "혼례를 만세의 시작"[103]
이라고 본 『예기』는 말한다.

폐백을 보내어 성의를 표해야 하며 인사말을 후하게 하는 것은 곧음
과 신의를 전하고자 함이다.…… 남자가 아내를 맞이할 때 여자의 앞에
서는 것은 강유剛柔의 이치에 따른 것이다. 하늘이 땅에 앞서 있는 것과
같고 군주가 신하보다 우선되어야 하는 것과 같은 이치이다.[104] 혼례에
음악을 사용하지 않는데 이것은 혼례를 음의 예로 알기 때문이다. 악樂
은 양기陽氣이다. 혼례를 축하하지 않는 것은 세대 교체를 의미하기 때
문이다.[105]

이상의 예例를 통해 혼인의 예禮에 표현된 고대인의 혼인 사상은 이
렇게 정리될 수 있다. 첫째, 혼인은 인간의 관계가 만들어지는 시작으

로 간주되었다. 물론 이 때의 인간 관계는 철저하게 남성 중심적이다. 무엇보다 혼인은 남성의 계보를 확인하고 생산하는 것에 그 목적이 있었으며 이로부터 군신·붕우·상하 등 중요한 사회 관계의 주체들이 나왔다. 둘째, 친영례親迎禮로 표출된 바 혼인은 여자가 남자 집으로 시집을 가는 형태, 가취혼嫁娶婚의 형태를 취하였다. 셋째, 혼인은 질서 확립의 맥락에서 남녀의 자연적인 상태를 문화적인 형식으로 바꾸는 데 그 의미가 있었다. 이 질서는 여자에게 몸의 순결, 태도의 부드러움, 굳은 의지 등을 요구하였고, 남편이 부인보다 우선적인 지위를 갖도록 구성하였다. 사실상 이 세 가지는 분리될 수 없고 서로 연결되어 있는 것인데, 다음 장에서 다시 논의해 보자.

5. 혼인을 통한 남녀 관계의 지형도

유학적 세계관에서 혼인의 목적은 계보를 이어 줄 자손을 얻는 것이다. 즉 세대 교체라는 중대함으로 인해 혼인의 의례는 신중함과 공경함이 표현되어야 하는 것이다. 『예기』「혼의」는 말한다. "혼인의 예는 두 성의 좋은 점을 합하여 위로는 종묘를 섬기고 아래로는 후세를 잇는 데 그 뜻이 있다. 그러므로 군자는 이를 중요하게 여긴다."[106] 맹자는 말한다. "순이 만일 그 부모에게 알렸다면 혼인을 하지 못했을 것이다. 남녀가 혼인을 하는 것은 인간의 큰 윤리이다. 만일 부모에게 알렸다면 인간의 큰 윤리를 폐지하여 그 부모를 원망하게 되었을 것이다."[107] 맹자가 인륜의 맥락에서 혼인을 말한 것은 부모의 뒤를 이어 줄 자식을 낳는다는 의미에서이다. 부모의 계보라고 했지만 실은 아버지, 남성의 계보를 말한다.

"천자와 제후가 한 여자를 아내로 맞을 때 아홉 명의 여자를 같이 들이는 것은 나라를 공고히 하고 후사를 널리 잇기 위해서"[108]라는 『백호통』의 말처럼 혼인을 의미화하는 유교적 방식은 많은 자식을 얻는 것을 가문의 번영으로 귀결시킨다. 절대적 권력을 가진 자들이 동시에 많은 첩을 들이는 것도 '많은 자식'의 맥락에서 합리화되곤 했다. 혈통의 계보를 중시하는 제도와 사상은 나의 과거와 미래를 연결시킴으로써 나를 역사적 시간 속에서 영원히 살도록 해 주는, 유한한 개체적 존재의 한계를 극복할 수 있는 시스템이라고 말해진다. 이때 '나'는 누구인가? 이 시스템은 남성의 혈통을 위하고, 남성들의 영원한 삶을 위한 나머지 여성들의 역사와 그 족적을 알 수 없게 하였다. 다시 말해 동아시아 고대인들이 혼례를 "만세의 시작"이라고 한 것은 남성 역사의 '시작'을 의미한다. 이러한 혼인과 그 담론은 혈통이 권력과 관계 구성의 자원이 되었던 시대, 혈연이 적과 동지를 구분하는 기준이 되었던 시대의 산물이다.

남성의 계보를 확보하는 것에 혼인의 목적이 두어질 때 부부의 거처는 남성 쪽으로 정해지게 된다. 중국 고대의 혼인은 여자가 남자 쪽으로 시집가는 형태를 취하고 있다. 여자가 시집가고 남자가 아내를 맞이하는 혼인 형태를 가취혼嫁娶婚이라고 한다. 요임금의 두 딸 아황娥皇과 여영女英이 그들이 살던 왕궁을 떠나 순이 살고 있던 누추한 시골로 시집간 것은 가취혼을 당연한 것으로 여긴 사람들이 구성한 이야기인 셈이다. 가취혼이 정상 혼인 형태로 자리잡히자 딸은 상속에서 자연스럽게 배제되었다. 또 여성은 기존의 관계와 문화적 단절을 전제로 시가 가족의 일원이 되는 것이다. 부부가 낳은 자식들 역시 부계 쪽의 친족 구성원이 되는데, 그들의 공동체적 정서란 부계 친족과의 친밀감과 유대감을 의미하는 것이 된다.『시경』에는 가취혼으로 인한 여성의 경험이 잘 반영되어 있다.

> 제수 가에서 묵고 예수 가에서 작별했었지
> 여자가 시집가면 부모형제와도 멀어진다더니
> 내 고모들과 내 언니들, 만나고 싶네.[109]

"여자가 시집가면 부모 형제와도 멀어진다."는 구절은『시경』전편에 걸쳐 세 차례가 나온다.[110] 앞의 '샘물〔천수泉水〕'이라는 시는 시집온 여자가 두고 온 고향의 가족들을 그리워하는 심정을 그린 것이다. 가취혼이 아닌 방식의 역사적 혼인 형태는 남자가 여자 쪽으로 장가가는 초서혼招婿婚 또는 남귀여가혼男歸女家婚이 있다. 이 외에 비非 가취혼의 다양한 형태가 여러 혼인 문화에서 발견되고 있다.

이상에서 본 바 유교 문화권의 남녀 지형도는 혼인으로부터 시작되는데, 특히 중국 고대에서 기원한 유학의 혼인 사상은 여성 삶의 성격과 분리된 채 이해될 수 없다. 즉 여자가 시집가는 일을 형상화한『주역』의 귀매괘歸妹卦는 이렇게 말한다. "귀매는 천지의 큰 뜻이다. 천지가 만나지 않으면 만물이 일어나지 않듯이 귀매는 사람의 끝이자 시작이다."[111] 즉 시집을 간다는 것을 자연의 큰 법칙으로 보았고, 혼인을 통한 자식 생산을 천지가 만물을 생겨나게 하는 것과 같은 이치로

246

설명하였다. 귀매괘歸妹卦의 '사람의 끝이자 시작〔인지종시人之終始〕'이라는 말을 주희朱熹는 이렇게 해석한다. "시집감은 여자의 끝이지만, 생육生育은 사람의 시작이다."[112] 여자는 혼인과 동시에 자신이 갖고 있던 이전의 정체성을 포기하고 남편의 가문을 이어줄 자식을 낳고 기르는, 새로운 역할 정체성을 갖게 된다는 말이다. 그래서 시집간다는 것을 끝이자 시작이라고 본 것이다. 혼인에 대한 이러한 이해 속에서 여성의 의식과 태도의 '바람직한' 형태가 모색되었다.

7장

동아시아 가족 사상

1. 가家의 개념과 가부장제 가족

가족 또는 가족주의는 일반적으로 다른 문화와 구별될 수 있는 유교 문화의 특징으로 인식되고 있다. 가족주의란 가족을 세상에 존재하는 다른 어떤 사회 유형과도 구별되는 독특한 사회 공동체의 기초로 여기며, 모든 사고나 행위에 대한 평가를 가족의 이익에 얼마만큼 공헌하는가에 두는 사고 방식이라 할 수 있다. 특히 가족은 양성 평등을 추구하는 여성주의적 이론과 실천에서 가장 먼저 검토 대상이 되었다는 점에서도 주목된다. 다시 말해 동아시아 유교 문화권에 공통된 여성 문제의 특수성을 인식하고 해소하기 위해서는 유교적 가족에 대한 다방면의 이해가 요구되는 것이다. 그렇다면 유교 문화권에 속한 우리에게 가족은 무엇이며, 가족주의라는 특수한 사회 현상의 문화적 기원을 어디에서 찾을 것인가? 이러한 물음에 답하기 위해 유교 문화권 특유의 가족 개념을 먼저 이해할 필요가 있다. 그러면 동아시아 문화의 뿌리가 되는 중국 고대의 가족으로 거슬러 올라가 그 개념 형성의 역사를 차근차근 되짚어 보자.

'가家' 개념의 신축성

'가家'의 글자는 '宀'와 '豕'의 조합으로 이루어져 있다. 즉 '가家'라는 글자는 일정한 '우리 속에 갇혀 있는 돼지'의 형상이다. 자의字意를 통해 사상과 문화적 의미를 풀어낸 한대漢代의 허신許愼(58-147)은 『설문해자說文解字』에서 다산과 번성의 상징인 돼지로 '가家'를 만들어 낸 것에 주목하였다. 그는 '가家'라는 글자의 형상은 '가家'가 대代를 이을 구성원들을 끊임없이 생산해 내는 것을 목적으로 삼았기 때문으로 보았다.[1] 여기서 글자가 만들어진 초기 사회에서 가家라는 집단이 추구한 이상과 자손의 번창을 가장 중시한 한자 문화권의 맥락을 이해할 수 있다.

그러나 '가家'의 자의字意 분석만으로는 그것이 갖고 있는 총체적인 의미를 읽어내기에 충분하지 않다. 고대 문헌에 나오는 '가家'의 용례들을 보면 매우 다양하고 복잡하기 때문이다. '가家'의 다의성과 복잡성은 오늘날도 마찬가지인데, 우리 문화에서 '가家'는 다양한 글자와 조합을 이루며 다양한 의미의 용어로 쓰이고 있는 것이다. 예를 들어 가옥, 가정, 가문, 가족, 가사, 가통, 가훈 등의 용어들을 보면 '가家'의 의미를 분명하게 정의하기가 어렵다는 것을 알 수 있다. '가'와 유사한 의미로 쓰이는 '집안'이라는 용어는 가옥이라고 하는 작은 공간에서부터 동성同姓의 친척들에게까지 적용되기도 하고, 또는 직장이나 단체 등 공동체 내부를 지칭할 때 사용되기도 한다.

'가家' 개념의 신축성은 동아시아 유교 문화권 가족의 기원이 되는 중국 고대 사회에서도 마찬가지였다. 우리가 일반적으로 쓰고 있는 '가족'이라는 용어가 언제부터 쓰였는지 정확하게 고찰할 수는 없지만, 고대 문헌 어디에도 '가족'이라는 용어는 보이지 않는다. 다시 말해 중국 고대 사회에서는 '가家' 한 글자로 '가족'과 관련된 모든 의미가 활용될 수 있었다는 것이다. 그러면 고대 사회에서 '가家'가 지칭하는 바가 무엇이며, 어떤 의미로 쓰이고 있는가를 살펴보자. 고대문헌에서 '가家'의 용어가 쓰이는 맥락을 보면 대략 여섯 종류로 나눌 수 있다.

첫째, 가家가 단독으로 쓰인 경우이다. 『서경』의 "집이 망한다.〔유가지색惟家之索〕"[2]에서 '가家'는 가문 또는 집안의 뜻을 가진다. 『맹자』에서는 '대부大夫가 사士에게 선물을 하사했을 때 사士가 자기 집에서 직접 받지 않았을 경우 다시 대부의 집에 가서 감사의 예를 표시해야 한다.'[3]라고 하였다. 여기서 '가家'는 가옥이라는 공간의 뜻으로 쓰였다.

둘째, 가家가 국國이나 방邦과 대비적으로 사용된 경우이다. 『춘추좌씨전』과 『논어』, 『맹자』 등에 그 예가 나온다. 『춘추좌씨전』의 경우 천자의 국國과 제후의 가家가 대비되었고,[4] 『논어』에서는 '국國을 가진 자와 가家를 가진 자'가 대비되었다.[5] 『맹자』의 경우는 왕王의 국國과 대부大夫의 가家가 대비되었다.[6] 여기서 가家는 국國이나 방邦에 비해 그 규모가 작은 것으로 이해된다.[7]

셋째, 국國이나 방邦과 연용되어 '국가國家'[8] 또는 '방가邦家'[9]로 쓰인 경우이다. 국가와 방가는 같은 뜻인데, 나라를 가리키기도 하고 나라와 가정의 뜻으로 쓰인 경우도 있다.

넷째, 세계가 나를 중심으로 동심원을 그리며 확대된다고 볼 때, 가家는 개인[신身]이 모인 최소의 사회적 단위를 가리킨다.『대학』의 수신修身, 제가齊家, 치국治國, 평천하平天下의 구조에서 가家의 위치는 나(개인)와 국國 사이에 있는 사회적 단위이다. 맹자도 천하의 기초는 나라[국國]에 있고, 나라의 기초는 가家에 있으며 가의 기초는 자신에 있다고 하였다.[10] 이와 같은 맥락에서 맹자는 "사람은 반드시 자신을 스스로 업신여긴 뒤에 남이 그를 업신여기며, 집안은 반드시 스스로 망하게 한 뒤에 남이 그 집안을 망하게 하며, 나라는 반드시 스스로 공격한 뒤에 남이 그 나라를 정벌하는 것이다."[11]라고 하였다. 노자老子는 가家와 국國의 사이에 향鄕을 하나 더 추가했을 뿐 가家를 사회적 기본 단위라고 본 것은『맹자』와『대학』과 동일하다. 노자는 "몸으로 몸을 살피고 집으로 집을 살피고 고을로 고을을 살피고 나라로 나라를 살피며 천하로 천하를 살핀다."[12]고 하였다. 인간이 사는 세계는 많은 내[신身]가 모여 가를 이루고, 많은 가가 모여 향을 이루며, 많은 향이 모여 국을 이루고 많은 국이 모여 천하가 된다는 것이다.

다섯째, 실가室家의 용례가 있다. "여자는 가家를 얻고 남자는 실室을 얻는다."[13]는 말이 있는데, 여기서 가家는 남편을 뜻한다.『맹자』에 "남자가 태어나면 그를 위하여 아내[실室]가 있기를 바라며, 여자가 태어나면 그를 위하여 남편[가家]이 있기를 바라는 것은 부모의 마음으로 사람마다 다 가지고 있다."[14]고 했는데, 주자의 주석에서는 "남자는 여자를 실室로 삼고 여자는 남자를 가家로 삼는다."[15]라고 하였다. 즉 중국 고대에서 가家는 남편의 다른 말이고 실室은 아내의 다른 말로 쓰였음을 알 수 있다.

여섯째, 학문 조직을 유가儒家, 도가道家, 법가法家라고 한 것과 왕가王家, 대가大家 등의 용례를 볼 때 가家는 일종의 속성을 가리킨다. 이상에서 본 바 고대의 문헌에서는 '가家' 한 글자로 오늘날 가족에 상응하는 의미를 포괄하였음을 알 수 있다.

그러면 '가족'에서 '족族'이라는 글자는 무엇을 의미하는가? 족族이란 '주湊(물이 모이다)', '취聚(모여들다)'의 의미로서 동일한 남성 조상을 가진 자손이 출생하면 서로 친애하고, 사망하면 서로 애통해 하며 평상시에는 함께 모이는 것을 뜻한다.[16] 또한 '족'은 '화살이 가득 담긴 자루'를 가리키는 것으로서 수많은 화살이 함께 담겨져 있는 모양을 가리킨다.[17] 따라서 '족族'이 '가家'와 결합하여 '가족'이 되었을 때, 동일한 남성 조상의 자손이 대대로 한 곳에 모여 살면서 일정한 규범에 따라 혈연 관계로 결합된 일종의 특수한 사회 조직의 형태를 취하는 것이다. 이들을 한 가족이라고 하지만 이들은 이미 공간을 따로 사용하며〔분거分居〕, 가산을 이미 나누었으며〔분재分財〕, 각각의 개별 가정을 이루고 있는 것이다.

가家와 족族이 결합하여 가족이 될 때, 그것의 고대적 맥락은 오늘날 우리가 말하는 가족보다 그 외연이 훨씬 넓다는 것을 알 수 있다. 고대 문헌에 사용된 가家의 개념에는 오늘날 우리가 말하는 가정家庭과 가족家族의 의미가 함께 들어있다. 다만 문맥을 통해 가정의 의미인지 가족의 의미인지를 구분할 수가 있다. 영어의 가족family은 라틴어 famila에 어원을 두고 있는데, 그것의 원래 의미는 '하나의 건축물 안에 거주하는 사람들의 공동체'를 가리킨다. 이 용어가 중국에서는 가정에 해당한다. 가정이란 특정한 혼인 형태를 매개로 결합된 사회 조직의 형태이고, 성격에 따라 분류하면 군혼 가정과 개별 가정 두 종류로 나눌 수 있다. 군혼 가정은 원시 사회에서 군혼을 매개로 결합된 가정 형태라면 개별 가정은 일부일처의 개별혼으로 맺어진 가정 형태이다.[18]

개별 가정은 기본적으로 특정한 혼인 제도와 도덕적 규범에 의해 혼인 생활이 영위되며, 이를 중심으로 남녀의 부부 생활과 자녀의 출산 및 양육이 이루어진다. 따라서 일정한 혼인 형태가 없다면 가정의 구성이 불가능하다고 할 수 있다. 이러한 가정은 하나의 경제 생활 단위로서 인간은 이 속에서 생산 활동과 소비 활동을 하게 된다. 경제 단위로서의 가정의 주된 역할은 동거同居와 공재共財 그리고 합찬合爨이다.[19] 이로 볼 때 중국 고대에서 가정과 가족은 개체와 집단의 관계라고 할 수 있다. '족族'의 의미를 보건대, 가족은 수많은 개별 가정이 하나로 묶여 있는 것이다. 따라서 가족은 그 범주가 상당히 포괄적인데, 그것은 가족의 크기에서도 드러난다. 『순자荀子』는 "사해 안이 하나의 가족과 같다."[20]라고 하고, 『맹자』는 "몇 명이 사는 집〔수구지가數口之家〕" 또는 "여덟 식구가 사는 집〔팔구지가八口之家〕"[21]이라고도 하였다.

서양걸은 중국 고대에서 가족이 성립할 수 있는 조건을 세 가지로 요약하였다. 첫째, 반드시 동일한 남성 조상의 자손으로서 남자가 가계 계승의 주체가 되는 혈연 관계가 분명해야 한다. 둘째, 반드시 일정한 규범을 세워 가족 성원 사이의 관계를 처리하는 준칙이 마련되어야 한다. 셋째, 족장의 존재와 같이 그 내부에는 반드시 체계적 조직이 일정하게 구축되어 가족원을 이끌고 가족 활동을 처리하고 가족 내의 공공사무를 관리할 수 있어야 한다.[22]

중국의 경우 '家가'라는 용어는 그 가리키는 범위가 신축적이고 자유자재여서 부부만을 가리키는 경우도 있지만 친족 전체를 가리키는 경우도 있고 친족 이외까지 포함해서 친구들을 널리 가리키는 경우도 있다. 중국의 가장 기본적인 사회단위라고 할 수 있는 '가'의 범위는 이렇게 애매하다.[23] 그러나 비록 '家가'의 정의와 규모를 분명하게 정의하는 것은 어려울지라도 중국 고대에 기원을 두는 유교 문화권의 가족은 보다 큰 사회에 대한 대리인 역할을 담당하며 정치나 종교 등 외적인 힘이 이루어낼 수 없는 영역까지도 해내는 역할을 하였다. 다시 말해 유교 문화권에서 '家가'는 모든 사회 조직의 근본이 되었으며, 家가를 운용하는 원리가 다른 사회 조직에도 그대로 활용되었다. 이러한 동아시아 고대의 家가 개념은 남성들의 연대를 특별히 강화시켜주는 것이 특징이다.

가부장제 가족의 탄생

앞에서 살펴본 바 家가와 국國 또는 家가와 방邦이 연용된 국가國家 또는 방가邦家라는 용어가 경전에서 빈번하게 등장하는 것은 고대인들의 의식 속에 이미 가와 국의 강한 연결성이 잠재되어 있었음을 뜻한다. 중국 고대에서 家가는 국國과 한 몸으로 인식되는, 이른바 '가국동체家國同體'의 구조를 보인다. 그것이 유지되는 원리 또한 하나라고 생각하였다. 순자는 말한다.

> 군주는 나라의 지존至尊이고 아버지는 가정의 지존이다. 지존자가 하
> 나일 때 나라와 가정의 질서가 유지되지만 지존자가 둘일 때는 혼란이
> 생긴다. 예로부터 두 지존자가 서로 다툼에도 불구하고 나라와 가정이
> 오래도록 유지된 적은 없었다.[24]

위 예문을 통해 아버지 권력과 국가 권력은 공생共生하는 구조 속에 있음을 알 수 있다. 국國의 질서와 가家의 질서가 동질적인 것으로 파악되어, 나라에 최고 권위자가 있듯이 가정에도 집안을 다스리는 최고 권위자가 있어야 했다. 가정의 어른은 나라의 군주에 비유되고,[25] 나라의 우두머리는 '민지부모民之父母'라는 표현에서처럼 가정의 어른에 비유되었다. 이러한 가家와 국國은 물에서 물고기가 살고 숲에서 조수鳥獸가 살듯이 사람의 자연스러운 삶의 환경으로 인식되었다.[26]

가족과 국가가 공생 관계에 있으므로 부모에 대한 효孝와 공恭은 군주에 대한 충忠과 순順으로 연장될 수 있다. 국國의 질서가 강조되면 될수록 가家의 질서 또한 강조되었으며, 국國의 성격이 어떠한가에 따라 가家의 질서 또한 그에 상응하는 것으로 구성되었다. 나라가 바로 서기 위해서는 집안이 먼저 서야 하고 전제 군주의 권위를 강조하기 위해 가부장의 권위를 강조하는 것이다. 이는 가족의 개념으로 세계를 해석한 것인데, 그 결과 '사해일가四海一家'라든가 '천하일가天下一家'라는 말이 가능하게 되었다.

한편 이러한 가족은 약육강식弱肉强食의 원리가 지배하는 사회로부터 벗어날 수 있는 최초의 '질서 사회'로 묘사되곤 한다. 『관자管子』에

서는 가족의 필요성을 이렇게 말한다.

> 옛날에는 군신君臣·상하上下의 구별도 없었고, 부부가 되는 일정한
> 형식도 없었다. 짐승처럼 엉켜 살면서 힘으로 서로를 정복하였다. 이에
> 영리한 자는 어리석은 자를 속이고 강한 자는 약한 자를 능멸하는 가운
> 데, 노인과 어린이 그리고 가족이 없는 외톨이들은 거처를 얻을 수가
> 없었다.[27]

위의 인용문에서 보건대 가족은 정해진 규칙이 없어 힘으로 서로
겨루고 정복하는 현상을 해결할 수 있는 방안인 것이다. 가족이 사회
질서를 유지하기 위한 도구로 인식될 때 가족의 원리는 단순히 혈연
감정에 의해 구성될 수 있는 것이 아니다. 혈연 감정 이상의 것이란
각각의 관계에서 요구되는 정해진 규칙을 말하는 것이다. 공자가 노
나라의 군주 애공哀公에게 말했다. "옛날 삼대三代의 훌륭한 왕의 정치
는 반드시 그 처자를 공경하였습니다. 처라는 사람은 어버이를 섬기
는 사람이니 감히 공경하지 않을 수 있습니까? 자식이란 어버이의 뒤
를 이으니 감히 공경하지 않을 수 있습니까? 자신은 어버이의 가지이
니 감히 공경하지 않을 수 있습니까?"[28]

이로 볼 때 가족 구성원에 대한 배려는 아무런 의도 없이 자연스럽
게 실행되는 것이기보다 더 큰 사회적 목적을 가진 것이다. 어버이를
섬기는 사람으로서의 처, 혈통을 이어 주는 자로서의 자식, 어버이의
존재를 확인시켜 주는 자로서의 나, 그들이 공경을 받는 이유는 가족
을 유지시키는 역할 수행자이기 때문이다. 가족 내부의 질서를 확립
하는 것이 곧 국가 경영의 근본적인 사업이었다는 점에서 가족 질서

와 국가 질서는 하나의 연결선상에 있다.

가족에 관한 중국 고대인의 의식이 반영되어 있는 『주역周易』의 37 번째 괘卦인 가인괘家人卦는 우리가 알고 있는 유교적 가족 개념의 전형을 보여주고 있다.

가인의 괘사卦辭는 "가정의 질서는 여자의 '바름(정貞)'에 있다."[29]고 하였다. 정이程頤는 이에 대해 여자가 바르면 가정의 질서가 잡힌다고 하고, 가정의 질서란 남편은 남편답고 부인은 부인다움을 말한다고 하였다. 그리고 괘사에서 여자의 바름만을 언급한 것은 남자는 자기 자신을 바르게 하면 되지만 여자는 집안을 바르게 해야 하기 때문으로 보았다.[30] 이 논리에서 보면 가정의 흥망은 여자에게 달려 있다.

「단전彖傳」에서는 "여자는 안에서 위치를 바르게 하고 남자는 밖에서 위치를 바르게 하는 것, 이것은 남녀 각각이 제자리를 찾은 것이고 곧 우주의 큰 뜻"[31]이라고 하였다. 다시 말해 가인괘의 가족 관념에 의하면 여자와 남자의 역할은 가정의 안과 밖을 각각 담당하는 것이 바람직하다. 하지만 가인괘의 큰 요지는 강함을 최선으로 여기기 때문에[32] 초初와 삼三, 상上괘의 상징을 주도적인 것으로 삼는다. 가인괘에서 초구初九, 구삼九三, 구오九五, 상구上九는 남자 괘인데, 이 괘들은 강剛함을 바람직한 것으로 여긴다. 반면에 육이六二, 육사六四는 여자 괘인데, 부드러움〔유柔〕을 재질로 간직하고 있다. 그런데 집안을 다스리는 것은 강剛함으로 해야지 부드러움으로는 불가능하다고 생각하였다. 『주역』의 저자들은 집안은 다스려져야 하고, 다스리는 주체는 강한 재질을 가진 남자여야 한다는 논리를 가지고 있었다. 그러면 괘

卦 효사交辭에 나타난 가부장제 논리를 구체적으로 살펴보자.

초구初九에서는 "집안을 (예법으로) 막으면 뉘우침이 없어지리라."[33]고 하였다. 『주역』이 염려한 집안에서의 관계는 장유長幼와 남녀의 분별이 없는 것이었다. 그런 점에서 자식을 상징한 초구初九괘는 그 분별을 혼란스럽게 할 근원을 미리 예방하는 의미가 있다.[34] 구삼九三은 "가인이 원망하니 엄했던 것을 뉘우치면 길하다. (그러나) 부인과 자식이 희희낙낙하면 끝내 부끄러우리라."[35]라고 하였다. 즉 집안을 다스리는 데 있어서 너무 엄하게 하여 가인이 원망했으니 그것을 뉘우치면 길하다는 뜻이다. 그렇지만 부인과 자식이 절도 없이 웃고 즐거워하면 끝내는 집안을 망친다는 뜻이다. 구삼九三괘 상사象辭에서는 가족 구성원이 가장을 원망할 수는 있지만 부인과 자식이 웃고 즐기는 것은 집안을 망하게 할 소지를 갖는다고 설명하였다.[36] 이상에서 본 바 『주역』이 지향하는 가족의 모델은 엄격한 규칙으로 운용되는 가정이다.

육이六二에서는 "(독자적으로)이루는 바가 없고 집안에 있으면서 음식을 장만하면 바르니 길하리라."[37]라고 하였다. 이에 대한 정이程頤의 해석은 다음과 같다. "육이六二는 음유陰柔를 재질로 하며 유위柔位에 위치하기 때문에 집안을 다스리기에는 부족하다. 영웅의 자질로도 오히려 정과 사랑에 빠져 스스로 지키지 못하는 경우가 있는데, 유약한 자질로는 처자의 정을 이길 수 없다. 그러나 육이六二와 같은 재질을 가지고 부인의 도를 행하면 바른 것이다. 유순柔順으로 중정中正에 처하는 것은 부인의 도이다. 부인은 집안에서 음식을 주관하는 사람이기 때문에 '중궤中饋'라고도 한다."[38] 이 논리에 의하면 집안의 질서는 강함의 논리로 유지되어야 하는데, 그래서 가족 사이에서 생기는 정이나 사랑의 감정들도 엄격한 규칙의 지배하에 두어야 한다는 것이다.

육사六四는 "집안이 부유하니 크게 길하리라."[39]고 하였다. 육사는 부인의 괘인데, 집안의 부를 부인의 일로 간주하고 있다는 점에서 주목할 필요가 있다. 이에 대해 주희朱熹는 "양陽은 의義를 주장하고 음陰은 리利를 주장하는데, 음으로서 음위陰位에 거하고 또 상위上位에 있으니 그 집안을 부유하게 하는 것"[40]이라고 해석하였다. 이상에서 본 바 가인괘家人卦는 부인을 집안의 경제와 음식을 주관하는 역할 담당자로 자리매기고 있다. 말하자면 집안을 유지하고 운용하는 데 가장 필수적인 사항을 여성의 일로 규정하고 있다는 점이다. 그럼에도 불구하고 집안의 대표자이자 가족 구성원들을 관리하는 책임자는 남자여야 했다.

구오九五에서 "왕이 집안 사람들을 감격시키니 염려하지 않아도 길하리라."[41]라고 하였다. 오五가 군위君位에 있기 때문에 왕이라 하였고, 구오九五는 남자로서 밖에 있고 강剛으로서 양陽의 자리에 있으니 존위尊位라 할 수 있다. 상구上九는 "정성이 있고 위엄이 있으면 마침내 길하리라."[42]라고 하였다. 상사象辭에서는 "위엄이 길하다 함은 자기 몸을 돌이켜 살핌을 말한 것이다."[43]라고 하였다. 즉 상구上九는 가부장의 자리가 되는데, 결국 가장의 위엄이 집안을 정비하는 요체가 되고, 그 위엄은 자신을 성찰하고 닦는 데서 나온다는 말이다. 이에 대해 정이程頤는 "자신이 도를 행하지 않으면 처자에게 행해지지 않는다."고 한 맹자의 말을 인용하면서 자기 몸을 바로잡은 후에 집안이 다스려진다고 하였다.[44]

『주역』 가인괘에 나타난 동아시아 고대의 가족은 엄격한 가부장이 지배하는 형태를 이상으로 삼는다. 따라서 가부장의 권위가 바로 서지 못해 가족 구성원들이 웃고 즐기게 된다면 가족이 망하는 것으로 해석하였다. 웃고 즐기는 행위는 기강이 해이해졌기 때문으로 풀이했다. 가부장과 동일시된 이러한 가족은 그 자체가 하나의 행위자이며, 가부장 외의 구성원들은 항상 가부장의 통제와 관리를 받아야 했다.

동아시아 가족 개념의 원류가 되는 유가의 가족은 가족 관계에서 발원하는 도덕심이 사회와 국가의 이념으로 그대로 연결될 수 있다는 것이다. 이러한 구도는 서주초西周初 가족에 대한 유가적 모델이 만들어지던 시기, 혈연 관계와 정치 관계가 일치되었던 특정한 역사적 조건 위에서 가능하였다.

2. 고대 가족의 구성 원리

중국 고대에서 가족은 그 구성원이 생산과 소비를 함께 하는 '경제 단위'인 동시에 가족의 생전과 사후의 행복을 위해 필요한 의식을 행할 의무를 지닌 '종교 단위'이기도 했다. 중국의 가족을 일종의 사회 보장 조직이라고도 하는데, 그것은 서양의 부모들이 독립적이고 자기 성취적인 어른이 되도록 자식을 길렀다면, 중국의 부모는 아들(딸은 제외)이 장차 자신을 봉양하며 자손의 계보를 끊지 않고 혈통을 이어가도록 하기 위해 양육했다는 점을 들 수 있다. 따라서 동아시아 가족 사상의 뿌리가 되는 중국 고대의 가족은 크게 두 가지의 목적을 가지고 구성된 것으로 볼 수 있다. 하나는 살아 가는 데 반드시 필요한 요소들, 즉 생물학적 욕구에 기초한 세속의 가치들이고, 다른 하나는 세속을 넘어 무한성의 가치에 도전하는 초월에의 의지이다. 인간의 현실이자 인간의 이상인 이 두 가지 가치를 고대인들은 가족을 통해 구현하고자 했다.

중국 고대의 가족 개념을 이해하기 위해서는 혈통과 성gender, 세대generation의 문제를 통하지 않을 수 없다. 반드시 동일한 남성 조상의 자손으로서 남자가 가계 계승의 주체가 되는 혈연 관계가 분명해야 한다는 점에서 혈통은 가족 구성의 전제가 된다. 또 남자와 여자라는 두 성性이 계기가 되어 가족이 구성된다는 점에서 성性 또한 가족의 중심을 이룬다. 가족의 성립이 남녀를 계기로 한다면 가족의 유지 확장은 자식을 필요로 한다. 여기서 세대의 차이와 그것이 파생하는 문제를 만나게 된다. 세속과 초월의 문제가 가족 구성의 목적이라고 한다면 혈통과 성, 세대의 문제가 가족 구성의 소재素材인 셈이다. 그러면 삶의 과정에서 기본적으로 요구되는 문제들과 삶의 의미를 찾으려는 인간의 이상이 가족의 소재들을 어떻게 도덕적이고 이데올로기적으로 구성해 내는가? 이것은 가족 윤리의 구체적 맥락을 살피는 작업으로 동아시아 가족 개념을 좀더 입체적으로 볼 수 있게 한다. 또한 이를 통해 가족을 구성하는 권력 관계의 다양한 지점들이 드러날 수 있을 것으로 본다.

세속적 요구

유교 문화권에서 가족의 중요성은 무엇보다 일용평상의 도가 실현되는 장소라는 점에서 강조되어 왔다. 그런 점에서 가족은 인간의 생물학적인 기본 욕구를 충실히 담아낼 수 있어야 했다. 무엇이 인간의 가장 기본적인 욕구인가? 우선 식食과 색色을 들 수 있다. 공자가 탄식한 바 대부분의 사람들이 '호덕好德'보다 '호색好色'에 치중한다고 한 것[45]은 성욕이 그 어떤 사회적 가치보다 앞서 있는 것이라는 말로 해석될 수 있다. 맹자는 남녀가 각각 자신의 짝을 구하는 것은 인간의 큰 원칙[46]이라고 하였고, 고자告子는 식食·색色이 곧 사람의 본성[47]이라고 하였다.『예기』는 "음식과 남녀는 인간의 큰 욕망"[48]이라고 하였다. 이들의 주장을 보면 성에 대한 관심은 인간의 본능으로 일차적인 것이라면 도덕은 그 본능을 제어할 수 있는 능력으로 이차적인 것이라 할 수 있다. 식食과 색色을 본성으로 규정한 것은 생활 자료의 생산과 성적 욕구의 실현이 인간의 가장 기본적인 문제라는 인식에서 나온 것이다.

이것이 고대인들이 본 인간의 피할 수 없는 기본적인 요구라면, 그것은 가족이라는 공동체 속에서 어떤 식으로든 해결되어야 했다. 이때 개인의 욕구들은 타인과 갈등하기도 하고 협상하기도 하는 과정을 겪게 된다. 아마도 개체적 인간의 생물학적 욕구가 있는 그대로 표현되거나 완벽하게 실현되는 그런 가족은 존재한 적도 없고 존재할 수도 없을 것이다. 가족이란 이미 나 아닌 다른 존재를 인정할 때 성립될 수 있기 때문이다. 가족이 유지되기 위해서는 일정한 문화 이데올로기적인 통제를 받게 된다. 따라서 가족을 생물학적 욕구가 충실히 실현되는 기능적 단위로만 보는 것은 가족을 구성하는 도덕적 이데올로기적 특성들을 놓치게 된다. 그리고 인간의 욕구라는 것은 불변의 형태로 존재하는 것이기보다 역사 문화와 함께 길러지고 만들어지는 것이기도 하다.

그럼에도 불구하고 가족 윤리라는, 공동체적 삶을 영위하는 데 요구되는 일종의 규칙 속에는 인간의 현실적 문제가 반영될 수밖에 없다. 따라서 동아시아 가족 개념의 원류가 되는 중국 고대의 가족을 이해하기 위해 이른바 세속적인 욕망들이 어떤 방식으로 이해되고 재구성되는지를 보는 것도 하나의 방법이 될 것이다.

먼저 생활 자료의 생산이라는 문제가 가족 속의 남녀에게 어떻게 분배되는가를 살펴보자. 『여씨춘추呂氏春秋』는 말한다.

> 남편은 길쌈을 하지 않아도 옷을 입을 수 있고 부인은 밭을 갈지 않아도 먹을 수 있는 것이 남녀가 각각 나누어 일을 하고 서로 나누어 가지는 원리이다. 늙지 않으면 놀지 않고 아프지 않으면 쉬지 않는다는 원칙은 죽기 전까지도 포기할 수 없는 것이다.[49]

『여씨춘추』는 남자와 여자가 혼인을 하여 가족이 되는 가장 기본적인 원리는 분업을 통해 서로의 필요를 충족시키는 데 있다고 보았다. 고대인들도 생활을 영위하기 위한 가장 경제적인 방법을 모색할 필요가 있었고, 그 방법의 최초 형태가 노동의 성별 분업인 남경여직男耕女織이었다. 그러나 이 성별분업이 자연스러운 현상이 된 것은 긴 역사적 시간이 흐른 후임을 알 수 있다. 역사 시기의 처음에는 농사일이 여성의 일이었다. 요임금 시대에 농사 장관이었던 주족周族의 시조 후직后稷은 그 어머니 강원姜嫄으로부터 농사 기술을 배웠다.[50] 다시 말해 먹고 입어야 하는 삶의 현실로부터 출발하여 남녀의 역할을 집밖의 일과 집안의 일로 나눈 것은 농경 사회를 모델로 한 것이다. 이러한 성별 분업은 역사적 전개를 거쳐 천지 사이에 통용되는 절대적인 진리로 정착되었다. 성별 분업을 합법화하는 논리가 '내외지분內外之分'이다. 즉『주역』이 "집안의 사람들은 여자가 안에서 자리잡고, 남자가 밖에서 자리잡아 각각의 자리를 바로 하는 것이 곧 자연의 큰 이치"[51]라고 한 것이다.

다음으로 '색色'이라고 하는 성적 욕구들은 가족 속에서 어떻게 실현되고, 그 욕구는 어떠한 도덕 개념으로 표현되는가를 보자. 고대인들이 펼치고 있는 가족의 필요성은 많은 경우 혼인에 부여하는 의미 속에서 드러난다. 혼인의 목적은 자손을 생산하여 대를 잇는 것에 두어진다. 그러나 혼인의 의미와 자손의 번영이란 사실은 인간의 기본적인 욕망인 성의 문제를 문화적으로 처리한 방식 중의 하나이다. 고대인들에게 가족이란 당연히 남녀가 부부의 관계를 맺음으로써 이루어지는 것으로 생각되었다.

그렇다면 왜 남녀는 부부가 되어야 하는가? 그들에게 '남녀'의 다음 단계는 부부가 되는 것이며 그것은 곧 자연의 이치일 뿐[52] 더 이상의 설명은 없다. 상세하게 논증하고 있지는 않지만 성sexuality의 문제가 인간의 가장 기본적인 욕구임을 인정하는 부분이 맹자에게도 보인다. 부모의 승낙을 받아야 혼인이 인정되는 당시의 맥락에서 맹자는 부모의 승인을 받지 않은 혼인도 가능하다는 견해를 보였다. 물론 가장 바람직한 것은 부모에게 알려 승낙을 얻어내야 하지만, 부모가 반대하여 혼인을 못하게 될 경우 승낙 없이 혼인을 할 수 있다는 것이다.[53] 맹자는 남녀의 성적 욕구는 어느 누구도 부정할 수 없는 것이라고 본 것이다. 이러한 맥락에서 부부가 구성하는 가족은 성적 욕구의 실현이 하나의 기본 전제이다.

남녀의 관계를 감응感應과 배합配合이라고 하는데, 이것은 성적인 욕구 실현의 문제와 관련된 개념들이다. 『주역』 64괘 중에서 함咸·항恒·점漸·귀매歸妹의 네 괘가 남녀배합男女配合의 뜻을 가지고 있다. 예컨대 함괘咸卦에서는 "함咸은 감동함이니 유柔가 위에 있고 강剛이 아래에 있어서 두 기운이 감응하여 서로 친해서 기뻐함에 그치니 남자가 여자에게 낮춘다."[54]고 하였다. 이 괘들은 남녀의 생물학적 욕망을 자연의 원리로 보았다. 가족의 필요성에 대한 유교적 설명은 부모의 뒤를 이을 자식을 얻는 것, 늙은 부모를 봉양하기 위해서라는 방식을 택하지만 사실은 성적 욕구의 실현이 더 근원적인 것임을 인정하고 있는 것이다. 맹자가 말했다. "벼슬함은 가난을 해결하기 위해서가 아니지만 때로는 가난을 위한 경우가 있으며 아내를 얻음은 봉양을 위해서가 아니지만 때로는 봉양을 위한 경우가 있다."[55] 맹자는 부모 봉양이 아내를 얻는 것 또는 가족을 구성하는 것의 원래 목적이 아님을 인정한 것이다.

생활 자료의 생산과 성적 욕구의 실현이라는 두 가지 외에 가족의 존재 이유를 묻는다면 후세대의 양육과 노후 보장의 문제라고 할 수 있다. 어린아이를 어떻게 기르고, 성장한 아이를 어떻게 가르칠 것인가? 늙은 부모를 누가 모시고 어른과 아이는 어떤 관계를 맺을 것인가? 이러한 문제를 해결할 수 있는 가장 이상적인 방법은 무엇인가?

가족 내부에서 발생하는 이러한 요구들이 혼인이나 효 또는 조상에 대한 생각을 하게 되었고, 특정한 의미 체계를 만들어 제도와 의례 행위로 표현하게 되었을 것이다. 예컨대 장자長子 상속제가 나오게 된 맥락에는 '부모를 누가 모실 것인가'라는 현실적인 문제가 들어 있다. 이때의 장자長子란 권리의 상징이기보다는 의무의 상징이다. 그렇다면 후세대의 양육과 노후 보장, 두 문제를 유교적 가족 개념에서는 어떻게 구성해내고 있는가를 보자.

중국 고대의 가족 문화에서 아이를 양육하는 방식은 성gender에 따라 달랐다. 『시경』은 말한다. "남아를 낳으면 침상 위에 뉘이고 화려한 옷을 입히고 구슬을 쥐어주고…… 여아를 낳으면 침상 아래 뉘이고 수수한 옷을 입히고 실패를 쥐어준다……."56) 이 『시경』의 구절은 유교 문화권의 남녀 차별이 출생과 함께 시작되었다는 주장의 근거로 사용되어 왔다. 한편 전통 시대의 경전 주석가들은 이 부분을 확대 해석하여 "남아는 귀하고 높은 존재가 되기를 기원하고, 여아는 천하고 낮은 존재가 되기를 기원한 것"에 『시경』의 뜻이 있다고 보았다.57) 그런데 중국 고대의 가족 문화는 자녀 양육의 문제보다 오히려 노후 보장의 문제가 더 중시되었다. 가족의 본질에 대해 말리노프스키는 다음과 같이 말했다.

인간의 아이는 가장 고등한 유인원의 새끼보다도 훨씬 오랜 기간 동안 부모의 보호를 필요로 하다. 따라서 짝짓기, 임신, 출산과 같은 재생산 행위가 법을 기초로 한 부모됨—아버지와 어머니가 오랜 동안 자녀를 돌보는 관계, 즉 양육의 즐거움과 어려움을 함께 감수하는 관계—과 연결되지 않는 문화란 존재할 수 없었다.58)

266

이에 의하면 인간은 그 생물학적 특성으로 인하여 긴 시간 동안 부모의 보살핌과 보호를 받아야 하는 것이다. 즉 자녀 양육이 인간의 보편적 기능이고, 그것은 가족을 통해 수행될 수 있다고 보았다. 그에 의하면 이러한 생물학적 특성이 가족이라는 사회적인 공동체를 필요로 하게 된 것이다. 그러나 자녀 양육이라는 문제가 인간이 직면한 가장 기본적인 문제라고 하더라도 이것으로 가족의 본질을 주장하기에는 미흡한 점이 있다. 산업 형태나 문화에 따라 다른 모습을 보이는 가족의 특성은 인간이 직면하는 기본적인 문제를 어떤 방식으로 해결하고 어떤 이데올로기로 구성하는가에서 드러나기 때문이다. 말리노프스키가 자녀 양육으로부터 가족의 보편성을 도출해 내었다면 중국 고대의 가족은 늙은 부모를 보살피는 것에서 가족의 의미를 찾았다고 할 수 있다.

중국 고대에서 자녀를 양육하고 교육하는 궁극적인 목적은 부모에게 효를 행하고 연장자를 공경하는 태도를 몸과 마음으로 내재화하는 데 있었다. 다시 말해 부모에 대한 효孝와 연장자에 대한 공경恭敬이란, 사실은 일종의 노후 보장책이다. 노후를 안정되게 보내고 싶은 것이 일종의 욕망이라면, 어떤 방식으로 실현할 것인가 하는 것은 이데올로기이다. 가족이라는 사회적 단위를 통해 노동력이 없게 된 늙은 부모를 보살피도록 하는 것, 가족 구성원들에게 그 일을 일정한 원칙으로 분배하는 것 등은 '자연적인 것'이 아니라 '문화적인 것'이다. 예컨대 "시부모를 내 부모로 여기는 것"[59]은 부거제夫居制가 일반화된 사회에서만 통용될 수 있는 도덕 원칙이다.

자식이 그의 처를 매우 좋게 여기지만 부모가 좋아하지 않으면 내보내고, 자식은 그의 처를 좋게 여기지 않지만 부모가 '나를 잘 봉양한다'라고 하면 자식은 부부夫婦의 예禮를 행하여야 하며 종신토록 어길 수 없다.[60]

그런데 당시에 보편적으로 통용되고 있었던 부모 봉양과 관련된 효孝의 윤리를 예리하게 주시한 사람이 있었다. 노자老子가 바로 그이다.

낳고 양육하는 행위가 있다. 낳고도 소유하지 않고, 양육하고도 의지하지 않으며, 자라나게 해주고도 주재하지 않으니 이를 현덕玄德이라한다.[61] 도는 낳고 기르고 자라게 하고 완성시키며 형체를 주고 바탕을 이루게 하고 길러주고 덮어준다. 낳으면서도 자기 것으로 하지 않고 위해주면서도 뽐냄이 없고 길러주면서도 마음대로 하지 않으니 이것을 현덕이라 한다.[62]

노자의 말 속에서 알 수 있는 것은, 인간에게는 생육 행위를 보상받고자 하는 심리가 있다는 것이다. 그러나 그에 의하면 생육의 행위란 단순한 생물학적 활동일 뿐 그것의 공功을 주장하는 것은 하류에 속한다. 생육의 행위 그 자체가 아니라 그 행위에 부여된 문화적 가치들이 때로는 본질을 흐리게 할 수 있다는 점을 노자는 인식한 듯 하다.

『예기』는 말한다. "부모가 생존해 계신 동안은 벗을 위해 죽는 것과 사적인 재산을 가지는 것은 허락되지 않는다."[63] "자식과 며느리는 개인 재산을 가질 수 없다. 가축이나 생산 도구를 소유할 수도 없다. 혼자 여가를 즐기거나 집안의 재산을 맘대로 누구에게 주어도 안 된다."[64] 그리고 자식은 새벽닭과 함께 일어나 늦은 저녁 잠자리에 들 때까지 부

모를 보살피는 일로 온 하루를 보내기를 매일같이 해야 한다.[65]

이렇게 노후에 대한 두려움이 가족 윤리에 표현되고 늙은 부모에 대한 공경이 지나치게 강조된 것은 역사의 일정한 맥락 속에서 이해될 수 있다. 앞에서 소개한 『예기』는 전국戰國에서 한초漢初에 이르는 역사 상황을 반영하고 있는데, 이 시기는 소형 가족이 가족의 일반적인 형태로 자리잡기 시작하였다. 전국기戰國期의 제후국들은 가호家戶를 늘림으로써 국가의 세수稅收를 확보하는 가족 정책을 내놓는데, 이것은 부국강병을 꿈꾸는 나라들의 공통된 방향이었다. 정치·경제적 여러 요인들이 맞물려 가족의 형태는 변화되어 갔고, 진秦·한초漢初에 이르면 다섯 내지는 아홉으로 구성된 소농가족이 가족의 일반적인 형태가 되었다.[66] 종족 중심의 대가족에서 부부 중심의 소가족으로의 이행은 부모와 자식의 새로운 관계를 예고하는 것인데, 그것이 파생하는 갈등이 없을 수 없었다. 그 우려를 가부장의 입장에서 볼 때 다음과 같이 정리될 수 있다.

분가分家가 부모의 의지와 관계없는 자식의 의무이자 권리가 되며, 부모와의 동거 기간이 짧아 부모에 대한 경의나 애정이 엷어진다. 또 부모는 어떤 자식과 최후까지 동거할 것인가를 예정해 둘 수 없고, 최후에 부모와 동거하는 자식은 부모의 노동력 감퇴로 인해 부모에게 은혜를 입혀 주는 기분을 갖게 된다. 분가에 따른 재산 균분을 관철하는 것이 쉽지 않을 뿐 아니라, 어린 동생이나 태어날 동생의 지분을 계산하는 데 분쟁의 소지가 있다. 부모와 자식이 각자의 재산을 가지기 때문에 공재共財가 주는 연대감 등을 기대할 수 없는 것 등이다.[67] 가부장에 절대적인 권한을 부여하는 이러한 방식은 정치 권력의 성격과 밀접하게 연관된 것이지만, 노후의 삶에 더 큰 의미를 두는 유교적 가족 문화로 설명될 수도 있다.

이상은 중국 고대의 가족 구성 원리를 세속적 기능의 측면에서 접근하였다. 이제 그 의미를 살펴보자. 중국의 고대인들은 가족을 통해 인간의 가장 기초적인 요구들을 해결하고자 하였다. 그런데 그 요구는 모든 구성원들이 동일한 내용을 가지는 것도, 동일한 방식으로 추구될 수 있는 것도 아니었다. 즉 생물학적 욕구는 보다 더 큰 사회 구조가 지향하는 방향으로 재구성되는데, 여기에서 생물학적 욕구를 해석하는 문화적 방법을 만날 수 있다. 성gender은 '자연스러운' 역할 분담이 아니라 집안의 안과 밖으로 나뉘고, 거기에 상응하는 노동을 해야 하는 것으로 정식화되었다. 각자가 능한 것을 자신의 일로 삼는 것은 자연스러운 분담이 될지 모르지만 성별로 이미 정해진 역할 분담은 이데올로기적인 것이다. 성gender을 변수로 하여 한쪽을 배제시키고 그 배제의 동력을 이용하여 다른 한쪽을 강화시키는 논리의 역할 분담은 생물학적 차이가 아니라 사회적 차별인 것이다. 늙은 부모가 장성한 자식의 부양을 받아야 하는 것은 자연스러운 것이지만 그것이 절대적인 명제가 되어 나머지 다른 가치와 관계를 종속시키는 것은 인위적이고 이데올로기적이다.

다시 말해 중국 고대 가족에 대한 문제 제기는 생물학에 토대를 둔다는 그 자체에 있기보다 그것을 사용하는 문화적 메커니즘에 있다. 즉 어떤 도덕이고 어떤 이데올로기인가, 그것은 가족 구성원들의 관계를 어떤 방식으로 구성하게 되는가를 묻게 될 수 밖에 없다. 가족의 도덕적 이데올로기적 원칙들에는 분명 인간을 인간답게 하는 인륜적

270

의미들이 있다. 가족의 모든 것을 부정하거나 가족의 모든 것을 긍정하는 방식으로는 보다 나은 가족을 구상할 수가 없다. 역사적인 그 어떤 가족도 배려와 착취, 사랑과 증오, 관대함과 옹졸함 등의 대립적인 가치가 공존하지 않을 수 없었다. 그런 점에서 중국 고대의 가족은 기본적인 요구를 담아내는 그 시대적 방법이었다는 점 외에 도덕적 함의를 지니는 이데올로기적인 구성체라는 점에서 접근될 수 있다.

초월에의 의지

대부분의 사람들은 가족을 통해 자연적인 욕구와 영혼의 욕구가 충실하게 충족되기를 바란다. 중국 고대인들 역시 가족에서 이 두 가지를 기대하였다. 그들에게 가족은 나와 사회를 이어 주는 절대적인 존재였고, 그것을 배제한 그 어떤 사회적 단위를 생각할 수 없었던 듯 하다. 앞에서 살핀 바 가족의 출발은 인간의 생물학적 욕구를 해결하는 데서 찾아질 수 있었다. 물론 욕망을 어떻게 해석하고 어떤 방식으로 구성하는가 하는 것은 이데올로기적인 제약을 받게 된다. 한편 인간은 단순히 생물학적 욕구 충족에 그치지 않고 더 높은 정신적 자유를 추구하는데, 자신의 생물학적 한계를 넘어서 보다 자유로운 시간과 공간을 확보하려는 것은 인간이 갖고 있는 또 하나의 욕망인 것이다.

궁극적 존재나 사후 세계에 대한 개념이 약한 중국 고대인들은 이 꿈을 가족을 통해 구현하고자 했다. 앞에서도 말한 바 중국 고대의 가족은 우리에게 익숙한 공동의 공간과 공동의 재산을 기반으로 한 '가

정'이라는 개념으로 설명되지 않았고, 그 외연이 훨씬 넓었다. 가족의 개념에 표현된 바 고대인들은 가족을 통해 생물학적 요구 이상의 것을 기대하고 있음을 알 수 있다. 즉 중국 고대에서 가족은 가족의 생전과 사후의 행복을 위해 필요한 의식을 행할 의무를 지닌 '종교 단위'이기도 했다. 그러면 가족을 통한 초월에의 의지가 고대인들에게서 어떤 방식으로 추구되는가를 보자.

먼저 개체적 존재가 직면한 생명의 유한성을 극복하고 무한한 삶을 살고자 하는 욕망을 가족을 통해 읽을 수 있다. 그것은 '생生'이라는 개념이 갖는 무게와 의미 속에서 드러난다. 고대의 세계에서 생生은 존재를 존재하도록 하는 계기일 뿐 아니라 개체와 개체를 이어 주는 운동성을 가진 개념으로 사용된다. 『주역』은 "천지의 위대한 덕을 생生"[68]이라 규정하였고, "낳고 낳는 것을 역의 원리"[69]라고 하였다. 맹자가 "모든 사람에게는 차마 하지 못하는 보편적인 심성이 있다."고 한 것에 대해 주희는 그것을 "천지가 만물을 낳는 마음이며 인간이 얻어서 자신의 마음으로 삼는 것"[70]이라고 하였다. 이 '생生(낳음)'에 대한 갈망은 개체적 생명이 갖고 있는 한계로부터 만들어진 것이라 할 수 있다. 생생生生을 갈망하는 인간의 욕망은 끊임없이 생생生生하는 자연의 원리를 닮고자 하였다.

'영혼 불멸'에 대한 관념 장치가 마련되어 있지 않은 유교의 세계관속에서 이들은 '영원히 살고 싶은' 욕망을 '현실적'이면서 '이상적'인 공동체, 가족을 통해 풀어가고자 하였다. 나의 생물학적인 한계는 내자식을 통해 극복될 수 있고, 나는 조상을 숭배하는 제사 의식을 통해 후손들에게 관념적으로 계속 존재할 수 있는 것이다. 유교의 가족 개넘에는 '낡은' 나를 '새로운' 나로 대체하는 방법의 모색이 응축되어 있다. 그것은 혼인의 의미와 부모 자식의 관계에 요구되는 자효慈孝의 의미에서도 드러난다.

혼례에 악樂을 사용하지 않는 것은 그윽하고 숨겨진 뜻이 있기 때문이다. 혼례가 축하할 일이 못되는 것은 사람의 세대를 교체하는 (엄숙한) 뜻이 있기 때문이다.[71] 딸을 시집보내는 집에서는 사흘 밤 동안 불을 밝혀둔다. (딸과의) 이별을 기리기 위해서이다. 며느리를 맞아들이는 집에서 삼일 동안 음악을 틀지 않는 것은 자손을 낳을 것을 엄숙히 하기 위함이다.[72]

풍우란馮友蘭은 혼례에 담긴 당시의 의미가 혼인 당사자를 위한 의식이라기보다는 세대 교체를 위한 것으로 혼례를 주관하는 부모 측에서는 결코 기쁜 일만은 아니라고 보았다. 훗날을 준비하는 것 중의 하나로 관棺을 준비하는 것과 다를 바 없다는 것이다.[73] 이러한 이해 속에서 부모와 조상의 생명성을 단절시키는 것은 가장 큰 불효가 된다.[74] "신체의 모든 것은 부모에게 물려받은 것이기 때문에 훼손할 수 없다."[75]는 것은 주체를 부모로 하고 나를 부모의 소유물로 보기보다 나를 부모에게로 확대하는 맥락에서 읽을 수 있다. 생명의 연속성에서 볼 때 나는 독립적 개체가 아니라 가까운 부모에서 먼 조상으로, 나의 자식에서 먼 후손에까지 이어지는 중간자에 불과하다. 조상 숭배의 전통도 생명의 연속성을 추구하는 맥락에서 나온 것임을 알 수 있다.

사람이 나서 살다가 죽은 것, 단지 이것뿐인가? 내가 전 생애를 통해 고심하고 노력해 온 인간적 가치들은 나의 죽음과 동시에 끝이 날

뿐인가? 죽음과 동시에 모든 과거가 사라진다면 사는 동안 무슨 짓을 하더라도 호의호식하는 것이 바람직하지 않을까? 고대인들이라고 이런 질문으로부터 자유롭지는 않았을 것이다. 그렇다면 내세에 대한 설계나 영혼불멸의 관념 장치가 마련되어 있지 않는 세계에서 이 물음들은 어떻게 설명될 수 있을까?

고대인들이 본 현실 속 대다수의 사람은 평범한 삶으로 생을 마감하였다. 다른 누구에게 기억될 수 없다. 오직 그의 가족과 자손만이 그를 기억할 뿐이다. 따라서 조상 숭배는 자손들의 기억 속에서, 생명에의 욕망에 충실한 인간에게 자신의 존재 의미를 새롭게 획득해 가는 의식이 되는 것이다.[76] 모든 사람들은 조상을 가지고 있고, 모든 사람들은 혈족을 갖고 있기 때문에 조상 숭배를 어떤 의미에서 만인 평등적 종교라고 보기도 한다.[77] 여기에서 가족은 공동생활의 장場으로 그치는 것이 아니라 하나의 우주, 살아 가는 의미, 죽는 이유, 과거와 현재, 미래가 공존하는[78] 상상의 공동체가 된다.

'낳고 또 낳는' 것을 역易의 원리라는 한 것은 개인적 생명의 내원을 근거로 우주를 설명하는 방식이다. 즉 "천지음양의 기운이 뒤섞여 만물이 생겨나고 길러지며, 남녀의 정기가 서로 만나 만물이 생겨난다."[79]는 것이다. 남녀의 교합으로 사람이 태어나는 원리로 자연 현상을 유추한 것인데, 그래서 우주와 그 현상은 가족적인 개념으로 설명된다.

> 건乾은 하늘이므로 부父라 칭하고, 곤坤은 땅이므로 모母라 칭하고, 진震은 첫 번째 구하여 남자를 얻었으므로 장남長男이라 이르고, 손巽은 첫번째 구하여 여자를 얻었으므로 장녀長女라 이르고, 감坎은 두 번째

구하여 남자를 얻었으므로 중남中男이라 이르고 리離는 두 번째 구하여 여자를 얻었으므로 중녀中女라 이르고 간艮은 세 번째 구하여 남자를 얻었으므로 소남少男이라 이르고 태兌는 세 번째로 구하여 여자를 얻었으므로 소녀少女라 이른다.[80]

가족 속에 아버지 어머니가 있듯이 우주에는 하늘과 땅이 있다. 천둥과 바람, 물과 불, 산과 못은 각각 장남과 장녀, 차남과 차녀, 소남과 소녀로 상징된다. 모든 것을 가족적 상징으로 환원시키는 이러한 구조는 가족이라는 창으로 세계를 보는 것이며 가족이 세계의 중심에 있음을 말해 주는 것이다. 우주의 현상을 가족적 개념으로 설명했듯이, 다른 사회적 관계들도 가족적 개념으로 설명되었다. 자연의 원리를 가족적 정서로 설명했듯이, 다른 사람과의 관계도 필요에 따라 가족적 정서로 설명되었다. 서구나 일본과도 다른, 중국의 '가家' 개념을 잘 설명해주고 있는 다음의 글을 보자.

　중국의 가家 개념은 그 범위가 반드시 일정하지 않아 동거동재의 의미도 있지만 보다 넓은 종족을 가리키는 게 보통이다. 일본의 경우 가家는 가업의 관념과 분리될 수 없다. 일본의 가家는 개인을 넘어선 하나의 단체인데, 같은 가에 속한 사람들과의 공동 의식은 혈연 관계 그 자체보다도 가산家産, 가업家業, 가직家職 등과 같이 가家의 목적을 위해 공동으로 일함으로써 지탱된다. 그러나 중국에서는 같은 형제지만 다양한 생업을 선택할 수 있다. 출생에 따라서 직업이나 사회적 지위가 결정되는 사회를 신분제 사회라고 한다면, 그런 점에서 중국은 비신분제 사회였다고 할 수 있다. 그렇다면 사회적 지위가 다른 가운데 '家'의 결속을 담보하는 것이 어떻게 가능한가? 중국에서 가의 개념은 남계男系의 피를 통해 면면히 계승되는 생명의 흐름이다. '기氣'로 표현된다. 家의 본질은 자기의 생명 그 자체로서 사람들 안에 있다. 이른바 동기감각同氣感覺이라는 것이다. 이 동기감각은 실제적 혈연 관계가 아니라도 단결의 계기가 되는데, 도원의 결의처럼 의형제의 관계가 그것이다. 즉 동기감각이란 필요에 의해서 강제된 타산적으로 만들어진 것이라고 하더라도 거기에 상정된 관계는 단순한 주고받기가 아니라 타인을 자기 자신의 일부로 느끼는 것과 같은 직접적인 일체감으로 지탱되는 무한정의 헌신이다.[81]

나는 어디로부터 왔으며 어디로 가고 있는가? 중국 고대인들은 이 질문을 가족의 개념으로 설명해 내고자 했다. 조상이 과거의 나라고 한다면 후손은 미래의 나이다. 궁극적 절대자가 있어 나에게 벌을 주고 복을 주는 것이 아니라 조상의 과오로 내가 벌을 받고 조상의 선행으로 내가 복을 받는 것이다. 현세에서 내가 저지른 악행惡行은 내세에서 그 죄 값을 치르는 것이 아니라 내 자식 내 후손이 대신 받게 된다고 생각하였다. 내가 쌓은 선행善行은 내가 죽은 후의 세상에서 고스란히 돌려받는 것이 아니라 내 자손들이 대신 받게 된다고 여겼다. 즉 나에게 다가 온 복福은 조상의 음덕陰德으로 인한 것이며, 나의 선행은 자손들에게 복을 가져다 줄 것이고 나의 악행은 자손들에게 화를 가져다 줄 것으로 믿었다. 나의 모든 의식과 행위는 조상과 후손을 연결하는 지점에 위치한다. 이러한 세계관은 선행을 유도하고 악행을 제거하는 여타 종교와 유사한 기능을 한다.

이러한 사유 구조에서 생명의 연속성을 담보해 주는 것은 혈통의 개념이다. 혈통을 구성하고 파악하는 방법은 다양할 수 있다. 단계單系 또는 비단계非單系의 방법이 있는데, 단계는 다시 모계와 부계로 나눈다. 동아시아 가족 사상의 뿌리가 되는 중국 고대의 가족에서 혈통의 개념은 부계父系로만 구성되었다. 즉 만물이 천지로부터 나오듯이 인간은 부모로부터 나온다고 하면서 그 계보는 아버지의 것만 확인할 수 있는 가족 시스템인 것이다. 따라서 이 가족 구조에서는 조상을 통해 내 생명의 내원來源을 확인하고, 후손을 통해 내 생명의 영속성을 보장받는 것은 남성의 계보에 한정된다. 인간 존재의 유한성을 극복하고자 하는 것이 인간 일반의 보편적 욕망이라고 한다면, 여성의 경우 그 욕망은 중국 고대의 가족 속에서는 실현될 수 없었다.

고대의 가족에서 핵심이 되는 조상과 후손의 개념은 남자 혈통을 기억하는 체계이다. 따라서 "부父의 부父를 거슬러 올라가 백세百世 위에까지 닿더라도 내 조상인 줄 알지만 모母의 모母를 거슬러 올라가면 삼세三世 이상은 누가 누군지 알지 못하는"[82] 상황을 낳게 된다. 즉 인간의 유한성을 극복하기 위한 물질적 관념적인 장치인 가족 개념은 모든 인간을 대상으로 한 설계가 아니라는 말이다. '영원히 살기 위한' 고대적 모색은 남성의 욕망을 반영한 것이다. 이러한 것은 가족을 지탱해 주는 여러 제도와 개념을 통해 밝혀질 수 있다.

같은 혈통이라는 개념은 성姓으로써 확인되는데, 이 성姓은 부계 혈통으로 구성된 계보를 의미한다. 즉 성姓이란 부계 쪽의 혈통을 구분하는 개념이지 모계가 어떠한지는 아무런 상관이 없다. 그런데 혈통과 성姓을 동일시하는 구조를 따져 본다면 생물학적 영원성에 근거를 두지만 실제로는 불완전하며, 관념적인 성격이 더 강하고 짙다. 모계가 배제되었다는 점에서 불완전하고, 다섯 세대가 지나면 혈연적 요소라든가 정서적 유대감은 희박해질 수밖에 없다는 점에서 관념적이라는 뜻이다. 여자 쪽 씨족을 구분해 주던 성의 초기 개념이 같은 씨족간의 혼인을 배제하는 데 사용되었다면, 중국 고대 가족 개념에서 성姓은 남성의 혈통을 분명히 하려는 의지의 복합체이자 적과 동지를 구분하는 개념으로 추상화되었다. 종법의 성姓개념이 가족의 유교적 구성에 수용됨으로써 긴 역사적 시간을 통해 축적되었고, 공동의 문화에 속한 사람들에게 '자연스러운' 것이 되게 하였다.

이제 가족은 더 이상 인간의 근본 욕구를 해소하는 현실적 목적을 가진 것만을 의미하지 않는다. 가족은 일종의 부호 체계처럼 추상성을 갖게 되고 추상성이 강화될수록 인간적인 요소들은 배제될 수밖에 없게 된다. 내 생명의 영속성을 내가 낳은 모든 자식이 보장해 주는 것은 아니다. 권리와 재산의 분배 문제가 발생함으로써 자식을 구별해야 할 필요가 생긴 것이다. 적자와 서자의 구분, 장자와 나머지 자식의 구분이 그것이다. 아버지와 어머니 사이에서 난 자식이지만 어머니가 어떤 사회적 위치를 갖는가에 따라, 그리고 태어난 순서에 따라 자식들의 서열이 매겨진다.[83] 이와 함께 여성도 처첩과 같이 그 용도에 따라 구분할 필요가 있게 되었다. '어머니'의 존재 또한 '아버지'의 이름에 포함된다. 부인과 이혼한 자사子思는 "나의 처는 내 아들의 어머니이다. 내 처가 아니면 내 아들의 어머니도 아니다."[84]라고 하였다. 그에 의하면 자식이란 부모의 자식이기보다는 아버지의 자식이고, 어머니는 '아버지의 처'라는 관계에서 파악된다. 어머니는 더 이상 나와 혈연적으로 가장 가까운 생물학적 어머니가 아니라 제도적이고 인위적인 어머니이다. '아버지'의 승인을 받아야 하는 어머니이다. 이러한 맥락에서 볼 때 개체적 생명의 한계를 가족을 통해 극복하고자 한 고대적 구상은 남성 욕망을 중심으로 한 것임을 알 수 있다.

3. 가족 윤리와 그 변화

동아시아 가족의 원형은 서주西周의 종법을 모태로 진秦·한초漢初에 완성되었다. 중국 고대의 가족은 무엇보다 동일한 남성 조상의 자손으로서, 일정한 규범에 따라 혈연 관계로 결합된 일종의 특수한 사회 조직의 형태를 취해 왔다. 그러나 서주 초에서 한초漢初에 이르는 10여 세기에 걸쳐 형성된 가족의 역사를 볼 때, 거기에는 연속성의 측면도 있지만 꾸준히 변화되어 온 측면이 있다. 부계 혈통이 가족 개념의 중심을 이룬다는 것과 가족이 보다 더 큰 국가 권력과의 관계에서 파악된다는 점이 연속성의 측면이라면, 가족 관계의 윤리와 가족 규모는 사회 변동에 따라 변화되어 온 측면이다.

그러나 가족 개념에서 중요한 요소가 되는 남성 조상의 자손에서 그 범위를 어디까지로 할 것인가는 고정되어 있기보다 신축적이고 유연했다. 즉 필요에 따라 그 범위가 무한히 확대될 수도 있고, 부부 중심의 작은 가정으로 극히 축소될 수도 있었다. 이것은 가족이라는 것이 자연적인 생활의 기초라기보다 사람들의 필요에 따라 만들어진 것이었음을 말해 주는 것이다. 경쟁이 치열할 때 가족은 단결해야 할 필요성이 강화되지만 그렇지 않은 경우도 있게 된다. 또 어떤 시대에서는 강하게 단결할 수 있는 조건이 되지만 그럴 필요가 없게 된 시대도 있다. 요컨대, 중국 고대 가족은 변하는 가운데 변하지 않은 본질적인 부분을 지키려고 한다는 점에서 접근될 수 있다. 특히 가족 윤리의 변화는 가족 중의 어떤 관계가 더 중심이 되는가를 보여 주는 지표인데, 이것은 경제적인 문제와 연관된 사회 변동의 영향으로 설명될 수 있다.

'친친親親'의 형제애

혈연 조직인 종족에서 구성원들을 결합하고 단결시킬 수 있는, 가장 중심에 놓인 개념은 '혈친에게 호의를 베푸는 것이 도덕'이라는 '친친親親'이다. 종족적 질서를 유지시키는 데 요청된 '친친親親'은 사회 변동에 따른 가족 형태의 변화에도 불구하고 동아시아 가족 윤리의 중심을 차지해 왔다. 서주西周의 문물 제도에 강한 공감을 표시한 공자는 '친친親親'을 인간의 보편 감정으로 보았다. 그는 '나와 혈연적으로 가까운 사람을 가깝게 대한다.'는 원칙인 '친친親親'을 확충해 나감으로써 보편 윤리 인仁에 도달할 수 있다고 본 것이다. 공자를 비롯한 유가에게 '친친親親'은 '자연적인' 정감을 기초로 한 사랑의 원리이지만, 서주의 정치 환경에서는 국가 질서와 관련된 권력 개념으로 사용되었다. 그러면 '친친親親'이 도덕적이면서 이데올로기적인 의미로 사용될 수 있었던 역사적 배경은 무엇인가를 보자.

주周를 창설한 기원전 11세기의 무왕武王은 자신이 상商을 멸망시킬 수밖에 없는 이유를 이렇게 말한다. "지금 상왕 수受는, …… 부왕의 형제들과 자신의 형제들을 내치고서 돌보지 않는다."[85] 상의 마지막 왕 주紂가 내친 형제들이란 자신의 동모형同母兄인 미자微子, 숙부인 기자箕子와 비간比干을 말한다.[86] '친족에게 특혜와 호의를 베풀지 않았던' 상왕의 죄는 상商나라와 주周나라의 문화적 차이를 이해할 수 있는 열쇠이다. 친족의 의미가 주나라에서 특히 강조될 것임을 예측할 수 있는데, 주초 70여 개국의 봉국封國 중에는 무왕의 형제가 15개국이었고 무왕과 동성同姓인 나라가 40개국이었다. 그들이 분봉分封된 것은 천자와 친족 관계에 있기 때문이었다.[87] 즉 서주 국가 구성에서 8할이 천자와 친족인 동성同姓 제후국이었고, 2할이 천자와 이성異姓인 제후국이었다. 거의 친족으로 구성된 국가에서 그 정치적 운용은 '가족'의 언어와 '가족적' 정서에 의지한다고 해서 그다지 어긋날 것이 없다. 이것이 '친친親親'이 가족 윤리이면서 국가 윤리가 된 역사적 맥락이다.

'친친親親'은 서주의 사회적 환경에서 나온 강한 정치성을 띠는 개념이었지만 그 사회의 모든 사람들이 지키고 키워야 할 보편적 도덕 개념으로 자리잡게 되었다. 『춘추좌씨전』에는 '친친親親'의 원칙을 지키지 않은 사람과 제후국을 비난하는 내용이 실려 있다. 희성姬姓인 정鄭나라에 역시 희성姬姓인 식息나라가 전쟁을 걸었는데, 결과는 대패였다. 이에 대해 논평가들은 "식나라가 망할 것을 미리 알았다. 식은 덕을 헤아리지 않았고, 힘을 계산하지 않았고, 친척을 특별하게 우대하지도 않았고, 말의 시비도 따지지 않았고, 자신의 죄를 잘 살피지도 않았기"[88]때문이라고 하였다. 즉 식나라가 망한 이유 중의 하나로 친척에게 특별한 호의를 베풀지 않았음을 들고 있다. 춘추 시대에는 또 같은 혈친인 형제와 불화하는 것이 비도덕적인 행위로 여겨졌다.

> 우리 형제끼리 돕지 않으면서 어떻게 제후들이 화목하게 지내지 않는 것을 원망할 수 있겠는가.[89] 지금은 형제만한 사람이 없다. 형제가 내부에서 다투더라도 밖에서 업신여기는 것만은 막아야 한다. 따라서 형제에게 비록 작은 원망이 있더라도 혈친간의 아름다운 관계를 폐지할 수 없다.……周에는 훌륭한 덕이 있으니 '형제만한 사람은 없다'는 것이 그것이다. 그래서 형제들을 본봉해 준 것이다. 그러나 천하를 다스림에 있어서 외부에서 위협하는 위태로운 상황이 있을 것이다. 그 위협을 막아 주는 방법으로 혈연과 가까이 지내는 것이 가장 좋은데, 그래서 친족이 병풍처럼 주나라를 에워싸도록 했다.[90]

종족 국가를 유지하는 데 필요한 도덕적이면서 정치적인 개념 '친친親親'은 이후 역사에서 가족을 유지하는 도덕 덕목으로 활용되었다. 즉 유교 문화권의 가족 윤리는 '혈연적으로 가까운 사람에게 호의를 베푸는 것'을 원칙으로 삼은 것이다. 여기서 '친친親親'의 개념이 변천되어 온 역사를 살펴볼 필요가 있다. 혈통과 관련해서 서주적西周的인 것이란 앞선 왕조의 그것과는 분명 다른 것이지만, 그 차이는 전통의 완전한 부정이기보다 이미 존재하던 개념들을 자신의 정치 목적에 맞게 변형시킨 것이다. 즉 '친친親親'이란 이전에 없던 것이 주周에서 비로소 등장한 그런 개념은 아니다. '친친親親'의 역사는 오래되었는데, 혈연의 친소에 따라 그 대우를 달리한다는 이 원칙은 씨족 사회의 관계 원리이다. '친친親親'의 원래 의미는 생물학적인 자연 감정에 기초한 사랑과 친밀성을 중시한다. 그런 점에서 '친친親親'은 주대周代보다 오히려 은대殷代에 통용된 인간 관계의 원리였다.[91] 그러나 '친친親親'의 원래 의미로는 인간 관계를 권위와 질서의 개념으로 조직화할 필요가 있었던 서주 국가를 만족시킬 수 없었다. 이 점에 대해『상군서商君書』는 다음과 같이 정확하게 지적하였다.

> 천지가 제자리를 잡자 사람들이 태어났다. 그 때는 백성들이 그 어머니만 알고 그 아버지가 누군지 알지 못해서 혈친만을 친하게 대하고 내 자식만 사랑하는 것을 마땅하게 여겼다. 혈친만을 가깝게 여기면 차별이 생기고, 내 자식만 사랑하게 되면 균형을 잃게 된다. 백성이 많아지는데도 혈친인가 아닌가에 따라 차별하고 사랑을 기울게 하는 것을 임무로 여기니 백성들의 반란이 일어났다.[92]

그래서 '친친親親'은 혈통의 친소와 원근을 등급화하는 정치 이데올로기로 변형되는데, 계급적으로 도덕적으로 높은 사람을 공경해야 하는 '존존尊尊'을 보완하는 개념으로 사용된 것이다.[93] 대개 애친愛親은 경장敬長과 함께 쓰이는데, 그것의 정치성은 다음에서 확인된다.

> 사랑은 생물학적 관계로부터 나오는데, 사랑을 강조하는 것은 민民에게 화목함을 가르치기 위함이다. 존경이란 높은(연장자) 곳으로부터 나오는데, 민民에게 순종함을 가르치기 위함이다.[94]

이러한 맥락에서 볼 때 부자의 친함[부자유친父子有親]이란 법칙과 당위의 의미가 강하다. 다시 말해 '부자유친'이란 자연적 아버지가 아니라 법적으로 인정된 부자 관계에서, 특별히 강조되는 정치적이고 사회적인 개념이라 할 수 있다. 아버지의 규칙[부의父義], 어머니의 사랑

〔모자母慈〕으로 구분되듯이[95] 어머니와 자식의 관계는 자유와 애정, 친밀성의 의미가 강하다. 부와 모에 관한 자식의 감정이 동일할 수 없다는 것인데, 이것은 자연적인 것이기보다 제도화된 혈통과 생물학적인 상태로 남겨진 혈통 사이에서 발생하는 태도의 차이라고 할 수 있다. 브라운의 혈통 이론(theory de la filiation)도 이 점에 동의하고 있다. "외삼촌이 권한을 행사하는 모계 친족에서는 아버지와 아들의 관계가 자유와 애정으로 특징지어진다. 다시 말해 혈통의 유형은 친족들이 취하는 태도의 의미를 이끌어낼 수 있다."[96]

이상을 통해 '친친親親'이라는 유교 가족 윤리는 단순히 혈연 관계의 친밀감을 위한 것이기보다 정치적 의미를 가지는 것이다. '친친親親'의 원리는 조상이 같다는 사실, 다시 말해 성姓이 같다는 사실에 기초한다. 이 시대의 혈연이란 그 어떤 것보다 강한 결속력을 보장하는 것이었고, 나와 정치적 입장을 같이 하는 동지가 될 수 있었기 때문이다. 따라서 '친친親親'은 동성同姓 제후국의 단결과 협조를 필요로 하는 서주 국가의 구체적 현실이 만들어 낸 하나의 도덕 원칙이라 할 수 있다.

호혜성에서 의무 개념으로

'친친親親'은 비교적 넓은 의미의 가족에서는 그 유대를 강화시켜 주는 보편 개념으로서의 의미가 있을 것이다. 좁은 의미의 가족으로 들어오게 되면 추상성이 강한 '친친親親'보다는 좀더 구체적인 관계 개념이 필요하게 된다. 즉 아버지는 어떠해야 하고, 어머니는 어떠해야 하며, 형과 아우는 각각 어떠해야 하는가이다. 중국 고대의 가족윤

284

리는 추상적인 것에서 구체적인 것으로, 호혜적 관계에서 권리와 의무의 개념으로 변화되어 왔음을 알 수 있다.

고대 사회 초기에는 부모와 자식, 형와 아우의 관계가 원만하기 위해서는 각자 그 역할에 상응하는 태도가 갖추어져야 한다고 보았다. 『서경』과 『춘추좌씨전』에는 이것을 '오전五典'[97]과 '오교五敎'[98]라고 하였다. 『서경』의 '오전五典'을 정현鄭玄과 공안국孔安國은 '다섯 가지 가르침'으로 해석하여 부父·모母·형兄·제弟·자子 각각에게 요구된 덕목을 말한 것이라고 하였다.[99] 『춘추좌씨전』에서는 "순舜이 요堯의 명령대로 오교五敎를 사방의 인민들에게 포교하였더니 부의父義·모자母慈·형우兄友·제공弟恭·자효子孝가 갖추어져 집안이 편안해지고 밖에서는 이루는 것이 있게 되었다."고 하였다. 다섯 가지 모범이란 '아버지의 규칙〔부의父義〕', '어머니의 사랑〔모자母慈〕', '형의 우애〔형우兄友〕', '아우의 공손〔제공弟恭〕', '자식의 효도〔자효子孝〕'를 말한다. 아버지가 아버지로서의 합당한 자리를 지키는 것과 자식의 효도는 상호적인 것이며, 어머니가 자식을 자애롭게 대하는 것과 자식의 효도는 상호적이라는 말이다. 또 형이 동생을 사랑할 때 동생은 형에게 공손할 수 있다는 것이다. 바꾸어 말하면 자식의 태도는 아버지와 어머니가 자식을 어떻게 대했는가와 무관하지 않다는 논리가 된다. 이러한 가족원리에서 볼 때 가족 구성원 모두에게 가족 관계를 만들어 갈 책임이 주어지며, 따라서 각각 자신의 자리를 긴장하지 않을 수 없게 된다.

춘추말 공자(B.C.552-479)의 시대에는 자식된 자의 효孝와 아우된 자의 제悌가 강조되었다. 『논어論語』에서는 군자의 근본은 효제孝悌에 있고, 그것이 곧 인仁의 핵심이 된다고 하였다.[100] 그리고 가족

속의 효제孝悌는 곧 사회 속의 상위자에 대한 태도로 확충될 수 있다고 보았다. 즉 "그 사람됨이 효제하고서 윗사람을 범하는 사람은 드물다. 윗사람을 범하는 것을 싫어하면서 난을 일으키는 자는 아직 없었다."[101]는 것이 그것이다. 공자의 제자 자하子夏는 배우는 자가 가장 힘써야 할 것으로 "부모를 섬기는 데 자신의 힘을 다 쏟고, 임금을 섬기는 데 자신의 몸을 다 바치며, 벗과 사귀는 데에 신의를 다하는 것"[102]을 들었다. 즉 도덕적 행위자의 위치에서 볼 때 가족으로 부모와 형이 있다면 사회에는 친구가 있고, 국가에는 임금이 있다. 공자는 말했다.

군자의 도에 네 가지가 있는데 나는 아직 하나도 실천하지 못했노라. 자식에게서 구하는 바를 미루어 아버지를 섬기는 것을 아직 실천하지 못했구나. 신하에게 구하는 바로써 임금을 섬기는 것을 아직 실천하지 못했구나. 아우에게 원하는 것으로 형을 모시는 것을 아직 행하지 못했구나. 벗에게 바라는 것으로 (다른) 벗에게 베푸는 것을 나는 아직 실천하지 못했구나.[103]

그런데 『논어』의 가족 윤리는 벗과의 관계를 제외하면 주로 아랫사람의 윗사람에 대한 태도를 중심으로 서술되고 있음을 알 수 있다. 반면에 윗사람으로서 아랫사람에게 무엇을 주어야 하는지에 대한 언급은 없다. 공자는 정치의 요체를 "임금은 임금답고 신하는 신하답고, 아버지는 아버지답고 자식은 자식다운"[104] 데서 찾았다. 즉 공자가 본 사회 관계의 중추는 군자君臣과 부자父子이고, 그들 각각의 관계가 잘 정립된다면 정치적인 복잡한 문제가 해결될 수 있다는 것이다. 공자는 군신과 부자의 역할을 원리적 측면에서만 말하고 있어서, 임금이 임금답다는 게 무엇이고 아버지가 아버지답다는 게 무엇인지는 그 사회의 맥락에서 정의될 수 있을 것이다. "집밖을 나서면 공경公卿을 잘 섬기고, 집안에 들어오면 부형父兄을 잘 섬긴다."[105]고 한 것을 보면 도덕적 행위자로서의 자제子弟에 역할에 주목하고 있음을 알 수 있다.

그리고 『서경』과 『춘추좌씨전』이 어머니의 역할을 가족 윤리의 한 항목으로 제시하였다면 『논어』에서는 어머니가 '부모'에 포함되는데, 그들 중 아버지가 대표성을 갖게 되었다. 공자의 손자 자사子思는 말한다. "나의 처는 내 아들의 어머니가 된다. 나의 처가 아니면 내 아들의 어머니도 아니다."[106] 자사에 의하면 이혼한 처는 아들의 어머니가 될 수 없다는 것이다. 자사에서 시작된 '출모出母' 복상의 논의를 보면 어머니의 존재는 생물학적이기보다 인위적이고 '법적'인 차원으로 옮겨진다. 다시 말해 어머니에 대한 윤리의 문제는 나를 낳았다는 사실보다는 아버지의 '승인'이 더 중요한 요소가 된 것이다.

전국 중기戰國中期의 맹자는 '오륜五倫'를 사회 윤리의 모범으로 보았다. 이것은 공자의 '사륜四倫'에 부부 윤리가 첨가된 것이다. 오륜의 주체는 부자父子 · 군신君臣 · 부부夫婦 · 장유長幼 · 붕우朋友이다. 맹자의 오륜은 "부자父子는 친애함이 있어야 하고 군신君臣은 의로움이 있어야 하고 부부는 분별이 있어야 하고 어른과 아이 사이는 순서가 있어야 하고 친구 사이는 믿음이 있어야 한다."[107]는 것이다. 맹자 역시 모든 관계는 집을 기준으로 안과 밖으로 나뉘고 각각의 대표성은 군신과 부자에 있다고 보았다. 맹자에 의하면 부자는 사랑이 핵심이고 군신은 공경이 핵심이다.[108] 따라서 부자의 사랑을 손상시킬 수 있는 모든 요소를 미리 없게 해야 하는데, 예컨대 아버지의 '자식에 대한 충고〔책선責善〕'도 조심해야 한다고 보았다.[109] 맹자는 자연 감정인 사랑으로 맺어진 부자 관계이지만 그 감정은 아무런 노력 없이도 영속될 수 있는 것은 아니라고 본 것이다.

또한 맹자의 시대가 되면 '처妻'의 존재가 부각되는 것이 특징인데, 그 처는 남편의 보호를 받아야 했다. 즉 『맹자』는 도덕적이면서 경제적인 주체를 처자를 거느리고 사는 한 사람의 장부丈夫로 인식한 것이다. 『맹자』에는 '처자를 보호하다〔보처자保妻子〕',[110] '처자를 맡기다〔탁처자託妻子〕',[111] '처자를 부양하다〔휵처자畜妻子〕'[112] 등의 표현이 자주 나온다. 『맹자』「이루하離婁下」에는 경제적으로 무능한 남편이 허세를 부리는 것을 보고 처첩이 통곡하는 장면이 나오는데,[113] 이것은 남편된 자는 마땅히 경제적 능력과 권위를 가져야 하고 처는 아무런 능력과 권위가 없는 그저 보호받아야 하는 존재임을 역설적으로 보여 주는 것이다. 그는 "스스로 도를 행하지 않으면 처자에게 행해질 수 없다."[114]고 함으로써 가족 속의 남편을 도덕적인 주체자로 확실하게 자리매김하였다. 『맹자』의 남편과 아버지는 가족 구성원을 이끌면서 구성원을 책임져야 하는 도덕적 경제적인 의무를 가진 자라고 할 수 있다.

전국 중기 『맹자』에서 비로소 강조된 부부 윤리는 이후의 문헌 『순자』와 『예기』 등에서도 계속 중요하게 취급된다. 전국 후기의 순자荀子는 말한다.

금수禽獸에게도 부자父子가 있지만 그들에게는 서로 친애하는 도가 없다. 금수에게도 암수가 있지만 그들에게는 남녀를 구별하는 문화가

없다. 그러므로 인도人道는 분별을 하는 것에 두지 않을 수 없다.[115]

여기서 말한 남녀의 구별은 곧 부부윤리를 말한다. 즉 순자 역시 맹자와 마찬가지로 부자와 부부를 인간의 가장 기초적인 관계로 보았다. 순자는 부자의 사랑과 부부의 분별은 하루도 게을리해서는 안되는 가장 중요한 과제라는 것이다.[116] 순자는 또 "군신 · 부자 · 형제 · 부부는 시작이면서 끝이고, 끝이면서 시작이다. 천지와 더불어 같이 운행되며 만세토록 함께 가는 것이니 이것을 '큰 근본〔대본大本〕'이라 한다."[117] 순자는 또 『주역』 함괘咸卦에 대해 "함咸은 부부 관계를 보이기 위한 것이다. 부부의 도는 바르게 정립되지 않을 수 없는데, 부부가 군신 · 부자의 근본이 되기 때문[118]이라고 해석하였다. 순자의 시대는 "부부가 모든 관계의 근본"으로 인식된 것인데, 이것은 부부 윤리를 가족의 다른 관계들과 병렬로 인식한 것과는 또 다르다. 부부가 핵심이 되는 가족 윤리는 부부 중심의 소농가족에 적용될 수 있을 텐데, 한초漢初에 완성된 『중용』은 부부가 모든 덕목의 첫 출발이 된다는 것을 이론화하였다.

군자의 도는 부부에서 출발한다. 지극한 경지에 이르게 되면 천지의 원리를 통찰할 수 있다.[119] 군자의 도는 광대하면서 은미하다. 특별한 지혜가 없는 부부라도 (부부라면) 그것을 알 수 있고, 지극한 경지에 이르면 성인이라 하더라도 알 수 없는 것이 군자의 도이다. 못난 부부라도 그것을 행할 수 있는데, 그 행위가 지극한 경지에 이르면 비록 성인이라 하더라도 행할 수 없는 바가 있는 것이다.[120]

군자는 유교 사회가 지향하는 이상적 인물이다. 이 이상형을 향한 실천이란 가장 가까운 관계인 부부에서 시작된다는 '부부조단설夫婦造端說'은 부부가 곧 사회의 최소 단위임을 말해 주는 것이다. 즉 한 개인이 현명과 지혜를 갖추고 비록 열심히 정진하더라도 '군자'가 되기에는 미흡한 점이 있다는 것이다. 반면에 비록 우매하고 모자라는 부부라 할지라도 부부라는 그 자체가 바로 군자로 갈 수 있는 조건인 셈이다. 다시 말해 군자의 길이란 관념적이거나 형이상학적인 공부가 아니라 일용평상의 생활 속에서 가장 구체적인 문제들을 해결해 가는 공부의 과정이다. 이상을 정리하면『중용』의 부부는 그 자체를 하나의 도덕적 행위자로 보았고, 사회적 실천의 최소 단위로 보았다. 이러한 구도에서는 개인은 그 자체만으로 온전한 인격이 될 수 없으며, 반드시 이인일조二人一條의 부부를 구성해야만 하는 것이다.

전한前漢의 사상가 동중서董仲舒((B.C.179-104)는 이전과는 전혀 새로운 차원의 가족 윤리를 제출하였다. 이른바 삼강육기三綱六紀가 그것이다. 여기서 가족과 사회 윤리는 위계적인 질서 개념으로 구성된다. 동중서는 모든 사회 관계는 세 종류의 근본과 여섯 종류의 기틀로 구성된다. 관계의 세 근본은 임금과 신하, 아버지와 자식, 남편과 아내인데, 전자는 후자의 벼리가 된다. 여섯 종류의 기틀이란 "아버지의 형제, 나의 형제, 친족, 외족과 처족의 남자, 스승, 친구"를 가리킨다.[121] 동중서의 '삼강육기'에서 '기강紀綱'이라는 개념은 인간 관계를 상호성 논리가 아니라 중심과 주변 또는 상하의 개념으로 편성한 것이다. 한초의 시대적 요청과 맞물려 있는 동중서의 사상적 경향은 군주의 전제적 권력을 합리화하는 이론이라는 점에서 그 의의를 가진다.

가족 관계의 덕목이 배제되고 첨가되는 등의 변화는 사회적 변동에 따른 것으로 보인다. 종족이라고 하는 사회 생활의 새로운 조직체, 종법이라고 하는 규범의 성립은 서주 사회를 전개하는 하나의 추진력이었다. 종족의 구성 요소는 개개의 가족이었다. 각 가족이 부분을 이루어 종족이라는 전체를 구성하였다. 그러나 각 가족간에는 불가피하게 빈부의 차이가 발생하게 된다. 대종大宗의 가家나 지위가 높은 종인宗人은 가난하지만 종인宗人 중에서도 종족 질서상의 지위가 낮은 사람이 부유해지는 현상이 생길 것이다.[122] 이러한 사정은 가족의 개별적인 발달을 촉진하여 춘추말春秋末에서 전국戰國 시대에 오면 종법이 붕괴되기에 이른다.[123]

종족의 대가족이 해체되면서 그 자리에 오인五人에서 구인九人으로 구성된 소규모의 가족이 들어서게 되었다. 맹자(B.C.373-289)의 정전설井田說에서 토지 분배의 대상인 가족은 그 수가 구九, 칠七, 오구五口의 가家 즉 소형 가족이다. 백무百畝의 땅을 농사지어 한 가족이 먹고 살 수 있다는 것인데, 여덟 식구〔팔구지구八口之家〕 정도가 평균이었다.[124] 맹자의 시대에 부부 윤리가 주목되어, 남편의 보호를 받아야 하는 처의 존재가 부각된 것은 부부를 중심으로 한 작은 가족이 확대되고 있음을 의미한다. 전국 말의 순자荀子도 소농가족을 전제로 형제 간의 가산家産 분할을 예로 들고 있는데,[125] 여기서 순자 성악론의 경제적 기초를 포착할 수 있다.

우리의 관습적 사고이기도 한 가족 구성원을 통솔하고 부양해야 할 권리와 의무의 주체로서의 가부장이란 사실상 전국 중기에서 시작되어 한초에 완성된 소농가족의 윤리이다. 이 가족이 제대로 유지되기 위해서는 처와 자식들의 협조가 요구되는데, 그것은 주로 피부양자의 의무 개념인 가부장에 대한 복종의 형태를 취한다. 대표적으로 아내 된 자의 정절貞節과 자식된 자의 효孝를 들 수 있다.

부부 중심의 소농가족으로의 이행移行은 생산력의 발전에 따른 산업구조의 변화와 그 변화에 대처하려는 제도적인 노력 그리고 전통적인 인간 관계와의 갈등으로 점철된다. 『사기史記』「상군열전商君列傳」에 의하면 상앙商鞅(B.C.?-338)은 대가족을 소가족으로 세분화하는 변법을 실행하는데 "한 집에 장년 남자 둘이 있으면 그 집의 세금은 두 배로 한다."[126]는 것이다. 대가족을 소가족으로 세분화한 이 법은 일종의 호부戶賦 증가책[127]으로 생산력의 발전에 대한 제도적인 대응이라 할 수 있다. 그는 성년成年이 된 남자는 반드시 독립된 가家로 분가할 것을 법제화함으로써 일반 농가의 개인 생산력 향상을 통해 국가 전체 생산량을 높일 수 있었다.[128] 이 법의 시행으로 소농가족은 빠른 속도로 확산될 수 있었을 것이다. 조세 제도 등 외부 환경의 변화는 종족 가족의 정치·경제적 공동체였던 '오복구족五服九族'[129]의 사회적 의미를 변화시켰고 종자宗子〔족장族長〕의 지위는 가장家長으로 대체되었다. 가장을 상위에 두면서 부부를 중심으로 한 소농가족의 이데올로기가 바로 맹자 이후의 가족 윤리에 표현된 것이다.

한초의 조착晁錯은 "지금 농부는 오五인 가족을 구성하고 있는데, 가족 안에서 일을 할 수 있는 사람은 두 사람을 넘지 않고 경작지는 백 무를 넘지 않는다."[130]고 하였다. 후한後漢의 정현鄭玄도 "부부夫婦가 있고 난 후에 가家가 형성된다. (그래서 가족의 수는 최소) 두 사람에서 (최대) 열 사람에 이르기까지 아홉 가지 경우가 있을 수 있다."131)는 것이다. 한초에 이미 소농가족의 형태가 일반적인 가족 형태가 되었음을 말하는 것이다. 소농가족을 출현시킨 경제적 기초는 가정을 중심으로 한 개별적 생산에 있다. 생산력이 낮은 상황에서는 씨족 공동체의 집단 농경 생활을 통할 수밖에 없지만, 도구의 발명 등 생산력이 높아지면서 부부 중심의 소가족이 독립적인 생산 단위로 성장할 수 있었다.

여기에 소농가족에 적합한 새로운 가족 윤리가 모색되었다. 앞에서도 말한 바 그 성격은 가부장의 절대적인 권리와 의무를 승인하면서, 다른 구성원은 가부장에 대한 복종을 당위로 하는 이데올로기로 구성되었다. 이것은 혈연적 친밀감을 질서 확립의 차원에서 이념화하고 제도화한 것이다. 부부를 가족 구성의 핵심으로 하면서 그 관계를 계서화하는데, 이는 고대 문화 형성의 초기부터 꾸준히 전개되어 온 남녀 차별의 관습을 개념적으로 정립한 것이다. 중국 고대 사회에서 여성의 차별은 관습적인 차원에서 이론화와 개념화의 방향으로 전개되는데, 이에 대해서는 5부에서 상세히 논할 것이다.

한초에 완성된 동아시아의 가족 유형은 부부라는 횡적인 관계와 부자라는 종적인 관계를 질서 정연하게 통합함으로써 하나의 도덕 주체가 되었다는 점에 그 특성이 있다. 가족이라는 이름의 '행위자'를 위해 그 가족 구성원들의 요구는 유보되어야 했다. 여기에서 가족을 부분으로 하는 더 큰 사회적 구조를 이해해야 할 것이다. 통일체로서의 가족은 통일 국가의 이데올로기, '대일통大一統'과 '천인합일天人合一' 사상의 연장선상에 있다. 다시 말해 전제 군주의 등장과 그것의 합리화는 '일一'에 의한 '다多'의 지배를 용인하는 것이다. 가족이 국가의 경제적 정치적 기초 단위가 된 한초漢初 사회에서 군주의 권력은 개별 가정의 가부장의 권력을 용인하는 대가로 얻어질 수 있다고 보았다. 다시 말해 우주를 지배하는 것은 태양이고, 나라를 지배하는 것은 군주이며, 가정을 지배하는 것은 가부장이었다.

4부

여성 정체성 이론 : 해체와 구성의 길항

8장 • 음양 이론 : 변화와 불변의 경계

9장 • 욕망 이론 : 절제와 활용의 성별 정치학

10장 • 조화 이론 : 동화와 차별의 타자 철학

11장 • 관계 이론 : 칭찬과 비난의 변증법

음양 이론 : 변화와 불변의 경계

1. 음양, 남존여비의 이론

동아시아 유교 문화권에서 남녀 관계는 남존여비男尊女卑의 제도와 이념을 통해 구현되어 왔다. 그 존재론적 근거는 음양 이론으로 설명되었다. 선진先秦 시대에 태동하여 진秦 · 한漢기에 확립된 음양 이론은 인간과 사회를 해석하고 사건과 사물을 설명하는 패러다임으로 중국 철학의 최고 범주인 도道 다음으로 일반화된 개념이다. 이 음양 범주의 광범위한 적용은 천문, 의학, 지리, 병법, 건축, 예술, 문학 등 구체적 학문에 이르기까지 미치지 않는 곳이 없다. 우리의 관심은 음과 양이 각각 여성과 남성의 특성으로 규정되고, 사회 신분적인 가치로 해석되어 봉건 사회 질서에 커다란 의미를 제공하게 되었다는 데 있다.

음양은 세계가 어떻게 존재하게 되었고, 어떻게 움직여 가는가를 설명하기 위해 채택된 하나의 개념이다. 즉 음양 이론이란 존재와 운동에 대한 동아시아적 설명 방법이라고 할 수 있다. 그런데 음陰과 양陽이 세계에 존재하는 모든 현상의 두 가지 상반된 기본 요소 또는 동력으로 설명되고, 성별·신분적 가치에 배속되기까지는 긴 이론 형성의 과정을 거쳐 왔다. 이 과정에서 구체적인 자연 현상을 지칭하던 음양이 범주의 확대를 통해 점점 추상성을 지니게 되고 이론화, 개념화되기에 이른 것이다. 음양 이론의 발전사를 통해 우리는 음양이 역사성을 가진 개념이며, 그 안에 이미 다양한 해석의 가능성을 포함하고 있다는 것을 알게 될 것이다.

음양 개념의 형성

글자가 처음 만들어졌을 때 음陰과 양陽은 '음지'와 '양지'라는 단순한 자연 현상을 가리키는 것이었다. 음양陰陽의 자의字意에 대해 『설문해자說文解字』는 말한다. "음陰은 어둡다. 강의 남쪽, 산의 북쪽을 가리킨다. 양陽은 밝다. 강의 북쪽, 산의 남쪽을 가리킨다."[1]고 하였다. 즉 양과 음은 각각 해가 비치는 곳과 가려진 곳을 가리키며, 그와 관련하여 어둡고 추우며, 밝고 따뜻하다는 기후의 속성을 나타낸 것 이상의 뜻은 없었다. 여기서 고대 문헌에서 음陰과 양陽이 쓰인 맥락을 찾아 확인해 볼 필요가 있겠다.

유가 경전 오경五經 중에서 시기적으로 가장 빠른 시대를 반영하고 있는 『서경書經』에는 음陰과 양陽이 각각 몇 차례 나오는데, 주로 방향을 가리키는 것으로 사용되었다. 즉 '악양岳陽'은 대악산의 남쪽, '역

'양嶧陽'은 역산의 남쪽, '화양華陽'은 화산의 남쪽, '민산지양岷山之陽'은 민산의 남쪽, '화음華陰'은 화산의 북쪽을 가리킨다.[2] 산을 중심으로 햇볕이 드는 남쪽을 양陽이라 하고, 그늘이 지는 북쪽을 음陰이라 하였다. 또 「하서夏書·우공禹貢」에는 '양조陽鳥'라는 이름의 새가 나오는데, "양조는 양지를 따라 나는 새로 기러기를 말한다."[3]고 하였다. 단한 차례, '음陰'을 '은근히', '몰래' 라는 뜻의 부사로 쓰인 예가 있을뿐,[4] 『서경』에서 음은 '음지', 양은 '양지'의 뜻으로 사용되었다.

『시경』에서도 양陽은 산의 남쪽, 강의 북쪽을 가리키는 뜻으로 주로 사용되었다. 또한 『시경』에서는 양이 태양을 뜻하기도 하는데, 석양夕陽과 조양朝陽 등의 용어가 나온다. 다시 조양朝陽은 아침해가 뜨는 곳인 동쪽을 의미하기도 하였다.[5] 그리고 양陽은 '산뜻하다'[6]거나 즐겁고 쾌활한 모습[7]을 형용하기도 하는 데, 즉 '양'이 가진 밝음의 이미지가 유사한 의미군을 계속 만들어내는데 활용된 것으로 보인다.

반면에 음陰은 차가운 성질,[8] 어두운 이미지,[9] 흐리고 칙칙한 이미지[10]를 가진 뜻으로 사용된다. 「공류公劉」편에서 한 차례 '음양陰陽' 연용형이 나타나는데, 즉 "해 그림자를 바라보고 언덕 위에 올라 산의 음지(북쪽)와 양지(남쪽)를 살피고"[11]라고 하였다. 언덕 위에서 해 그림자를 바라보고 그 갈 곳을 관찰한다는 뜻으로 구체적인 방향을 가리킬 뿐 음양 그 자체에 어떤 가치를 개입시키지는 않았다. 그늘의 뜻으로 쓰인 음이 『주역』에서는 효사爻辭에서 한 차례 나온다. "우는 학이 음지에 있으니 그 새끼가 화답하도다."[12]가 그것이다.

『춘추좌씨전』과 『국어』에는 음陰과 양陽 두 글자가 자주 사용되는데, 이전에 비해 추상화된 것이다. 기원전 644년 춘추 시대 송宋나라에서는 하늘에서 돌이 떨어지고 익조鶂鳥라는 새가 수도의 하늘을 거꾸로 날아간 사건이 있었다. 송양공宋襄公은 주周의 내사內史 숙흥叔興을 초빙하여 이런 괴이한 현상이 나타나는 것은 길흉을 미리 보이고자 하는 것이 아니겠냐고 물었다. 그러자 숙흥은 이러한 현상들은 음양의 일이지 길흉과 관련된 것이 아니라고 하였다.[13] 여기서 '음양의 일'이란 바람이 불거나 비가 오는 등의 날씨와 관련된 총체적인 것을 의미한다. 반면에 길흉吉凶이란 인사人事와 관련된 것이라고 보았다. 여기서는 아직 자연(음양)과 인간(길흉)이 아무런 관련을 맺지 않고 있다. 그런데 『춘추좌씨전』 소공昭公 원년元年(B.C.541)의 기사에 나타난 음양은 자연계에 존재하는 여섯 가지 기氣 중의 두 가지로 파악되었다. 음과 양이 차가운 기와 따뜻한 기의 속성을 대표하게 된 것이다.

> 하늘에는 여섯 가지 기운이 있다. 여섯 가지 기운이란 차가움〔음陰〕 따뜻함〔양陽〕 바람〔풍風〕 비〔우雨〕 어두움〔회晦〕 밝음〔명明〕이다. 음이 지나치면 한질寒疾이 생기고, 양이 지나치면 열병이 생기고, 풍이 지나치면 수족에 병이 들고, 우雨가 지나치면 뱃병이 생기고, 회晦가 지나치면 정신병이 생기고, 명明이 지나치면 심장병이 생긴다. 여자는 양물陽物이지만 어두운 시간에 만나게 되니, 그것이 지나쳐 생기는 병으로 속에서 열이 나고 정신이 혼미하게 되는 것이다.[14]

여기서 비로소 '음양'이 남녀의 특성에 개입하기 시작하였다. 위 인용문에서 여자를 양물陽物로 본 것은 우리의 일반적인 상식에 어긋난다. 통상 양은 남성의 속성이고 음은 여성의 속성으로 이해되기 때문이다. 그만큼 음양은 용도에 따라 다양한 적용이 가능한 강한 추상성을 띤 개념임을 엿보게 하는 부분이다. 여기서는 '따뜻함'과 '차가움'의 속성을 음양에 배속시키고, 그것이 다시 남녀의 속성과 관련맺을 때 여성의 속성이 남성에 비해 '따뜻'한 것으로 이해되었다. 육기六氣 중의 하나가 된 음과 양은 남녀의 속성에 개입하지만, 우열의 가치 개념이 없을 뿐 아니라 오히려 양이 여성의 특성이 되고 있는 점은 음양 개념의 발전사에서 흥미로운 지점임이 분명하다. 또 『국어』에서 주태사周太史 백양보伯陽父는 "양이 갇혀 나오지 못하고 음이 눌러 양기가 올라가지 못하기 때문에 지진이 생긴다."[15]고 하였는데, 여기서 '음양'은 일종의 기氣로서 지진 발생의 원인으로 해석되었다. 이상의 『춘추좌씨전』과 『국어』에 근거하여 춘추 시대에 이루어진 음양 개념의 변화를 세 가지로 요약할 수 있다.

첫째, 음양은 천지에 작용하는 육기六氣 중 두 가지 성질의 기氣로 설명되기 시작했다. 둘째, 육기는 사람의 특성과 관련을 가지기 시작했다. 셋째, 육기 가운데서도 음양이기陰陽二氣는 풍風·우雨·회晦·명明의 네 가지 기氣에 비해 좀 더 추상적인데, 그렇기 때문에 미지未知의 세계를 설명하는 개념으로 채택된다. 즉 음양이 나머지 사기四氣에 비해 자유로운 상상을 가능하게 하여 많은 현상들을 설명하는 데 유용했던 것으로 보인다. 음양을 통한 미지의 세계에 대한 상상은 점차 사실화되어 다른 많은 현상이나 사물들과 연관을 맺게 되었다.[16] 신분과 성별을 변수로 삼아 위계적인 질서를 구성하면서, 그 구조를 합리화하는 이론으로 '음양'이 사용될 수 있었던 것은 바로 음양에 내재한 강한 추상성 때문이 아닌가 한다.

전국 시대에 이르면 제자백가들이 음양을 이용하여 천天·지地·

인人, 즉 자연세계와 인간 사회의 원리를 설명하였다. 이 시기부터 음양이 중국 철학과 중국 문화의 기본 범주로 정착하게 된 것이다. 궁극적으로 음양 학설이 모든 학파의 공통적인 승인을 얻게 되는데, 제자백가로 지칭되는 거의 모든 학파가 이 음양으로 자신들의 철학을 표현하고 있다.

노자老子는 "만물은 음을 지고 양을 안는다.[17]"고 했는데, 여기서 음과 양은 하나의 사물에 들어있는 서로 다른 두 측면으로 해석할 수 있다. 장자莊子는 "음양이 화합하지 못하고, 추위와 더위가 때를 맞추지 못하며, 만물을 상하게 하는 것 등은 천자의 근심거리이다."[18]고 하였다. 또 "음양이 서로 왕래하여 화합하면 만물이 발생한다."[19]고 하였고, "음양이 서로 어긋나고, 사시四時가 바뀌지 않고, 한서寒暑가 조화를 이루지 못하면 사람의 형체가 상한다."[20]고 하였다. 장자에게 음양의 운동은 사시가 운행되는 것과 같은 원리이다.[21] 즉 네 계절이 서로 교체하고 서로 살리고 서로 죽이는 원리로 운행되듯이, 음양의 원리는 서로 비추고 서로 덮어주고 서로 다스리는 상호적인 것이다.[22] 장자에게 음양은 큰 기氣로 인식되는데,[23] 그에 의하면 만물의 형체는 천지로부터 나오고, 만물의 기는 음양에서 나온다.[24]

묵자墨子는 "음양의 조화는 일종의 법칙이라서 아무리 성인이라 하더라도 그 궤도를 바꿀 수 없다."[25]고 하였다. 관자管子는 "음양은 천지간의 큰 이치"[26]라고 하고 "군주란 음陰에 기반을 두는 자이며 음은 정靜이므로 동動하면 지위를 잃는다."[27]고 하였다. 여기서 음양은 동정動靜의 개념과 관련맺기 시작하였다. 『한비자韓非子』에서 양과 음은 겉과 속의 뜻으로 주로 쓰였다. 예컨대, "속으로는 서로 좋다고 하면서 겉으로는 서로 나쁘다고 한다.”[28]는 등이다. 특히 한비자는 음과 양을 조화로운 관계로 보기보다 갈등하는 관계로 보았다. 한 쪽이 성 盛하면 다른 한 쪽은 쇠衰할 수밖에 없는 것이다. 한비자는 말한다. “모든 사물이 다 성할 수는 없다. 음과 양이 그렇다. 그 이치가 서로 빼앗고 주는 관계가 있다. 형벌刑罰과 은상恩賞이 그렇다.”[29]

후기 유가인 순자荀子는 음양을 만물이 생겨나고 성장하는 조건으로 보았다. 즉 일월日月이 번갈아 가며 빛을 비추고, 성신星辰이 제각기 궤 도대로 움직이며, 사시四時가 교체하고 풍우風雨가 적절한 때를 맞추는 것과 같은 맥락에서 음양의 조화를 들었다.[30] 그리고 “천지가 합해야 만물이 생기고, 음양이 만나야 변화가 일어나며, 본성과 작위가 합해 져야 천하가 다스려진다.”[31]고 하였다. 즉 순자는 천지가 만물 생성의 근원이라면 음양은 변화 운동의 원리이고, 성위性僞는 인간 사회의 운 용 법칙이라고 보았다. 순자의 철학에서 성性(본성)과 위僞(행위)는 중 요한 개념이다. 순자가 천지와 음양을 성위性僞와 병렬로 놓은 것은 그 만큼 변화 운동의 원리로 음양의 역할을 강조하고 있는 것이다. 음양 의 조화를 순자는 단순히 자연의 법칙일 뿐 그것과 인간사를 연결시키 는 것은 무의미하다고 보았다. 다시 말해 음양의 운동 과정에서 생길 수 있는 이변은 단순한 자연 현상에 불과할 뿐 인간 행위에 대한 평가 나 전망을 주는 것은 아니라는 말이다. 즉 그 이변을 ‘괴이’하다고 할 수는 있으나 ‘두렵다’고 해서는 안 된다는 것이다. 순자는 말한다.

별이 떨어지고 나무가 소리는 내면 사람들이 모두 두려워한다. 그래 서 무슨 까닭이냐고 묻는다. 하지만 아무런 이유가 없다. 천지의 변화이고 음양의 일로, 드물지만 있을 수 있는 일이다. 이러한 현상을 괴이하다고 하는 것은 가하나 두렵다고 하는 것은 옳지 않다.[32]

이와 같이 전국 시대 각 파의 학자들은 모두 음양으로 세계의 창조와 변화를 설명하였다. 이들은 음양이 조화하지 못할 때 곧 각종 재해와 질병이 출현한다고 생각하였다. 전국 시대의 사상가들은 음양을 대체로 인간 세계의 화복禍福에 개입하지 않는 독립적인 자연 현상으로 보았다. 그들 중에는 음양의 궁극적인 작용은 조화에 있다고 인식하기도 했지만, 한비자처럼 상호 갈등의 관계로 인식하기도 했다.

음양 관념의 획기적인 전환은 전국후기의 사상이 반영되어 있는 『역전易傳』에서부터이다.[33] 이때부터 음양이 자연과 인간을 연결하는 철학의 범주로 자리잡기 시작했다고 할 수 있다. 여기서 다시 음양의 글자가 처음 등장하는 데서부터 철학의 범주로 자리잡는 『역전』에 이르기까지 그 과정을 정리해 볼 필요가 있겠다.

『서경』과 『시경』에서 살펴본 바 처음에 음陰과 양陽은 '음지'과 '양지'를 가리키는 단순한 자연 현상에 불과하였다. 그러다가 기후와 관련된 음양이 인간의 생활에 개입하기 시작하면서 밝고 좋은 이미지와 어둡고 나쁜 이미지로 나뉘기 시작했다. 즉 음양이 생활 양식의 발달과 함께 점점 내용이 풍부해지고 추상성을 띠게 된 것이다. 긴 역사 과정을 거쳐 전국 시대에 이르면 각 파의 학자들은 모두 이 음양 개념을 사용하여 자연 세계의 운행 원리를 설명하기에 이른다. 이들에게 음양은 상반상성相反相成의 두 기본 범주로 인식되었다. 이렇게 음양은 서주 시대와 춘추 시대를 거쳐 전국 시대에 이르는 긴 역사 과정에서 자연 현상으로부터 점점 추상화되는 이론 발전의 과정을 겪게 되었다. 전국 시대 제자백가의 음양은 사회 신분적 가치와 그다지 깊은 관련을 맺지 않았다.

그런데 전국 후기의 『역전』에 이르러 음양은 남녀 관계를 설명하는 패러다임으로 자리잡게 되었다. 이것 또한 이 시기에 갑자기 대두된 것이 아니라 유사성과 대립성을 기준으로 병렬로 분류되었다가, 서로 묶이고 나뉘는 과정을 거쳐 두 가지 속성으로 분리되어 고착되었음을 알 수 있다. 그러면 여기서 잠시 『역전易傳』이 어떻게 형성된 것인가를 보자.

『역易』 또는 『주역周易』은 『역경易經』과 『역전易傳』을 포괄한 명칭[34]으로 사용하기도 하고, 『역경易經』을 『주역周易』이라고 하고 『역경』 해설서를 『역전易傳』이라 하여 서로 구별[35]하기도 한다. 일반적으로 경經 부분은 점서占筮의 책으로, 전傳부분은 철학서로 분류된다. 경經의 창작 시기는 대체로 은말주초殷末周初이며 그 내용은 은殷나라의 주왕紂王과 주周나라의 문왕文王의 시대 상황을 반영한 것이다.[36] 전傳은 대략 춘추전국에서 한초漢初에 이르기까지의 비교적 긴 시기에 형성된 것으로 보고 있다.[37] 『역전易傳』은 후세의 유학자들이 이 『주역周易』에 끊임없는 주석과 해석을 가하여 모아낸 것으로 '십익十翼'[38]이라고도 한다. 『역전』의 많은 부분은 전국 후기의 사상적 요구를 반영한 것이다. 그 중에서도 『역전』은 음양개념으로 인간과 사회를 설명하고 있는데, 이러한 음양적 질서 개념이 남녀관계의 이론 기초가 되었다.

『역전』의 저술이 수세기에 걸쳐 이루어진 점을 감안할 때, '남존여비男尊女卑'를 지지하는 음양 이론의 정립은 비교적 후기에 완성된 것이다. 유사성과 대립성의 범주는 음양 외에도 다양하게 개발되었는데, 예컨대 강유剛柔, 인의仁義, 건곤乾坤, 존비尊卑, 귀천貴賤, 동정動靜 등이 그것이다. 다음에서 음양이 어떤 방식으로 남존여비를 지지하는 이론으로 정립되는가를 살펴보자.

남존여비의 이론 기초

음양이 『역전』에 오면 건곤乾坤의 괘와 관련을 맺고, 남녀에 배속되며, 강유剛柔의 속성과 연관을 맺는다. 즉 양은 건乾, 남男, 강剛으로 묶이고, 음은 곤坤 · 여女 · 유柔와 묶인다.

> 옛날 성인이 역을 지을 적에…… 음양의 변화를 관찰하여 괘卦를 세우고, 강유剛柔에서 발휘하여 효爻를 낳으니……[39] 공자가 말하기를 건곤乾坤은 『역』의 문門일 것이다. 건은 양물陽物이고 곤은 음물陰物이다. 음양이 각각의 덕을 합하여 강유剛柔가 그 모습을 드러낸다.[40]

괘의 성립은 음양의 변화를 관찰하여 얻은 것이다. 두 종류의 괘를 얻었는데, 그 중 건괘乾卦는 양의 속성을 가진 사물을 대표하고, 곤괘坤卦은 음의 속성을 가진 사물을 대표하게 되었다. 또 단단함과 부드러움의 속성이 각각 음양과 관련을 맺게 되었다.

> 옛날 성인이 역을 지을 적에…… 성명性命의 이치를 따르게 하기 위해서이니, 하늘의 도를 세워서 음과 양이라 하고, 땅의 도를 세워서 유柔와 강剛이라 하고, 사람의 도를 세워서 인仁과 의義라고 하였다.[41]

하늘과 땅, 사람은 각각 그 법칙에 의해 운용되는데, 하늘은 음양에 의해 운행되고, 땅은 부드럽고 단단함의 원리로 전개되며, 인간 사회는 인仁과 의義의 도리로 유지된다. 여기서 하늘, 땅, 인간을 유기적으로 파악하려는 시도가 보인다. 『주역』「계사상」에서는 이렇게 말한다.

> 하늘은 높고 땅은 낮은데 그것을 본떠 건괘와 곤괘가 자리잡는다. 낮은 자리에서 높은 자리까지 6효가 배열되는데 그 속에 귀하고 천한 위치가 정해진다. 움직이고 고요함에는 항상된 법칙이 있는데 거기에서 굳셈과 부드러움이 판가름된다. 방향은 같은 부류로 모아지고 사물은 무리로써 나누어지니, 이에 따라 길흉이 생긴다. 하늘에서는 형상이 이루어지고 땅에서는 형체가 이루어지니 이에 변화가 나타난다.[42]

'하늘은 높고 땅은 낮다'는 자연 현상과 '건괘와 곤괘가 자리잡는다'라는 괘의 배열 순서가 결합하여 다양한 의미를 파생하였다. 높고 낮은 천지의 공간적인 위치가 귀하고 천하다는 사회적인 개념을 도출하는 근거로 작용한 것이다. 여기서 세계는 두 가지로 분류된다. 즉 하늘=높음=건괘=형상〔象象〕과 땅=낮음=곤괘=형체〔체體〕가 그것이다. 여기서 다시 귀함〔귀貴〕=움직임〔동動〕=굳셈〔강剛〕과 천함〔천賤〕=고요함(靜)=부드러움〔유柔〕의 가치 개념이 나오게 되는데, 천天과 지地에 각각 배속되었다. 앞에서 건乾을 양물陽物, 곤坤을 음물陰物이라 하였으므로, 음양은 천지와 건곤, 존비, 귀천, 동정, 강유 등의 개념과 자연스럽게 결합되는 것이다.

건乾의 도道는 남자를 만들고 곤坤의 도道는 여자를 만든다. 건은 큰

시작을 주장하고 곤은 만물을 만들어 완성한다.[43]

여기서 건남乾男과 곤녀坤女로 분류되고, 건남은 시작[始]을 곤녀는 완성[終]의 역할을 부여받았다. 이에 대해 주희는 『주역본의周易本義』에서 음양에 속하는 모든 사물에서 이와 같지 않은 것이 없으며, 대체로 양이 먼저이고 음이 뒤이며 양은 베풀고 음은 받으며, 양은 가볍고 맑아서 형체가 없으나 음은 무겁고 탁하여 자취가 남는다고 하였다. 건곤乾坤, 남녀男女, 시종始終을 반드시 우열 개념으로 볼 필요는 없다. 하지만 음양과 남녀가 유비되면서 전반적인 맥락은 선후先後, 능동과 수동, 청탁淸濁 등의 가치 개념으로 전개되어 갔음을 알 수 있다.

건乾은 굳세고 곤坤은 부드럽다.[44] 건乾이란 천하에서 가장 굳센 것이다. 곤坤이란 천하에서 가장 유순한 것이다.[45] 위대하도다 건원乾元이여, 만물의 시작이로다. 이에 하늘을 통솔하도다. 지극하도다 곤원坤元이여, 만물이 그로부터 생겨나도다. 이에 하늘을 따르다.[46]

건곤乾坤은 남녀를 천지에 유비시켜 그것을 다시 추상화하여 만든 개념이다. 여기서 건乾은 남성적인 속성으로 항상 움직이며 강한 속성을, 곤坤은 여성적인 속성으로 정지되어 있으며 부드러운 속성을 지니는 것으로 정해지게 되었다. 건괘로 표상된 남성은 천하에서 가장 굳센 기가 뭉쳐진 존재가 되고, 곤괘로 표상된 여성은 천하에서 가장 유순한 기가 뭉쳐진 존재가 된다. 그래서 건괘는 만물의 시작이 되고 곤괘는 그 시작을 받아서 만물을 생生하게 하는 역할을 받는다. 건괘는 통솔하고 곤괘는 따르는데, 건곤의 남녀 유비 구조에서 남자의 통솔과 여자의 따름이 자연스럽게 도출된 것이다. 즉 여필종부女必從夫, 부창부수夫唱婦隨의 자연 철학적인 기초가 천지天地, 음양陰陽, 건곤乾坤, 남녀男女, 강유剛柔의 유비를 통해 마련되었음을 알 수 있다.

여성의 괘인 곤괘坤卦, 그 괘사卦辭에서는 이렇게 말한다. "먼저 하면 혼미하고 뒤에 하면 얻으리니, 이로움을 주장한다."[47] 이에 대해 정이程頤는 "음은 양을 따르는 자이다. 양이 선창하기를 기다려 화답하니, 음이 양보다 먼저 하면 혼미하고 어긋남이 된다."[48] 주희朱熹는 '득주리得主利'에 대해 "양이 먼저이고 음이 뒤가 되니 양은 의義를 주장하고, 음은 리利를 주장한다."[49]고 해석하였다. 이를 통해 여자는 항상 남자의 뒤에서 남자를 따르고 보조하는 역할에 충실한 것을 덕목으로 여기게 되었음을 알 수 있다. 곤괘坤卦의 「문언전文言傳」은 말한다.

음陰은 비록 아름다움이 있으나 이를 머금어 왕사에 종사하여 감히 이루지 말아야 한다. 이것이 땅의 도이며 아내의 도이며 신하의 도이다. 땅의 도는 이룸이 없고 대신하여 끝마침이 있는 것이다.[50]

음陰의 속성으로 분류된 땅과 아내, 신하는 스스로 자신의 공을 드러내거나 스스로 무엇을 완성시켜려고 해서는 안 된다. 다만 양陽의 속성으로 분류된 하늘, 남편, 군주가 무언가를 이루도록 돕고 마무리해 주되 결코 자신의 이름이 드러나지 않도록 한다는 것이다.

이상에서 본 바 음양이 남녀 존비의 개념으로 유비되기 시작한 것은 전국 후기 『역전』의 성립과 함께 한다. 남자는 양성陽性, 거상居上, 여천與天, 군부君父에 유비되고, 여자는 음성陰性, 거하居下, 여지與地, 신자臣子에 유비되었다.[51] 『역전』의 세계는 음양陰陽, 강유剛柔의 두 쌍의 기본 범주를 통해 유사하면서 대립하는 범주인 진퇴進退, 왕래往來, 한서寒暑, 굴신屈伸, 존비尊卑, 길흉吉凶, 득실得失, 대소大小, 귀천貴賤, 원근遠近 등으로 연장하여 자연自然과 인사人事의 변화를 설명하는 법칙으로 삼았다.[52] 이러한 분류는 정치와 생활 속으로 깊숙이 침투되었다.

『예기』는 남자의 일을 양사陽事로, 여자의 일을 음사陰事로 분류하였고, 각각이 제 역할을 하지 못할 경우 일식이나 월식과 같은 음양 부조화의 현상이 일어난다고 보았다. 그래서 일식이 일어나면 천자가 육관六官을 정비하여 양陽에 속한 일을 쓸어 없애고, 월식이 일어나면 왕후가 육궁六宮을 정비하여 음陰에 속한 일을 쓸어 없앤다.[53] 여기서 남자와 여자가 각각 제 역할을 하지 못했다는 것은 남자의 가르침〔남교男教〕과 여자의 따름〔부순婦順〕이 어긋났다는 것이다. 즉 일식은 남자의 가르침이 먹혀들지 않았을 때 일어난 이변으로 보았고, 월식은 여자가 순종하지 않았을 때 일어난 이변으로 보았다.

이러한 분류는 비록 그것이 일음일양一陰一陽과 일강일유一剛一柔 등과 같이 상반된 속성을 가지고서 서로 교합하고, 운동함으로서 끊임없는 생성을 이루어낸다 하더라도 우열의 가치를 암묵적으로 배태하고 있는 것이다. 유가의 세계에서 음陰과 유柔, 하下와 소극성이 양陽과 강剛, 상上과 적극성보다 우위일 수는 없기 때문이다. 그것은 유가와는 정 반대의 기준을 가지고 세계를 본 도가에서 확인할 수 있다. 도가는 음陰과 유柔, 하下, 소극성이 양陽과 관련된 가치보다 우위에 있다고 보았다. 그러나 비록 유가와 도가의 음양 가치론이 상반된 지점에 서 있다하더라도 이 둘은 동일한 전제 위에 서 있다. 도가 역시 남성의 양강陽剛과 여성의 음유陰柔를 기정 사실로 하면서, 가치의 평가에 있어서 유가와 방향을 달리 할 뿐이다.

이상을 통해 볼 때 천지天地와 남녀男女의 자연적인 기능에서 존비尊卑, 귀천貴賤의 사회적인 가치를 도출한 것은 음양 개념의 역사 과정을 반영하는 것이다. 음양이 남존여비를 지지하는 이론으로 활용된 것은 전국 후기, 대통일의 분위기가 성숙되면서 강한 힘을 가진 전제군주를 기다리던 시대의 요청이었다.

우리에게 익숙한 음양 모델은 음물陰物과 여화女禍, 이적夷狄과 소인小人을 한 데 섞어 동등한 차원에서 논의하면서, 사회 생활과 인사에 적용시킨 것인데, 이것은 한대漢代 동중서董仲舒(B.C.179-104) 이후의 모델이다. 송명宋明 이학理學에서는 본체를 규명하려는 이론의 차원에서 음양을 논의하였고, 나아가 양존음비陽尊陰卑는 물론 남존여비男尊女卑를 체계화하였다. 청말淸末 이후에는 남녀평등을 주장하는 진보적 학자들에 의해 음양에 사회적 가치를 부여하는 전통적인 해석이 오류임을 증명하는 학설이 나오기도 했다. 현대에 이르러 남존여비를 합리화하는 음양 이론을 비판하고, 양성 평등의 이론으로 다시 음양을 검토하는 작업들이 나오고 있다.

2. 음양, 두 가지 힘의 이론

음양의 개념은 사회와 역사의 산물이다. 음양 이론에는 그 시대의 사유 방식이 담겨져 있고, 그것을 진리로 여긴 사람들의 삶이 들어 있다. 그 가운데서도 음양적 사유가 가장 큰 영향을 미쳐, 현실적으로 가장 강한 힘을 발휘한 영역을 들라면 아무래도 남녀 관계일 것이다. 음양 이론으로 설명된 남녀 관계, 그 역사적 한계는 남녀를 존비尊卑 개념으로 접근했다는 데 있다. 이 한계는 어떻게 극복될 수 있고, 그 전망은 어떤 방식으로 추구될 수 있는가 하는 것이 우리의 관심이다. 여기서 음양의 강한 추상성에 주목할 필요가 있다. 음양이 추상적이라는 것은 음양 이론을 풍부하게 하는 요인이 되기도 하지만, 다양함은 물론 정반대의 해석을 가능하게 하는 요인이 되기도 한다. 따라서 음양을 어떤 지점에서 보는가, 음양에서 무엇을 볼 것인가에 따라 그 이론은 다르게 구성될 수 있다. 이 점에 대해서는 원대元代의 이도순李道純이 지적한 바 있다.

> 역의 도는 광대하여 모든 것을 포함하고 있다. 이를 불교의 입장에서 공부하면 부처가 되고, 신선 사상의 입장에서 공부하면 신선이 되며 이에 의거하여 수신·제가·치국·평천하의 도를 실천하면 그것이 이루어진다.[54]

여기서 '역의 도'란 음양을 말한다. 장자莊子는 "『시詩』로써 뜻을 말하였고 『서書』로써 일을 말하였으며 『예禮』로써 행위를 말하였고 『악樂』으로 조화를 말하였으며 『역易』으로 음양을 말하였고 『춘추春秋』로 명분을 말하였다."[55]라고 하였다. 『예기』에서는 "옛날 성인은 음양과 천지의 뜻으로 역을 만들었다."[56]라고 하였다. 즉 『주역』의 세계를 설명해 주는 핵심 언어가 음양이라는 것이다. 그렇다면 여성의 입장에서는 『주역』의 중심 원리 음양을 어떻게 읽을 것인가? 더 나아가 음양으로 지지되었던 위계적 신분 질서와 성별 질서를 음양의 원리로 다시 해체할 방법은 없는가? 이러한 질문으로 음양 이론에 접근해 보자.

음양을 통한 남녀 관계의 새로운 해석은 음양이 세계 구성의 '두 가지 힘'[57]이라는 점에서 시작될 수 있다. 이러한 해석의 근거는 『주역』 「계사상繫辭上」의 '일음일양지위도一陰一陽之謂道'이다. 다음 절에서 상세히 논의하겠지만 이 구절은 두 가지 방법으로 해석되어 왔다. 즉 음과 양을 각각의 실체로 보아 '하나의 음과 하나의 양'으로 해석하는 방법과 '한 번은 음陰하고 한 번은 양陽한' 변화의 원리로 해석하는 방법이 그것이다. 두 해석 중 어떤 것을 선택하는가에 따라 음양으로 보는 세계는 달라질 수 있다. 음과 양의 추상성은 '일음일양一陰一陽'을 추상적이게 한다. 예컨대 '일음일양一陰一陽'의 도道에 대해 "어진 사람은 그것을 보고 인仁이라 하고 지혜로운 사람은 그것을 보고 지知라 한다."[58]는 것이다. 아예 『주역』 해석의 주제와 내용이 시대와 사상가의 관심에 따라 다르다는 점에 주목한 연구도 있다.[59]

'일음일양一陰一陽'을 어떻게 해석하든 음양을 '두 가지 힘'으로 보는 데는 이의가 있을 수 없다. 음양과 유사한 개념군으로 천지天地와 건곤乾坤 등이 있지만 이들을 역동적인 개념인 '두 힘'으로 삼기에는 부족한 점이 있다. 천지가 공간 개념에 가깝다면 건곤의 부호는 고정된 상象의 이미지에 가깝다. 반면에 음양은 시·공간을 관통하며 운동 변화하는 기氣에 가까운 것으로 이해된다. 그렇다면 음양을 '두 힘'으로 하는 음양 이론의 창출은 남녀 관계의 지형도를 어떻게 변형시켜 줄 것인가가 궁금해진다. 세계의 생성과 변화, 그리고 인간 존재를 설명하는 패러다임으로서 '두 힘'의 이론은 궁극적인 절대자를 상정하지 않는다. 즉 남자와 여자로 상징되는 두 가지 힘을 자원으로 하여 세계를 구성해 갈 수 있다는 데 '두 힘'으로 본 음양의 매력이 있다.

그러나 남녀로 상징되는 '두 개의 힘'을 어떻게 볼 것인가의 문제는 사회 · 역사적인 맥락을 가진다. 음양 이론의 형이상학을 현실의 구체적 의미 속에서 파악하기 위해서는 음양의 두 가지 측면, 즉 음양 실체와 음양 유행으로 나누어 볼 필요가 있다. 음양 실체의 관점에 따르면 남녀는 서로 바뀔 수 없는 '다른' 존재이다. 음양 유행의 관점에 따르면 남녀 모두 음양적 속성을 갖춘 '동일'한 존재이다. 전자는 불변, 차이, 타자, 관계 등의 문제를 제기하고 후자는 변화, 동일, 개체, 균형 등의 문제를 제기한다. 이렇게 음양의 개념은 상호 대립적인 것을 포괄하며, 음양론적 남녀 관계는 '다름과 같음', '변화와 불변' 등의 이중적 맥락을 가짐을 알 수 있다.

니담은 말한다. "중국의 음양 이론에는 선악의 저류가 전혀 존재하지 않는다. 행복이나 건강, 선한 질서의 달성은 동등한 입장에 있는 이 '두 개의 힘' 사이의 진정한 밸런스를 얻고 유지됨으로써 가능하다. 음양 이론은 삼라만상 속에서 투쟁과 혼돈보다는 조화와 통일의 저류를 찾아내려는 중국적 경향의 반영이다."[60] 그러나 음양적 사유가 지배한 중국의 현실은 이와는 다른 길을 걸어온 것 같다. 지향은 조화와 통일이었지만 현실은 지배와 억압으로 점철되어 온 것이다. 모든 것은 변화의 과정 중에 있다고 하지만, 절대 불변의 요소를 포기하지 않는 측면도 있다. 그래서 음양 이론의 이상과 구체적 현실, 그것이 어떤 방식으로 음양 이론의 역사를 만들어 왔는가를 추적해 볼 필요가 있다.

관계의 철학-음양 실체의 관점

음은 음이고 양은 양일 뿐, 변하여 다른 것이 될 수 없다. 이때 '일음일양一陰一陽'은 '하나의 음과 하나의 양'으로 해석된다. 이것은 실체로서의 음양이며, '정해진 자리〔정위定位〕'에서 본 음양이다. 여기서 음은 음의 정체성을, 양은 양의 정체성을 고집할 수 있다. 음이 양으로 변하거나 양이 음으로 변할 수는 없는데, 이는 '불역不易'의 측면에서 본 음양이다. '변할 수 없는' 음양을 대표하는 것은 남녀와 천지, 건곤, 존비, 귀천 등이다.[61] 즉 모든 남자는 양이고 모든 여자는 음이다. 음양의 실체를 인정하는 것은 음양 이원론의 입장이며 공간적 측면에서 본 음양이라고 할 수 있다.

음과 양을 불변하는 실체로 볼 때, 둘은 어떤 방식으로 만나게 되는가? 음양적 사유란 각 실체를 있는 그대로 남겨두기보다 각 실체의 관계성에 주목하기 때문이다. 그러면 실체로서의 음과 양은 어떤 방식으로 관계를 맺는가를 보자. 두 가지 서로 다른 사물이 관계를 맺는 방식은 다양하다. 대립 또는 협력의 관계가 있고, 상호 양립, 상호 작용, 상호 의존, 상호 침투 등의 관계 방식이 있다. 지배와 종속의 방식도 일종의 관계라면 관계이다.

음양 이론은 두 실체의 관계를 '대대對待'로 보았다. "음양이 서로 연속된 하나의 명사가 되고 무형무상無形無象의 두 가지 대대적인 성질을 가리키게 된 것은 대체로 공자 혹은 노자로부터 시작되었다."[62] '대대對待'란 '마주서서 기다린다'는 뜻인데, 서로를 포섭하지 않고 타자를 있는 그대로 두면서 나의 짝으로 요구하는 관계이다. 다시 말해 타자를 배척하지 않고 오히려 자기의 존재성을 확보하기 위한 필수적

대대의 형상(전국시대 유물인 와당瓦當의 쌍봉문양)

인 전제로서 타자를 요구하는 관계를 말한다. 예컨대 하늘의 이름은 땅이 주고 땅의 이름은 하늘이 준다. 아버지의 이름은 어머니가 주고 어머니의 이름은 아버지가 준다. 이들은 대대 관계에 있다고 할 수 있다. 남녀대대란 여자는 남자를 통해 자신이 여자임을 확인할 수 있고 남자는 여자로 인해 자신이 남자임을 확인할 수 있다. 음양대대는 서로 반대되면서 동시에 서로를 이루어 주는 '상반상성相反相成'을 관계의 원리로 한다.

　실체로서의 음양과 그 관계의 논리를 보면 하나의 실체 그 자체는 미완성의 존재이다. 즉 남자와 여자 그 자신으로는 미완성이다. 남자와 여자가 짝을 이루어 '우리'가 될 때 완전한 존재의 이름을 얻을 수 있는 것이다. 대대적 짝의 개념은 모든 현상과 세계를 보는 방법을 제공한다. 예컨대 "천지만물의 이치에는 홀로인 것이 없고 반드시 짝이 있다. ······ 음 홀로는 사물을 생할 수 없고, 양 홀로는 사물을 생할 수 없다."는 것이다.[63) 또 『주역』에서 말한 "세 사람이 가면 한 사람을 덜어야 하고, 한 사람이 가면 그 짝을 얻게 된다."[64)는 것이다.

그러면 서로 다른 실체가 그 자체로 남지 않도록 그들을 대대적 관계로 연결시켜 주는 것은 무엇인가? 인과적 관계나 서로 포섭되는 관계가 아니라 하나의 패턴 속에 나란히 놓여지고 그것이 상호 작용하는 관계가 되기 위해서는 그 사이를 매개하는 무엇인가가 필요하다. 다시 말해 서로 대응하는 짝인 남녀가 의미를 가지려면 그 자체의 정체성을 인정하는 것만으로는 부족하다. 서로 다른 두 실체는 어떻게 만날 수 있으며, 어떻게 상호 작용하고 상호 의존하는 관계가 될 수 있는가 하는 것이 설명되어야 한다. 이는 곧 남녀를 대대적 관계가 되게 하는 매개에 대한 물음으로 이어진다.

여기서 '감응感應'이라는 개념을 만나게 된다. 즉 감응을 통해 서로 다른 두 실체가 만날 수 있는 것이다. 『세설신어世說新語』는 감응을 『주역』의 본질이자 중국적 사유의 기본 범주 중의 하나라고 하였고,[65) 정이程頤도 "천지 사이에는 단지 감感과 응應이 있을 뿐, 그 밖에 무엇이 있단 말인가?"[66)라고 하였다. 감응이란 실체 외부의 어떤 존재나 어떤 힘이 아니다. 실체와 실체 사이에서 발생하는 것이다. 다시 말해 감응이란 원인과 결과의 방식이 아니라 앞면과 뒷면처럼, 실물과 그림자처럼, 소리와 메아리처럼 동시에 일어난다. 감응을 대표하는 괘는 함괘咸卦[67)인데, 그 원리는 "산 위에 연못이 있는 것이 함咸이니 군자는 이를 본받아 자기를 비움으로써 다른 사람을 받아들임"[68)에 있다. 감응과 관련된 『주역』의 괘는 함괘咸卦 외에 태괘泰卦, 구괘姤卦, 귀매괘歸妹卦, 부괘否卦 등[69)이 있는데, 이들은 주로 남녀의 관계를 말한 것이다.

그러니까 '관계성'과 '감응'은 음양을 실체의 개념으로 볼 때 나온 것들이다. 여기서 관계란 상호 보완, 상호 의존, 상호 작용 등과 관련된 대대성對待性을 핵심으로 한다. 대대적 관계는 나와 타자 사이에서 발생한 '감응'이 매개가 된다. 여기에는 하나의 개체는 불완전한 존재이며, 그래서 반드시 짝을 필요로 한다는 의식이 들어 있다. 하나의 쌍을 이룰 때 비로소 온전해질 수 있다는 것은 쌍을 이루는 각 실체의 차이를 인정한다는 것이다. 서로 다르기 때문에 교환[교交]이 가능하다. 각각이 '바뀔 수 없는[불역不易]' 자기 정체성을 가질 때 서로 주고받는 것이 가능해지기 때문이다. 즉 '불역不易'은 '교역交易'의 조건이 되는 셈이다. '교환'의 조건은 차이와 대립이며 이것을 매개하여 보완과 의존의 관계로 안내하는 것이 '감응感應' 또는 '교감交感'이다.

세계를 설명하는 이러한 방식은 두 사물의 외부에 존재하는 어떤 힘을 인정하지 않는다. 감응으로 설명되는 방식은 두 사물의 내부에서 생성된 상호 작용의 힘을 인정하는 것이다. 니담은 이것을 질서의 개념이 법칙의 개념을 배제했다고 평가한다. 즉 창조된 것이 아닌 보편적 유기체는 상호 이해라고 하는 보편적인 이상에 의해, 중국은 절대적인 명령·법을 기초로 하기보다 상호 의존이나 연대 책임 같은 유연한 제도에 의해 인간 사회를 운용해 왔다는 것이다.[70]

그렇다면 우선 만물을 짝으로 보는 이러한 사고, 두 가지 대립적인 실체의 상호 작용을 세계 생성의 힘으로 파악하는 이러한 생각이 어떻게 가능했을까? 그것은 구체적인 남녀 관계에서 일어나는 생물학적 현실을 모델로 추상화하고 이론화한 것으로 보인다. 생물학적 인간 생산에 요구되는 일련의 과정인 차이와 대립 그리고 교감과 관계가 '음양陰陽'의 추상적 개념으로 발전한 것이라 할 수 있다. 그것은

'두 가지 힘'으로서의 음양이 최종적으로 '힘쓰는' 것이 '생생生生'이라는 데서 확인된다.[71] '낳고 또 낳는' 것을 역의 원리라고 한 것은 개인적 생명의 내원을 근거로 우주를 설명하는 방식이다. 즉 "천지음양의 기운이 뒤섞여 만물이 생겨나고 길러지며, 남녀의 정기가 서로 만나 만물이 생겨난다."[72]고 한다. "건乾의 강함과 곤坤의 부드러움이 합하여 짝을 이루고 서로를 품으니 자웅雌雄이 서로를 필요로 한다."거나 "남녀는 서로를 기다린다."는 것은 생물학적 생산을 일컫는 말이다.[73] 다시 말해 나와 타자의 관계에 적용될 수 있는 '음양대대'의 보편 개념은 생명 생산을 가능하게 한 구체적인 남녀 관계를 관찰한 결과 얻어진 것이라 할 수 있다. 이러한 관계 원리는 이제 모든 현상을 설명하는 방법으로 확장된다. "강유가 서로 밀고 당김으로써 변화를 생기게 하고"[74] "일월이 서로 밀고 당김으로써 밝음이 생기며"[75] "추위와 더위가 서로 갈마듦으로써 세월이 만들어진다."[76]는 것이다.

음양 실체의 관점에서 제기된 문제는 차이성과 다양성의 이론을 모색하는 오늘의 우리에게도 시사하는 바가 크다. 즉 '동일同一'이 아닌 '차이差異', 나와는 다른 타자와의 관계, 외부의 강제된 힘이 아닌 관계 주체들의 내재적 원리 등의 주제들을 던져 놓는다. 다시 말해 음양 실체의 관점은 남녀의 생물학적 차원에서처럼 서로의 차이를 인정하는 사회적 관계로 나갈 수 있는 가능성을 보여 준다. 서로 다르기 때문에 대립할 수도 있고 갈등할 수도 있지만, 그것이 곧 상호 보완의 조건이 될 수 있는 것이다. 이때 마주 선 두 실체는 한 쪽으로 기우는 일 없이 팽팽한 긴장을 유지해야 하는 것이다. 그렇지 않을 때 짝의 개념이나 대대 개념은 전혀 다른 방향으로 전개될 수 있다. 그러나 이러한 음양 실체의 관점이 제기하는 차이는 이론적인 가능성이었을 뿐 실제 사회 관계에서는 기존의 질서를 합리화하는 데 활용되었다. 예를 들면 한초漢初 전제 군주의 권위를 합법화하는 이론 개발에 참여했던 동중서董仲舒의 음양 이론이 그것이다.

동중서는 삼강三綱의 법칙을 합리화하는 수단으로 음양을 차용하였다. 그는 음양 실체를 각각의 사회적 위치를 고착화하는 방향으로 해석하였다. 여기서 짝이란 주도하는 상위자와 보조하는 하위자로 구성된다. 동중서는 말한다. "군신, 부자, 부부의 도리는 모두 음양의 도에서 취했다. 임금은 양이고 신하는 음이며, 아버지는 양이고 아들은 음이며, 남편은 양이고 아내는 음이다.······ 양은 남편인데 낳는 일을 하고, 음은 아내인데 돕는 일을 한다.······ 왕도의 세 벼리는 모두 그 원리를 하늘에서 구할 수 있다."[77]

음양 실체의 관점이 차이를 인정하는 관계의 철학으로 나갈 수 있는 가능성을 갖고 있다면, 실체들을 매개하는 '감응' 또한 각자의 차이를 인정하는 상호 작용하는 힘, 외부의 강제된 권력이 아니라 각 실체의 내부에서 관계를 만드는 힘으로 작용할 때 의미가 있다. 그러나 동중서의 '천인감응天人感應'은 자연의 변천과 인간 세상의 치란治亂을 직접 관련시키려는 이데올로기로 활용되었다. 자연 재해가 인사의 책임을 묻는 방향으로 해석됨으로써 선의의 피해자가 생길 수 있었다. 그리고 남녀감응은 남자와 여자가 팽팽한 긴장을 이루는 대등한 교환이 아니라 남자를 '존자尊者'로, 여자를 '지비卑者'로 한 교환으로 왜곡되었다. 예컨대 "지위가 높은 사람이 지위가 낮은 사람에 대해서 겸양과 공손의 태도를 보이고, 남자는 여자에 대해 겸양과 공손함으로 대한다.…… (그래서) 남자는 여자 쪽으로 가서 신부를 맞이하는 것이 (감응의 괘인 함괘咸卦의 진정한 실천이다.)"[78]라고 하였다.

상호 역동성이라는 '감응'의 이론적 가능성은 이데올로기가 지배하는 현실 사회에서는 높은 사람이 낮은 사람을 '감동'시키는 것으로 전개되어 갔다. 바로 우위優位에 있는 사람의 낮출 줄 아는 '여유'와 열위劣位에 있는 사람의 그에 상응하는 '응답'이다. 남자의 여자에 대한, 치자의 피치자에 대한, 군자의 소인에 대한 계몽과 베품이 감응의 원리로 이해되었다. 이 외에 우월한 자의 자혜慈惠와 열등한 자의 보은報恩, 치자의 인애仁愛와 피치자의 충정忠貞, 남편의 은혜와 부인의 존경을 들 수 있다. 여성을 위한 교훈서『여계女誡』를 지은 후한後漢의 반소班昭(48-117)는 여자들이 어떻게 하면 무난하게 평생을 살 수 있는가 하는 방법을 제시하였는데, 그 논리는 음양의 감응 이론과 크게 다르지 않다. 반소는 "남편 한 사람의 뜻을 얻으면 종신토록 함께 살 수 있고, 남편 한 사람의 뜻을 얻지 못하면 쫓겨날 수밖에 없다."[79]라고 한 것이다. 이와 같이 남녀 위계가 구조화된 사회에서 감응의 원리는 남성의 마음을 얻는 것으로 해석되었다.

변화의 철학-음양 원리의 관점

음양 원리의 관점에서 볼 때 음은 양으로 변화할 수 있고, 양은 음으로 변화할 수 있다. 이때 '일음일양一陰一陽'은 '한번은 음이 되고 한번은 양이 되는' 것으로 해석된다. 즉 원리로서의 음양이며, 시간적 흐름[유행流行]에서 본 음양이다. 음과 양은 정해져 있는 실체 개념이 아니라 '물극필반物極必反'의 원리에 의해 변화한다. 즉 음이 극에 달하면 변하여 양이 되고, 양이 극에 달하면 변하여 음이 되는 것이다. '변역變易'의 측면에서 본 음양이다. '변할 수 있는' 음양이란 한서寒暑, 주야晝夜가 교체되는 원리와 같이 한 몸에서 일어나는 두 가지 현상을 지칭한다. 음양일원론의 입장이며 시간적 측면에서 본 음양이다. 실체로서의 음양과 구별하여 원리로서의 음양이라고 한다.

음양 원리의 측면에서 볼 때 모든 사물과 현상은 음과 양으로 대표되는 상반된 속성을 모두 가지고 있다. 두 대립하는 속성이 번갈아 가면서 "한번은~하고, 한번은~하면서" 자신의 존재를 드러내는 것이다. 이 음양의 변화는 "예측할 수 없으며",[80] "일정한 방향이 없고 일정한 형체도 없는"[81] 것이다. 음양 실체實體가 생물학적이고 존재론적인 개념이라면, 음양 유행流行은 사회 구성론적이고 인식론적인 개념이라 할 수 있다. 음양 유행 또는 음양 원리의 측면에서 볼 때 주야晝夜, 한서寒暑, 동정動靜, 굴신屈伸, 언묵言默, 상하上下, 전후前後, 좌우左右, 영휴盈虧, 은현隱現, 군자와 소인 등은 모두 한 몸의 두 가지 현상일 뿐이다. 추위가 다하면 더위가 오고, 낮이 가면 밤이 오는 원리이다. 정이程頤가 『주역』의 핵심을 '변역變易'이라고 한 것은 음양 원리의 측면을 말한 것이다.

음양 원리의 관점에서 볼 때, 남자와 여자는 둘 다 그 생물학적 사실과는 무관하게 자신 안에 음양을 갖추고 있다. 음양 실체의 관점이 존재론적으로 음적 인간과 양적 인간을 구분했다면, 음양 원리의 관점에서 본 인간은 그 자신 안에 음적인 것과 양적인 것을 모두 갖고 있는 것이다. 하나의 사물이나 한 현상 속에 음과 양이 모두 들어 있

322

기 때문에 "양陽 속에 음陰이 있으며 음 속에 양이 있다."고 하고, "양이 다하면 음이 되고, 음이 다하면 양이 된다."[82]고 한다. 또 "음이 넘치면 양병陽病이 오고, 양이 넘치면 음병陰病이 오는"[83] 것이다. 여기서 '음양陰陽'은 뿌리는 같되 상호 전화하는 성질을 가진 것으로 이해된다. 음양 원리 또는 음양 유행의 원리에서 볼 때 음양의 이상적인 형태는 양자가 평형을 유지하는 화和의 상태이다. 반대로 음양이 균형을 이루지 못하여 불화不和하게 되면 병病이 오게 된다고 보았다.

원리와 유행의 관점에서 음양을 볼 때 그 변화는 토하고 빨아들이는 운동이나 작용하고 반작용하는 운동으로 이해될 수 있다. 『대대례기大戴禮記』에서는 이렇게 말했다.

> 밝은 것은 기를 방사한다〔토吐〕. 따라서 그 바깥쪽에 빛이 있다. 어두운 것은 기를 빨아들인다〔함含〕. 따라서 그 안쪽에 빛이 있다.…… 빛을 내는 것은 작용적인 것이고〔시施〕 빛을 빨아들이는 것은 반작용적인 것이다〔화化〕. 양의 정기는 신神이고 음의 정기는 영靈이다. 음양이 바른 위치에 있으면 평정과 평화가 있다.…… 음양이 조화된 대표적인 동물이 바로 사람이다.[84]

음양 원리와 음양 유행의 관점에서 볼 때 현재의 어두운 상태는 빛이 없는 것이 아니라 빛을 빨아들임으로서 그 속에 빛을 감추고 있는 것이다. 밝게 빛나기 위해서는 반드시 그 반작용의 과정인 빨아들여 빛을 저장해 놓아야 한다. 이때 역시 가장 바람직한 상태는 균형을 이루는 것인데, 앞의 『대대례기』는 음양이 잘 조화된 대표적인 동물을 사람이라고 보았다.

음양 원리를 사람에게 적용할 때 각 개체는 자신의 결점을 보완하기 위한 방법으로 짝을 구할 필요는 없다. 그 내부에 자기 완결성을 갖추고 있기 때문이다. 한 몸 안에 두 가지 운동 변화의 속성을 갖추고 있어 결국 자기 운동과 자기 변화가 가능하다. 이 때의 음양적 인간이란 '양성구유兩性具有'로 해석될 수 있다. 한 개체는 그 자체로 의미가 있으며 나의 존재성 확보를 위해 다른 누구도 요구될 수 없다. 성인지적 태도로 인간을 볼 필요가 없으며 모든 인간은 성이 제거된 중립적 개인으로 전개될 수 있다. 이렇게 볼 때 인간은 대립하는 타자와 마주해야 하는 긴장으로부터 자유로울 수 있을 것 같다. 음양 원리 또는 음양유행의 관점에서 본 개인은 타자와의 관계를 고민하기보다 스스로 자신을 음 일방적이거나 양 일방적이 되지 않도록 그 '균형'을 만드는 데 최선을 다하는 존재가 된다.

그렇다면 음양적 사고를 통해서도 개인주의의 단초인 '개체'에 대한 인정이 가능하다는 것이 아닐까? 여기서 신유학적 전통에서 개인주의의 가능성을 찾고자 한 드배리의 문제 의식을 접하게 된다. 그는 모든 인간은 공통적이고 보편적인 본성을 이미 갖고 있음을 인정하는 신유학의 전통에 주목하였다. '개인'의 확보는 개별적인 사물들 안의 실재성을 인정하는 것과 연관된다고 보았다.[85] 드배리가 인용한 주희의 말을 보자.

> 하나의 실체가 만물 안에 표현되어 있다. 그러나 하나의 실체와 만물은 그것 자체로서 완전하며 각각의 크고 작음도 그 나름의 정해진 성질이다.…… 만물은 각기 그 안에 자신의 원리를 체현하고 있다. 이른바 "하늘의 도가 변화하고 그 결과 만물은 각각의 본성과 생명을 부여받았

다.”고 한 것이다.······ (이를 비유적으로 말하자면) 곡식의 씨앗이 성장하는 모습과 비슷하다 할 수 있다. 씨앗에서 싹이 움터 계속 자나라 꽃이 피고, 꽃은 열매를 맺는다. 이에 다시 씨앗을 맺어 본래의 모습이 보존된다.······ 이처럼 (그 내부의 원리에 의해) 영원한 ‘낳고 낳음’의 과정이 전개된다.[86]

음양 원리의 관점에서 볼 때 모든 인간은 하나의 개체 안에 자기 생성의 기본 프로그램을 갖추고 있다. “양 속에는 음의 요소가 있고, 음 속에는 양의 요소가 잠재되어 있기” 때문에 이 개체는 타자를 통해 자신의 결여를 확인하거나 자신의 완결성을 위해 타자의 존재를 필요로 하지 않는다. 음양 이원론적 틀에서는 남자와 여자가 있지만 음양 일원론적 틀에서는 ‘사람’이 있을 뿐이다. 남녀 모두가 각각의 음양적 속성을 갖고 있다는 관점에서는 음양 이론을 남존여비와 연결시키는 것이 불가능하다.

그러나 음양 일원론이 모든 개체에게 자기 완결성의 가능성을 제시해 주고 있음에도 불구하고 현실 사회의 생물학적 인간은 개체만으로는 완결될 수 없는 존재이다. 다시 말해 ‘씨앗’처럼 개체 안에서 자기 생성이 가능한 경우와는 달리 인간 개체는 자신의 완결성만으로 생물학적 생산을 담보해 내지는 못한다. 음양 일원론적 인간 이해에서 볼 때 ‘존재하는’ 인간의 자기 변화는 가능하지만 타자와의 관계를 통해 새로운 존재를 생산하는 것은 불가능하다는 것이다. 다음 절에서 살펴보겠지만, 이 점이 바로 음양론적 인간이 갖고 있는 이중성이 아닐까 한다. 또한 음양 일원론 내부에서도 가치의 문제가 생기는데, 외부의 가치 개념이 내부의 상태를 평가하는 기준으로 작용한 것이다.

드러나고 감춤, 낮과 밤, 부상하고 찌그러짐 등이 내부의 변화 운동이라 하더라도 각각에 양적 속성과 음적 속성이 부여됨으로써 우열의 가치가 발생하게 된다. 다시 말하면 한 개인의 일이나 그 역사적 과정을 성공과 실패로 평가할 때, 전자를 양으로 후자를 음으로 규정하는 방법이다. 음양의 운동이 비록 한 개체 내부의 자기 과정이긴 하지만 양존음비陽尊陰卑라는 서열이 있는 것으로 보았다. 동중서董仲舒는 말한다.

음양은 서로 평행 운동을 하지만 같은 길을 걷지는 않는다. 그들이 만나 번갈아 제어자의 역할을 한다. 이것이 그들의 패턴이다. 두 상반된 사물은 동시에 함께 일어나지 않고 전일하게 되는 것이 자연의 영원한 법칙이다. 전일하고 변절하지 않는 것이 자연의 운행이다.[87]

상반된 두 속성에 동등한 힘을 부여하지 않으려는, 이러한 노력은 '억음부양抑陰扶陽'으로 향하게 된다. 동중서는 또 말한다. "우주의 영원한 법칙은 한번 음하고 한번 양하는 것이다. 양이란 하늘의 덕이고 음이란 하늘의 형벌이다."[88] 그리고 하늘이 음으로 하여금 억눌림을 받게 하는 까닭은 바로 하늘은 "양을 신임하고 음을 신임하지 않으며, 덕망을 선호하고 형벌을 싫어하기 때문"[89]이라는 것이다.

이 시기에 우주의 기원을 찾는 문제가 대두되는데『춘추번로』가 천의 의지에 신격을 부여한 것은 지地의 원리는 더 이상 천의 짝으로 작용할 수 없음을 시시하는 것이다. 또『백호통의白虎通義』는 만물의 조상을 찾고, 기氣의 시초〔태초太初〕를 찾고, 형形의 시초〔태시太始〕를 찾고 질質의 시초〔태소太素〕를 찾는다.[90] 기원으로 향하는 의식의 저변에는 존재의 근거를 궁극적 일자一者로 파악하여 변화 생성하는 동적 운동의 전 단계에 보다 추상적이고 정적인 상태를 설정하려는 것이다. 여러 현상의 근원을 단일과 중심으로 귀속시키는 사유 방식은 군주의 새로운 위치를 합리화할 그 역사적 과제를 수행하고자 한 사상적 활동의 흔적으로 볼 수 있다.[91]

한 몸의 두 가지 변화 원리로 파악된 음양은 이상의 전개를 겪으면서 '일자一者'인 태극太極에게 상위의 자리를 내어주게 된다. 장재張載는 음양이 상호 겸하면서 상호 제약하고 상호 삼투함으로써 일체一體를 이룬다는 '일물양체설一物兩體說'을 제기하는데, 음양이 서로 운동 변화하지만 이 통일체 속에 존재한다는 것이다.[92] 그는 음양 위에 태극이라는 본체의 존재를 요청하고 있다. 그렇다면 태극의 속성이 음양을 넘어선 완전히 중립적인 개념인가를 살펴볼 필요가 있다.

주희는 말한다. "건乾은 상대가 없고 단지 하나일 뿐이다. 음陰에 이르러서 대대對待가 있으니 대체로 음은 항상 양에서 어그러진다."[93] 여기서 양의 속성을 가진 건乾이 바로 그 통일체이다. 그는 계속해서 말한다. "음체陰體는 충분하지 않고 항상 부족하다."[94] "음양 두 가지 중에서 본래의 음은 없다. 단지 양이 소진한 곳에만 음이 있다."[95] "양은 항상 음을 겸하지만 음은 양을 겸할 수 없다. 양은 큰 것이고 음은 작은 것이다. 음이 반드시 양에 부속하는 것은 모두 이런 이유에서이다."[96] 결국은 건양乾陽으로 대표되는 남성의 상징계가 전체의 상징계를 대표하는 것이 된다. 남성과 대립하거나 전화할 수 있는, 곤음坤陰으로 대표되는 여성의 상징계는 그 힘을 상실하고 남성의 부분으로 편입된다. 주희는 말한다. "위대하도다 건이여! 양기가 유행하여 존재하는 전체를 포괄하니 음이 곧 그 속에 있도다."[97]

이러한 맥락에서 이지李贄의 주장은 의미 심장하다. "단언하면 하늘과 땅은 하나의 부부이다. 따라서 하늘과 땅이 있어야 만물이 있다. 그렇다면 천하의 만물은 일―에서 나오지 않고 이二에서 나온다는 것이 맞다. 그런데 일이 이를 낳고 리가 기를 낳고 태극이 음과 양을 낳는다니 무슨 말인가?"[98] 이지는 과부의 재가를 금지하는 사회 비판의 논리로 짝의 개념을 사용하고 있다. 그 사회의 문제가 무엇인가에 따라 같은 개념('개체'이거나 '관계'이거나)이 질서 유지의 논리가 될 수도 있고, 질서 해체의 논리가 될 수도 있음을 보여 주는 것이다. 여기에 이르기까지 '한번은 음하고 한번은 양한 것이 도'라고 본 음양 원리의 관점을 살펴보았다. 다음에서는 원리와 실체를 포괄하는 음양의 의미를 살펴보고자 한다.

3. 음양의 양가성 : 다름과 같음의 활용

음양 실체의 관점에 따르면 남녀는 서로 다른 존재이지만, 음양 원리의 관점에 따르면 남녀는 각각 음양적 속성을 가진 동일한 존재이다. 음양 실체의 관점은 남녀 각각의 성 정체성을 불변하는 것으로 보지만, 음양 원리의 관점은 남녀가 각각 자기 안에서 음과 양이 갈마듦으로써 자신을 변화시켜 가는 것으로 보게 된다. 실체의 관점에서 본 음양이 불연속적이라면, 원리의 관점에서 본 음양은 연속적이다. 실체의 관점은 공간적이고 정태적이며 이원론적이다. 음양 실체는 불변不變, 차이差異, 대립對立, 대대對待, 감응感應, 관계關係의 문제를 제기한다. 원리의 관점은 시간적이고 동태적이며 일원론적이다. 음양 원리는 변화變化, 동일同一, 왕래往來, 질운迭運, 개체個體, 균형均衡의 문제를 제기한다. 앞에서는 음양의 두 가지 성격을 분리하여 각각이 제기하는 가능성과 문제점을 검토하였다. 그러나 소위 음양이란 사실 이 두 가지 성격이 착종되어 있으므로 분리될 수 없는 것이다. 주희의 말을 보자.

> 음양에는 유행流行과 정위定位가 있다. 유행은 추위가 가면 더위가 오고 더위가 가면 추위가 오는 이치를 말한다. 정위는 음과 양이 서로 나뉘어져 양의兩儀가 정립되는 것이다. 즉 역에는 두 가지 뜻이 있는데, 유행의 변역變易과 정위의 교역交易이 그것이다.[99] 음양은 하나로 볼 수도 있고 둘로 볼 수도 있다. 유행의 측면에서 볼 때 음양은 하나이나, 정위의 측면에서 볼 때 음양은 둘이 된다.[100]

위 글은 음양에는 두 가지 측면이 있음을 말한 것이다. 여자와 남자는 본질적으로 서로 다른 존재라는 전제로부터 남존여비男尊女卑의 이론을 만들어 낸 것은 두 측면의 음양 중에서 실체의 관점을 발전시킨 것이라 할 수 있다.

그렇다면 유행과 정위, 변화와 불변, 일원론과 이원론 등의 서로 다른 차원의 것을 왜 '음양'이라는 한 개념으로 해결하려고 했을까? 이에 대한 의문은 송항룡을 통해 어느 정도 해결될 수 있다. 그는 음양의 두 가지 측면에 대해 이렇게 말한다. 하나는 "흐름의 사고에서 드러내지는 존재자의 모습이요" 다른 하나는 "모든 존재자를 불변성 속에서 보려는 머무름의 사고이다." 이것을 그는 시·공간적 측면에서 포착한 존재자의 모습이라고 하였다. 실제로 일상 속의 인간은 이러한 시·공간으로부터 분리된 채 파악될 수는 없는 것이다. 예컨대 "변화 위에 놓여 있는 존재자와 우리는 직접 마주 서지 못하고", "불변의 존재자란 시간성을 탈각한 어떤 존재자를 의미하게 되기 때문"이다.[101] 다시 말해 인간이란 X와 Y의 좌표상의 한 지점에 위치하게 되는데, 따라서 우리의 존재는 시간적 변화와 공간적 자리가 만나는 지점에서 드러날 수 있다. 이상익은 음양이 불역과 변역을 포괄하고, 실체의 측면과 유행의 측면을 함께 하기 때문에 음양 사상은 변화의 철학이자 관계의 철학이라고 하였다.[102]

음양의 이론 역사를 보면 동아시아 사상가들은 현상 속의 두 측면을 포괄하는 개념으로 음양을 생각해 낸 것이다. 이는 곧 타자의 존재를 인정해야 하는 현실과 자기 자신에의 충실성이라는 갈등 상황에서 포착된 인간의 모습을 추상화한 것이 아닐까 생각된다. 음양의 개념으로 추상화된 인간의 현실은 역易이 포착한 세계의 모습이기도 한다. 역易은 '변화하지 않음이 없다'는 '변역變易'의 의미를 가지고 있다. 그러나 변화한다는 것은 외적인 양태 속에서 드러나는 것일 뿐 그 변화를 있게 하는 원리나 변화의 질서가 변화하는 것은 아니다. 따라서 역易은 또한 '변화하지 않는다'는 '불역不易'의 의미를 가지고 있다.

한편 이 변화하지 않는 현상계 이면의 원리나 또는 그것에 의해 전개되어 나가는 변화 자체의 질서는 단순하면서 간단한 형식으로 표현할 수 있는데, 따라서 역易은 '간이簡易'의 의미를 가진다. 다시 말해 역易이란 변역變易 · 불역不易 · 간이簡易라고 하는 삼자三者의 종합으로 그 의미가 구성된다. 역의 세 가지 의미는 사실상 우리의 눈앞에 펼쳐 져 있는 하나의 세계를 이해하는 세 가지 다른 시점을 말한 것이라 할 수 있다.

역易이 움직이는 세계를 보다 충실하게 담아내려고 했다면 음양론 적 인간 이해는 인간의 양면적인 모습에 보다 가까이 다가가려고 한 데에 그 뜻이 있다고 할 수 있다. 즉 실체적 관점과 원리적 관점을 포 괄하는 음양론은 자기 정체성을 지키려고 하면서 동시에 다른 자기로 변화해 가려는 인간의 현실을 반영하는 것이다. 이러한 인간 이해를 남녀 관계에 적용해 보자.

남녀는 각각 자신의 정체성을 갖고 있어야 한다는 것이 음양론으로 설명될 수 있다. 또한 남녀는 모두 자기의 완결성을 위해 변화하는 존 재라는 것도 음양론으로 설명될 수 있다. 앞에서 본바 남녀 차별이 음 양론으로 논증될 수 있고, 남녀 평등도 음양론으로 논증될 수 있다. 음양실체의 관점을 활용한다면 남녀가 다르다는 사실로부터 타자를 존중하는 관계의 철학으로 나갈 수 있다. 음양 원리의 관점을 활용한 다면 남녀가 같다는 사실로부터 양성 평등에 기초한 인간 보편의 문 제를 심화시킬 수도 있을 것이다.

그러나 음양론이 지배해 온 동아시아의 전통 사회는 여성 차별을 당연한 것으로 여겨왔다. 그 열쇠는 '서로 다르면서 같다'는 음양 이 론의 이중 구조와 그것이 역사적 현실과 만나는 지점에서 찾을 수 있 다. 그것은 음양의 범주를 둘러싼 해석과 구성의 문제는 구체적인 시 · 공간으로부터 자유로울 수 없었기 때문이다. 남녀는 '서로 다르다' 또는 '같다'는 말이 언제 어디서나 똑같은 의미를 생산하는 것은 아니었다. 같은 말이라도 시·공간을 달리 하면 전혀 다른 의미가 될 수 있는 것이다. 여기서 '남녀동론男女同論'과 '남녀이론男女異論'이 역사 속에서 어떻게 전개되는가를 살펴보자.

'남녀는 같은 존재〔남녀동론男女同論〕'라는 입장은 '만물은 모두 한 몸〔만물일체萬物一體〕'이라는 전제에서 출발한다. 하지만 누가 어떤 입장에서 이것을 사용하는가에 따라 평등성을 주장하는 논리가 되기도 하였고, 획일성을 주장하는 논리가 되기도 하였다. 선진先秦 시기의 사상가 혜시惠施와 장자莊子는 만물은 그 절대적인 차원에서 동등하다고 하였다. 그들이 사용한 '동등함'이란 개체의 고유한 존재 근거를 인정하자는 입장에서 나온 것이다. 또한 순자荀子와 법가 계열 역시 모든 인간의 '동등함'을 주장하였다. 그러나 순자 등은 '동론同論'을 예나 법 등으로 규제되는 현실의 신분적 혹은 정치적 구조의 차별성을 토대로 한 전제적 획일성을 추구하려는 맥락에서 사용된 것이다.[103]

'남녀는 다른 존재〔남녀이론男女異論〕'라는 입장은 '만물은 각기 다르다〔만물분수萬物分殊〕'는 전제에서 출발한다. '이론異論'은 남녀의 차이를 인정하는 방향으로 나갈 수 있다. 그러나 음양 실체의 관점에서 나온 남녀 불변의 정체성은 남성이 여성을 지배할 수 있는 근거로 사용되었다. 남성의 지배와 여성의 순응을 당연하게 여긴 것은 '남녀는 본질적으로 다른 존재'라는 '남녀이론男女異論'이 가부장제 구조 속에서 해석되었기 때문이다. 다시 말해 '남녀이론男女異論'은 남존여비男尊女卑를 생산해 낸 이론 기초인 셈이다.

음양 철학에 관한 본격적인 해석의 역사가 시작되는 한대漢代에서 청대淸代 고증학에 이르기까지 음양은 항상 이러한 이중적 맥락에서 전개되어 왔다. 다시 말해 음양 이론은 남존여비를 논증하는 데 사용되기도 하고, 남녀가 동일한 인격적 대우를 받아야 한다는 주장을 뒷받침하는 이론으로 사용되기도 하였다. 하지만 동아시아 전통 사회에서 사용된 '음양'은 남녀 평등보다 남존여비를 지지하는 이론으로 주로 활용되어 왔다.

가부장제 사회에서 남녀의 '다름'은 차별과 위계로 나타나고, 남녀의 '같음'은 차별을 은폐하는 이데올로기로 사용되었다. 다시 말해 남녀는 '다르면서 같다'는 음양 이론의 이중 구조는 존재하는 위계 질서를 한편에서는 적극 인정하면서 다른 한편에서는 그 차별을 넘어선 '일체감'을 갖도록 하는 것이다. 음양의 이러한 이중성을 간과할 경우, 음양 이론은 꿈과 희망이 되기도 하고 질곡과 좌절이 되기도 한다. 이중성을 간과한 일면적인 논의는 분명한 입장을 세우기에 유리하고 그래서 명쾌한 결론을 낼 수도 있을 것이다. 그러나 음양의 '진실'과는 거리가 있다. 음양의 이중성을 간과할 경우 더 심각한 것은 사회의 불합리한 구조와 부조리한 현상이 '음양'으로 오히려 은폐될 수가 있다는 것이다. 음양의 현대적 가능성을 찾는 시도를 보면 남존여비를 지지하는 음양 실체의 관점을 버리고, 음양 원리만을 취하는가 하면 자신이 선택한 음양 원리의 관점으로 과거 역사까지도 일률적으로 해석하는 경우들이 있다. 반대로 음양 실체의 관점만을 취하는 경우도 있다. 엄밀하게 말하면 이런 경우들은 음양의 일부분만 본 것이다.

이상에서 본 바 이론이 갖고 있는 다양한 가능성이 모두 현실로 나타나는 것은 아니었다. 따라서 음양 실체와 음양 원리 각각이 제기하는 문제와 그 둘이 착종되어 만들어 내는 문제를 반성적으로 검토할 필요가 있다. 역사 속의 음양을 비판하고 성찰하는 것은 음양 해석의 새로운 길을 찾기 위한 것이다. 새로운 음양 이론을 구성하기 위해서는 다음과 같은 질문을 염두에 두어야 한다. 음양의 양면성을 누가 어떤 목적으로 사용하는가? 음양은 역사적 현실과 어떻게 만나고 어떤 진리를 생산해 내었는가? 음양 이론을 통해 누가 이익을 얻게 되고, 누가 손해를 보게 되는가?

이러한 질문으로 음양에 내재한 가능성을 생각할 때 음양이 '두 가

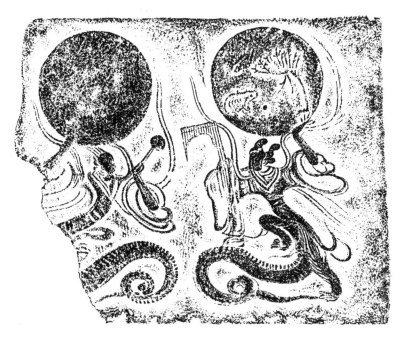

여와와 복희(한대漢代 석각石刻, 사천성박물관 소장).

지 힘'의 이론으로 사용될 수 있다는 점에 주목하게 된다. 세계를 '두 힘'의 길항으로 보는 음양 이론이 관계를 모색하는 우리에게 하나의 가능성으로 타진될 수 있을 것이다. 음양의 세계관은 궁극적이고 형이상학적인 절대자의 권위를 인정하지 않는다. 궁극적 절대자가 존재하는 문화에서는 대개의 경우 그 절대자가 보편자의 이름을 가진 남성이었음을 상기할 때, 이러한 음양의 세계관은 우리에게 일정한 의미를 던져 준다.

9장

욕망 이론: 절제와 활용의 성별 정치학

욕망을 어떻게 정의하고 어떻게 구성하는가에 따라 인간 관계는 물론 남녀 관계의 전망은 달라질 수 있다. '욕欲'으로 표현된 동아시아 고대의 욕망은 크게 생물학적 욕망과 사회적 욕망으로 나누어진다. 각 개체가 갖고 태어나는 기본적인 욕구를 생물학적 욕망이라고 한다면, 사회적 가치를 내면화한 형태의 것을 사회적 욕망이라고 할 수 있다. 인간은 그 자체 생물학적이면서 동시에 타인과 함께 살아야 하는 사회적 존재임을 감안한다면, 한 개체가 욕망하는 것이 기본적인 욕구에 해당하는 것인지 살면서 길러진 것인지 분명하게 구분되지 않을 때가 있다. 그래서인지 중국 고대의 사상가들은 이 둘을 분명하게 구분하지 않고, '욕欲' 한 글자로 생물학인 욕망과 사회적 욕망 둘 다에 사용하고 있다. 또 한자어 '욕欲'은 성욕, 식욕, 물욕, 명예욕 등의 명사에도 쓰이지만, '~을 바라다' '~을 욕망하다'라는 동사형으로 쓰이는 경우가 많다. 동사형으로 쓰이는 욕망은 고정불변의 것이기보다 운동성, 지향성을 가진 구성되는 개념으로 이해된다.

　욕망에 대한 고대 사상가들의 입장은 대체로 욕망 긍정과 욕망 부정의 두 극점이거나 그 연결선상의 어딘가에 위치하고 있다. 욕망은 대개 인간을 개체적 존재로 볼 때 긍정적으로 검토되지만 전체 또는 집단의 시각에서 인간을 보게 될 때 조절되고 제어되어야 할 부정적인 것으로 인식된다. 즉 개체적 존재가 누려야 할 삶의 조건을 중시하는 입장이라면 각 개체가 지니고 있는 기본적인 욕망을 적극 인정하고자 할 것이다. 반면에 전체성의 사회 질서를 중시하는 입장이라면 각 개체의 욕망은 무시될 수밖에 없다. 중국 고대의 사상가들이 본 사람의 기본적인 욕망은 대개 일치하였다. 각 개체가 갖고 태어나는 기본적인 욕망을 고대 사상가들은 '식색食色'[1]이나, 이목구비耳目口鼻의 감각 기관이 욕구하는 바의 것이라고 보았다. 이러한 것들은 개체적 존재가 자신의 삶을 유지하는 데 필요한 기본적인 조건들이라 할 수 있다.

　하지만 그것을 어떻게 처리할 것인가의 문제에서는 사상가마다 차이를 보인다. 고대의 사상가 어느 누구도 사람이 갖고 태어나는 기본적인 욕망을 부정하지는 않았다. 또한 이들이 제기하는 욕망에 대한 이론들은 하나같이 '보다 인간답게 살 수 있는' 길을 모색하였다는 점이다. 욕망에 대한 각 사상가들의 입장이 이러하다면 이제 그들의 방법이 과연 타당한가를 물어야 할 것이다. 다시 말해 그들이 구성하는 욕망을 통해 모든 사람이 '보다 인간답게' 살 수 있는가 하는 것이다. 또 여기서 말하는 '인간'의 범주는 그야말로 '모든' 사람을 포함하는가 하는 것이다.

그러면 동아시아 고대 사상을 욕망론으로 접근하는 것은 어떤 문제들을 해결하기 위한 것인지를 보자. 우선 욕망을 보는 서로 다른 입장과 사회와 인간에 대한 서로 다른 전망은 어떤 관련을 가지는지를 확인할 필요가 있다. 이것을 통해 욕망을 재정의하고 재배치할 필요가 있는 우리의 전망에 하나의 역사 자료로 삼을 수 있을 것이다. 다음은 고대 사상가들의 욕망에 관한 논쟁은 누구의 욕망을 주제로 한 것인가가 밝혀져야 한다. 욕망 긍정의 입장이나 욕망 부정의 입장, 그 자체가 중요한 것이기보다 욕망의 주체가 누구인가의 문제가 쟁점화되어야 한다. 그것은 동아시아의 사상전통에서 욕망의 절제가 항상 피치자나 여성에 대한 통제로 나타난 사실을 설명해야 하기 때문이다. 즉 여기서 욕망이란 한 개인의 수신修身과 관련하여 단순히 도덕적 차원에서 전개되었기보다는 신분과 성별을 변수로 한 지배 담론의 성격이 강하다는 사실이다. 마지막으로 동아시아 고대의 욕망론이 우리에게 무엇을 줄 수 있는가를 고민하는 것이다. 타자와의 관계를 위한 필수적인 자원으로 파악된 유가의 욕망론이 남녀 관계에 응용될 수 있는 가능성과 한계 등을 타진해 볼 수 있을 것이다.

1. 욕망에 관한 두 입장

도덕의 입론을 욕망과 대립하는 데서 찾았던 맹자는 인간이란 생물학적인 기본 욕망을 제어할 수 있는 능력을 그 자체 갖추고 있는 것으로 보았다. 다시 말해 인간은 이목구비의 욕망을 갖고 태어나지만 동시에 그것을 제어할 수 있는 도덕성 또한 이미 갖추고 있다고 본 것이다. 대부분의 유가 학자들과 마찬가지로 맹자 역시 욕망을 부정하기보다 욕망을 절제할 것을 주장하였다. 사상가들이 자신의 철학에서 욕망을 긍정적으로 구성하지 않았다는 의미에서 욕망을 부정한 것으로 볼 수는 있지만, '절욕節慾'이나 '과욕寡慾'은 '무욕無慾'이나 '절욕絶慾'의 태도와는 구분되어야 할 것이다. 하지만 욕망 절제를 도덕 성립의 전제로 삼은 맹자는 다른 유가들에 비해 욕망 부정론에 가깝다고 할 수 있다. 그는 인간이란 태어나면서 갖게 되는 기본 욕망을 충족시킨다고 해서 반드시 행복해질 수 있는 존재는 아니라고 보았다.

> 천하의 선비가 좋아함을 사람들이 욕망하는 바이지만 그것으로 근심을 풀기에는 부족한 점이 있었다. 예쁜 여자는 사람들이 욕망하는 바이지만 임금의 두 딸을 아내로 맞이했어도 그것으로 근심을 해소하기에는 부족하였다. 부유함은 사람들이 욕망하는 바이지만 천하를 소유하고도 그것으로 근심을 해소하기에는 부족하였다. 귀함은 사람들이 욕망하는 바이지만 천자가 되었어도 그것으로 근심을 풀기에는 부족하였다. 사람들이 자신을 좋아하는 것, 예쁜 여자, 부, 귀로도 근심이 없어지지 않았는데, 오직 부모에게 순종하는 것으로 근심을 풀 수 있었다.[2]

맹자는 사람이면 기본적으로 남에게 인정받고자 하는 욕망과 이성異性에 대한 욕망과 부자가 되고 싶어하고 귀한 사람이 되고 싶어하는 욕망이 있다고 보았다. 그러나 이러한 욕망보다 더 큰 욕망이 있는데, 그것은 부모에 대한 효의 욕망이라는 것이다. 물론 맹자가 예로 삼은 것은 대효大孝의 체현자로 일컫는 순舜의 경우에 한정되지만, 과연 인간에게 부모에 대한 효도하고자 하는 욕망이 그 어떤 욕망보다 큰 것인지 단언할 수는 없다. 적어도 맹자의 생각이 그렇다는 것이다. 개체적 욕구를 넘어서고자 하는 '선한' 본성이 인간에게 원래부터 구비되어 있다는 것을 맹자는 확신하였다. 맹자가 효의 행위를 자기 존재에 대한 확인으로 본 것은 그 시대에 효의 덕목이 가족과 사회를 안정시켜 주는 일종의 질서 이데올로기로 작용한 것과 무관하지 않을 것이다. 욕망을 어떻게 도덕적이고 이데올로기적으로 구성해 낼 것인가에 몰두해 온 것이 유가 전통이라면, 맹자에게서 그 전형을 볼 수 있다. 이때 욕망은 그 사상가들이 살고 있는 시대의 질서 이데올로기에 의해 제어될 수밖에 없었을 것이다. 욕망을 도덕과 대립시킨 맹자학파는 이것이 파생하는 논리적 문제를 지적받게 되었다.

> 임任나라 사람이 옥려자屋廬子에게 물었다. '예와 밥 중에 무엇이 더 중요한가?' 옥려자가 말했다. '예가 더 중요하다.' '색과 예 중에 무엇이 더 중요한가?' 옥려자가 대답했다. '예가 더 중요하다.' 임나라 사람이 또 물었다. '예禮대로 하면 굶어서 죽고 예대로 하지 않아야 먹을 수 있다고 한다면, 그래도 반드시 예대로 해야 하는가? 혼인의 예를 고집하면 아내를 얻지 못하고, 혼인의 예대로 하지 않아야 아내를 얻을 수 있다고 한다면, 그래도 반드시 혼인의 예를 행해야 하는가?'[3]

임任나라 사람의 질문에 맹자의 제자 옥려자는 대답을 하지 못했고, 다음날 맹자가 살고 있는 추鄒나라로 가서 그 대답을 구했다. 이에 대해 맹자는 단순 비교를 해서는 안 된다는 주장을 하는데, 즉 밥과 색의 무거움과 예의 가벼움을 서로 비교할 수 없다는 것이다. 맹자

340

는 색의 무거움과 예의 가벼움을 비교할 경우 당연히 색이 중요하다고 하였다. 그리고 그는 식색食色과 예를 비교 "형의 팔을 꼬집어서 빼앗아야 먹을 수 있고, 꼬집지 않으면 먹을 수 없다고 할지라도 형을 꼬집겠는가? 동쪽 집 담을 넘어서 그 집의 처녀를 납치한다면 아내를 얻을 수 있고, 납치하지 않으면 아내를 얻지 못할지라도 처녀를 납치하겠는가?"라고 응수하였다.[4] 맹자는 욕망과 도덕이 갈등하는 상황을 '차마 하지 못하는' 선험적인 마음으로 단순히 처리한 감이 없잖아 있다. 모든 인간이 원래부터 갖고 있는 이 마음이 욕망이 충돌하는 현실 세계의 갈등을 해결해 줄 것이라는 낙관을 피력하고 있는 것이다. 그리고 맹자가 색의 무거움과 예의 가벼움이라고 했을 때, 무엇이 더 중요하고 무엇이 덜 중요한지 그 정의는 상당히 주관적일 수 있고 상황적일 수 있다. 따라서 맹자의 욕망론은 지식의 정도와 사회적 위치에 따라 전혀 다른 해석이 가능할 수 있고, 권력의 도구로 활용될 소지가 있다고 할 수 있다.

한편 도덕보다 욕망에 더 무게 중심을 둠으로써, 맹자와는 전혀 다른 입장에서 욕망론을 전개한 사람이 있는데, 양주楊朱가 바로 그다. 맹자는 양주를 "자신만을 위한다는 입장을 취하여, 털 하나만 뽑으면 천하가 이로울 수 있다고 해도 하지 않는"[5] 사람이라고 비판했다. 또 "양주는 자기만을 위하니 이것은 군주를 인정하지 않는 것"[6]이라고 하였다. 맹자가 보기에 양주는 자신의 '작은' 욕망에 갇혀 더 큰 사회적 행위를 포기하는 사람이다. 맹자는 양주를 '자기만을 위하는[위아爲我]' 사람이라 하였다. 그렇다면 맹자가 비판한 바 양주는 단순히 사회를 부정하기 위해 욕망을 부각시킨 것일까? 만일 양주가 사회를 부정하기 위한 목적이 있었다면 그 사회는 어떤 성격의 사회인가 하는 문제를 짚어볼 필요가 있겠다.

한비자韓非子(B.C.280?-233)는 양주를 자신만 위하는 이기주의자가 아니라 "외물外物을 가볍게 보고 생명을 중시한 사상가"[7]로 보았다. 『열자列子』가 본 양주 역시 단순히 자신의 욕망에 갇혀 있는 사람이기보다 어떻게 하는 것이 삶을 즐기고 자신에게 편안할 수 있는가를 고민한 사람이다. 양주는 말한다.

> 원헌原憲은 노魯나라에서 가난했고, 자공子貢은 위衛나라에서 재물을 불렸다. 원헌의 가난은 삶을 손상시켰고, 자공의 재물 증식은 몸에 누를 끼쳤다. 그러니 가난한 것도 재물을 불리는 것도 안 된다. 어떻게 해야 하나? 좋은 것은 삶을 즐기는 데 있으며 몸을 편안히 함에 있다. 그러므로 인생을 즐기는 사람은 가난하지 않고 몸을 편안히 하는 사람은 재물을 불리지 않는다.[8]

양주는 외물로 인해 삶의 근본적인 의미가 퇴색되는 것을 경계하였다. 그는 가난이나 재물을 거부함으로써 자신의 청렴을 실천하고자 하는 것이나 재물을 통해 자신의 능력을 확인하고자 하는 것이나, 모두 외물에 대한 집착이라고 본 것이다. 양주학파의 욕망론을 잘 대변해 주는 것으로 『여씨춘추』편을 들 수 있다. 이에 의하면 삶은 질적 측면에서 네 종류로 구분될 수 있다. 온전한 삶[전생全生], 결핍된 삶[휴생虧生], 죽음, 핍박받는 삶[박생迫生]이 그것이다. 온전한 삶이란 육욕六欲이 모두 마땅함을 얻은 것이며 결핍된 삶이란 육욕이 부분적으로 마땅함을 얻은 것이며 핍박받는 삶은 육욕이 모두 마땅함을 얻지 못한 것이다. 죽음보다 못한 박생은 복종과 굴욕으로 점철된 삶이다.[9] 여기서 육욕이란 이목구비생사耳目口鼻生死를 말한다.

욕망에 대한 맹자와 양주의 입장은 전체성과 개체성의 대립으로 볼 수 있다. 즉 국가나 사회와 분리된 개체 중심의 철학이 아닌 전체적 덕목이나 이념을 중시한 유학의 전통에 비해 양주학파는 '나'라는 개체의 생명 본질에 충실할 것을 강조한 것이다.[10] 개체적 존재의 기본적인 요구가 무엇인가를 묻고 그것을 온전하게 확보하는 것에 주목한 양주는 맹자학파에게 전체성을 부정하는 극단적인 이기주의로 비쳤던 것이다. 그러나 양주의 욕망 긍정의 맥락에는 '귀기貴己', '위아爲我', '중생重生'의 용어가 시사하는 바 생명과 생존의 문제가 절박했던 전국 시대의 시대 상황이 가로놓여 있다. 그가 보기에 외물外物, 즉 사회적 가치란 입장에 따라 다를 뿐 절대적인 것이 없고, 더구나 그것은 정치적 이해 관계에 따른 이데올로기이다. 따라서 양주의 욕망 긍정은 지배 계층의 질서 개념이 개인의 생존권을 억압했던 당시 사회에 대한 도전이라 할 수 있다.[11]

욕망 긍정의 입장이냐 욕망 부정의 입장이냐를 따지는 것은 욕망을 보는 입장에 따라 사회적 전망이 다르기 때문이다. 그렇다면 개체의 생존에 주목한 욕망 긍정론은 남녀 구분 없이 모든 개체의 생존권을 보장하는가? 또 욕망 부정을 통해 추구하고자 한 사회 질서의 성격이 무엇이며, 그것은 남녀 관계를 어떻게 구성하게 되는가? 이러한 질문으로 동아시아 전통의 욕망론에 접근해 보자.

2. 욕망의 성별 정치학

욕망의 절제를 도덕으로 본 유가 학파는 욕망과 도덕의 주체를 남성에 한정하였는데, 이 구조 속에서 여성은 남성 욕망의 대상이 된다. 식색食色을 인간의 기본 욕망으로 볼 때, 색色이란 여색女色을 뜻한다. 즉 남성이 욕망하는 바의 성욕을 인간의 성욕과 동일시하였다. 여기서 여성은 성욕이 없는 것이 되며 남성의 성욕에 의해 포함되기도 하고 배제되기도 하는 간접적인 존재로 규정된다. 고대 문헌에 나타난 다음의 예들은 성적 욕망의 주체가 남성에 한정된 것임을 분명하게 보여준다. 공자는 "혈기가 아직 완성되지 않았을 때는 여색을 경계해야 한다."[12]고 하였고, 『서경』은 "안에서는 여색에 빠지고, 밖에서는 사냥에 빠진다."[13]고 하였으며, 『맹자』와 『예기』는 "사냥에 빠지고 여색에 빠지면 나라를 잃게 된다."[14]고 하였다. 즉 욕망을 절제해야 하는 주체는 나라를 소유한 사람이나 남성이다.

공자는 말한다. "나는 덕을 좋아하기를 색을 좋아하는 열정으로 대하는 사람을 보지 못했다."[15] 이것은 여색에 대한 욕망을 도덕으로 전환할 것을 요청하는 말이다. 또 『대학』에서는 "뜻을 성실히 한다는 것은 스스로를 속이지 않는 것인데, 가령 나쁜 냄새를 싫어하듯이 여색을 좋아하듯이 한다면 스스로 만족할 만한 결과를 가져올 수 있다."[16]고 하였다. 『예기』에서는 "덕에 대한 관심을 색에 대한 관심과 같이하여 제후가 여색을 탐하지 않으면 군자 역시 여색을 멀리하게 되어 백성의 본보기가 된다."[17]고 하였다. 뜻과 의지의 성실성은 여색에 대한 갈망과도 같은 에너지를 필요로 한다는 것이다. 여기서 여성은 남성 욕망의 대상이 되며 남성의 도덕적 구성에서 기피할 존재가 되는 것이다. 즉 절제되어야 할 욕망과 추구되어야 할 도덕은 모두 남성을 주체로 한 설계이다. 여성의 욕망은 아예 고려의 대상이 되지 못한 것인데, 여기서 욕망 절제를 통해 추구하고자 한 사회적 가치는 남성 중심적인 것임이 드러난다.

반면에 개체의 생존 문제에 주목하여 욕망 긍정을 주장한 사상 전통은 대부분 기존 질서에 대한 비판에서 시작된다. 욕망에 대한 주목은 전체성이나 사회 질서보다는 개체의 생존이나 개인의 발견과 연결될 수 있는데, 노자의 문제 의식도 이 같은 맥락에서 이해될 수 있다. 『도덕경』은 "명분과 내 몸 중 어느 것이 더 근본적인가? 나와 재물 중에서 어느 것이 더 중요한가?"[18]라고 묻고, "자신을 천하처럼 귀하게 여길 수 있다면 천하를 맡길 수 있다."[19]고 한다. 즉 개인에 대한 인식이 없이는 명분이나 재물과 같은 외적인 가치는 무의미하다는 것이다. 전체 사회를 유지하는 데 필요한 모든 가치, 예컨대 이상적 인격이나 관계의 덕목 등도 각 개체들의 삶의 조건을 얼마만큼 확보해 주는가에 따라 평가되어야 한다는 말이다.

많은 경우 전체의 조화를 위해 제시된 사회적 가치란 권력자와 같은 특정인의 삶의 조건 위에서만 가능했던 특정한 입장을 반영한다. 따라서 개체의 욕구를 억제하는 것이 그 사회적 맥락에서 어떤 의미를 가지며 그 정치적 함의는 무엇인가를 따지는 일이 필요하다. 우리의 주변에는 개체의 생존을 도모함으로써 전체의 조화를 방해하는 점에 주목, 개체 중심적 생존을 넘어선 온 생명의 관점에서 조화와 협동을 모색해야 한다는 이야기들이 오가고 있다.[20] 전체의 조화는 우리가 궁극적으로 지향해야 할 목표이지만, 그것이 어떻게 만들어진 것인지 개체의 욕구를 억제하는 것이 누구를 위한 것인지의 문제가 먼저 해결되어야 한다. 이러한 유형의 질문은 개인의 존재가 나타나기 시작하는 명말明末 이후의 사회 상황에서 본격적으로 토론되었다.

송대宋代 신유학의 "천리天理를 보존하고 인욕人欲을 없앤다."는 말은 천리와 인욕을 대립적으로 놓고, 보편적 가치 또는 보편 진리를 보존하기 위해 개체의 사적인 욕망을 폐기시켜야 한다는 것이다. 그러나 주자학을 비판적으로 접근한 명 말 이래 학자들은 대부분 보편적 가치[천리天理]와 개인의 욕구[인욕人欲]가 대립한다고 보지 않았다. 즉 천리는 인욕에 기초하며 인욕의 올바른 발휘가 천리라는 것이다. 대진戴震(1723-1777)의 경우는 '멸인욕滅人欲'이 하위자의 생존욕을 압살하는 역할을 한다고 보았다. 즉 천리는 질서 이데올로기이며 하층민과 여성에게는 생존의 욕망을 억제하는 기능을 한다고 평가하였다. 그는 공자의 인仁을 새롭게 해석하는데, 그에게 인仁은 자타自他의 생존욕 사이의 상호 조화의 원리이다.[21] 비슷한 시기의 대부분의 유교 지식인들은 인仁을 개인의 도덕적이고 수신적修身的인 차원에서 완결될 성질이 아니라 타자와의 관계에서 공존을 모색하는 방향에서 전개되어야 한다고 보았다. 이러한 접근은 절대적 권위 및 위로부터의 조리條理에 의해 사회를 규율하는 것이 아니라 현실의 사회 생활 속으로부터 현실에 질서 관념을 창조하려고 하는 시대 사조가 형성됨으로서 가능해진 것이다.[22]

이상에서 본 바 신분과 성으로 편성된 위계적 사회에서 피치자被治者와 여성이 처한 상황을 제대로 인식하기 위해서는 개인의 욕망을 통해 접근하는 것이 한 방법이 될 수 있다. 전체 조화를 위한 질서 개념에서 나온 욕망의 절제란 대개 치자나 남성보다는 피치자나 여성에게 더 강조되기 때문이다. 따라서 욕망의 절제라는 개념은 사회적 상승 욕구를 제한하고 여성의 성적 욕구를 제한하기 위한 통치의 목적에서 나온 정치성의 개념으로 사용되는 경우가 많았다. 유학의 맥락에서 제기된 욕망 절제란 치자나 남성을 주체로 한 것이다. 그런데 욕망과 욕망 절제의 주체가 치자나 남성에 한정되었다는 것은 피치자나 여성의 욕망을 아예 고려하지 않았다는 더 심각한 사실을 확인시켜 준다. 피치자나 여성의 욕망은 인정되지 않았기 때문에 피치자나 여성들은 욕망 절제의 주체가 될 수 없었다. 그렇다면 이 지점에서 피치자나 여성에서도 개체적 존재로서의 모든 인간이 갖고 있는 기본적인 욕망이 존재한다는 사실을 인정하는 것이 필요하다.

이러한 맥락에서 동아시아 사상의 전통에서 절욕節慾이나 멸욕滅慾이 피지배자나 여성을 억압하는 이데올로기였음을 밝혀내고, 상호 공존을 모색하는 방향에서 욕망을 재정의해야 한다는 대진을 비롯한 명말 이후의 사상가들의 통찰은 일정한 의미를 가진다. 욕망을 부정하지 않고 긍정하는 것은 법과 제도, 문화를 개체의 욕망과 관련하여 새롭게 조망할 수 있는 방법이 나올 수 있다는 데 그 의미가 있다. 개체의 욕망에 주목한다는 것은 개체의 욕구 그 자체에 빠져 거기에 안주하는 것이 아니라, 사회의 질서 개념을 반성적으로 성찰하고 그것으로 사회 관계를 재조직하는 방향으로 나가는 것을 말한다.

3. 욕망 활용을 통한 관계의 철학

욕망을 쉽게 도덕으로 전환시키거나 욕망을 개체의 차원에 머물게 하지 않고, 그 너머의 방법을 찾고자 한다면 우선 다음의 문제를 생각해 볼 필요가 있다. 개체의 욕망을 적극 긍정하는 것이 개체를 모래알처럼 그대로 내버려두는 것은 아닐 것이다. 자신이 살고 있는 사회를 벗어날 수 없는 것이라면 개체의 욕망을 긍정하되 수많은 개체들의 갈등하는 욕망을 합리적으로 해결하는 방법이 필요한 것이다. 다시 말해 각 개체의 욕망이 타자와의 관계를 구성하는 자원으로 활용될 수 있어야 한다는 말이다. 욕망에 관한 공자와 순자의 생각을 통해 이상에서 제시한 욕망 구성의 새로운 방법을 시사받을 수 있을 것 같다. 맹자가 사람은 이미 욕망 절제의 능력을 선험적으로 갖추고 있다고 보았다면, 순자는 욕망 그 자체를 적극 인정하면서 그 욕망의 질서를 고민하였다. 순자는 욕망을 없애거나 절제하기보다 욕망에 강한 의미를 부여하는데, 그에 의하면 욕망은 제도와 문화의 필요성을 대두시킨 계기이다. 순자荀子는 말한다.

모든 사람은 동일하다. 배 고프면 먹고자 하고 추우면 따뜻하게 지내고자 하고 힘들면 쉬고자 하고 이익을 좋아하고 손해보는 것을 싫어한다. 이것은 사람이 날 때부터 갖고 있는 것이며 학습으로 인한 것이 아니다. 우임금과 걸왕도 이점에서는 같다.[23] 천자만큼 귀하고 천하를 가진 것만큼 부유해지고자 하는 것은 사람이면 다 가지고 있는 욕망이다. 사람의 욕망을 따른다면 늘 채울 수가 없고, 존재하는 사물로는 다 댈 수가 없다. 그러므로 선왕은 예의를 제정하여 그것을 분류하였다. 귀천

의 등급과 장유의 차별, 지식과 무지에 따라 나누지 않을 수 없었다.[24]

순자는 귀천貴賤의 등급과 장유長幼의 질서란 충돌하는 욕망을 질서 세우기 위한 방안이었음을 고백하고 있다. 그는 귀천이나 장유의 질서가 선험적으로 주어진 것이라 보지 않았다. 순자는 인간이 원래부터 가지고 있는 어찌할 수 없는 욕망을 개인적 차원에서 절제하기보다 객관적인 사회 제도를 통해 질서 세우는 것을 고민하였다. 순자가 바람직하다고 본 욕망의 질서는 그 시대를 반영하는 것이지만, 이러한 제도는 사회적 조건에 의해 변형될 수 있음을 시사하는 것이다.

반면에 공자는 욕망을 오히려 상호 공존을 위한 계기로 이해하였다. 공자에게 '욕欲'은 주로 동사형으로 쓰인다. 공자는 욕망을 타자에게 다가갈 수 있는 통로라고 본 것인데, 내가 욕망하는 바로써 타자를 이해하는 수단으로 삼는 것이다. 이때 욕망은 "자신이 바라는 바대로 타인에게 베풀고, 자신이 바라지 않는 바를 타인에게도 하지 않는 것"[25]으로 사용된다. 공자는 나아가 강한 자기 욕구

공자(송대 그림)

를 가진 사람이어야 진정한 공존을 이야기할 수 있다고 보았다. 『논어』는 말한다.

> 원헌이 공자에게 물었다. 남을 이기려고 하지 않고, 자신을 자랑하지 않으며, 남을 원망하지 않고, 자기 욕심을 챙기지 않는다면 인仁하다고 할 수 있습니까? 공자가 말하였다. 그렇게 하기도 어렵지만 그것이 인仁한 것인지는 나도 잘 모르겠다.[26]

청대淸代의 초순焦循(1763-1820)은 이것을 근거로 공자는 이기고 자랑하고 원망하고 욕심부리는 것을 아예 멀리하고 결벽에 고심하는 인간형을 바람직하게 여기지 않았다고 보았다. 초순의 견해에 의하면 자기 욕망을 확인하고 남의 욕망을 인정하며, 자기가 싫어한다는 사실로부터 남도 싫어할 것이라고 이해하는 차원에 공자는 서 있다. 따라서 자기 마음을 재는 잣대로 남을 헤아리는 데에 인색하지 않으면 인仁은 이미 내 곁에 와 있는 것이다. 자기의 욕망을 끊어버린다면 온 세상 사람들의 뜻과는 상통할 수 없을 것이므로 인仁을 행한다는 명분이 못되기 때문이다.[27]

공자가 본 욕망은 타인과 관계 맺고 다른 사람과 함께 살 수 있는 조건인 셈이다. 그에 의하면 나의 존재를 부정하거나 나의 욕망을 은폐하고서는 생존이나 공존을 논의할 수 없다. 공자에게 욕망은 삶을 구성하는 힘이자 동력이며, 타인과 연결될 수 있는 통로이다. 그렇다면 내가 욕망하는 바를 미루어 가면 타인이 욕망하는 바와 만날 수 있는, 그 타인은 누구인가 하는 것이다. 나를 제외한 모든 사람인가? 공자는 사회적 위치에 따라 욕망의 내용이 다르다고 보았는데, 즉 군주와 신하의 욕망이 다르고 아버지와 아들의 욕망은 다르다는 것이다. 공자에 의하면 사회적 위치에 따라 각각이 욕망하는 바가 다르지만 서로 소통하는 것이 불가능한 것은 아니다. 공자는 그 사람의 입장이 되어 봄으로써 그가 욕망하는 바를 알 수 있다고 한다. '감정이입感情移入'이나 '역지사지易地思之'의 방법을 통해 그의 욕망을 알고 그가 요구하는 바에 응답할 수 있다는 것이다.[28]

누구나 갖고 있는 동일한 욕망을 전제로 사회 질서를 고민한 순자나, 욕망을 공존의 조건으로 인식했던 공자의 기획은 이후 발전적으로 전개되지 못했다. 그 이유를 공자의 욕망론이 가진 한계를 중심으로 살펴보자. 공자 욕망론의 한계라고 한 것은 공자의 욕망론이 이후 사회에서 여성 정체성을 형성하는 데 부정적 역할을 한 것으로 보기 때문이다. 공자는 개체의 욕망을 소통과 공존의 조건으로 보면서 한편 그 개체는 신분내적 존재임을 분명히 하였다. 공자의 방식대로라면 식색食色이나 이목구비耳目口鼻의 생물학적 욕구도 신분에 따라 다를 수밖에 없다. 따라서 나의 욕망을 통해 타인의 욕망을 알 수 있다는 것은 물질적 정신적 조건이 유사한 집단 내부에서나 가능할 것이다. '감정이입'이나 '역지사지'의 방법은 일정한 조건을 공유한 사람들 사이에서는 가능할 수 있지만 신분이나 성별에 따른 다른 문제 상황을 갖고 있는 집단에 적용시키는 것은 한계가 있다. 따라서 '감정이입'이나 '역지사지'의 방법론은 모든 사람에게 통용될 수 있는 보편성을 가졌다고 보기 어려운 것이다.

공자의 욕망론이 갖고 있는 한계는 그의 이상적 인간 군자君子를 통해 좀더 분명하게 드러난다. 공자는 "군자는 의義에 밝고 소인은 리利

에 밝다."[29]고 하였다. 공자의 군자는 재위자·지배자로 통용되던 기존의 개념이 인격적이고 도덕적인 개념으로 전환되었다는 데 그 의미가 있다. 하지만 『논어』에서 공자는 재위자를 가리키던 기존의 개념과 그에 의해 전환된 도덕적인 개념이 혼용되어 나타나고 있다. 공자의 맥락에서 의義는 추구해야 할 가치이고 리利는 배척되어야 할 가치이다. 또한 공자의 맥락에서 본 인간은 신분 내적인 존재이고 그가 욕망하는 바 역시 사회적 존재의 범주로부터 자유로울 수 없는 것이다. 여기서 공자가 사용하는 두 가지 군자의 개념이 신분적 개념인지 도덕적 개념인지를 분명히 할 필요가 있다.

신분 내적 존재를 전제하는 한 의義를 추구하는 행위와 리利를 추구하는 행위는 도덕적 개념으로 접근될 수 없다. 이것들은 신분에 따라 욕망의 내용이 다른 것으로 접근되어야 한다. 공자의 욕망론이 공존을 모색하는 관계의 원리로 타진될 수 있으려면 군자의 의義와 소인의 리利는 현실적 존재에 대한 설명일 뿐 가치 지향적인 개념이 아니어야 한다. 군자를 치자治者로 소인을 피치자被治者로 볼 때, 그들이 각각 욕망하는 내용은 다를 것이다. 피치자인 소인은 '어떻게 하면 먹고 사는 데 도움이 될 것인가'를 현실적으로 고민할 수밖에 없다. 반대로 치자인 군자는 '먹고 사는' 단순한 문제로부터 거리를 유지할 수 있다. 현실적으로 '먹는' 문제로부터 자유롭지 못한 사람들이 있고, 그것으로부터 자유로운 사람들이 있는 것이지, '먹는' 문제를 모색하는 것이 도덕을 포기한 것으로 이해될 수는 없는 것이다. 하지만 욕망을 군자의 입장에서 전개시킬 때, 먹고 사는 문제에 집착하는 소인은 작은 욕망에 매몰된 사람이고 그런 욕망과 거리를 유지할 수 있는 자신은 좀더 '성숙된' 차원에 있다고 여겨질 것이다.

그럼에도 불구하고 군자는 인격과 덕성을 갖춘 존재이며 소인은 그 반대의 존재로 이해되어 왔다. 공자 역시 모든 인간이 추구해야 할 도덕적 이상과 일정한 시·공간에 구속될 수밖에 없는, 욕망의 현실을 분명하게 구분해주지 않았다. '역지사지'의 방법으로 타인의 욕망을 이해한다는 것은 현실적 입지에 따라 서로의 욕망이 다를 것이라는 인식을 하게 되고, 그 결과 군자는 소인이 추구하는 '리利'에의 욕망을 긍정할 수 있게 될 것임을 의미한다. 반면에 소인은 군자가 추구하는 의義가 그의 현실적 입지에서 나온 것임을 반성적으로 볼 수 있을 것이다.

공자는 말한다. "군자는 자신에게서 구하고 소인은 남에게서 구한다."[30] 이것의 의미는 수신修身의 차원에서 충분히 긍정적일 수 있다. 하지만 자기 책임하에 주체적으로 자신의 인생을 살 수 있는 사람은 현실적으로 누구이며, 항상 남에게 의존하고 남을 탓해야 하는 구조에 들어 있는 사람은 누구인가? 다시 말해 상호 교류될 수 있는 욕망이란 특정한 집단 내에서만 통용될 수 있는 개념인 것이다. 그럼에도 불구하고 군자의 욕망을 인간 보편의 것으로 확대하는 것은 피치자의 욕망을 무시하는 동질화의 전략이며, 피치자를 그 자리에 두려고 하는 지배의 전략이다.

공자의 군자론은 신분 사회의 한계를 보완하는 측면에서 읽을 수 있다. 이때 군자는 신분 속에 갇혀 버릴 수 있는 개인의 존재 의미를 드러내고 확인시켜 주는 긍정적인 기능이 있다. 그러나 공자의 군자론은 신분적 특권이 주어지지 않은 절대 다수의 개인으로 하여금 신분상승의 욕구를 완화하도록 하는 장치일 수도 있다. 그렇다면 공자의 욕망론은 양가적이라 할 수 있다.

공자 해석의 역사와 함께 하는 동아시아 정치 문화는 욕망을 가부장제 권력 개념으로 해석함으로써 피치자와 여성의 욕망을 천리天理, 또는 천하 '보편'의 가치에 의해 은폐시켜 왔음을 부정할 수 없다. 여기서 천리天理와 인욕人慾을 대립적으로 설정한 것과 개인의 욕구가 전체 조화를 방해한다는 것의 정치적 함의를 읽을 수 있다.

10장

조화 이론: 동화와 차별의 타자 철학

    동아시아 사상의 세계는 갈등과 대립보다 조화와 화합을 지향한다. 조화는 보편과 특수, 전체와 개인의 응집력이 요청되는 사회적 인간들의 모임에서 아무리 강조되어도 지나칠 것이 없다. 하지만 조화를 중시함으로써 갈등을 은폐하거나 사실을 왜곡하게 된다는 데 문제가 있다. 조화를 원하는 것은 그만큼 갈등이 존재한다는 말이다. 따라서 조화는 갈등을 통해 구성되는 역동적인 개념이지 그 자체 완결된 형태로 존재하는 질서가 아니다. 갈등과 조화는 하나의 세계를 다르게 보는 방법이자 하나의 세계를 이해하는 두 가지 다른 시점이다. 다시 말해 갈등을 해결함으로써 조화에 이를 수 있고, 조화가 깨짐으로써 갈등에 이르게 되는 것이다. 갈등은 조화와 별개의 것이 아니라 조화를 이루기 위한 조건인 것이다. 따라서 동아시아의 세계는 비록 조화와 화합을 지향했다 하더라도 갈등이 없는 조화로운 곳이기보다 갈등을 해결하는 나름대로의 방법을 가진 곳이라고 해야 맞다.

그렇다면 조화를 추구하는 동아시아인의 방법은 무엇이며 거기서 갈등은 어떻게 처리되었는가? 조화란 어떤 상태를 말하며 어떻게 해야 그것에 이를 수 있는가? 이것은 '보편' 개념 조화의 구체적 맥락을 묻는 것인데, 동아시아의 문화 전통에서 조화는 '바람직한' 삶에 대한 추구와 분리될 수 없기 때문이다. 다시 말해 동아시아 문화 속의 삶의 '비밀'이란 이 조화 개념으로 설명될 수 있다. 가지지 못한 자와 억눌린 자에게 삶의 의미를 부여하는 것은 무엇인가? 지배하는 자와 지배받는 자가 각각의 삶을 당연하게 받아들이는, 그 질서의 원리는 무엇인가?

조화는 시공時空을 초월하고 입장을 초월한 중립적이고 보편적인 개념으로 말해지면서, 현실에서는 조화라는 이름으로 타당한 불만이 잠재워지고 조화라는 이름으로 부조리가 아름답게 둔갑하는 경우가 많다. 이와 같이 동아시아 전통 사회에서 조화는 합리적인 자기 주장을 불가능하게 하고 불합리한 관계 구조를 유지시킬 수 있는 체제 이데올로기로서의 기능을 해 왔다는 점을 간과할 수 없다. 그런 점에서 추구해야 할 이상으로서의 조화와 불합리한 권력 구조를 정당화하는 이데올로기로서의 조화를 구분해 볼 필요가 있다. 전자를 '조화'라고 한다면 후자는 '조화주의'라고 할 수 있다. 조화의 개념이 동아시아의 맥락에서 어떤 작용을 해 왔는가를 보려면 조화에 관한 이론적 차원과 조화의 현실적 기능을 함께 보아야 한다. 조화주의의 역능은 여성의 삶을 통해 확인될 수 있을 것이다.

1. 조화의 원리 : 화동론和同論과 중화론中和論

조화가 무엇인가를 정의하기 위해 고대의 초기 사상가들은 많은 노력을 기울였다. 사상가들이 설명하고자 한 조화의 개념은 그 전부터 고대인들의 삶의 태도 내지 사고의 한 유형으로 전해오던 것이었다고 할 수 있다. 맹자는 성인으로서 조화의 극치를 보여준 모델로 유하혜柳下惠를 꼽았다.[1] 맹자가 말했다.

유하혜는 더러운 군주를 섬긴다고 해서 부끄럽게 여기지 않았고, 낮은 벼슬도 사양하지 않았다. 벼슬길에 나가서는 자신의 어짊을 숨기지 않고 그 도리에 맞게 했으며, 벼슬을 그만두게 되어도 원망하지 않았고, 곤궁을 당해도 걱정하지 않았다. 향인들과 더불어 살면서도 여유로왔으며 차마 그들을 떠나지 못했다. 또한 '너는 너이고 나는 나이니 네가 비록 내 옆에서 옷을 걷고 벗는다 한들 네 어찌 나를 더럽히겠는가?'라고 하였다. 그러므로 유유히 그 군주와 함께 있으면서도 스스로 올바름을 잃지 않았기에 떠나려 하다가도 잡아당겨 멈추게 하면 멈추었다. 잡아당겨 멈추게 하면 멈춘 것은 떠나는 것만이 좋은 것은 아니라고 생각했기 때문이다.[2]

맹자가 '화和'의 범주에서 설명한 유하혜의 태도는 중국 고대인들에게 일반화된 삶의 한 유형이었음을 알 수 있다. 공자와 동시대를 산 제나라의 정치가 안영晏嬰(B.C.?-500)은 '진정한' 의미의 조화가 무엇인가를 열심히 설파하였다. 그가 그렇게 조화의 참 의미를 밝히고자 했던 것은 당시에 이미 '가짜' 조화가 판을 치고 있었다는 말이다.

군주가 물었다. 화和와 동同은 다른가? 안자晏子가 대답했다. 다릅니다. 화和란 국을 끓이는 것을 예로 들면 물과 불, 식초, 절인 고기, 소금, 매실, 생선을 넣고 끓이는 것입니다. 불을 때서 끓이다가 요리사는 그것을 잘 합해서 맛을 내고, 모자라는 맛은 보태주고 넘치는 것은 덜어내는데, 군자가 그것을 먹고 마음이 흡족해지는 것입니다. 군주와 신하의 관계도 그러한 이치입니다. 군주가 옳다고 하더라도 신하는 그르다고 할 수 있어야 하며, 신하가 그르다고 한 이유를 내놓고 그 가능한 것을 만드는 것입니다. 군주가 그르다고 한 것에도 옳은 것이 있으니 신하는 그 옳은 이유를 내놓고 그 그르다고 본 점을 수정할 수 있어야 합니다. 이런 다음에야 정치가 균형을 갖게 되어 민은 다툴 마음이 없어지는 것입니다.[3]

안영은 조화를 다양한 차이가 어우러지면서 통일성을 이룬 것으로 이해하였다. 이때 '조화〔화和〕'의 반대 개념은 '같음〔동同〕'이다. 조화란 서로 다른 것이 만나 이루어내는 하나의 통일체이므로 조화의 조건은 다름〔이異〕이다. 조화는 '같은 것에 같은 것을 더하는 것'의 차이를 무화無化시키는 동일성과 구별된다. 안영의 조화〔화和〕 개념은 세계의 다채롭고 풍부한 현상들을 인정하는 것이다. 세계는 단일한 것이 아니라 다양한 관련을 가지고 있기 때문에 서로간의 차이를 가장 기본적인 연관으로 파악해야 한다는 것이다. 안영은 다양성뿐 아니라 서로 대립하는 것 역시 조화의 조건으로 보아 다음과 같이 말한다.

조화和란 군주가 달다고 해도 신하는 시다고 하며, 군주가 싱겁다고 하면 신하는 짜다고 하는 것에 있다. 군주가 달다고 하면 신하 또한 달다고 하는 것은 '동同'이지 어찌 '화和'라고 하겠는가?[4]

화和의 세계란 차이는 물론 대립을 인정하는 바탕 위에서 만들어지는 것이다. 조화의 고대적 용어 '화和'는 주로 '동同'과는 반대 개념으로 쓰이는데, 공자 역시 화和를 동同과 대비시켜 설명하고 있다. "군자는 조화를 이룰 수는 있어도 같아질 수는 없으며, 소인은 같을 수는 있어도 조화를 이루지는 못한다."[5]고 한 것은 조화를 부화뇌동의 반대 개념으로 이해한 것이다. 『관자』에서도 "맛이 서로 달라야 조화를 이룬다."[6]고 하여 '같지 않음[부동不同]'을 조화의 조건으로 보았다.

이상에서 볼 때 '화和(조화)'는 차이를 전제로 한다. 하나의 재료는 맛을 낼 수 없으며, 하나의 색깔은 무늬를 이룰 수 없으며, 같은 음은 화음을 이룰 수 없는 것이다. 그러므로 조화는 동일성을 배척한다. 화和가 '다른 것과 다른 것을 조합하고 배합하는 것'이라면 동同은 '같은 것에 같은 것을 더하는 것'이다. 화가 차이와 대립을 전제한 다양성의 통일이라면 동은 차이를 인정하지 않는 일률적인 같음을 의미한다. "조화야말로 사물을 낳는 근거이며 완전한 동일에서는 생산이 계속되지 않는다. 조화란 나의 입장과 무관하게 상대방에 무조건 동조하는 동同과 구별되어야 한다. 인간 관계와 정치 관계에서 대립하는 입장임에도 상대방이 옳다고 하면 그대로 따르는 것은 동同이지 화和가 아니다."[7]

중국 고대에서의 조화 이론은 '화동론和同論'에서 시작하여 '중화론中和論'에서 완성된다. 중화론은 화의 내용을 심화시킨 것으로 기존의 조화 이론을 종합 발전시킨 것이라 할 수 있다. '화和'는 '중中'의 개념을 통해 좀더 분명하게 이해될 수 있다. 『중용中庸』에서는 "기쁨과 노함, 슬픔과 즐거움이 아직 드러나지 않은 것을 중中이라 하고"[8], "드러나서 모두 절도에 맞는 것을 화和"[9]라고 하였다. 화和와 중中의 관계를 보면 중이 체體라면 화는 용用이고 중이 원인이라면 화는 결과이다. 또 중中이 내적인 것이라면 화和는 외적인 것이다. 중이 내적 중립성을 말하는 것이라면 화는 외적 적합성을 말하는 것이다. 외적인 화和는 내적인 중中으로부터 나오는 것이기 때문에 화和의 상태란 중中이 무엇인가를 통해 정의될 수 있다.

중中이란 "치우치지도 의존하지도 않은"[10] 것이자 "넘치지도 모자라지도 않은"[11] 것을 뜻한다. 다시 말해 중이란 치우치거나 기대지 않는다는 뜻에서 '중립성', '정당성', '절대성', '보편성'의 의미를 가진다. 또 중이란 넘치거나 모자라지 않는다는 뜻에서 '적합성'의 의미를 가진다. 전자가 본체론적인 중中이라면 후자는 작용론적인 중中이다. 공자가 '군자는 어느 한 곳에 치우치지 않는 사람'[12]이라고 하고, 사람들의 허물은 각자가 당파를 지어서 그 파당의 이익에 봉사하기 때문[13]이라고 한 데서 '중中'이 가진 본체론적인 의미의 중요성을 감지할 수 있다. 그런데 어디에도 치우치지 않은 보편적인 정당성은 구체적인 시간적 요건 속에서 '가장 적합한 형태'로 표현될 수밖에 없다는 것이 중中의 또 다른 측면이다. 즉 '넘치지도 않고 모자라지도 않는[무과불급無過不及]' 의미의 중中인 것이다.

이상을 통해 볼 때 중中에는 본체와 작용을 모두 포괄할 수 있는 의미가 들어 있다. 다시 말해 중中 하나만으로 내적인 중립성과 외적인 적합성을 다 표현할 수 있는 것이다. 그런데 앞에서는 중中이 발發하여 외적인 적합성을 확보한 상태를 '화和'라고 하였다. 그렇다면 중中의 개념은 화和의 의미까지를 함축하고 있는 것이다. 중中은 체용體用

의 양 측면을 포괄하지만 중화中和라고 할 때, 중中은 체體의 측면을 화和는 용用의 측면을 가리킨다고 할 수 있다. 즉 중中에 화和를 덧붙인 것은 새로운 개념이기보다 중中의 상태를 강조하기 위한 것으로 보인다. 다시 말해 화和는 중中을 떠나 독립적인 의미를 가지는 것이 아니라 중中과 밀착되어 있을 때 그 의미가 찾아진다.

이때 중中이란 단지 옳고 그름이라는 양극단에서 옳은 것도 그른 것도 아닌 중간을 의미하는 것은 아닌가 하는 생각이 들 수 있다. 어느 한 관점을 편들거나 어느 한 곳에 편파적이지 않다는 의미의 중中은 자신의 입장이 없는 양적量的인 중간 지대로 이해될 수 있는 것이다. 또 화和란 단지 모나지 않는, 누구와도 어떤 환경에서도 어울려 살 수 있는 무색무취의 것으로 이해될 수 있다. 예컨대 '화和'는 뾰족하여 모가 난 것, 혼자만 잘난 체 하는 것, 남과 어울리지 못하는 것 등의 반대 개념으로 이해되는 측면이 있다. 노자는 "그 빛을 부드럽게[화和] 하고 먼지와 같이 살며 (자신을 드러내지 않는다)"[14]라고 하였다. 또 『상군서商君書』에는 "지극한 도를 논하는 자는 세속과 조화하지 못하고, 큰 공을 이루는 자는 무리들과 도모하지 않는다."[15]고 하였다. 여기서 '화和'의 의미는 '보통 사람'이 다른 사람들에게 따돌림당하지 않고 무난하게 살아갈 수 있는 방편 정도로 이해된다.

그런데 '중화中和'가 어떻게 해석되고 현실 사회에 어떻게 적용될 수 있는가의 문제를 일단 제쳐둔다면 그 이론적 차원에서는 다음과 같은 내용을 가진다. 그 자신에게도 어떤 특정 집단에게도 치우칠 수 없는 중中의 개념은 존재의 개별성을 무화시키거나 모든 존재를 무색 투명한 것으로 만들고자 하는 것이 아니다. 오히려 존재 세계의 모든 다양한 개체의 특질을 동등한 자격과 의미를 지니는 것으로 이해함으로써 어떤 존재도 그 자유로움을 방해받지 않게 하는 데 중中의 의미가 있다.[16] 이러한 중中이 현실적이고 구체적인 맥락으로 드러난 형태가 곧 화和이다.

화동론和同論과 중화론中和論을 통해 표현된 고대의 조화 개념이 현실 세계에 그대로 구현될 경우, 한 사람이 천하를 독점하거나 오직 하나만을 옳다며 고집할 수 없다. 즉 조화론은 한 사람이나 어떤 특정 집단의 독점 행위를 비판하는 이론이 될 수 있다. 『여씨춘추』는 말한다. "천하는 한 사람의 천하가 아니라 천하의 천하이다. 음양의 조화란 한 종류만을 기르는 것이 아니다."[17] 다시 말해 천하가 존재하는 의미는 생물 세계의 다양함이 자연의 이치인 것과 같다는 뜻이다.

2. 조화주의:동일성의 추구

조화의 원래 의미가 이러하다면 구체적인 관계 속에서 그것은 어떻게 구현될 수 있는가? 자신의 입장만을 옳다고 고집하는 것, 어느 한 곳에 치우쳐 있는 것, 자신을 드러내어 자랑하는 것, 다른 사람과 같아지려고 하는 것 등은 조화를 방해하는 요건들이다. 더 나아가 구체적 관계 속에서 조화의 의미가 무엇인가를 캐기 위해서는 다음의 질문들을 통해야 한다. 지금 여기서 조화를 강조하는 사람은 누구인가? 그리고 누구를 향해 조화를 말하고 있으며, 말하는 사람은 조화를 통해 무엇을 설득하려고 하는가? 또 그 설득이 성공할 경우 어떤 결과가 나타나는가? 누가 이기며, 무엇을, 얼마만큼 이기는가? 그리고 반대로 누가 지는가? 등의 물음들이다.

조화의 구체적인 내용을 알기 위해서는 예禮를 통하지 않을 수 없다. 조화란 계급이나 신분, 젠더에 따른 권위의 필요성을 의연하게 인정하면서, 가장 구체적 차원의 행위에 관한 '객관적' 규정들인 예禮로 드러나기 때문이다. 예는 다시 그 사회 모든 인간들에게 각자의 역할을 원만히 수행하도록 가르친다. 여기서 예禮는 대인對人 관계에서의 교제 방식이라는 단순한 의미보다 국가 경영의 원리이자 민民을 파악하는 정치 원리이다. 즉 "민民에게 예禮를 가르치면 상하上下가 서로 돕게 된다. 서로 도우면 즐거워지고 즐거우면 황당한 일이 없게 된다. 이리하여 원망이 없게 되어 난이 일어나지 않게 된다."[18] 따라서 '중中'이라는 객관적 정당성이란 결국 이러한 젠더와 신분에 따른 역할의 범주 내에서 사고될 수밖에 없는 환원론적 한계를 지니게 되는 것이다. 다시 말해 조화의 전제가 되는 차이성, 다양성, 대립성이란 사실상 그 사회의 외적인 사회·정치적 질서의 범주 내에서 전개된다.

고대의 정치 이론인 예악이론禮樂理論은 조화가 사실은 민民을 지배하기 위한 이데올로기적 장치였음을 말해 준다.

악樂은 같음을 위함이요, 예禮는 다름을 위함이다. 같다는 것은 서로 친하게 하고, 다르다는 것은 서로 공경하게 한다. 악樂이 심하면 질서가 없어지고 예禮가 극에 달하면 이질감을 낳는다. 그러므로 적당히 사용하여 인정人情에 맞게 하고 예의禮儀로써 몸과 일체가 되도록 하는 것이 예禮와 악樂의 효용이다. 예의禮儀가 지켜지면 귀천貴賤의 구별이 명확해지고 악樂으로 동화시키면 상하上下가 서로 친하게 된다.[19]

예악이론은 위계적 질서를 유지하면서 상하의 갈등과 충돌을 막기 위한 지배 담론이다. 즉 예禮의 상대 개념인 '악樂'은 '조화'의 역할을 담당하고 있는 것이다. "악(같음)은 마음 속에서 나오고 예(다름)는 밖에서 만들어진다.……악이 있으면 원한이 없어지고 예가 있으면 싸우지 않는다."[20]는 논리이다. 예악禮樂이란 '다름'과 '같음'의 논리를 통해 정치적 사회적 안정을 도모한 이론으로 활용되었다. "훌륭한 악樂은 천지와 마찬가지로 화합을 하고 훌륭한 예는 천지와 마찬가지로 규제한다."[21]고 한다.

악樂은 사람의 내면을 움직이는 것이고 예禮는 외면을 움직이는 것이다. 음악은 조화를 지극하게 여기고 예는 온순함을 지극하게 여긴다. 내면이 조화롭고 외면이 온순하면 백성은 (상위자)의 표정을 보고도 서로 싸울 마음이 없게 되고, (상위자)의 용모를 보고도 백성은 그를 쉽게 업신여길 마음이 생기지 않게 된다.[22]

예禮는 민民을 효율적으로 지배하기 위한 통치 기제로서의 기능을 가지고 있다. "백성을 편안하게 다스리는 데는 예禮보다 좋은 것이 없고 풍속을 교화시키는 데는 악樂보다 더 좋은 것이 없다."[23]고 한 것에서 예악의 기능이 분명하게 드러난다.

이렇게 정치적으로 정반대의 입장을 가진 사람들은 '조화'의 명분 아래 하나로 통일될 수 있는 것이다. '조화'는 개인, 특히 사회적 주변자로 하여금 정당화될 수 있는 노여움과 불합리한 자기 정당화를 구분해 줄 지점을 어렵게 한다. 한 쪽의 희생으로 다른 한쪽의 특혜가 보장되거나 현실의 불합리한 억압구조를 정당화하는 데 사용되는 조화는 '조화'가 아니라 '조화주의'이다. 여성으로 하여금 희생과 양보를 미덕으로 삼게 하고, 그 모델을 재생산하는 조화는 보편 진리가 아니라 지배 이데올로기이다.

이데올로기로서의 조화는 더 이상 다름을 인정하거나 차이 그 자체를 남겨둘 수가 없다. 조화주의는 하나의 입장에 포개져야 하는 동일성을 추구한다. 조화주의에서 대립과 갈등은 조화의 조건이 아니라 조화를 방해하는 요소이다. 이것은 초기 사상가들이 대립과 갈등을 조화의 조건으로 본 것과 구별된다. 이러한 맥락에서 조화는 과정성이나 운동성의 개념보다 목적성이나 정체성의 개념이 강해진다. 따라서 갈등과 대립의 상황에 머물러 있는 것은 도덕적으로 현실적으로 바람직한 것이 될 수 없게 된다. 대립과 갈등은 항상 '선한' 조화의 세계로 향하게 되어 있다는 것인데, 이러한 사고는 대립과 갈등, 그 원인과 사태를 진지하게 분석할 수 없게 한다.

『주역』 규괘睽卦는 남성과 여성의 관계는 하늘과 땅의 관계처럼 서로 반목하고 대치하지만 그것이 곧 합일의 조건이 된다는 것을 말하고 있다.

천과 지는 서로 맞대어 반목〔睽〕하지만 그들이 수행하는 일은 같다〔동同〕. 남자와 여자는 서로 반목〔睽〕하지만 그 뜻은 통通한다. 만물은 개별적으로 다른 성질〔睽〕을 가지고 있지만 (자연의 법칙을 따른다는

점에서는) 같다[류類]. 반목과 배반의 뜻을 가진 규[규睽]는 그래서 그 쓰임이 위대한 것이다.[24]

갈등과 대립을 인정하지만 그것은 어디까지나 조화라는 목적에 수반되는 일시적인 현상일 뿐이다. 이러한 구조에서는 갈등과 대립의 내용이 무엇인지, 조화가 누구의 편의를 보장하는지에 대해 고민할 필요가 없게 된다. 세계는 이미 조화로 예정되어 있기 때문이다.

조화론이 지지하는 다양한 차이들이 결국 지배 이데올로기로 포섭되면서 조화는 동일성과 같은 말이 되었다. 다시 말해 다양한 차이의 조화란 이론적 차원에 머물게 되고 정치적인 차원에서는 차이를 차별화하거나 획일적인 동일성을 추구하게 된 것이다.

여기서 '어디에도 치우치지 않은' 절대적 진리 중中은 누구를 중심으로 한 개념인가가 드러난다. 한비자는 중용中庸의 도道를 수구守舊 복권復權의 방법이라고 보았다. 한비자의 입장에 동의한 이운구 교수는 중中의 논리를 이렇게 해석하였다. "이해利害가 상반된 양면의 사실 그대로 동시에 둘 다 인정할 수 없는 절박한 상황에서 이른바 중화中和는 먼저 자리잡은 어느 한쪽으로의 양보나 동화同化를 의미하고 그 명분 제시일 뿐이며 결코 다른 쪽의 이해利害를 반영한 충족한 지양止揚 상태는 아니라고 한다. 다시 말해서 화해和諧 안정安定은 기존의 구질서 회복이며 '변법變法'에 대한 안티 테제이다."[25] 다시 말해 중용의 본래 의미가 과불급過不及이 없는 상태를 가리킨다면, 이것은 모순과 대립물의 상호 전환을 부정하며 절충의 논리로 사용된 것이다. 이것은 사물의 질적 변화가 일정한 한계를 넘거나 다른 데로 기울어서도 안 된다는 '무반무측無反無側'[26], 즉 정치적 사회적 안정을 원하는 지배층의 이데올로기이다. 그러면 조화의 정치성이 남녀의 맥락에서는 어떻게 적용되는지를 보자.

3. 조화의 성별 정치학 : 여성의 희생과 양보

모든 상태나 모든 관계는 필연적으로 조화를 향하고, 그것이 또한 가장 바람직하면서 이상적인 것이라면 남녀 관계의 조화를 위해서는 어떤 것들이 요구되는가? 여성에게 요구된 역할과 의식은 무엇이며 남성에게 요구된 그것들은 무엇인가? '같지 않음〔부동不同〕'을 전제로 하는 조화론, 그것을 통한 남녀 관계는 남녀가 서로 같지 않다는 사실을 전제로 하게 된다. 남녀가 서로 다르다는 것에서 남녀 역할론이 나오게 되는데, 그런 점에서 조화론적 세계관과 남녀 역할론은 근친관계에 있다고 할 수 있다.

유교 문화 속의 여성은 타인을 위해 희생하고 다른 사람을 위해 양보하는 것을 미덕으로 삼아 왔다. 역사에 이름을 남긴 훌륭한 여성들이란 대체로 자신을 드러내지 않으면서 남(시부모와 남편, 자식)을 위해 봉사한 삶을 산 사람들이다. 『여사서』는 말한다.

여자는 겸양과 공경의 정신으로 다른 사람을 먼저 하고 나를 뒤로 해야 한다. 좋은 일이 생겼다고 나서지 말 것이며, 궂은 일이라고 마다하지 말 것이다. 욕된 일은 참아내고 수치를 삭히어, 항상 조심하고 두려운 듯해야 한다. 이것은 낮고 약한 존재로서 다른 사람의 아래에 처하여 살아가는 방법이다.[27] 시어머니가 아니라고 하는 것을 너는 옳다고 여겨도 응당 시어머니의 영을 따라야 한다. 시어머니는 맞다고 하지만 너는 틀린 것으로 보여도 오히려 그 명을 따라야 한다. 시비를 따지거나 곡직을 분별하지 않아야 하는데, 이것을 말하여 '정성껏 따른다'고 한다.[28]

특히 여성들이 갈등의 상황에 직면했을 때 어떤 선택을 하고 어떤 논리를 사용하는가는 조화론적 세계관으로 설명될 수 있는 것이다. 여성들은 자신을 양보하거나 희생시키는 것을 갈등 해결의 방법으로 가장 선호하였는데, 이것이 곧 그 공동체가 보편적으로 추구한 여성적 갈등 해결의 방법이었음을 알 수 있다. 다시 말해 남성들간의 갈등이 여성이라는 간접적인 존재를 통해 해결되는 양상을 보인다. 유향劉向은 『열녀전列女傳』에서 '옳은 삶'을 산 여성 모델을 소개하고 있다.[29]

남편의 원수가 남편을 죽이려고 하면서 그 아내의 협조를 요청했다. 만일 협조해 주지 않으면 친정의 아버지를 죽이겠다는 것이다. 이 여성은 자신의 아버지와 남편 사이에서 갈등을 하는데, 결국 자신이 대신 죽음으로써 남자들의 갈등을 해소시키게 되었다. 이 여성에 대해 세상에서는 "자신을 죽여 인仁을 이루니 의義가 천하의 으뜸이 되다."고 평가하였다.(「경사절녀京師節女」) 또 아버지와 남편 사이에서 남편을 도운 여성이 아버지에 대한 불효로 갈등하다가 스스로를 죽임으로써 갈등을 해결하였다.(「진어회영晉圉懷嬴」) 남편을 죽인 동생을 어떻게 대할 것인지 갈등하다가 스스로 자신의 목숨을 끊음으로써 문제를 해결하였다. 그러면서 이 여성은 자신에게 "동생을 용서하면 의義가 아니고 동생을 원망하면 인仁이 아니라"고 하였고, 세상에서는 "부부 사이의 의리를 잘 처리하였으므로 의로운 여성에 배열된다."고 하였다.(「대조부인代趙夫人」) 또 한 예는 형제를 죽인 남편을 원수로 받아들이는데, 문제의 해결은 역시 자신을 죽이는 것이었다. 그녀가 죽는 이유는 스스로 '남편에게 직접 해害를 가하는 것은 불의不義가 되기' 때문이다. 이 여성에 대한 세상의 평가는 '의리있는 여동생'이자 '절녀節女'라는 것이었다. 아내와 어머니의 희생으로 남은 가족은 사회적인 배려를 받게 되었다.(「합양우제郃陽友娣」)

이들을 지배하는 삶과 죽음의 의미는 인仁과 의義의 실현에 있었다. 인仁은 혈연관계에서 요구된 것이고 의義는 사회 관계에서 요구된 것으로 이해된다. 즉 여성들의 의식과 행위를 설명하는 개념으로 자신과 같은 피를 나눈 아버지나 형제에게는 인仁을 적용시키고 혼인으로 맺어진 관계인 남편이나 시부모에게는 의義를 적용시켰다. 물론 여기에 나온 여성들의 삶과 죽음은 모두 여성 스스로의 결단에 의한 것이었다. 비록 도덕적 행위자의 자발적인 마음의 충동에 의한 희생의 형태를 띠지만 그것은 사회적으로 이미 정해져 있는 범위 내에서의 선택일 뿐이다.

타인과 공동체를 향한 돌봄과 보살핌, 희생과 양보는 숭고한 가치를 가진 것으로 개인의 완성이자 인격의 실현이라고 할 수 있다. 그러나 그것이 외부에서 만들어지고 강요된 이념의 성격을 띤다면 의미가 달라진다. 개인의 의사와는 무관하게 밖에서 요구된 희생과 양보는 억압기제가 되며 또한 개인에게는 그 어떤 능동적인 자기 완성의 기쁨을 줄 수 없을 것이다. 여성의 역할이 전체 조화라는 목적에 의해 선험적으로 주어지고 그 역할을 끊임없이 내면화함으로써 죽음마저도 '의롭고' 당연하게 선택할 수 있는 것이다. '군자왈君子曰'이라는 형태의 평가는 지배 권력의 다른 표현이다. 남성들의 갈등을 여성들을 통해 해결하는 이러한 방법은 희생과 양보를 여성의 미덕으로 간주하는 사회에서는 당연하면서 자연스러운 것이 될 수 있다. 여성의 희생과 양보는 공동체의 안정을 위해, 관계의 유대를 위해 반드시 제공되어야 할 당위로서의 덕목이 되는데 이것을 정당화하는 것이 '조화'이다. 여기서 조화는 남존여비男尊女卑라는 외재적 차별을 해소하기 위한 이데올로기적 장치라고 할 수 있다.

여성에게 할당된 역할이 양보와 희생의 덕목이라면 남성에게 배정된 것은 교화[敎化]와 시혜[惠惠]이다. 누군가가 다른 사람을 가르쳐 '훌륭한' 곳으로 인도하고, 다른 사람에게 은혜를 베푸는 것을 자신의 행위 원칙으로 삼아 실천하고 있다면 가진 자의 높은 도덕성으로 이해될 만하다. 그러나 개인적 차원에서건 사회적 차원에서건 이러한 행위 준칙들이 지배를 위한 담론이 되는 경우가 많다. 가르치는 존재와 가르침을 받아야 하는 존재, 시혜를 행하는 존재와 그 시혜를 받아야 하는 존재가 태어남과 동시에 주어진다는 것을 볼 때 '교화'는 단순한 도덕적 개념이 아님을 알 수 있다.

맹자는 '敎'의 효능에 대해 이렇게 말한다. "선정善政을 베풀면 민이 그(군주)를 두려워하고, 선교善敎를 베풀면 민이 그를 사랑한다. 선정은 민의 재물을 얻고, 선교는 민의 마음을 얻는다."[30] 맹자는 또 민民을 얻는 데는 좋은 정치보다는 좋은 가르침[敎敎]이 더 효과적[31]이라고 하였다. 이와 같이 '가르침[敎敎]'은 일정한 지위를 확보한 사람이 자신을 유지하고 다른 사람을 관리하는 최선의 방법으로 채택된 것이다. 그리고 호혜적 관계가 아닌 시혜의 대상이 된 타자란 이미 피지배자의 사회적 위치에 서 있다. 『논어』는 시혜〔惠〕를 '다른 사람을 부리는〔사인使人〕'[32] 방법이자 '민民을 먹여 살리는〔양민養民〕'[33]기술로 보았다. '혜惠'는 주로 이익과 재물과 관련되는데 『맹자』도 "사람들에게 재물을 나누어 주는 것을 혜惠"[34]라고 정의하였다. 가진 자는 베푸는 행위를 통해 사람들을 잘 부릴 수 있다. 또 백성이 먹고 사느냐 아니냐의 문제가 가진 자의 도덕성 여부에 좌우된다는 말이 된다. 따라서 '교教'를 단순히 무지無知한 자를 가르쳐 선한 곳으로 인도하는 의미로 보거나 '혜惠'를 타인에게 무한한 사랑을 베푸는 숭고한 행위로 본다면 그 속에 작용하는 권력 관계를 은폐하는 것이 된다. 예컨대 이런 뜻이다.

> 윗사람이 아랫사람 보살피기를 진심으로 하면 아랫사람이 윗사람 섬기기를 자식을 보살피는 자모慈母 대하듯이 한다. 상하上下의 친함이 이와 같은 후에야 아랫사람은 명령에 복종하고 윗사람이 시행하려는 것이 행하여진다.[35]

'교教'의 담론은 지배하는 자는 가르치고 지배받는 자는 가르침을 받는 구조 속에서 전개된다. 가르침의 내용이 무엇인가를 본다면 교教의 주체와 대상은 좀더 분명해지는 것이다. 주희朱熹는 『논어』 주석을 통해 "민을 가르치면 자신의 윗사람을 위해 죽을 줄 안다."[36]고 하였다. 근대의 사상가 오우吳虞는 '교教'가 '효孝' 변에 있는 것을 예로 제시하면서 교화의 내용은 효제 윤리를 통해 가족 제도를 공고하게

하려는 데 있었다고 보았다.[37]

주어진 신분에 의해 教教의 주체와 대상이 결정되었듯이 주어진 성별에 의해 가르치는 자와 가르침을 받는 자가 정해졌다. 남자는 여자를 가르쳐야 할 존재, 여자는 남자의 가르침을 받아야 할 존재가 된다. 그 남자가 어떤 사람인지 그 여자가 어떤 사람인지는 중요하지 않다.『예기』에 의하면 남자란 세상에 통용되는 진리를 창출해야 할 부담을 안고 만물의 올바른 뜻을 키우는 사람이라면, 여자란 남자의 가르침대로 그 바른 의미를 가꾸는 사람이다.[38] 또『예기』는 남자의 가르침이 제대로 되지 않아 일식이 일어났고, 여자의 따름이 제대로 되지 않아 월식이 일어났다[39]고 한다.

여기서 남교男教와 부순婦順은 대응하는 개념인데,『순자荀子』는 다른 사람을 인도하는 것을 教教라 하고 다른 사람에 합하는 것을 순順이라 정의하였다.[40] 즉 자연 세계에서 부조화 현상이 일어나는 것은 가르침을 행해야 할 남자와 가르침을 받아야 할 여자가 각각 자신의 역할을 수행하지 못했기 때문으로 보았다. 다시 말해 남자의 가르침에 따라 여자가 따르는 것을 인간 사회의 조화로 보았던 것이다.

교화는 가르쳐서 변화시킨다는 것인데, 여기에는 자신의 지식만이 진리가 될 수 있고 자신의 기준만이 보편 타당하다는 사고가 자리하고 있다. 교화와 시혜의 도덕 담론, 그 깊은 내면에는 타자에 대한 지배를 추구하는 보편주의의 욕망이 잠재해 있음을 알 수 있다. 가르치고 베풀어야 할 존재가 남성이 된 것은 정신적 가치와 물질적 가치 모두를 남성이 장악했기 때문이다. 그럼에도 불구하고 '教教'를 단순히 무지無知한 자를 가르쳐 선한 곳으로 인도하는 의미로만 보거나 '혜

惠'를 타인에게 무한한 사랑을 베푸는 숭고한 행위로만 본다면 그 속에 작용하고 있는 권력 관계를 은폐하는 것이다.

이와 같은 맥락에서 보편과 중립의 개념 '중中'은 남성들의 관계만을 고려한 젠더 편파적인 개념임을 알 수 있다. 나와 다른 사람, 나와 공동체를 연결하는 상호 의존과 상호 협조의 조화 이론이 군주 전제와 가족 질서 유지라고 하는 역사적 과제와 연결될 때 그 조화는 내재적 화해에 머물 수밖에 없었다. 남존여비의 존재론적인 기초 위에서 희생과 양보의 도덕은 여성의 몫이 되는데, 조화의 이름으로 오히려 숭고하고 거룩하게 둔갑한다.

11장

관계 이론: 칭찬과 비난의 변증법

　동아시아 고대에서 시작되어 유교의 이름으로 구성된 여성의 삶은 '관계'라는 개념과 분리될 수 없다. 자기 관심이나 자기 선택, 또는 자율적 주체 등의 개념을 유교적 여성과 관련지우는 것은 거의 불가능해 보인다. 그 여성이 누구인가는 그 여성이 속해 있는 관계를 통해 드러나며 이로부터 그 여성이 해야 할 역할이 나오게 된다. 이때 여성은 항상 가족이라는 관계의 그물망을 벗어날 수 없다. 소위 정상적 여성이란 가족이라는 관계의 끈을 잘 유지한 사람인 것이다. 관계 속에 있을 때는 '특혜'가 주어지지만 그 관계를 벗어났을 때는 관리의 대상이 되거나 주목의 대상이 되었다. 예컨대 남편을 잃은 여성을 지칭하는 과부寡婦가 '덕이 없는 여성'이라는 '과덕지부寡德之婦'에서 나온 것이고, 이는 과부로서 수행해야 할 사회적 의무가 다시 주어진다는 점에서 그렇다. 다시 말해 '정상' 관계를 거부하거나 이탈함으로써 치러야 할 대가는 그것을 유지하는 것과 비교할 수 없을 만큼 힘겨운 것이었다.

어떤 대상을 이해해야 하고 설명해야 하는 상황임에도 불구하고 내가 가진 정보로는 그것이 도저히 불가능하게 여겨질 때, 우리가 취할 수 있는 방법 중의 하나는 그 대상 속으로 들어가 그 자체의 논리와 지식을 먼저 파악하는 것이다. 유교 문화권의 전통 시대를 산 여성들도 우리의 정보와 지식으로 잘 설명되지 않는 대상 중의 하나이다. 그러나 그들을 그들의 지식으로 파악했을 때 시부모에 대한 며느리의 외경畏敬, 남편에 대한 아내의 순종順從, 아들을 낳으려는 여인의 필사적인 노력은 '자기'에 대한 포기가 아니라 관계적 존재의 자기 실현이었음을 발견하게 된다. 다시 말해 그 여성들이 추구한 삶의 의미들은 그 사회의 전반적인 가치들과 맞닿아 있을 터인데, 바로 '관계'의 개념이 그것이다.

유교가 본 인간은 처음부터 타인을 부담하지 않을 수 없는 관계 속에 존재한다. 사실 우리는 우리가 선택하기 전에 이미 주어진 울타리가 있고, 그 수많은 울타리들 속에서 타인들을 만나게 되며 그들과의 관계 속에서 자기에게 주어진 역할을 실천해 간다. 대부분의 사람들은 가능한 한 자기 규칙에 의해 자신의 삶을 스스로 선택하고 결정할 수 있기를 원하지만 우리가 살고 있는 현실은 나 아닌 타인의 존재를 인식해야 하고 타인에게 의존하면서 살아갈 수밖에 없다는 것이다. 따지고 보면 어느 것 하나도 서로 의존하지 않는 것은 없다. 그런 점에서 유교의 인간은 자율적 주체로서의 개인보다는 서로를 필요로 하는 의존적 존재라는 점에 주목하였고, 관계적 존재로서의 인간에 강한 의미를 두게 된 것이라 보인다. 유교에서는 타인과 분리되어 독립적으로 존재하는 개체적 자아와 그런 자아에게 보장되는 절대적 자율성이란 실제의 모습과는 거리가 먼 추상화된 인간이고 이론일 뿐이다. 유교가 본 인간은 타인과의 관계를 통해 자기와의 관계를 만들어 가며, 타인의 관점을 통해 자신의 관점과 요구를 조절해야 하는 상대적 자율이 보장되는 존재일 뿐이다.

그러나 인간을 관계적 존재로 정의하는 것은 인간을 보는 하나의 입장이다. 어떤 사물을 이해하고 어떤 상황을 보는 데 있어서 입장이 없을 수는 없다. 그런 점에서 관계적 존재로 인간을 정의한 유교의 입장, 그 자체가 문제될 수는 없다. 다만 어떤 입장도 정치적이지 않은 것이 없다고 할 때, 세계를 관계로 본다는 것의 의미가 무엇인가를 따질 필요는 있다. 즉 관계 이론에서 관계는 어떤 관계이며 누구를 위한 관계이며 무엇을 위한 관계인가를 분명히 밝혀야 하는 것이다. 이러한 문제 의식을 갖고 관계론적 전통에서의 삶의 방식과 의미 및 문제들을 원리적 측면과 구체화된 측면에서 다각도로 분석해 볼 필요가 있다. 이를 밝히는 과정에서 여성 정체성이 어떻게 구성되는지의 문제가 자연스럽게 다루어질 것이다.

1. 관계성의 원리

이 세계에 존재하는 모든 것들을 상호 관련 속에서 파악하려는 입장을 관계 중심적 사고라고 할 때, 그 원리는 상호 의존적이고 상호 작용하는 역동적인 의미가 강하다. 다시 말해 '관계성'이란 원인과 결과의 모형이나 지배와 종속의 구도처럼 일방향의 직선적인 것이 아니라 서로 주고받음으로써 의미를 생산하는 쌍방향적인 것이다. 관계성의 원리로 볼 때 자연 현상은 서로의 연관으로 운행되며, 사회적 가치 또한 상반된 개념 쌍이 서로를 규정하면서 그 의미를 드러낸다. 『장자』는 말한다.

> 음양은 서로 빛을 비추며 서로를 가리며 서로를 규제한다. 사계절은 서로를 이어주고 서로 낳으며 서로 죽인다.……안정과 위기는 서로를 바꾸고 화와 복은 서로를 낳으며 완만함과 급박함은 서로를 어루만지며, 모이고 흩어지는 과정에서 이루어진다.[1]

동아시아 고대인들에게 '관계성'은 우리가 사는 이 세계를 있게 한 원리이기도 하다. 중국적 우주론에 의하면 세계가 어떤 궁극자에 의해 창조된 것이 아니라 관계를 이루는 두 요소의 교감으로 생성된다. 만물은 하늘의 원리와 땅의 원리가 감응感應함으로써 이루어지고[2] 서로의 교감交感이 없으면 만물은 생성될 수 없다.[3] 즉 우주 만물의 생성은 두 원리의 적극적인 관계맺음으로 설명되며 모든 사물과 사건은 한 쌍의 연관으로 파악되었다. 자연nature에 해당하는 중국적 개념 천天은 그 쓰임이 항상 인人과 쌍을 이루는데, 이는 천인상관天人相關이나 천인감응天人感應으로 표현된다. 이것은 자연과 인간은 서로 분리될 수 없을 뿐 아니라 상호 간섭하는 관계임을 말해 주는 것이다. 즉 "하늘은 백성들이 보는 것을 통해 보고, 백성들이 듣는 것을 통해 듣는다."[4]고 하였다. 관계 중시의 전통에서 천天은 그 자체일 수 없고,

사람 또한 그 자신일 수 없다.

이 전통에서는 '나'의 존재 역시 항상 다른 사람과의 관계 속에서 정의된다. 나를 가리키는 용어 '아我'가 고대에서는 '아俄'와 통용되었는데, 다른 사람을 뜻하는 인人이 나를 뜻하는 '아我'에 붙어 '아俄'가 된 것이다. 이것은 '나'라는 존재는 처음부터 이미 '다른 사람'을 안고 있다는 뜻이다.[5] 관계적 사고에서 본 '나'는 다른 사람과 무관하게 살 수 있는 독립된 존재가 아니며 고립되어 있지도 않다. 따라서 '나'는 독립적이고 고정적인 실체로서의 자기 완결성에 의미를 두지 않는다. 또한 영혼을 가진 초월적인 주체로서의 '나', 사유하는 주체로서의 '나'를 찾는 것은 이 전통에서는 그다지 쓸모가 없다.

그렇다면 내가 누구인가를 어떻게 찾을 것이며, 내가 누구인가는 어떻게 드러날 수 있는가? '나'는 조상에 대해서는 후손이지만 부모에 대해서는 자식이며, 그리고 형이며 아우이며 남편이며 아버지이며 신하이며 백성이다. '나'는 딸이며 아내이며 며느리이며 어머니이다. '나'라는 존재는 다른 사람과의 관계를 통해 구성되고 내가 속한 관계 속에서 그 맡은 역할로 드러난다. 이러한 내가 중시하는 도덕 원칙은 "내가 원하지 않는 것을 타인에게 요구하지 말라. 내가 원하는 것을 타인도 할 수 있도록 도우라."[6]는 것이다.

> 내가 자식에게 구하는 바로써 아버지를 섬기는 것을 아직 실천하지 못했으며 신하에게 구하는 바로써 임금을 섬기는 것을 아직 실천하지 못하였다. 아우에게 원하는 것으로 형을 모시는 것을 아직 행하지 못했으며 벗에게 바라는 것으로 (다른) 벗에게 베푸는 것을 아직 실천하지 못했노라.[7]

여기서 본 바 공자의 도덕 주체는 절대적 자아와 고정된 주체를 포기할 때 가능하다. 나는 독립적 실체나 원자적 자아가 아니라 어떤 관계 속에 있는가에 따라 나의 존재 의미가 드러나는 관계적 자아라고 할 수 있다. 여기서 '나'는 타인의 관점과 무관하게 내 고유한 영역을 지켜 나가는 절대적 자율이 아니라 타인의 요구를 적극적으로 지지함으로써 얻어지는 상대적 자율에서 확보될 수 있는 것이다.

관계론적 사고가 지배하는 세계에서는 절대적 의미의 선善이나 절대적 의미의 악惡이 존재할 수 없으며, 선악善惡의 개념은 관계의 맥락에서 규정되는 것이다. 한국인의 선악관善惡觀에 대한 한 연구 보고는 "한국인에게 '악이 무엇인가'라고 물으면 '내게 구체적인 인간 관계를 말해주면 무엇이 악인지 말해주겠다'고 한다."는 것이다.[8] 한국인의 선악관은 동아시아 고대인들의 사고에서 그 원형을 찾을 수 있다. 즉 그들에게 악惡이란 인간의 마음 속이나 우주 속에 원래부터 존재하는 사악하고 파괴적인 힘, 즉 추상적인 세력이 아니라 관계를 파괴한 행위 즉 부패한 인간 관계이다. 악이란 그 관계와 무관한 초월자에 의해 부여되는 것이 아니며, 선악의 판단 역시 인간 관계를 초월한 관점에서 상정되지 않는다. "부자父子의 정情을 서로 상하게 하는 것을 악惡"[9]이라고 한 『맹자』의 말이나 "가장 큰 악惡은 불효不孝와 불우不友"[10]라고 한 『서경』의 말에서 동아시아 문화 전통의 악惡은 관계 실패의 다른 표현임을 확인할 수 있다.

이러한 맥락에서 볼 때 인생에서 가장 나쁜 상황이란 관계가 끊어진 상태에 직면했을 때이다. 중국 고대의 정치가들은 우선적으로 고려되어야 할 정치 대상으로 환과고독鰥寡孤獨을 들었다. 홀아비 · 과

부·고아·무자식[11]의 환과고독은 아내나 남편, 부모나 자식이 없는 사람, 즉 일정한 관계 구조에서 벗어난 사람이다. 경제적이거나 인격적인 결여가 아니라 관계로부터 고립되어 있는 상황을 최악으로 보았다는 것인데, 이는 관계의 중요성이 강조되었음을 말해 주는 것이면서 그만큼 일정한 관계 속에 있지 않고선 살기 힘든 사회였음을 보여 주는 것이기도 하다.

행복과 불행이 일정한 관계의 유무에 의해 평가되듯이 시비是非의 개념 역시 관계의 맥락과 상황에 따라 찾아진다. 즉 무엇이 옳고 무엇이 그른가를 판단하는 것은 관계를 떠나 언제 어디서나 적용될 수 있는 객관적이고 공평무사한 개념을 필요로 하지 않는다. 공자는 무엇이 정직한 행위인지는 어떤 관계에서 발생한 것인지를 보아야 한다는 것이다. "섭공葉公이 공자에게 말하기를 '우리 마을에는 정직한 궁躬이라는 사람이 있는데, 그 아비가 양을 훔치자 관가에 고발한 것입니다.'라고 하였다. 공자는 '우리 마을의 정직한 자는 이와 다릅니다. 아비는 자식을 위해 숨겨주고 자식은 아비를 위해 숨겨줍니다. 정직이란 바로 그 속에 있습니다.'"[12]

이러한 맥락에서는 '옳음'과 '그름'의 개념보다 각 관계를 결속시켜 주는 유대감을 중시한다. 『맹자』에 의하면 자식을 직접 가르치는 것과 부자간에 선을 행하도록 권고하는 행위는 군자가 하지 말아야 할 것들이다. 군자가 자식을 직접 가르치지 않은 것의 이유를 묻는 제자에게 맹자는 자식을 가르쳤는데 잘 행해지지 않으면 화를 내게 되고 화를 내게 되면 자식의 마음이 상하게 된다고 하였다. 그리고 이 일로 인하여 자식이 아버지의 행위를 평가하기에 이른다면 부자 사이가 나

빠지게 된다는 것이다. 그래서 옛 부터 '자식을 서로 바꿔서 가르친다.〔역자교지易子敎之〕'고 한 것은 부자 관계를 해치지 않기 위한 것이다. 이와 함께 부자간에는 '선善을 권고하는 행위〔책선責善〕'도 금지되었는데, 그 이유는 '옳은 길'을 추구하다가 정情을 해치는 일이 생길 수 있기 때문이다.[13]

여기서 정情이란 관계를 유지시키고 강화시키는 필수적인 요건임을 알 수 있다. 정情의 유무有無나 정情의 다소多少가 관계 중시의 전통에서는 사람을 평가하는 기준이 되는 것이다. 다시 말해 '정이 없다'는 것은 '잔인하다'는 말과 통하며, '정이 많다'는 '선하다', '악하지 않다'는 말과 통한다. 자연과 인간, 인간과 인간의 관계를 정情으로 치환시키는 것은 관계론적 전통의 당연한 귀결이다. 이러한 맥락에서 인간이면 누구나 도덕 실천의 주관적 조건인 '네 가지 마음'[14]을 구비하고 있다는 맹자의 주장이 설득력을 가진다. 맹자는 인간이면 누구나 갖고 있는 불쌍하게 여기는 마음, 부끄러워하는 마음, 공경하는 마음, 시비를 따지는 마음이 곧 사회적 선善을 실현시킬 수 있는 단초라고 본 것이다.

이러한 전통에서는 법치보다 예치가 더 현실적인 구속력을 가진다. 공자는 법치를 행하게 되면 사람들이 빠져나가기에 부끄러움이 없고 예치禮治를 행하게 되면 먼저 수치스러움을 느끼고 바로 고치게 된다고 하였다.[15] 또 "예란 일이 일어나기 전에 미리 제재하는 것이며, 법이란 이미 일이 벌어지고 난 후에 책임을 묻는 것"[16]이라고 하였다. 예란 마음까지도 통제할 수 있는 강력한 힘을 가지는 것임을 알 수 있다. 다시 말해 고대 유가가 예치를 법치보다 더 우월한 통제력을 가진다고 본 것은 그들이 살고 있는 사회가 관계론적 전통에 있기 때문이다. 관계의 실패나 관계의 파괴가 죄가 되는 맥락에서 논죄論罪란 당연히 마음을 묻는 것이 될 수밖에 없을 것이다. 마음의 죄는 마음밖에 존재하는 객관적 법칙으로 다스리는 것보다 수치심이나 부끄러움을 가지게 하는 것이 더 효과적일 것이다.

이상에서 본 바 유교가 의미를 둔 제 가치들은 관계론적 원리로 설명될 수 있다. 그러면 그 원리의 현실적 조건은 무엇이며, 그것은 어떻게 구체화되는지, 그리고 관계론적 전통의 문제와 한계는 무엇인지를 따져보자. 우리가 추구하는 지식이 사물들의 진실한 관계를 밝히는 데 있다면, 원리에서 드러나지 않거나 이론이 은폐하고 있는 부분을 재점검할 필요가 있기 때문이다.

2. 관계의 범주와 관계유지의 이데올로기

존재하는 모든 것이 상호 작용하고 상호 의존함으로써 의미를 생산한다는 관계론적 사고는 각 개인으로 하여금 그가 속한 삶의 구체적 컨텍스트를 존중하도록 하는 측면이 있다. 이 전통 속에서는 추상화하고 절대화한 권위의 지배를 받지 않아도 되고 내면적 회의로부터 지식의 확실한 근거를 찾는 노력을 하지 않아도 될 것이다. 대신에 나는 내가 속한 구체적 관계 속에서 서로 주고받으며 서로 사랑하는 등 내가 행한 만큼 되돌려 받기도 하고 아니기도 한, 하루하루 살아 있는 자신을 확인하는 삶을 살 수 있을 것 같다. 나로 인해 타인이 행복해 하고 나로 인해 타인이 불행해 하는 만큼 자신의 존재를 강하게 느낄 수 있을 것이다. 이 전통 속에서 나는 관계 속에 위치한 나의 자리를 확인하고, 나에게 맡겨진 역할을 통해 타인과 관계 맺고 소통하는 일 그보다 더 중요한 것은 없을 것이다.

그렇다면 내가 부담해야 할 관계의 종류는 어떤 것이 있으며, 나에게 맡겨진 역할은 무엇인가? 관계의 원리인 상호성이란 어디까지 가능한 것인가? 관계를 통한 주체의 변형과 경험을 통한 주체의 형성은 고정되고 고립되어 추상화한 주체와 대립한다는 의미에서 긍정적으로 부각된다. 하지만 관계와 경험이 통용될 수 있는 범주가 주체에게 얼마만큼 열려 있는가에 따라 관계론적 세계관의 의미가 달라진다. 만일 그 범주가 사회적으로 이미 정해져 있고, 어떤 사람도 그가 속한 관계의 범주로부터 벗어나는 것이 허락되지 않는다면, 관계성의 원리는 사회 통합을 위한 이데올로기와 그다지 다를 것이 없다. 다시 말해 개인을 일정한 관계 속에 묶어두고 그 관계를 온전하게 유지토록 하는 것은 정치적 안정을 도모하는 지배층의 요구와 맞닿아 있는 것이다. 우선 중국 고대 사회의 인간 관계의 범주를 살펴보자.

『서경』[17]과 『춘추좌씨전』[18]은 누구나 부父 · 모母 · 형兄 · 제弟 · 자子에 속한다고 보아 각각에게 요구되는 역할을 제시하였다. 그래서 부의父義 · 모자母慈 · 형우兄友 · 제공弟恭 · 자효子孝가 사회윤리의 핵심이었다. 이 다섯 종류의 역할은 다름 아닌 가족 관계의 유지에 필요한 것이지만, 당시 사회가 파악한 인간 관계의 총체임을 알 수 있다. 춘추말의 공자(B.C.552-479)는 정치의 핵심 요체로 군신君臣 · 부자父子

의 관계[19] 또는 군신君臣 · 부자父子 · 형제兄弟 · 붕우朋友의 관계를 들었다.[20] 전국 중기의 맹자(B.C.372-289)는 다섯 가지 관계, 부자 · 군신 · 부부 · 형제 · 붕우의 질서를 강조하였다.[21]

'모자母慈'와 '부부夫婦'를 제외한 다른 관계 덕목들은 사실상 여성과 무관한 것이다. 신하로서 군주와 마주한 여성이나 벗과 우의를 교환하는 여성의 모습을 상상하는 것이 동아시아 문화 전통에서는 거의 불가능하다. 여성들의 관계는 가족의 범주에 제한되고, 딸 · 아내 · 며느리 · 어머니의 네 가지 관계 역할이 전부라고 할 수 있다. 따라서 여성들의 관계 방식은 남성들의 그것과 동일하게 처리될 수 없다. 하지만 전한前漢시대 유향劉向(B.C.77-6)의 저술 『열녀전』이 나오기 전까지는 여성들에 주목한 사상가들은 없었다. 다시 말해 관계에 관한 동아시아 고대의 논의들은 남자들끼리의 관계를 보편화한 것이고, 고대의 사상가들은 남성들간의 관계를 함께 고민해 준 셈이다.

이상에서 본 바 중국 고대의 관계론은 남성들을 중심으로 하며, 가족 관계, 군신 관계, 붕우 관계의 세 가지 축으로 구성되었다. 그러면 관계를 범주화하고 그 관계의 유지에 온 정성을 다했던 고대 정치가들을 보면 '관계'에 단순한 도덕 개념 이상의 의미를 부여하고 있다. 따라서 관계를 이탈하거나 관계를 파괴하는 행위는 논죄의 대상이 되었는데, 그것은 관계 유지가 정치적으로 상당한 의미가 있었기 때문이다. 앞에서 소개한 바 『서경』과 『춘추좌씨전』의 오전五典 또는 오교五敎는 정치적 사회적 안정을 보장하는 것으로 관계 속의 역할들을 강조한 것이다. 『논어』 속의 자하子夏는 "부모 섬기기를 온 힘을 다하고 임금 모시기를 온 몸을 다하며 벗과 사귐에 신의가 있다면 '배움[학

學'을 이루었다고 할 수 있다."[22]라고 하였다. 다시 말해 지식과 관련된 배움[학學]의 의미도 관계의 실현, 즉 자신에게 부여된 역할을 잘 수행하는 것으로 정의되었다. 이로 볼 때 유학의 사회 이론과 정치 이론은 구체적인 관계와 그 운용 원리로부터 나왔다고 할 수 있다. 그 논리와 의미 그리고 한계를 살펴보자.

관계의 범주는 크게 가족과 군신, 붕우에 국한된다. 하지만 그 관계를 구성하는 원리는 전체 사회로 확장될 수 있다고 보았다.『맹자』는 "우리 집 노인을 섬기는 마음으로 남의 집 노인에게 미치며, 우리 집 어린이를 사랑하는 마음으로 남의 집 아이에게 미친다면 천하를 손바닥에 올려놓고 움직일 수 있다."[23]고 하였으며,『효경』은 "어버이를 섬기는 효孝가 군주에게 옮겨가면 충忠이 되고 웃어른에 옮겨가면 순順이 된다."고 하였다. 즉 혈연적 정은 혈연 관계 내에서 자기 완결성으로 끝나는 개념이 아니라 비혈연적인 다른 집단에로 나아가게 함으로써 그 정은 확장될 수 있다고 보았다.

나(우리)의 경험에서 타인(그들) 이해의 원리를 끌어내는 이러한 사고는 혈연으로 뭉친 폐쇄적 사회를 지양하고 혈연 감정을 비혈연적 관계에 유비시킴으로써 사회적 네트워크을 확장하려는 의도를 품고 있다. 예컨대 노약자에 대한 태도란 절대적 원칙이나 규정이 있는 것이 아니라 구체적 관계에서 얻은 감정을 연장하는 방법으로 가족과 사회를 연결시키고 있는 것이다. 여기서 나는 나와 가장 가까운 사람에게서 요구되는 관계 방식으로 사회, 국가, 천하로 나의 영역을 확대해 갈 수 있다.[24]

그렇다면 나의 가까운 관계에서 나온 혈연 감정을 이웃과 사회, 세계로 고스란히 전이시킬 수 있다면, 그 실현의 사회적 조건은 무엇인가 하는 것이다. 앞에서도 말한 바 가족이 사회적 중추 단위가 되고 대면 관계가 중심이 되는 사회에서는 가능할 수 있다. 관계를 작동시키는 것은 정情이고, 정情이란 직접 주고받는 데서 그 의미를 찾을 수 있기 때문이다. 가까운 관계에서 요구되는 감정을 천하로 확대하여 정치 운용의 원리로 삼을 수 있다는 것이 곧 유학 정치 사상의 요체이다. 그래서 맹자는 '차마 하지 못하는 마음'[25]을 정치 운용의 원리로 삼을 것을 주장하였다. 이것은 지극히 구체적인 컨텍스트로부터 천하 사람이 다 수긍할 수 있는 객관성을 추출하려는 것이다.

가까운 관계에서 발생한 정감이 사회와 국가로 연장될 수 있다는 유가적 구상에서 모순점을 찾는 것은 어렵지 않다. 『서경』에서는 "공공의 것을 위해 사적인 것은 없앤다〔이공멸사以公滅私〕."[26]라고 하였지만, 『논어』에서는 "지도자가 친척에게 인정 있게 대하면 백성은 인仁을 행할 마음이 우러나고, (지도자가) 옛 친구를 버리지 않으면 백성들은 인정이 두터워진다."[27]고 하였다. 『서경』의 말은 공적인 영역과 사적인 영역을 대립으로 보았지만 『논어』는 분리될 수 없는 영역으로 본 것이다. 이 두 가지를 만족시키려면 가까운 관계의 친밀성을 중시하면서 공적인 합리성을 찾아야 하는데, 그것이 현실화되는 데는 사실상의 어려움이 있다. 법가의 이론가인 한비자韓非子(B.C.280?-233)는 유가의 구상이 처음부터 잘못된 것임을 주장하였고,[28] 공사公私를 경제적 이해의 개념으로 접근하여 사익私益을 기초로 윤리를 다시 구성해야 한다는 주장을 하였다.[29] '특별한 관계의 친밀성'과 공익을 위한 공정성, 논리적으로 모순 관계에 놓인 이 둘을 해결하기 위한 정치적 장치를 개발하기 위해 유학을 텍스트로 삼은 동아시아 전통사회의 정치가들은 고심하지 않을 수 없었다.

관계란 자기 주관을 가진 대립된 실체를 인정할 때 성립될 수 있다. 즉 나와 대립하는 다른 주체인 타인 역시 자기 주관을 가진 사람으로 볼 때 관계성의 원리가 힘을 얻게 되는 것이다. 관계맺기의 원리에서는 자기 주관에 의해 '타인을 좋아하고 타인을 미워하는'[30] 것이 인정된다. 하지만 자기 주관이란 자신을 성찰하고 자신을 객관화할 수 있는 능력을 가진 자에게 한정된다.[31] 이로 볼 때 관계란 동사적 의미가 강조된다. 각 주체들이 자신에게 부여된 역할을 제대로 수행하기 위해선 자신과의 관계는 물론 대상과의 관계에서도 입체적인 긴장이 요구되는 것이다. 예컨대 "아버지가 자애롭지 않다면 자식은 아버지를 공경하지 않으며, 형이 우애롭지 못하면 아우는 형에게 공손하지 않게 되는데 이것은 어쩔 도리가 없다."[32]는 것이다. 여기서 아버지와 자식, 형과 아우의 관계 원리는 쌍방향적이다. 군주와 신하의 관계도 마찬가지다. 군주와 신하를 상호 관계성으로 볼 때 군주의 전횡을 통제하는 것이 될 수도 있다.

군주가 신하를 수족처럼 여기면 신하는 군주를 자신의 몸과 마음으로 여긴다. 군주가 신하를 개나 말 따위로 여기면 신하는 군주를 지나가는 사람쯤으로 여긴다. 군주가 신하를 흙이나 쓰레기로 여기면 신하는 군주를 원수로 여긴다.[33]

관계의 상호성이 위의 말처럼 실행되는 데는 한계가 있는데, 그것은 관계의 상호성은 관계 범주에 구속될 수밖에 없기 때문이다. 과거의 자식에서 현재의 아버지로 그 역할이 바뀔 수 있긴 하지만, 남성이든 여성이든 각자에게 부여된 몇 가지 역할밖에 없다. 지배 지식이 강조하는 것은 '관계성'의 원리이지만 사실은 그 원리를 통해 일정한 형태의 '관계'를 유지하려는 것임을 알 수 있다. 가족 관계의 정을 키우도록 하고, 그것을 사회로 갖고 나와 온 나라가 안정된 상태가 되는 것은 결국 지배층에게 유리한 것이 된다.

『춘추좌씨전』에는 간통과 반란을 주도한 죄를 얻어 유폐된 한 여성이 자신의 존재를 어떻게 규정하는가가 소개되어 있다. 노魯나라 군주의 부인이었던 목강穆姜은 자신의 권력을 강화하기 위해 노나라의 대부 숙손叔孫씨와 결탁하였을 뿐 아니라 정情을 통하고 있었다. 그녀가 실각하자 과거의 일이 발각되어 궁궐의 구석진 곳에 유폐되었다. 이때 그녀는 점쟁이로 하여금 주역으로 자신의 미래를 점치게 하였다. 곧 석방될 것이라는 점괘가 나왔다. 그러나 그녀는 자신의 위치와 역할에 근거하여 주역의 점괘를 다시 해석하였다.

> 『주역』에서는 원형리정元亨利貞의 원리에 따른다면 허물이 없게 될 것이라 하였다. 원元은 선善의 으뜸이고 형亨은 훌륭함이 모이는 것이고 리利는 도리에 화합하는 것이고, 정貞은 일의 토대가 되는 것이다. …… 그러나 나는 여자이면서 나라를 전복하는 일에 가담하였다. 아래에 처해야 함에도 그렇게 하지 않았으니 원元이라 할 수 없다. 나라를 불안하게 했으니 형亨이라 할 수 없다. 일을 꾸며 자신을 해쳤으니 리利라고 할 수 없다. 자기 자리를 생각지 않고 방종하게 굴었으므로 정貞이라 할 수 없다.[34]

목강은 나가도 좋다는 점괘를 따르지 않았다. 그리고 그녀는 자신의 타락이 내면의 도덕적 갈등 때문이라고 보지 않았다. 간통과 반란 행위를 한 그녀는 억제할 수 없는 강렬한 정념과 정치적 야망에 지배되어 도덕 원칙을 위반한 게 아니라 죽은 남편의 아내, 아들의 어머니, 손자의 할머니로서 환경의 변화에 따라 기대되는 여자로서의 귀속적 역할에 충실하지 못했음을 고백하고 있는 것이다. 목강은 스스로 사회적으로 구조화된 관계 속에 자신을 위치시킨다. 이는 관계의 정치학이 거둔 일종의 성과라고 할 수 있다.

존재하는 모든 것이 상호 관계적이고 상호 의존적으로 보일 때, 그것은 따뜻한 사회를 꿈꾸는 사람들의 시선이라고 할 수 있다. 그러나 관계성의 원리는 일방적인 의존을 용납하지 않기 때문에 각 주체들은 항상 긴장 상태에 놓여 있어야 할 것이다. 즉 관계적 인간이란 자기 결정과 자기 선택을 '강요'당하는 자율적 개인 못지 않은 긴장과 노력이 요구되는 것이다. 더구나 하층민이나 여성, 아이 등 권력 밖에 있었던 전통 사회의 주변인들에게는 관계가 질곡이 될 수 있다. 마음을 묻는 죄가 통치의 수단이 될 때 무엇보다 가혹한 형벌이 될 수 있기 때문이다. 어떤 측면에서 관계 중시의 전통은 개인의 마음까지도 파악하려는 개인 통제의 논리로 나갈 수 있다.

타인과의 관계에서 유교의 황금률로 평가되는 몇 가지 방법이 있다. '나의 척도로 타인을 헤아리고[혈구지도絜矩之道]', '나를 미루어 타인에게 다가가며[추기급인推己及人]', '나로부터 객관세계를 유추하는 방식[능근취비能近取譬]' 등이 그것이다. 이것은 유사한 경험을 공유한 집단 내부의 사람이거나 사회적 위치 및 소유, 교육의 정도가 유사한 성별 연령별 동일 집단 내에서는 가능할 수도 있을 것이다. 그러나 이러한 외부 조건이 같다 하더라도 타인의 마음을 내 마음처럼 여기는 데는 심리의 개인적 차이라는 장애물이 있다. 타인의 마음이 내 마음과 같다는 전제에서는 나와 타인의 차이를 인정하기가 어렵고, 그것은 타자를 이해하기 위한 본래의 의도와는 달리 관계가 파괴되는 부정적인 결과를 초래할 수도 있다.

관계맺기의 원리에서 볼 때 유교의 최고 덕목인 인仁도 새로운 내용을 가진다. 즉 인仁 '먼 곳의 사람을 오게 만들고 가까운 곳의 사람을 편안하게 만드는' 것이다. 즉 떠나가다, 잃다, 등 이탈, 분리의 반대 의미를 가지고 있으면서 오다, 돌아오다, 함께하다, 사람을 얻다 등과 같이 결집을 나타내는 동사군과 의미 연관성을 갖는다.[35] 원시 유가에게 인仁은 '사람을 얻기'〔득인得人〕, '다른 사람과 하나되기(결속)'의 의미를 가지고 있으며 그 구체적인 방법은 '친친親親'이라고 할 수 있다. 이와 같은 방법으로 유교의 주요 개념을 구체적 맥락과 사회적 위치 등의 제요소와 관련시키고 갈등시켜 본다면 좀더 풍부한 사실을 얻을 수 있을 것이다.

3. 관계 속의 여성 정체성

인간이면 누구나 타인의 관점과 타인의 요구를 나의 행위에 반영시킬 수밖에 없는 상대적 자율성을 가진 존재라는 사실을 부정할 수는 없을 것 같다. 이는 현실 속의 인간을 솔직하게 표현한 것이라 할 수 있는데, 이상적으로 말한다면 구체적인 관계의 맥락에서 자신에 대한 성찰과 자기 변형을 통해 사회적 의미를 창출하게 된다. 그러나 이상이 그대로 현실화된 적도 없고 될 수도 없었다는 것은 오히려 당연하지만 이상을 이념화하고 신념화하는 것은 문제가 있다. 그렇다면 관계적 존재로서의 여성은 어떤 이념과 신념으로 자신의 정체성을 만들어 갔는가? 앞 절에서는 동아시아 고대 사회가 모색한 인간 이해의 일반에 대해 살펴보았다. 그것은 '인간'에 관한 것이었지만 사실은 남성을 중심으로 한 것이었다. 성별 분화가 철저한 사회였던만큼 여성의 정체성은 인간(남성)의 그것과는 성격이 판이할 것이다. 여성 정체성의 성격과 형성을 그 사회적 조건과 결부시키면서 접근해 보자.

여성을 주체로 한 관계 개념으로 '자애[자慈]', '구별[별別]', '신의[신信]', '정절[정貞]' 등을 들 수 있다. 자애가 어머니의 역할에 따른 것이라면 나머지 셋은 부부 관계에서 아내의 역할 개념이다. 이 외에 부드러움[유柔], 약함[약弱], 순종[순順], 따름[청종聽從] 등이 있다. 어머니의 자식에 대한 관계에서 강조된 사랑[자慈]은 아버지의 규칙[의義]과 대비되는 개념이다.[36] 아버지의 엄격함과 그것이 가져다 주는 관계의 어색함을 어머니의 사랑으로 보완한다는 의미가 있는데, 이것은 가부장제 가족의 자연스러운 성별 역할이라 할 수 있다. 여기서 관계에 관한 여성적 개념인 신의와 정절에 주목할 필요가 있다.

『춘추좌씨전』에서는 "여자가 남자를 얻고, 또 남자가 여자를 얻는 데 있어서 서로 약속을 어기지 않아야 한다. 이렇게 되면 예에 맞는 것이고 그렇지 않으면 반드시 망한다."[37]고 하였다. 여기서 남녀의 관계 개념은 상호 신의이다. 이 시기 남녀간의 상호 신뢰는 개인적 도덕성에 한정되지 않고 남성의 정치적 능력을 평가하는 개념으로 이해되었다. "한 남자가 약속을 어기고 다른 곳으로 눈을 돌리면 앞의 좋은 짝은 떠나게 되는데 백성과의 약속를 파기한 패주의 경우에는 더 말할 나위가 있겠는가?"[38]

춘추 시대에는 부부 관계에서 상호 존중을 실천한 사람이 사회적으로 평가받은 일이 있었다. 기결冀缺이라는 사람은 연좌죄에 걸려 정치 활동이 금지되어 있었는데, 부부 상호간의 인격 존중의 자세가 훌륭한 정치 능력으로 해석되어 진문공晉文公의 정치 참모로 지위가 경卿에까지 올랐던 인물이다.[39] 당시 지식인들은 가장 가까운 관계에 있는 사람에게 상호 존중과 신뢰를 실천할 수 있다면, 그 태도의 연장은 백성의 지도자가 될 수 있다고 생각하였다. 부부로 대표되는 이 시기의 남녀 관계는 다른 인간 관계와 마찬가지로 상호 존중의 약속 체계가 가장 중요한 덕목이었다.

이것은 상대성과 관계성을 중시했던 춘추 시대의 사회적 조건 위에서 가능하였다. "군주는 신하의 지위로 변할 수 있고 군신君臣 상하上下의 관계가 항상 정해진 것이 아닌 것은 고금을 통틀어 변함없는 법칙이다. 『시』에서 '높은 언덕이 골짜기 되고 깊은 골짜기 구릉되었네!'라고 한 것은 이 법칙을 말한 것이다."[40] 사회 관계와 인간 관계에 대한 이러한 사고는 권력의 소재가 빠른 속도로 이동함으로써 전제적 권력이 불가능했던 정치 환경에서 자랄 수 있었다.

사회 구조의 변화에 따른 정치 권력의 재편성이 이루어져, 절대적 권력이 대두되는 진秦·한漢기(B.C.3~1)에 이르면 남녀의 관계 원리에도 변화가 생긴다. '순종[順]'과 '정절[貞]'로 대표되는 여성의 관계 개념은 상호성을 띤 것이기보다 여성 일방의 의무 개념이다. 『예기』는 말한다. "신의란 사람을 섬기는 도리이다. 신의는 부인의 덕목이다. 한 번 혼례를 올린 관계라면 다시 고칠 수 없다. 즉 남편이 죽더라도 다른 곳으로 시집갈 수 없다."[41] 상호 신의를 의미하는 '신信'의 개념이 한 남자에 대한 일방적인 섬김인 '정貞'의 개념으로 변용된 것이다.

남성에 대한 여성의 자리는 그림자와 메아리에 비유되었다.[42] 그림자와 메아리가 그런 것처럼 독자적인 발언이나 주체적인 행위를 취할 수는 없다는 뜻이다. 그래서 여성은 자기 주장을 가지는 것보다 남편과 그 주변 사람들의 마음을 얻는 것을 택하게 된다. 즉 "남편 한 사람의 뜻을 얻으면 종신토록 함께 살 수 있고, 남편 한 사람의 뜻을 얻지 못하면 헤어질 수밖에 없다. 그러므로 반드시 남편의 마음을 얻어야 한다."[43]라고 하였다. 즉 아내는 남편의 가르침에 잘 적응하여야 하고 남편을 공경해야 한다는 말이다. 교화와 시혜가 남성에게 해당되는 덕목이라면 동화와 공경은 여성에게 해당되는 덕목이다. 교화가 타인에 대한 정신적 우월감에서 나온 것이라면 시혜는 타인에 대한 물질적 우위를 확보함으로써 가능한 것이다. 반대로 동화와 공경은 정신적 물질적 자원을 갖지 못한 사람의 타인에 대한 태도이다.

그런데 남편의 마음만 얻는다고 모든 관계가 유지되는 것은 아니다. "부인이 남편의 뜻을 얻을 수 있는 것은 시부모가 나를 아끼기 때문이다. 시부모가 나를 아끼는 것은 시동생과 시누이가 나를 좋게 여기기 때문이다. 이것으로 볼 때 나를 옹호해 줄 것인지 비난할 것인지, 나를 헐뜯을 것인지 칭찬할 것인지는 시동생과 시누이에게서 나오는 것이다. 그래서 시동생과 시누이의 마음을 잃어서는 안 된다."[44]
아내된 여성은 잠시도 긴장을 내려놓을 수 없는 상황에서 관계맺기를
위한 적극적인 노력이 요구되었다. 반소班昭는 자신의 경험으로 이러
한 상황을 적절하게 표현하였다.

> 시집온 지 어언 사십여 년의 세월이 흘렀다. (그 동안) 걱정되고 불안
> 했던 것은 쫓겨나 부모에게 치욕을 끼칠까, 시가와 친정에 누를 끼칠까
> 항상 두려워해서였다. 그래서 마음 쓰기를 밤낮을 가리지 않았고, 내가
> 한 일을 드러내지 않으려고 노력하였는데 이제야 그런 근심과 노력에서
> 벗어났음을 알게 되었다.[45]

관계적 존재로서의 여성, 그 자신은 영광과 치욕의 갈림길, 칭찬과
비난의 갈림길에 서 있다. 객관적인 원칙이나 자기 규칙에 의해 사는
삶이 아니라 자신을 둘러싸고 있는 사람들의 마음에 의해 좌우되는
삶이다. 관계 중시의 전통에서 여성은 '주위의 시선'에 의해 관리된
다. 즉 "웃음거리"가 되거나 "손가락질"을 받지 않으면 "칭찬" 받거
나 가족을 "기쁘게" 하는 것이다. 칭찬인가 비난인가, 영광인가 치욕
인가는 내 행위 자체보다 내 행위를 평가하는 사람들에게 달려 있다.
나의 삶이 성공한 삶인지 실패한 삶인지는 내가 정의하고 평가하는
것이 아니라 내가 관계하는 공동체 구성원의 평가에 달려 있다. 그것
은 다른 사람의 마음을 얻었는가 얻지 못했는가에서 나온다.
  이상에서 관계론적 전통에서 여성의 정체성이 어떤 모습으로 전개
되는가를 보았다. 여성은 윗사람을 섬기듯이 남성과, 남성은 지위나
인격이 낮은 아랫사람을 돌보듯이 남녀 위계적인 구조는 사실상 관계

성의 원리와 거리가 멀다. 관계의 유대를 위해서라면 상호 마음을 얻는 것이어야 하지만 여성이 남성의 마음을 얻는 것을 방식으로 전개되고 있다. 따라서 타인을 배려하고 이해하는 척도를 내가 타인에게 요구하는 것에 두고 나의 경험을 연장하여 타인에게 다가갈 수 있다는 유가의 관계 윤리는 특정한 남성을 모델로 한 것이라는 결론에 도달한다. 자율적 개인을 행위 주체로 삼을 때 조건을 확보하지 못한 개인이 배제되듯이 관계적 인간에서도 조건이 확보되지 못한 인간은 역시 배제될 수밖에 없다. 상대방의 관점과 요구를 나의 행위 원리에 포함시키고자 한 관계 윤리는 남녀의 권력 관계가 불평등한 위계적 사회에서 조건을 확보하지 못한 여성을 타율적인 관계 구조 속에 놓이게 한다.

누구는 자기 주장이 인정되고 누구는 자기 주장이 인정되지 않는 구조라면 '순응'이나 '관계 지향적' 행위 원리는 자기 주장을 가지고 있는 쪽에서 사용하는 이데올로기이다. 유교의 관계 윤리는 아무런 이해관계 없이 무조건적으로 타인에게 베풀고 타인을 배려하는, 그런 탈세속적인 것이 아니다. 각각의 역할을 강조하는 관계 개념은 상호성과 유대성을 전제하지만 그 역할이 우열의 가치를 전제하는 한 조건을 확보하지 못한 사람에게는 의존적이고 수동적인 성격을 정체성을 유지할 수밖에 없을 것이다.

5부

질서 속으로, 질서 밖으로

12장 • 타자로서의 여성
에필로그 • 가부장제 이후의 유교

12장

타자로서의 여성

1. 질서의 담론 속으로

권력으로서의 유교와 오경五經

서주西周의 성립(B.C.11)과 함께 형성된 동아시아 고대의 가부장제는 근 10세기의 길항 끝에 한초漢初(B.C.2) 통일 국가의 통치 이념으로 전유되어 확립되기에 이른다. 성별화의 문화가 태동하여 제도와 관념이 만들어지고 이론적 체계를 갖추어 권력화하기까지 긴 역사적 시간을 거쳐온 셈이다. 이 과정에 나타난 삶과 사건의 흔적들이 이후에 유교 경전이 된 오경五經 속에 반영되어 있다. 우리가 알고 있는 '유교'와 '오경'이라는 용어는 한초漢初에 추진된 사상 통일의 결과로 확립된 것이다. 다시 말해 선진 시기의 유가 사상이 '모범'의 의미를 가진 '교敎'로 채택되었고, 이미 통용되고 있던 다섯 가지 텍스트 『시

『詩』·『서書』·『춘추좌씨전春秋左氏傳』·『주역周易』·『예기禮記』가 경전經典으로 '승격'되었다. '교敎'와 '경經'이라는 용어는 그 자체 권위와 권력을 갖는 것이다.

다섯 가지 텍스트의 특징에 대해서는 장자莊子도 말한 바 있지만[1] 관심과 주제, 기능과 역할 등의 면에서 오경은 각각 다른 특징을 가지고 있다. 반면에 남녀 관계의 전망에 관해서는 오경은 모두 동일한 목적으로 해석되었다. 원전에 근거한 해석이지만 해석이 원전과 반드시 일치하는 것은 아니었다. 즉 해석은 그 시대의 요청에 의해 원전과는 다르게, 심하게는 정반대의 의미로 둔갑하는 것이 가능했다. 사마천(B.C.145-86)을 예로 들 수 있는데, 그는 일찍이 오경의 핵심 주제 중의 하나로 남녀에 관한 것을 들었다. 사마천은 말한다.

> 『역易』은 건곤乾坤에 기초하고 『시詩』는 관저關雎에서 시작하며 『서書』는 요堯임금이 두 딸을 시골로 시집보낸 것을 찬미하였고, 『춘추』는 친영親迎을 행하지 않는 것을 풍자하였다. 부부 관계는 인간이 추구해가야 할 큰 주제이다.[2]

이것을 다시 설명하면, 『주역』은 남성을 상징하는 건괘乾卦와 여성을 상징하는 곤괘坤卦를 기초로 우주만물의 생성을 설명한 것이고, 『시』는 남녀가 만나 서로 사랑을 나누다 가정을 꾸리는 과정을 그린 관저關雎을 머리 시로 삼았으며, 『서』는 요堯임금의 두 딸인 아황娥皇과 여영女英이 순舜에게 시집 간 것을 찬미하였으며, 『춘추』는 남녀가 문란하게 만나고 헤어지는 것을 비판한 내용이라는 것이다. 경전을 어떻게 읽을 것인가는 해석가가 살고 있는 시대의 정신이 반영될 수

400

밖에 없다. 사마천의 경전 해석에는 남녀 관계의 이상적 모델을 추구하는 그 시대의 요청이 투영되어 있다. 즉 한대漢代의 사마천은 일정한 예에 의해 결합한 부부를 남녀 관계의 이상으로 보았는데, 뒤에서도 논의하겠지만 부부의 중요성은 진秦 · 한漢 시기에 이르러 강조된 것이다.

본서本書가 출발로 삼았던 고대 국가 주周는 기원전 221년 진시황秦始皇에 의해 막을 내린 셈이다. 이 사건으로 중국 고대는 봉건 체제에서 통일 국가 체제로 전환되었는데, 근 10세기 동안 형성되어 온 고대 문화는 진시황이 법가인 이사李斯와 더불어 사상 통일을 추진함으로써 일정한 방향으로 정해지는 듯 했다. 진시황은 천하 통일을 완수한 후 전국을 돌면서 자신의 업적을 각석刻石으로 남겼는데, 그 하나인 회계會稽 지방의 각석에는 이런 내용이 실려 있다.

> 나쁜 짓을 숨기고 옳은 일은 밝히어 자식이 있는데 재가하여 죽은 남편을 배신한 것은 부정不貞이다. 남녀의 구별을 엄격히 하고 음란한 행위를 금하자 남자와 여자 모두가 깨끗하고 성실해졌다. 간통한 남자는 죽여도 무죄라고 정하자 남자들은 모두 도의를 지켰고, 여자가 다른 남자와 달아나면 자식이 어머니로 여기지 않도록 정하자 여자들은 모두 교화되고 정숙해졌다.[3]

남녀 섹슈얼리티 문제가 포함된 진시황의 사상 통일 정책은 진秦이 16년만에 멸망함으로써 끝났지만, 곧 이은 왕조 한漢은 통일 국가가 요청하는 사상 통일 정책을 추진하여 완성하였다. 한무제漢武帝(B.C.140-87)가 동중서董仲舒(B.C.179-104)와 더불어 행한 사상 통일은 사상사에서 이전과 이후를 갈라놓은 분기점이 되었는데, 동중서 이전을 자학子學 시대라고 한다면 이후를 경학經學 시대라고 한다. 즉 다양하던 제자백가의 사상이 유가로 통일되었고 유가의 학이 경학經學으로 확정된 것이다. 동중서는 기원전 136년에 한무제에게 책문을 올려 이렇게 말했다.

> 춘추春秋의 대일통大一統 원칙은 우주의 영원한 이치요 만고불변의 지당한 도리입니다. 그러나 오늘날 스승된 자들은 저마다 이념[도道]이 다르고 사람마다 주의주장[론論]을 달리하여 백가百家는 서로 방침이 다른지라 근본 사상 또한 저마다 다릅니다. 그리하여 통치자들은 일통一統을 유지할 수단을 얻지 못하고 그에 따라 법제가 자주 바뀌는 바람에 아래의 백성들은 무엇을 준수해야 할지 모르게 되었습니다. 따라서 신臣의 생각에는 육예六藝의 과목 혹은 공자의 학술에 해당되지 않는 것들은 전부 다 그 이념을 단절하고 나란히 행세하지 못하게 하여 사특하고 괴이한 설들이 멸식된 다음에야 비로소 일통의 기강을 확립할 수 있고 법도를 밝힐 수 있으며 나아가 백성들도 따라야 할 바를 알게 되리라고 봅니다.[4]

이 이후부터 "천하의 영웅은 모두 제도권에 흡수되고"[5] 이익과 봉록에의 길로서 유학이 제창되면서 동시에 유학은 결국 위에서 규정하는 유학이 되었다.[6] 이후 동중서에서 강유위康有爲(1858-1927)에 이르기까지 책을 지어 주장을 수립한 인물은 거의 모두 그 학설의 독창성 여부를 막론하고 경학 속에서 그 근거를 찾아야 비로소 일반 사람들의 신뢰를 얻을 수 있었다. 경학은 항상 시대에 따라 변했지만 각 시대의 정신은 대부분 경학 내에서 표현해야 했다.[7] 경학의 지위는 마치 입헌군주국의 군주와도 같았다.[8]

유가의 학설이 다른 학설을 물리치고 지배 이념이 될 수 있었던 것은 다른 여러 요인들이 있지만 무엇보다 유가의 교육 기능을 들 수 있다. 공자는 교육의 대상을 가리지 않고 모두에게 열어 놓았는데,[9] 그 교육의 내용은 '효제충신孝悌忠信'이 핵심을 이룬다. 사람됨이 부모에게 효도(효孝)하고 아랫사람으로서 공손하다면(제悌) 윗사람을 범하는 일이 없고 난을 일으키는 일이 있을 수 없다는 것이다.[10] 또 충忠으로 군주를 섬기고[11] 신信으로 사람과의 관계를 맺는다면 이루지 못할 정치가 없다고 보았다. 유가의 학설이 독존의 지위를 획득할 수 있었던 것은 효제충신과 그것을 기르는 교육의 기능이 탁월했기 때문인데, 그런 점에서 유가의 학설은 지배 이데올로기로서의 조건을 이미 내재하고 있었다고 할 수 있다.

그러면 유가의 학설이 한초漢初 대일통의 사상 통일에서 '교敎'로 승격되기까지 그 역사를 더듬어 보자. 유교의 기원은 유가에 있고, 유가의 기원은 유儒라고 하는 직업에서 찾을 수 있다. 선진시기에 유儒는 지식과 학문을 갖춘 일종의 전문가로서 민간에 흩어져 남을 교육하고 예식을 보좌함으로써 생계를 유지하는 사람들이었다. 이들은 귀족정치가 성행할 때는 특정 귀족의 집안에 전속되어 있었으나 귀족정치가 붕괴되고 귀족이 그들을 더 이상 고용할 능력이 없어지자 자유직업인의 성격을 띠게 되었다. 다만 이들은 귀족이 필요로 할 때 응하는 방식으로 자신들의 지식과 학문을 전수하였는데, 공자나 맹자의 천하주유周遊도 이러한 맥락에서 이해할 수 있다. 그런데 문사文士집단 유儒는 단순히 학문을 전수하는 데 그치지 않고 그들의 지식과 학문으로 어떤 방식으로든 정치에 개입하게 되었는데, 이들을 유가라고 한

다. 그렇다면 공자는 유儒의 창시자는 아니지만 유가儒家의 창시자인 것은 분명하다.[12]

여기서 유가儒家의 주장에 제가諸家와는 다른 특징이 있다면 그것이 무엇인가를 보자. 『한시외전』은 유자儒者들의 특징을 이렇게 말한다. "군신간의 의리, 부자간의 친함, 부부간의 구별, 붕우간의 차례는 유자儒者들이 엄하게 지키는 것으로서 날마다 갈고 닦으며 쉬지 않는 덕목이다."[13] 사마천은 육가六家[14]의 요점을 논하면서 유가의 장단점을 이렇게 말한다. "유가의 학설은 너무 광범하여 요점이 적고 애를 써서 추진해 보아도 효과는 적기 때문에 그들의 학설을 그대로 다 추종하기는 곤란하다. 그러나 그들이 군신과 부자 사이의 예절을 바로 세우고 부부와 장유의 구별을 분명히 해 놓은 점은 고칠 필요가 없다."[15] 군신·부자·부부·붕우 등의 관계에 대해서는 『논어』와 『맹자』를 비롯한 유가 학자들이 늘 강조하는 바였지만 한대漢代의 사상가들에게도 그것이 유가의 특징으로 이해된 것이다.

이러한 가족 관계를 강조하는 유가의 학설이 전제 권력과 결합한 것이 바로 유교이다. 유가의 학설이 교의적 의미가 강한 '유교'로 전환된 것인데, 그 내용과 성격을 요약하면 다음과 같다. 서주국가를 실질적으로 이끌어온 종법 제도는 역사 변천에 따라 그 효용과 의미를 상실하게 되지만 의제화擬制化의 형태로 전제적 통일 국가의 이념으로 봉사하게 되었다. 즉 종법 제도의 현실적 기반은 사라졌으나 종법 제도의 중심 원리는 그대로 계승되었는데, "서주의 종법 제도가 한초에서는 종법 주의 사상으로 바뀐"[16] 것이다. 따라서 실천도덕에 무게를 실었던 선진 시대의 유가 학설은 종법주의로 재구성되고 그 과정

404

에서 유가에 내재해 있던 상호성의 윤리는 권위주의적 도덕으로 전환되었다. 즉 유가의 예치禮治 이론은 한왕조漢王朝의 강력한 정치력과 상합하면서 질서의 원리로서 그 힘을 발휘하게 된 것이다. 유가의 유교적 변환은 국가의 통치원리인 제왕의 학으로 발전하게 된 것을 의미한다.

이러한 변화가 가장 잘 반영된 텍스트는 오경 중에서도 『예기』가 으뜸이다. 『예기』는 산재해 있던 기존의 예에 관한 기록들을 모으고 그것을 의미화하고 이론화한 것으로, 예에 관한 일종의 논문 총집이다. 통일제국의 사회 윤리가 어떤 방향으로 전개되고 있었는가는 한초에 유가학자들이 편집한 논문들의 모음인 『예기』에서 잘 드러나고 있다. 『예기』 각 편에 속해 있는 내용은 주로 서주 이후부터 한초漢初에 이르는 긴 과정에서 나온 것이나 전체적인 구성이나 편집 의도는 한초의 역사 상황을 반영하는 것이다. 다시 말해 『예기』는 다른 경전에 비해 이론적이고 개념적인 설명에 치중하고 있다. 유학의 역사에서 『예기』가 성립되는 한초漢初 70여 년간은 선진유학이 동중서 유학으로 전화하는 중요한 과도기로 하나의 사조를 형성했다고 평가된다.[17] 즉 『예기』는 통일 제국의 객관적인 역사를 반영한 것이면서 이후의 역사에 깊게 반영되었다. 오경 중에서 특히 『예기』가 갖는 권력이란 예의 모범을 제시함으로써 인민들의 의식과 행동을 규제하는 것이었다. 그러면 여기서 예가 겪어온 의미의 변천과 그것의 정치적 의미를 살펴보자.

예가 처음 대두되었을 때는 "먹고 마시는 일상의 행위로부터 시작되었고, 또한 귀신을 섬기는 의식의 일종이었다."[18] 그것이 서주西周

에서는 "신과 인간의 관계는 물론이고 사람과 사람의 관계를 규정하는 것으로 확대 적용되어 종교 · 정치 · 법률 · 도덕을 포함하는 지배 계층의 문화가 되었다."[19] 이때 예와 대립하는 개념은 형刑인데, 예禮가 지배 귀족 사이의 위계 질서를 유지하고 통치 계층 내부의 분열을 막기 위한 것이었다면 형刑은 평민을 비롯한 피지배 대중을 통치하는 수단이었다.[20] 귀족이라 하더라도 그 내부에는 군신 · 상하 · 부자 · 형제 등의 위계와 서열이 있게 되는데, 이에 따라 의식주와 관혼상제 등을 구별하는 예제가 없을 수 없었다.[21] 여기에 오면 예는 개인의 예의 동작에 한정되지 않고 주周 국가 형성의 기반이 되는 계급과 계층을 직제화한 일종의 제도가 된다. 또 춘추 시대에 예는 치국治國의 원리이자 통치의 질서[22]이며 인류의 지도 정신으로 이해되었다.[23] 이러한 예가 사람들의 구체적인 생활에 적용되었을 때 군신 · 상하 · 부자 · 형제 · 내외 · 대소 등을 구별하는 기능을 하게 되었다.[24]

한편 예를 인간을 인간되게 하는 유가적 힘이라고 보는 시각이 있는데, 핑가레트가 대표적이다. 그에게 "예는 인간적 충동의 완성, 즉 충동의 문명적 표현이지 결코 형식주의적인 비인간화가 아니다. 예는 인간과 인간의 관계를 생동적으로 살려 내기 위한 인간 고유의 형식이다."[25] 그가 보기에 공자의 교육이란 바로 "예에 따라 행동하는 능력과 예에 복종하는 의지가 바로 인간을 인간이게 할 수 있는 완전하고도 특유한 인간의 덕 또는 힘이라고 가르치는 것이었다."[26] 하지만 핑가레트가 본 예는 예가 추구하는 보편성의 의미가 될지는 모르지만 지배와 종속의 체제를 유지시켜 주는 힘으로서의 예禮, 즉 예禮가 갖는 정치적 기능을 고려하지 않은 것이라 할 수 있다.

인간 관계와 정치 질서의 모색에 선진 시기부터 이미 그 역할을 해온 예禮는 황제 중심의 중앙집권적 관료제와 군현 제도에 부응할 수 있도록 보다 계통화하고 이론화될 필요가 있었다. 『예기』의 편찬은 바로 이러한 요구를 담은 것이다.[27] 이와 함께 이전부터 습속으로 전해오던 가부장제는 통일 국가의 황제 권력과 조우함으로써 가족 구성원과 신민臣民을 통치하는 원리로 재구성되었다. 이로부터 유가 윤리는 가족 내의 부인과 자녀의 인신적 지배에 응용되었다. 『예기』에서 말한 바, 현실적인 요구에 의해 제도, 도량형, 역법, 예법 등의 규정을 새롭게 했지만, 인간과 사회의 관계 원리 측면에서는 전통을 그대로 이어받았다. 여기서 인간과 사회의 관계 원리란 곧 친친親親, 존존尊尊, 장장長長, 남녀유별男女有別의 종법사상을 말한다.[28] 『예기』에 표현된 바 통일 제국의 성별 정책은 이전 사회에서는 단순히 습속적이던 '중남경녀重男輕女'를 이론화하고 체계화한 것이라는 점에 그 특징이 있다. 다시 말해 성gender은 전제군주 체제에 조응하는 정치 이데올로기로 재구성되어 유교를 지배 이념으로 하는 동아시아 2천여 년의 역사에 작용하였다.

유향劉向(B.C.77-6)의 『열녀전』, 반소班昭(A.D.48-117)의 『여계』 등 여성 교훈서들은 여성 윤리의 모델을 『예기』에서 구하였다. 나아가 "당唐 이후 법률이 제정될 때 부녀婦女에 관한 규정 역시 『예기』를 근거로 하였는데 이는 예속이 연장 확대되어 법률상의 강제 규정으로 변한 것"[29]이다. 강유위를 비롯한 19세기의 사상가들이 중국 여성의 해방을 총체적인 전제 사회와 예교禮敎 윤상倫常의 타파에서 그 길을 찾았던 것[30]은 유교와 경학의 권위가 전제 군주의 그것과 상응하는 것이었음을 말해 주는 것이다.

관습에서 지배 이념으로

주초周初 이래 혈연에 기반한 씨족 공동체는 열국列國 간의 권력 쟁탈과 농사 기법 발달 등의 사회·경제적 변화에 의해 해체되고 가부장家父長을 중심으로 한 소가족 규모의 '가家' 또는 '호戶'로 대체되었다. 서주의 종법 사회에서는 종족이 공동의 경제 기반을 가지는 경제 단위였으며 또 정치적인 단위였다. 그러나 통일 제국에서는 『예기』에서 말한 '오복구족五服九族'[31]의 종족은 공동의 경제 기반을 가지는 것도 독립적인 경제단위도 아니었다. 재산의 계승이나 분배는 하나의 가족 안에서 진행되었다. 따라서 종자宗子〔족장族長〕의 지위는 하강하는 데 반해 가장家長의 지위는 상승하게 되었다.[32] 전국중기戰國中期부터 진행된 이러한 변화가 한초에 이르면 부부 중심의 소농가족이 가족의 일반 형태로 자리잡게 되었다. 이와 함께 공전公田이 폐지되고 현물 지대가 일반화되어 개별 농가는 경영의 한 기본 단위가 될 뿐 아니라 조세租稅의 한 기본 단위가 되었다.[33] 한초漢初의 조착晁錯은 "지금 농부는 5인 가족으로 일을 할 수 있는 사람은 두 사람을 넘지 않고 경작지는 백 무畝를 넘지 않는다."[34]고 하였는데 소농가족이 한초 통치 정권의 주요 경제기초임을 뜻하는 것이다.[35] 가정이나 호구로 구성된 소농 가정은 가장家長을 정점으로 하는 위계 질서로 구축되고, 이 가족은 국가의 지지를 받게 되었다. 이 시기 제출된 『대학』의 수신修身·제가齊家·치국治國·평천하平天下는 바로 이러한 역사 상황을 반영하는 것이다.

여기서의 중요한 변화는 관습적이면서 상호성의 원리를 중시하던 이전의 관계 덕목들이 위계화되고 이념화된 것이다. 『논어』 등에 보이는 선진시기 유가들의 효孝는 형식보다는 정신이 더 중요한 것이었던 반면에 이제 효는 구체적인 절차 등 엄격한 규칙을 요구하게 되었다. 선진 시기의 효는 부모를 배려하고 존중한다는 목적만 같다면 그 실천 방법은 사람마다 다를 수 있고, 또한 사람에 따라 중요하게 여기는 내용이 다를 수 있었다. 그러나 전제군주국가의 효자란 전쟁에 임하는 전사와도 같이 신념과 이념으로 무장되어야 했다.

> 아들이 부모를 섬길 때는 첫 닭이 울면 일어나 세수하고 양치질하며 머리 빗고 검은 비단으로 머리털을 싸매며 비녀 꽂고 비단으로 묶어서 상투 짜고…….[36)]
> 아들 딸이 성인이 되기 전에는 첫닭이 울면 모두 일어나 세수하고 머리 빗고…… 부모에게 문안을 드린다. '무엇을 드시겠습니까?'라고 여쭙는다. 이미 식사를 하셨으면 물러 나오고 아직 하지 않으셨다면 식사하시는 것을 보살펴드린다.[37)]
> 아들과 며느리는 부모나 시부모가 계신 곳에 있을 때에 부모가 어떤 명령이 있으면 즉시 '예'하고 공손히 응대한다. 그리고 몸을 움직여서 앞으로 나아가고 뒤로 물러나며 돌거나 돌아설 때에는 삼가 동작에 조심해야 하고 계단을 오르고 내려가거나 방에 들어가고 나갈 때는 몸을 굽히고 펴는 것을 법도에 맞게 한다. 감히 기침이나 재채기 헛기침 하품 및 기지개를 켜지 않는다.[38)]

『예기』를 통해 본 효孝는 부모를 향한 '자연스러운' 감정의 결과라고 하기에는 너무나 엄격하고 형식적이다. 부모를 향한 마음과 몸은 이제 모든 행위를 평가하는 절대적인 기준이 되었다. 효는 단순히 부모를 봉양하는 것에 머물지 않고 자신의 건강을 관리하고 자신의 일에 충실하며 대인 관계를 성실히 하는 모든 것을 평가하는 개념이 되었다. 모든 것을 잘 하는 사람은 효자이고 그렇지 않으면 효자가 아닌 것이다. 여기서 효는 사회적 행위를 총괄하는 개념이 되었다.

> 증자曾子가 말했다. 몸이란 부모가 주신 것이다. 부모가 남겨주신 몸을 취급함에 있어서 어찌 신중히 하지 않을 수 있겠는가? 언제나 기거起居를 장중하게 하지 않음은 효가 아니고, 임금을 섬김에 충실하지 않음은 효가 아니며, 관직에 임해서 언행을 삼가 하지 않음은 효가 아니며, 벗과 사귐에 신의를 중히 하지 않음은 효가 아니며, 전쟁에 임해서 용감하지 않음은 효가 아니다.[39]

여기서 아버지는 아들의 하늘이자[40] 신神과 같은 존재였다. 『예기』의 말을 들어 보자.

> 아들된 자는 실내의 상좌에 앉지 않으며, 자리의 한복판에 앉지 않으며 길의 한복판으로 다니지 않으며 가운데 문의 한 가운데에 서지 않는다.……부모가 말씀하기 전에 소리 없는 곳에서 듣고 형체 없는 곳에서 본다. 높은 곳에 오르지 않고 깊은 곳에 가지 않으며 구차하게 남을 헐뜯지 않으며 남을 비웃지 아니한다. 효자는 어두운 곳에서 일을 하지 않으며 위태한 곳에 오르지 않는 것은 어버이를 욕되게 할까 두렵기 때문이다.[41]
>
> 아버지가 부르시면 곧바로 대답한다. 손에 일을 잡고 있을 때에는 일을 내던지고 식사 중일 때에는 음식을 뱉어버리고 간다. 그때 급히 달려

가야 하며 종종걸음으로 가서는 안 된다.[42]

여기서 본 바 자식은 부모에게 절대적으로 복종해야 한다. 그러나 부모라고 하지만 어머니는 아버지에게 종속되기 때문에, 실제로는 아버지를 절대화한 것이라 할 수 있다. 가장을 절대화하는 방식으로 모범을 만들어 온 나라 '자식들'에게 제시한 것은 군주의 권위를 담보해 내기 위한 것이다. 이것은 종법주의의 정치 윤리를 가족 윤리에 적용시킨 것이라 할 수 있다. "종법주의 정치의 최대 특징은 정치를 윤리화하여 통치와 복종의 정치적 관계를 끈끈한 온정에 기초하게 한 것이다."[43] 가족 내의 가장권家長權 확대가 국가의 군주권君主權 강화로 이어지고, 가장에 대한 효孝가 군주에 대한 충忠으로 전이될 수 있다는 전제로 가족 관계의 질서를 정치적으로 강화하였다. 이 과정에서 가장에 대한 자식의 절대 복종이 요구되었고, 효孝는 군주 전제 정치를 위한 이데올로기가 되었다. 즉 "효란 군주를 섬기는 원리며 제悌란 윗사람을 섬기는 원리이다."[44] 『예기』는 말한다.

> 천자天子가 남교男敎를 다스는 것은 아비의 도이며 왕후王后가 여순女順을 다스리는 것은 어미의 도이다. 그러므로 천자와 왕후는 부와 모의 관계와 같다고 하였다.[45] 하늘에는 하나의 태양, 땅에는 하나의 왕, 가家에는 하나의 주인, 섬김에 둘이 될 수 없으니 민民에게 군신의 차별이 있음을 보이기 위함이다.[46]

이처럼 효 이데올로기는 가족의 양적 확대가 국가가 되며 국가의 양적 확대가 천하가 된다는 추론 위에 도덕설을 조직하였다.[47] 즉 가족 내에서 최고의 가치를 지니는 효孝가 점점 그 범위를 넓혀나가면 군주에 대한 충忠으로 연결된다는 것이다. 그리하여 충신은 효자의 집안에서 난다고 하기에 이르렀다.

충신이 임금을 섬기거나 효자가 어버이를 섬기는 데에도 그 마음은 단 하나 순종順從이다. 위로는 귀신에게 순종하고 밖으로는 임금께 순종하며 안으로는 부모에게 효순함으로써 신하나 자식의 마음이 갖추어 지는 것이다.[48] 공자가 말했다. 효로써 임금을 섬기고 공경하는 마음으 로 어른을 섬기는 것은 백성에게 두 마음이 없어야 한다는 것을 가르치 기 위함이다.[49]

가장家長의 절대적 권위는 경제권을 장악함으로써 더욱 효과적으로 보장될 수 있다. 『예기』는 가장만이 재산의 소유권과 사용권을 가질 수 있다고 말한다.

부모가 생존하고 있는 동안은 벗을 위해 죽는 것도 허락되지 않고 사 사로이 재산을 가질 수도 없다.[50] 아들과 며느리는 사사로이 재물을 가 지 수 없으며 사사로이 모을 수도 없으며 사사로이 기물을 가질 수도 없 다. 그래서 마음대로 남에게 빌려줄 수도 없고 마음대로 줄 수도 없다.[51]

한초漢初 통일국가기의 종법주의적 사조를 표현한 『예기』는 군君과 신臣, 부父와 자子, 부夫와 부婦 등 모든 사회 관계에 등급의 원리를 적 용하였다. 모든 관계는 지배와 피지배의 관계로 파악되었고, 이것의 구축이 곧 사회 질서를 보장한다고 보았다. 종교화되고 신념화된 효 의 이념과 실천은 군주 전제 정치를 지탱해 주는 강력한 힘인 것이다.

현대의 사상가 오우吳虞(1871-1949)의 지적처럼 "효孝·충忠·제悌와 같은 유교의 덕목은 단지 부父·군君·장長·상上을 위한 것"[52]이며, 여기에 더하여 '순順'의 덕목은 남편을 위한 것이다. 전통적인 제도나 습속을 종법주의로 이론화한 『예기』는 농업 사회에서의 노동력에 상응하는 역할 분담 현상인 남녀 개별간의 실천을 하나의 윤리 덕목으로 형상화시켰다. 부부를 위계화하여 "남편을 처의 하늘"[53]로 규정한 것은 예제禮制가 추구한 질서였다.

> 신信이란 사람을 섬기는 것이다. 신信은 부덕婦德이다. 한번 혼례를 올려 부夫와 뇌육牢肉을 나누어 먹었으면 죽을 때까지 고칠 수 없다. 따라서 남편이 죽더라도 개가할 수 없다.[54] 예禮에 부夫는 두번 장가갈 수 있는 권리가 있지만 처妻가 재혼할 수 있다고 말한 적이 없다. 그러므로 부夫는 천天이다. 천天을 진실로 피할 수 없듯이 부夫에게서 떨어질 수 없다.[55]

이렇게 자식의 효와 아내의 신의 등을 정치적으로 강조하는 것은 순종과 공손을 주 내용으로 하는 가족 도덕이 곧 정치 목적을 실현시켜주는 수단이 되기 때문이다. 오우吳虞는 말한다. "그들이 '효'를 가르치는 것은 '충'을 가르치기 위함이다. 이것은 바로 윗사람들이 어떠한 우롱을 한다 할지라도 일반 백성들은 공손하고 얌전하게 윗사람들의 말을 들어야 할 뿐, 절대로 그들을 범하고 반란을 일으키지 못하도록 하기 위함이다. 말하자면, 중국을 '순민順民을 제조해 내는 큰 공장'으로 만들고자 하는 것이 이 '효孝'자의 큰 공용功用인 것이다."[56] 현존 질서를 유지시키면서 반항적인 정신을 근절시키는 것을 목적으로 '효'가 모든 덕의 근원으로 강조되고, 그 다음에 '충忠'과 '제悌'가 강조되었다. 따라서 '충'과 '제'는 가부장적 사회 제도와 국가 제도의 유지 · 보존에서 두 개의 중요한 덕목이며, 이것은 가족 도덕인 '효孝'에서 추론될 수 있었다.[57] 효와 충의 관계처럼 여성의 정절 역시 충의 맥락에서 강조되었다. 『사기』에는 당시에 유행하던 속언이 소개되어 있는데, "충신은 두 임금을 섬기지 않고 정녀는 두 남편을 갖지 않는다."[58]는 것이다.

2. 여성의 삶, 하루에서 평생까지

고대 여성의 삶과 죽음

고대 사회에서는 아기가 태어나면 일정한 의례를 행했는데, 그 의례는 아기의 성별에 따라 달랐다. 『시경』에는 "남아를 낳으면 침상 위에 뉘이고 화려한 옷을 입히고 구슬을 쥐어주고…… 여아를 낳으면 침상 아래 뉘이고 수수한 옷을 입히고 실패를 쥐어준다……"[59]고 하였다. 후한後漢의 반소班昭(A.D.48-117)는 이 시를 자신의 시대 정신으로 해석하였다. "여아를 땅에 눕히는 까닭은 여자는 낮고 유약한 존재로서 다른 사람의 아래에 처하여야 함을 밝히고자 한 것이다. 여아에게 실패를 쥐어 주는 것은 커서 근로의 정신으로 삼가 노력하는 것에 힘써야 함을 밝히고자 한 것이다."[60]

과거의 의례가 관습적으로 행해지던 것이었다면 그것을 의미화하고 이론화하는 작업은 반소가 살았던 후한後漢의 시대적 요청이었다. 반소는 『시경』을 통해 여성의 세 가지 의미를 끌어내는데, 앞에서 말한 집안 노동과 순종하는 자세 외에 조상 제사의 임무가 그것이다. 반소는 이 세 가지는 여자가 해야 할 마땅한 도리이며, 예법의 확고한 가르침[61]이라고 보았다. 여자가 그 사회에서 수행해야 할 역할에 대한 기대가 여아 출생의 의례에 표현된 것이라 할 수 있다. 유교를 지배이념으로 하는 후한後漢에서는 조상 제사가 중시되었는데, 조상 제사에 여성은 공동체의 구성원으로서 노동과 공경의 태도로 참여해야 했다. 일상이 요구하는 집안의 노동과 타인과의 관계에서 요청된 순종의 태도는 유교 공동체가 여성에게 요구한 기본 조건이었던 셈이다.

여자로 태어나는 것이 곧 여자로 사는 것을 의미하는 것인 반면에 여아들은 태어나자마자 부모에 의해 살해당하는 경우가 많았다. 한비자韓非子는 유가가 제창한 인간 본성에 의문을 제기하면서 여아 살해의 예를 들고 있다. 유가는 부모가 자식을 사랑하고 자식이 부모에게 효도하는 것을 의심할 바 없는 자연적인 본성으로 보았다. 이와 달리 한비자는 인간은 기본적으로 자기 이해에 충실하려는 리利 지향적인 동물이라고 하였다. 한비자는 말한다.

부모와 자식의 관계를 보자. 남아를 낳으면 서로 축하하고, 여아를 낳으면 죽인다. 이것은 부모로 인하여 똑 같이 세상에 나왔지만 남아면 축하 받고 여아면 죽이는 것은 부모가 그들의 노후를 생각하고 면(장래의) 이익을 계산하였기 때문이다. 부모가 자식에 대한 관계에서도 계산심리가 작용하여 (그에 따라) 상대하게 되는 것이다.[62]

중국 역사에서 여아 살해는 공공연하게 행해졌는데, 위진魏晉 시대의 안지추顏之推도 이 문제에 대해 심각하게 고민하였다.

> 하늘이 내려준 생명인데, 조상으로부터 이어져온 몸인데 우리가 어떻게 할 수 있는가? (그럼에도 불구하고) 세상 사람들 대부분은 딸을 원하지 않아서 골육을 해치기까지 하는데 어찌 이와 같으면서 하늘에서 복을 주길 원하는가.[63]

유교가 본 인생의 네 환절環節인 관혼상제冠婚喪祭에서 죽음을 의미화하는 의례에도 여성의 사회적 지위가 반영되어 있다. 유교의 상례에서는 혈연의 친소에 따라 다섯 등급의 복服을 입게 된다. 복의 의무가 무거울수록 나와 더 가깝고 나에게 더 소중한 사람이다. 이러한 맥락에서 부모는 복이 가장 무거운 참최斬衰 3년이다. 그런데 아버지가 생존해 있을 경우 어머니의 복은 한 등급 낮은 제최齊衰 1년의 복을 입어야 한다고 규정하고 있다. 물론 어머니가 생존해 있을 경우 아버지의 복은 여전히 참최 3년이다. 아버지와 어머니를 차등 있게 규정한 이유에 대해『예기』는 이렇게 말한다.

> 아버지를 섬기는 도리를 가지고 어머니를 섬겨서 사랑을 같이 한다. 하늘에 두 해가 없고 가정에 두 높은 이가 없으니 하나를 가지고 다스리는 것이다. 그러므로 아버지가 살아 계시면 어머니를 위해 제최齊衰 기년期年의 복을 입는 것은 두 높은 이가 없음을 보이기 위함이다.[64]

어머니에 대한 존경은 아버지의 절대적인 권위를 훼손하지 않는 범

416

위 내에서 인정된다는 논리이다. 따라서 아버지와 이혼한 어머니에 대해서는 복상의 의무를 지지 않아도 되었다. 할머니와 할아버지의 관계에서도 어머니와 아버지의 관계 원리가 적용된다. 그리고 첩의 경우 자식이 있으면 그 남편은 복상의 의무에서 가장 가벼운 시마總麻 의 복을 입지만 첩에게 자식이 없을 경우 그 남편이 부담해야 할 복상 의 의무는 없다. 『예기』는 말한다.

> 아버지의 뒤를 이어야 하는 자식은 이혼한 어머니를 위해 복을 입지 않는다.[65] 조부가 돌아가신 후에 조모의 상은 3년의 복을 입지만 조부 가 살아계시는데, 조모가 돌아갔을 때는 조모를 위해 3년상을 입지 않 는다.[66] 사士는 첩에게 자식이 있으면 그 첩을 위해 시마總麻 3개월의 복 을 입지만 자식이 없으면 복을 입지 않는다.[67]

반면에 군주에 대해서는 아무런 조건 없이 아버지와 같은 참최 3년 의 복을 입어야 한다. "아버지를 위해 참최斬衰 3년의 복을 입는 다.……아버지를 섬기는 도리를 가지고 임금을 섬겨서 그 공경함을 같게 해야 한다.……그러므로 임금을 위해서는 참최 3년의 복을 입 는다."[68] 여기서 다시 한번 가장권과 군주권의 일체화를 추구하고 있 음을 확인할 수 있다.

죽음의 의례 속에 반영된 여성은 여전히 남성에 종속되고 자식으로 그 의미가 드러나는 존재였음을 보여준다. 정절을 위해 죽은 여성들 을 칭송하는 글들을 보면 유교적 예제가 여성의 '장렬한' 죽음을 오히 려 부추기는 역할을 하지 않았나 하는 생각이 든다. 예컨대 "어려움 을 만나도 굽히지 않고 위협을 당해도 복종하지 않으며, 차라리 죽을 지언정 욕을 당하지 않는"[69] 이러한 여성을 만들어 내고자 하였다.

　이상의 이야기는 모두 곧은 마음이 해와 달을 꿰뚫고, 강렬한 의지가
천지 음양을 가득 채우며, 바른 기운이 남자보다 꿋꿋하여, 그 절개와
지조가 역사에 길이 남은 것들이다. 이것을 모범으로 삼아 힘써 노력하
지 않을 수 있겠는가?[70]

여성의 삶, 여성의 덕

　여성의 유교적 삶은 크게 세 가지 역할로 설명될 수 있다. 아내와
며느리, 어머니의 역할이 그것이다. 가취혼嫁娶婚의 구조에서 딸이라
는 역할은 다만 결혼을 준비하는 단계로 이해되어 부모에 대한 딸의
의무는 그다지 강조되지 않았다.[71] 그런 점에서 여성의 유교적 삶에
서 실제적인 출발은 아내로서의 역할이고, 일방적 의무가 가장 컸던
역할이 며느리이며, 의무보다는 권리를 행사하는 쪽에 가까웠던 역할
이 어머니이다. 유교의 맥락에서 이 어머니는 '억압적' 존재로 개념화
되는 여성의 범주와는 다소 거리가 있다. 하지만 어머니는 여성의 다
른 역할에 비해 그렇다는 것이지 여성인 어머니는 남성인 아버지에
종속되기는 마찬가지다. 여기서는 아내와 며느리의 역할과 그 도덕적
개념을 중심으로 논의해 보자. 먼저 아내를 가리키는 용어로 계급에
따라 다양하다.

　천자의 아내를 후后라 하고 제후의 아내를 부인夫人이라 하며 대부의
아내를 유인孺人이라 하고 사士의 아내를 부인婦人이라 하며 서인庶人의

아내를 처妻라 한다[72]

이에 대해 후한後漢의 경전 주석가 정현鄭玄(127-200)은 "후后란 뒤를 말하는 것이고 부夫는 돕는다[부扶]는 뜻이며, 유孺는 종속되어 있다는 것을 말하고, 부婦는 복종한다는 뜻이며, 처妻는 가지런하다는 뜻"[73]이라고 해석했다. 그러면 처妻의 용어를 중심으로 그 해석의 역사를 살펴보자. '처'의 글자는 갑골문甲骨文에 이미 나오는데, 왕의 비는 물론 아내를 가리키는 일반적인 용어로 사용되었다.[74] 『예기』이후 많은 학자들은 여성 배우자를 지칭하는 용어의 어원語源을 설명하기 시작했다.

처는 부인으로 남편과 나란히 하는 자이다.[75] 처란 나란하다는 뜻이다. 즉 남편과 몸을 나란히 한다는 의미이다. 천자에서부터 서인에 이르기까지 그 뜻은 전일하다. …… 처는 제齊를 말한다.[76] 처에는 나란하다〔제齊〕의 뜻이 있다. 남편과 몸을 가지런히 하기 때문이다.[77]

진한秦漢 이후의 학자들은 '처妻'를 '제齊'에서 온 것으로서, 둘은 같은 어원을 가진 것으로 보았다. 유교의 관념에서 볼 때 남편이 밖을 관리하고, 아내가 안을 관리한다면 안과 밖이 조화를 이루어야 바람직한 가족이 될 수 있다. 이러한 맥락에서 처를 남편과 '나란히' 하는 존재로 본 것이다. 하지만 부부가 '나란하다'는 것이 남편과 아내가 동등하다는 뜻은 아니다.

후한後漢의 유희劉熙는 『예기』에서 제시한 바 각 계층에 따른 아내의 호칭을 다시 해석했는데, 천자에서 서인에 이르기까지 모든 아내는 남편에게 종속되어야 함을 주장한 것이다.

천자의 비를 후后라 한다. 후后는 뒤를 의미한다. 즉 뒤에서는 감히 정사政事에 관련된 말을 할 수 없다는 뜻이다. 제후諸侯의 비를 부인夫人 이라 한다. 부인의 부夫라는 글자는 돕는다는 뜻이다. 그 남편을 보조하 는 존재이다. 경卿의 비를 내자內子라 한다. 집안에서 가정을 다스리는 사람이라는 뜻이다. 대부大夫의 비를 명부命婦라 한다. 명부의 부婦는 복무한다는 뜻이다. 가사에 복무하는 자를 말한다. 남편은 조정에서 명 령을 받고 처는 가정에서 명령을 받는다. 사士와 서인庶人의 배우자를 처妻라 한다. 남편의 지위가 낮으면 존칭을 받을 수 없다. 그래서 제齊 (처妻와 같은 뜻) 따위의 말을 쓰는 것이다.[78]

남편의 신분에 따라 그 아내의 호칭이 정해지는데, 아내란 남편에 게 종속되어 있는 존재로 규정되었기 때문이다. "혼인을 하며 함께 뇌육을 먹었다는 것은 존비를 같이 한다는 뜻이다. 부인은 지위가 없 고 남편의 지위를 따르는 것이니 아내의 좌석은 남편의 나이에 따라 배치된다."[79] 즉 아버지가 아들의 하늘이듯이 남편은 처의 하늘인 것 이다.[80] 그리고 "남자가 여자를 인솔하고 여자가 남자를 따르는 것이 니 부부의 도리는 여기서 시작된다. 부인은 따르는 사람이다. 남편이 란 지知로써 남을 인솔하는 사람"[81]이다.

『여사서女四書』를 편찬한 청대淸代의 왕상王相은 말한다. "속담에서 는 '여자에게 재주가 있으면 그 덕을 망친다'고 했다. 그러나 속담은 『시경』3백 편 중에는 부인과 여자의 시가 많다는 사실을 모르고 하 는 소리다. 『시경』은 대개 충성스럽고 화평한 태도로 남편을 그리워

420

하고 선을 사모하여 즐거워하되 음란하지 않고, 원망은 하되 분노하지 않는 내용들이다. 어찌 여자에게 재주 있음이 덕 없음과 같은 뜻이겠는가?"[82] 왕상은 여자의 재주를 부정하는 속담을 비판하였다. 하지만 그는 여자의 지혜와 재주는 모두 남편에게 충성하고 남편을 사모하며, 남편에게 화내지 않는 데 사용되는 것이라고 보았다. 현대의 중국에서 처의 이칭異稱으로 '천내賤內', '내조內助', '졸형拙荊', '조강糟糠', '방하房下', '옥리적屋里的', '호반적做飯的' 등의 표현을 쓰는데,[83] 여기에는 아내를 비하하는 뜻이 있으며 그 근원을 따진다면 남편의 지배와 아내의 종속을 등식화한『예기』의 규정을 들 수 있다.

유교 사회에서 여성에게 요구한 인식과 실천의 총체적인 개념이자 여성이 추구해야 할 최고 덕목으로 '부덕婦德'이 있다. 사실상 부덕은 모든 여성의 덕을 총괄하는 개념이지만 그 내용은 '며느리'로서의 역할이 핵심을 이룬다. 이런 의미에서 진동원陳東原은 중국의 '부덕婦德'을 '식부주의媳婦主義', 즉 '며느리를 위한 이념'으로 규정하였다. 그는 "여성에게는 오직 '시부모와 남편'에 대한 도덕 실천만 있을 뿐이지 흔히 말하는 현모양처주의賢母良妻主義는 없다."[84]고 하였다.

아들이 부모를 섬기는 것 역시 한대漢代 이후의 사회에서는 일종의 이념이 되었지만 며느리의 경우 자신의 부모처럼 시부모를 섬기는 것이 일종의 이념이었다. "시부모 모시기를 내 부모 모시는 것처럼"[85] 해야 하고, 그렇지 않았을 경우 쫓겨나야 했다. 칠출七出의 첫째 항목이 '불순부모不順父母'라는 사실은 며느리의 시부모 모시기가 사실상 가장 중요했음을 뜻하는 것이다. 시부모의 마음을 얻으면 모든 문제가 해결되는 구조였다.

자식이 그의 처를 매우 좋게 여기지만 부모가 좋아하지 않으면 쫓아 내고, 자식은 그의 처를 좋게 여기지 않지만 부모가 '나를 잘 봉양한다' 라고 하면 자식은 부부夫婦의 예禮를 행하여야 하며 종신토록 어길 수 없다.[86] 자식에게 두 명의 첩이 있는데 부모가 그 중의 한 사람을 사랑 하고 자식이 다른 한 사람을 사랑한다면 의복이나 음식, 일을 시키는 데 있어서 감히 부모가 사랑하는 자와 비등하게 할 수 없다. 부모가 죽은 뒤라도 잊지 말아야 한다.[87]

유교가 지배 이념이 되고 오경이 모든 지식의 근거가 되자 여성의 삶과 여성의 덕에 대해 사상가들은 저마다 나름의 정의를 시도하였 다. 『설문해자說文解字』에서는 "부婦는 복종하는 것이다. 여자가 비를 들고 청소하는 것을 본뜬 것이다."[88]라 하였고, 『휘원彙苑』에는 "아직 결혼하지 않은 사람을 '여女'라 하고 이미 결혼한 사람을 '부婦'"[89]라 고 하였다. 『설문해자』는 후한後漢의 경학자 허신許愼(58-147)이 만 든 최초의 자전字典으로 글자의 어원이나 뜻을 밝힌 것이다. 허신이 결혼한 여자를 청소하는 사람으로 정의한 것은 부婦의 글자가 여女와 추帚의 결합으로 이루어져 있기 때문일 것이다.

그러나 일본 현대의 학자 백천정白川靜은 『설문신의說文新義』에서 『설문說文』이 '부婦'자를 "청소용 비를 들고 집을 소제하는 사람"의 어 원을 가진 것으로 해석한 것은 옳지 않다고 하였다. 그에 의하면 "추 帚는 주거용 청소도구가 아니라 사당에서 불상不祥스러운 것을 치우는 신구神具로 사용된 비〔추帚〕로, 여기에 술을 부어 그 향기로 사당 안을 맑게 하는 것이다. 이러한 예식은 결혼한 여성이 시가의 사당에 참배 하여 시가의 가족이 되었음을 알리는 것으로 그 예의 집행자로서의

'부婦'의 용어가 생겼다."[90]라고 하였다. 백천정의 주장은 '부婦'가 결혼한 여자를 가리키는 것은 사실이나 '집안에서 비를 들고 청소하는 여자'에 어원을 대는 것은 오류라는 것이다.

부婦는 은대殷代의 갑골문甲骨文에 이미 나오고 있는데, 이때 '부婦'는 부호婦好·부정婦妌·부진婦嫀·부기婦杞 등과 같이 쓰였다. 이 '부모婦某'가 상대사商代史에서 갖는 의미를 놓고 많은 학자들의 연구[91]가 있었다. 그 중에서 "부婦는 왕족의 부인을 의미하고, 뒤의 모某는 그 출신 씨족을 의미한다."고 하고 이는 또 한 개인을 가리키는 것이 아니라 씨족의 여자가 왕족과 결혼함으로써 그 씨족이 얻게된 단체명이라고 보았다.[92] 은대에서 '부婦'는 여자 중에서도 왕족의 여인들을 지칭하였다. 글자가 처음 나왔을 때 왕족의 여자를 지칭하던 것이 후한後漢(A.D.23-220)에서는 '집안에서 청소하는 여자'로 바뀐 것이다. 부인에 대한 이러한 정의는 경학 시대의 여성에 대한 사회적 인식을 반영하는 것이다.

이보다 앞서 『대대례기大戴禮記』에서는 남자와 여자, 부덕夫德과 부덕婦德에 대한 각각의 정의를 내렸다.

남男이란 어떤 일을 도맡는 것이다. 자子란 번식한다는 뜻이다. 남자란 천지의 도를 맡아 그것으로 만물의 의義를 기르는 사람이다. 그러므로 장부丈夫라고 한다. 장丈은 기른다는 뜻이고 부夫는 도운다는 뜻이다. 즉 만물을 기른다는 뜻이다. 할 수 있고 할 수 없는 것을 아는 자요, 할 말과 하지 않을 말을 아는 자요, 행할 것과 행하지 못할 것을 아는 자이다. 그러므로 논의를 잘 살펴 분별을 명확히 하는 것을 지知라 하니 부덕夫德을 바르게 하는 근거이다.[93]

여女란 같게 한다는 뜻이다. 자子란 번식하는 것이다. 여자란 남자의 가르침대로 그 의리를 습득하는 자를 말한다. 그러므로 부인이라고 한다. 부인은 남에게 복종하는 자이다. 일은 독자적으로 할 것이 없고 행하여 독자적으로 이룰 것이 없다. 안 후에 행동하고 증거낼 수 있는 것을 말해야 한다. 밤중에는 불을 밝혀 집안 일을 반드시 점검하고 가축들을 집안에서 번식케 하는 이것을 말하여 신信이라고 하니 부덕婦德을 바르게 하는 근거이다.[94]

위의 정의에 의하면 남자는 객관적인 인식을 정확하게 하여 문제를 구체적으로 해결할 수 있는 능력을 갖춘 사람이다. 역사의 주체자로서의 능력을 길러 합당한 도리를 얻는 것, 그것을 부덕夫德이라고 하였다. 한편 여자는 독자적으로는 할 만한 일이 없을 뿐더러 그러한 능력 또한 갖추지 못한 누군가의 지배를 받아야 하는 사람으로 규정하였다. 이후 문헌에서 부덕夫德이라는 용어가 보이지 않는 것으로 보아, 단지 부덕婦德에 대한 상대적인 개념으로 쓰였던 것 같다. 부인으로서 지켜야 할 도덕적 의무는 실제 생활에서 중요했던 반면에 남편으로서의 도덕적 의무는 중요하지 않았던 것이다. 남성은 남편으로서가 아닌 신자臣子로서의 의무가 중시되었고, 여성에게는 가족 안 부인으로서의 의무 외의 다른 사회적인 의무가 주어지지 않았다.

반소는 말한다. "여자에게는 네 가지 실천 사항이 있는데 첫째가 여성의 덕이고, 두 번째가 여성의 말씨이며, 세 번째가 여성의 용모이고, 네 번째가 여성의 솜씨이다. 여성의 덕, 부덕婦德이란 재능이나 총명함이 남달리 특출한 것을 말하지는 않는다. 여성의 말씨, 부언婦言이란 말을 잘하는 것을 말하지는 않는다. 여성의 용모, 부용婦容이란 얼굴이 아름답고 고운 것을 말하지는 않는다. 여성의 솜씨, 부공婦功이란 손재주가 남보다 뛰어난 것을 말하지는 않는다."[95] 이로써 볼 때 여성들은 일상적 삶이 요구하는 바의 엄청난 일을 하지만 그에 대한 대가를 요구해서는 안되었다. 부덕婦德은 부인이 수행해야 할 모든 의무를 포괄한 개념이며 가부장제를 유지하기 위한 여성 관리의 이데올로기라 할 수 있다.

3. 가부장제 이데올로기

부부조단설夫婦造端說 : 소농가족 이데올로기

유교가 구성하는 관계 중에 남녀의 직접적인 관계는 부부夫婦이다. 유교의 부부 윤리는 여성이 부모와 시부모, 자식과의 관계와 달리 남자와 여자의 사회적 위치를 읽을 수 있는 지표이다. 『예기』에 속해 있는 「중용中庸」에서는 모든 인간 관계의 중심에 '부부'가 있다고 말한다. 즉 군자를 목표로 하는 사람이라면 예외 없이 부부라는 가장 기본적이고 중요한 관계에 주목하지 않을 수 없다는 것이다.

군자의 도는 부부에서 그 단서가 열린다[조단호부부造端乎夫婦]. 지극한 경지에 이르게 되면 천지 사이의 원리도 살필 수 있다.[96]

'조단造端'에서 '조造'는 '창創'과 같은 뜻이며, '단端'은 '단서' 또는

'실마리'를 뜻한다.[97] 여기서 "군君과 자子 각각의 글자는 성중립적 용어로 남자나 여자에게 다 사용될 수가 있다."[98] 그런데 두 글자가 함께 쓰여 '군자'가 되면 남성에게만 사용되는 용어가 된다.[99] 군자는 중국 사회가 추구하는 일종의 이상형으로 사람들의 존경을 받게 된다. 어떤 사람이 군자인가는 시대에 따라 다르게 나타나는데, 시서詩書 시대의 군자가 지위와 인격을 함께 갖춘 사람이었다면『논어』속의 군자는 유덕자有德者의 의미가 강하다. 즉 군자란 완벽한 인격을 갖추고 다른 사람의 아름다움을 이끌어 주는 이상형의 사람이다. 군자의 젠더가 남성이라면 여기서의 '부부조단'이란 남편의 입장에서 본 부부 관계이다. 다시 말해 부부 관계의 중요성이 남성의 이상을 추구하기 위한 맥락에서 강조된 것이다. 그러면 '군자의 도'란 무엇을 말하는가.

> 군자의 도는 광대하면서 은미하다. 특별한 지혜가 없더라도 부부만의 생활을 유지하는 것 자체로도 알 수 있는데 (부부가)지극한 경지에 이르면 성인聖人이라 하더라도 알 수 없는 것이 군자의 도이다. 부부가 못났더라도 (함께 행한다면) 행할 수 있는데 지극한 경지에 이르게 되면 성인이라 하더라도 행할 수 없는 바가 있는 것이 군자의 도이다.[100]

"군자가 큰 것을 말하게 되면 천하로도 실을 수 없고, 작은 것을 말하면 천하에 아무도 그것을 깰 수가 없다."[101]고 한다. 즉 군자의 도는 '광대하면서 섬세한' 성질을 가지는 것이나 그것이 무엇인지 구체적으로 제시되지는 않았다. 전체적인 맥락에서 볼 때 군자의 도는 중용中庸의 도道이다.[102] 중용中庸이란 현실성現實性,[103] 일상성日常性,[104] 실천성實踐性[105]을 기초로 한 시의에 적중하는 의미를 갖는다고 할 수 있

426

다. 다시 말해 군자가 추구하는 도는 생활을 떠나 멀리 있는 것이 아니라 지혜와 행실이 다소 모자라더라도 부부가 함께 추구하고 노력하는 것만으로도 알 수 있고 행할 수 있는 것이다. 부부의 노력으로 지극히 훌륭한 경지에 이른다면 성인의 지혜와 실천을 능가할 수 있다는 것이다. '부부조단설'에 의하면 군자의 도는 부부 관계로부터 출발하는 것이 있는데, 이 방법이 가장 의미있는 것이다.

> 군자의 도를 먼 길을 가는 것에 비유한다면 반드시 가까운 데서 시작
> 된다. 높은 곳에 오르는 것에 비유한다면 반드시 낮은 데서 시작된다.[106]

이것은 '가까운 데서 먼 곳으로', '낮은 데서 높은 데로', '친한 관계에서 소원한 관계로' 나에서 출발하여 점점 도덕 감정을 확장해 나가는 유교의 도덕 실천의 방법이다. 그래서 유교가 추구하는 이상은 남녀 모두 반드시 '가家'를 이루는 데서 출발한다. 즉 부부가 구성됨으로써 부자 관계와 형제 관계가 발생할 수 있고, 군신과 붕우의 관계가 발생할 수 있다. 이렇게 하여 '위로는 천天의 원리에, 아래로는 지地의 원리에 닿을 수 있다'[107]는 것이다. 그러면 왜 부부의 중요성을 강조하면서 부부 관계를 한 남성의 자기 완성에서 가장 중요한 조건이라고까지 말하고 있는가?

'부부조단설夫婦造端說'의 제출은 부부윤리 확립이 한초 사회가 당면한 중요한 주제 중의 하나였음을 말해 주는 것이다. 부부조단설은 한초의 부부 철학이라고 할 수 있는데, 그것은 부부 중심의 소농가족小農家族이 한초 사회의 경제적·정치적 기초 단위가 되었기 때문이다.

부부에 관한 윤리는 이미 전국 중기의 맹자에서부터 나오는데, 『맹자』에는 처를 통솔하는 가장의 모습이 빈번하게 나온다. 즉 맹자 시대에 소농가족이 대두되기 시작했음을 의미한다. 맹자에서 출발한 부부윤리가 순자를 거쳐 진秦·한초漢初의 『중용』에 이르면 사회 윤리의 핵심이 되어 정치적으로 중대한 의미를 가지게 되었다.

풍우란은 '부부조단설'이 봉건 사회의 경제 기초에서 나와 정치적인 의미를 가지게 된 것으로 보고 있다. 한초에 이르면 부부夫婦 중심의 일가일호一家一戶가 사회 생산의 가장 기층 단위가 되었다. 일호一戶의 가장은 중요한 노동력이 되어 그의 가족들을 이끌고 생산을 담당해야 했다. 생산을 위해서는 가족 노동력이 필수적인 것이 되는데, 가족이 구성되지 않으면 경제의 생산 단위가 조직될 수 없어 생산이 불가능해지기 때문이다. 다시 말해 '예의 근본은 혼인에 있다[예본우혼禮本于昏]'라든가 '부부가 인륜의 시초[부부인륜지시夫婦人倫之始]'라는 것은 부부 중심의 가족이 생산 관계와 사회 관계에서 가장 먼저 존재해야 할 단위임을 의미하는 것이다.[108]

『중용』 이후 부부조단은 유교적 부부 윤리의 핵심이 되었고, 여러 가지 방법으로 강조되었다. 전한前漢의 유향劉向(B.C.77-6)은 『열녀전』[109]에서 부부조단의 구체적 사례를 논증하는데, '어진 부인들의 이야기'인 「현명전賢明傳」이 그것이다. 또 일반인의 인식에 잠재되어 있는 처의 중요성을 나타내는 속언들 가운데 '부부조단'의 설과 통하는 것들이 많다. "처가 현명하면 남편의 화가 줄어든다.", "현명한 부인은 남편을 귀하게 만들지만 나쁜 부인은 남편을 망하게 한다.", "나라가 어지러우면 훌륭한 장수를 생각하고, 가정이 빈한하면 어진 처를 생각한다.", "차라리 벼슬을 안할지언정 결혼을 안할 수는 없다."는 등의 속언[110]은 '부부조단설'에서 조성된 처에 대한 인식을 나타낸 말들이다. '부부가 모든 것의 출발'이라는 부부조단설은 배우자의 중요성을 말한 것이지만 남성의 배우자일 뿐 여성의 배우자에 주목한 것은 아니었다. 다시 말해 '부부조단'이란 상호적인 의미보다 남성의 보조자로서의 여성을 강조한 것이라는 점을 분명히 할 필요가 있다.

삼종지도론三從之道論 : 여성의 타자화

'군자의 도'가 부부에서 출발한다면 '부부의 도'는 어떻게 실현될 수 있는가. "대문大門을 나서는 것에 비유한다면 남자는 여자를 끌어주고 여자는 남자를 따라 가는 형상, 그것이 바로 '부부의 도'를 실현하는 출발이다."[111]라고 하였다. 이른바 '남수여종男帥女從'의 모형이다. 여자는 남편에 대한 아내로서의 순종뿐 아니라 가족의 모든 남성에게 소속된 존재로 규정되었다. 이른바 '삼종지도三從之道'이다. 삼종지도는 여자를 출생에서부터 사망에 이르기까지 종속적 삶으로 규정한 것이다.

부인에게 삼종의 도가 있는 것은 스스로 운용할 능력이 없기 때문이다. 따라서 결혼하기 전에는 아버지에게, 결혼해서는 남편에게, 남편이 죽으면 자식을 따라야 한다.[112] 부인은 남에게 복종하는 자이다. 주체적으로 일을 할 수 없으므로 삼종三從의 도가 있는 것이다. 결혼 전에는 아버지를 따르고 결혼 후에는 남편을 따르고 남편이 죽으면 자식을 따르니 감히 스스로는 이룰 것이 없다. 그러므로 말은 집안에 한정되고 일은 식사를 준비하는 것일 뿐이다.[113] 부인은 따르는 사람이다. 어려서는 부형을 따르고 시집가서는 남편을 따르고 남편이 죽으면 자식을 따른다.[114]

삼종지도가 언제 나왔는지 정확하지는 않지만『의례儀禮』와『공자가어孔子家語』에 나오는 것으로 미루어 선진 시기의 것으로 보기도 한다.[115] 그러나 이러한 종속의 존재 방식에 정치적인 의미를 부여한 것은 한초의 전제 권력이 군신君臣·부자父子·부부夫婦의 질서 확립을 선정善政의 기본 조건[116]으로 보았기 때문이다. 예제를 통해 여성이 종인자從人者의 역할을 받게 되면서 그것은 곧 여성의 특성으로 개념화되었다. "모든 지식은 규범적인 도덕적 가설에 의존되어 있다."[117]고 할 때 여성의 본성을 규정하고 역할을 제시한 정언적인 규범에는 반드시 그 사회의 이데올로기가 반영되어 있다. 예컨대 "정혼할 때 부인의 머리를 묶는" 의례가 '묶여 있는 존재임을 확인하는 절차'로 해석되는 것[118]은 삼종지도가 지배 지식이 된 사회에서 가능했던 발상이다.

삼종지도는 여성 타자화의 한 방식이다. 여성을 남성의 종속자로 묶어 두고자 한 것은 서주 초부터 시도되었는데, '여자를 정치 파트너로 삼아서는 안 된다'는 무왕의 '여불간정女不干政'이 그것이다. 여성을 타자화하는 주초 성별 정치학의 구체적 방법은 이 외에도 '여자란 화를 몰고 오는 존재'라는 여화론女禍論이 있다. 여성의 타자화는 여성을 '중요한' 일로부터 배제시키면서 동시에 나라와 가정의 치란治亂과 흥망興亡을 여자에게 전가하는 방식으로 전개되었다. 물론 치란 흥망이 여자의 일과는 직접적인 관련이 없다. 나아가 여성과 남성을 '내외內外'로 철저히 차단함으로써 여성은 밖의 일에 무능하게 되고 남성은 안의 일에 무능하게 되었다.

남자는 집안의 일을 말하지 않아야 하며 여자는 바깥의 일에 참견하지 말아야 한다. 집안의 말이 밖으로 나가면 안되고, 바깥의 말이 집안으로 들어와서는 안 된다.[119]

예제禮制는 또한 가장만이 경제권을 가질 수 있고 대외 관계를 할 수 있게 하였다. 행동 범위가 집안에 한정되었던 여자는 보고 듣는 것이 제한적일 수밖에 없었고, 규범적인 가치에 의해 만들어질 수밖에 없었다. 전통 시대에 여훈서를 저술한 사람들은 거의 여성의 이러한 문제를 걱정하여 여성도 시서詩書나 사서史書 등을 공부해야 한다고 주장하였다.[120] 그렇지만 이들의 여성 교육은 남성의 세계를 알기 위한 인식의 차원에 머무는 것이며 남성 보조자로서의 감각을 키우기 위해 제시된 것이다. 다시 말해 여성은 아무리 지식과 지혜가 뛰어나고 세상에 대한 이해가 깊다 하더라도 집안의 일을 벗어나서는 안 된다는 것이다.

동아시아 고대 문화에서 일반적으로 통용되던 여성의 타자화는 한 초의 사상적 경향과 만나면서 더욱 강화되었다. 여성은 일상에서는 물론 자기 결정을 요구하는 위급한 상황에서도 자신을 설명하는 유일한 방법으로 '삼종지도'를 택하는 것이다. 아버지의 소속인으로 합법화되었던 딸이 결혼을 하게 되면 남편의 소속인으로 합법화된다. 이

때 여성은 자신의 '보호자'에게 일정한 의무와 정신적 성실성을 바쳐야 한다. 즉 아버지에 대해서는 효와 공경의 의무를 남편에 대해서는 정절과 신의의 의무를 갖게 된다. 여기서 문제는 이러한 의무들이 예제禮制의 형식으로 작동되면서 강한 규제력을 갖게 된 것이다. 다시 말해 종속자로서의 여성의 의식과 실천이란 도덕적 차원의 선악善惡이 아니라 법적 차원의 시비是非로 옮겨진다는 것이다. 삼종지도는 여성의 심리적 차원만이 아니라 선택과 결정의 근거가 되고 모든 행위의 준칙이 된 것이다.

유교적 예제는 여성을 남성의 종속자로 묶어두었지만 유교의 가치와 여성의 현실이 갈등을 일으키는 것에 대해서는 아무런 장치를 마련하지 않았다. 그것은 도덕적 법적 주체로서의 자격을 여성에게 인정하지 않았기 때문이다. 한초 사회에서 효孝란 자신을 낳아 준 부모에 대한 '자연스러운' 정감의 차원이 아니라 정치적이고 종교적인 기능을 갖는 것이었다. 부모에 대한 효의 의무를 벗어난 인간은 임금에 대한 불충이자 사회에 대한 반역을 한 것으로 이해되었다. 여자가 시집을 갔다고 해서 자신의 부모에 대한 효로부터 자유로울 수 있는 것은 아니다. 또한 아내는 남편에 대한 충실성의 의무로부터 벗어날 수 없다. 유교는 가치의 측면에서 이 둘을 동시에 요구하지만, 예제禮制의 측면에서 볼 때 여성은 둘을 동시에 만족시킬 수 없는 구조 속에 놓여 있다. 실제로 많은 여성들은 이 사이에서 어느 한쪽을 선택하든지 또는 그 어느 것도 선택할 수 없는 딜레마에 직면하게 되었다. 부모와 형제의 원수에 대해서는 철저한 복수를 해야 한다고 가르치는 유교의 가족 윤리에서 그 모순을 만나게 된다.

아버지의 원수와는 같은 하늘 아래에서 살 수 없다. 형제의 원수를 (만나면) 무기를 가지러 돌아가지 않는다(돌아갈 겨를 없이 곧바로 대적하라). 친구의 원수와는 같은 나라에 살 지 않는다.[121] 자하子夏가 부모의 원수에 대해 어떻게 해야 하느냐고 묻자 공자孔子가 대답하였다. 풀 섶 자리에 방패를 베고 자며 벼슬자리에 나가지 않으며, 같은 하늘밑에서는 살지 않는다. 저자거리나 조정 근처에서 원수를 만나게 되면 머뭇거릴 것 없이 바로 무기로 다투라.[122]

이러한 상황 속에서 그 행위 주체가 여성인 경우는 복잡한 문제가 파생되는데, 바로 삼종지도의 규정 때문이다. 시집을 간 여성은 남편과 친정 아버지, 친정 아버지와 시아버지, 남편과 친정 형제 등 그들이 원수 사이가 되는 경우를 맞게 된다. 유향『열녀전』의 「절의편節義篇」은 이러한 갈등에 놓인 여성들을 다루고 있다.[123] 형제를 죽인 남편을 원수로 삼거나 아버지를 버리고 남편을 살리거나 남편을 죽인 동생을 원수로 삼는데, 그 방법을 택한 여성들이 마지막으로 간 곳은 스스로 목숨을 끊는 것이었다. 즉 둘 중에 하나를 선택하는 것은 인仁이나 의義로 해석되는 것이 아니라 불인不仁이나 불의不義로 해석되었기 때문이다. 그녀들은 불인不仁과 불의不義, 둘 중 하나에 해당되어도 더 이상 그 사회에 살아남을 수 없었다. 다시 말해 삼종지도의 유교적 예제는 인의仁義를 추구하는 유교적 가치와 갈등 관계에 놓이게 될 수밖에 없었다.

사건의 당사자는 남성이지만 그 남성들과의 가족 관계로 인하여 여성이 죽음을 선택하게 되는데, 이러한 여성에 대한 세상의 평가는 '절의節義' 있는 결단이라고 하였다. 남성의 경우와는 달리 여성은 두

개의 가족을 갖게 되는데, 유교의 가족 윤리는 혈연적 거리에 따라 차등을 철저히 하는 것을 준칙으로 삼는다. 이러한 구조는 여성의 도덕적 갈등을 거의 일상적인 것으로 내재하고 있다고 보아야 할 것이다.

여성의 삶에 유교가 개입하는 방식을 보면 유교의 도덕적 구상이란 현실에 대해 지나치게 낙관적이거나 아니면 지나치게 젠더 편파적이라 할 수 있다. 이후 역사에서 삼종지도로 표출된 여성의 존재 방식과 그것에 근거한 덕목과 실천 모형이 개발되었고, 당唐이후 법률 제정에서 부녀婦女에 대한 규정은 삼종지도의 존재 방식을 기초로 하였다. "삼종지도三從之道의 예속禮俗이 연장 확대되어 법률상의 강제 규정으로 변한 것"[124)]이다.

칠거지악七去之惡 : 여성노동에 대한 가부장적 해석

가부장제 질서를 유지하기 위해 그 질서를 교란시키는 요소는 제거되어야 했다. 유교적 가부장제에서 칠거지악七去之惡은 질서를 교란시키는 죄목이다. 칠거지악이란 강제 이혼을 합리화하기 위한 남편 측의 일방적인 권한으로 가부장제의 자기 해석 체계이다. 부덕婦德이 긍정적 모델을 통해 동화시키는 전략이라면 칠거지악은 부정적 모델을 통해 통제하는 전략이라 할 수 있다.

강제 이혼을 정당화하는 일곱 가지 죄목이란 시부모에게 순종하지 않은 죄〔불순부모不順父母〕, 대를 이을 자식을 낳지 못한 죄〔무자無子〕, 음란한 행위를 한 죄〔음벽淫僻〕, 남편의 다른 여자를 질투한 죄〔질투嫉妬〕, 나쁜 병에 걸린 죄〔악질惡疾〕, 말을 많이 한 죄〔다구설多口舌〕, 남의 물건을 훔친 죄〔절도竊盜〕가 그것이다. 여기에는 사회 규범을 파괴한 행위로 객관화할 수 있는 죄가 있는 반면에 무자無子와 악질惡疾처럼 죄의 구성 요건이 될 수 없는 것도 있다. 무자無子는 불효의 맥락에서 해석되는데,[125] 나쁜 병에 걸렸을 경우 좋은 자손을 생산할 수 없다고 여겼기 때문이다. 실제로 자식을 낳지 못해서 이혼당한 사람이 가질 수 있는 직업이 있었다. 그런 여성을 모姆[126]라고 하는데 어린 소녀들의 교육을 담당하였다. 그리고 말이 많다거나 질투가 심하다고 하는 객관적인 평가가 어려운 항목도 있다. 따라서 칠거지악은 가부장제 권력에 도전이 될 만한 모든 요소를 총 망라한 것으로 여성을 지배하기 위한 이념적 장치라고 할 수 있다.

사실상 칠거지악을 엄격하게 적용한다면 쫓겨나지 않을 여자가 거의 없을 것이다. 그렇게 되면 사회적 기반이 흔들리게 될 것이다. 많은 부인을 소유한 지배층의 남자라면 모를까 일부일처一夫一妻로 구성된 대다수의 평민 이하의 가족에서 부인을 쫓아낸다는 것은 근본적인 문제가 발생하게 된다. 바로 가족의 경제 구조가 와해되는 것이다. "중국 농촌 가족에서의 노동력의 구성을 보면 직접적 육체 노동이 핵심이 되는데, 가축을 사용하지만 인간의 노동력이란 가축에 비할 수 없을 정도로 총체적인 역할을 한다. 고용농이나 노예농도 있으나 많은 문제점이 돌출하여 자식이 그 주된 노동력이 되는 것이다."[127] 속언에 "아들을 키워 노후를 대비한다〔양아방비로養兒防備老〕."는 말이 있듯이 아들은 후에 노동력의 유입을 약속하기 때문에 아들을 선호하는 것은 충분한 경제적 이유가 된다. 아들로 인해 유입되는 노동력이란 바로 며느리이다.

고대인들의 일상은 여성의 노동으로 유지되었다고 할 수 있다. 예禮로서 맞이한 부인婦人은 애정愛情의 대상이 아니라 봉제사奉祭祀와 조상의 혈통을 이을 아들을 낳는 도구적 의미가 강했다.[128] 여성의 노동은 여공女功 또는 부공婦功으로 말해지고 주부主婦의 이칭異稱을 중궤中饋라고도 하는 바, 음식과 의복을 제조하고 빈객을 접대하며 가축을 사육하고 제사를 준비하는 등 가정 경제를 살찌워야 부인의 덕을 겸비한 사람으로 평가받았다.[129] 제사를 지내야 할 종자宗子인 경우 제사 준비에 소요되는 총체적인 일은 주부主婦가 했다. 그래서『예기』에는 "종자宗子는 나이가 비록 70이 되었더라도 주부主婦가 없어서는 안 된다. 만일 종자가 아니면 70세나 되면 주부가 없어도 된다."[130]고 하여 남자 재취의 정당성을 주장하기도 했다. 여자에게 금지하였던 재혼을 남자에게는 허용하는 이유를 보면 일상의 중요한 노동이 여성의 몫이었음을 말해 주는 것이다.

후한後漢의 반소도 부인의 노동으로 의복을 제조하는 일, 술과 음식을 장만하여 제사를 지내는 일, 빈객을 대접하는 일로 규정하고 있다.[131]『시경』에서 여아가 출생했을 때 행하는 의례가 말해 주듯 여자는 의복 제조의 임무를 띠고 태어나는 것이다. 맹모孟母 단기斷機의 고사에서 "짜고 있던 베를 칼로 끊어버린다면 식구들의 생계를 유지할 수 없다."[132]고 한 것은 여성들의 직조가 환금성을 가졌음을 뜻한다. 남녀 노동에 대해서『묵자墨子』는 "태고의 성왕聖王이 정한 것으로 남자에게는 파종과 경작을 가르치고 여자에게는 생사生絲나 마사麻絲를 만들어 견포絹布를 직조하는 것을 가르쳐 음식과 의복의 도를 제정하였다."[133]고 하였다. 이렇듯 여성이 일하지 않는다면 삶 그 자체가 이

436

어질 수 없는 상황이었지만 여성은 자신의 노동에 대해 권리를 주장할 수 없었는데[134] 그런 점에서 '부인'의 노동 즉 부공婦功은 이미 이데올로기적 의미를 함축하고 있다.[135]

'칠출七出'의 죄목은 지극히 조심하지 않으면 걸려들지 않을 수 없는 항목들인데, 이것을 원리대로 적용시킨다면 많은 여성들은 집밖으로 내몰리게 될 것이다. 그와 함께 집에 남은 가족들은 부인이 남겨놓은 일감을 부담해야 할 것이다. 칠거지악을 '용서'해 줄 기제가 필요하다. 그것이 바로 '삼불거三不去'이다. 즉 칠거지악에 해당되더라도 쫓아낼 수 없는 세 가지 요건인데, 그 내용은 부모의 상을 당해 함께 고생했을 경우, 시집올 당시는 가난했으나 현재 부유해진 경우, 쫓아내면 돌아갈 친정이 없는 경우이다. 이운구 교수는 '삼불거三不去'는 '칠출七出'로 인한 노동력 상실의 우려에서 나온 것이라고 보았다. 즉 '칠거지악'으로 행동을 규제하고 '삼불거'로 노동력을 계속 장악하는 이중二重의 구속이라는 것이다.[136] 나아가 그는 유교의 가족 윤리는 다름 아닌 가족의 노동력을 파악하고 지배하기 위한 장치라고 하였다. "가장家長과 가족家族, 부父와 자子·랑娘·양자養子·서胥·가嫁 내지는 부夫와 부婦의 모든 관계는 노동력의 계속적인 파악 또는 그 지배를 위한 규율이었다."[137]

가부장제 가족이 잘 운용되기 위해서는 무엇보다 여성들의 협조가 필요하였다. 그럼에도 가부장제 가족은 남성의 이해에 대해서는 적극적인 지지를 하지만 여성에 대해서는 그렇지 않다. 오히려 여성들은 항상 관리되고 통제되는 방식이었다. 여성들의 불만은 없는 것이 아니라 각종 기제에 의해 은폐되어 있는 것이다. '칠거지악'이란 여성을 쫓아낼 수 있는 합법적인 이유라고 하지만, 이것은 잠재해 있던 여성들의 불만이 여러 가지 방식으로 드러난 것이라 할 수 있다. 하지만 이런 부인들을 묵인하며 예전처럼 그대로 둘 수가 없었다. 그들을 통제하지 않으면 가부장제 가족에 위협이 될 수 있기 때문이다.

한편으로 부인의 죄목을 물어 내쫓는다면 가족 생활이 불가능해질 것이다. 따라서 칠거지악에 해당되지만 용서해 준다는 방식, 그 용서도 예제를 빌어와야만 했던 것은 객관적 권위를 세워야 했기 때문이다. '삼불거三不去'는 온정주의적 지배의 한 유형이다. 이는 '칠거지악'으로 물리적이고 정신적인 통제와 감시를 행하고, '삼불거'로 노동력을 계속 장악하려는 구도로서 여성노동에 대한 가부장적 해석의 단면을 보여 준다.

가부장제 이후의 유교

가부장제 이후의 유교를 어떻게 상상할 것인가?

근대 이전, 2500여 년 동아시아 지식의 모든 길은 공자로 통했다. 그럼에도 불구하고 아직도 못 다한 공자 이야기가 남아 있는가? 공자 사후 지금까지의 공자 이야기는 어떻게 보면 늘 새로운 것이었다. 하지만 20세기 마르크시즘의 공자 이야기를 제외하면, 대체적으로 누가 더 공자에 가깝고 누가 말하는 것이 진짜 공자인가 라는 질문을 크게 넘어 서지 않았다. 공자의 사상 세계로 들어가는 길은 많고, 공자를 읽는 포지션은 여러 가지이다.

동아시아 문화를 상징하는 공자, 그가 낯설게 여겨진 것은 여성의 경험으로 사물들의 관계를 보기 시작하면서부터이다. 여성의 경험은 여성주의라고 하는 학문적 입장으로 체계화되어 세계를 보는 하나의 방법론으로 자리잡았다. 여성이 하나의 방법론이 될 수 있는 것은 동질적인 것으로 인식된 작은 집단이라 하더라도 각자가 가지게 되는 진리의 개념이나 경험의 세계는 다르다는 사실을 알게 되었기 때문이다. 기존의 사회 질서에서 무엇이 진리이며 어떤 경험을 하는가는 성 gender에 따른 차이보다 클 수는 없었다. 이러한 성에 따른 경험과 입장의 차이를 무시한 보편주의는 남성 지배를 영속화시키기 위한 가부장제 이데올로기에 불과하다는 시각을 얻게 되었다. 여성주의 전망으로 다시 읽는 유교는 궁극적으로 가부장제 이후를 상상하는 작업의 연장선상에 있다.

여기서 가부장제 이후의 세계를 상상한다면서 왜 또 유교냐는 볼멘 질문이 나올법하다. 여성들이 기억하는 유교는 가부장제와 동거하면서 여성 억압을 적극적으로 지지해온 이데올로기이자 생활 양식이기 때문이다. 사실 유교와 가부장제는 오랜 동거로 인해 이미 한 몸이 되어 분리될 수 없는 것처럼 보인다. 따라서 가부장제를 버리면서 유교를 갖고 가는 것이 어떻게 가능하냐고 묻는 것이다. 일면 타당한 이 질문에 반론을 제기해보자. 유교를 버린다면 모든 형태의 가부장제도 사라지는가? 가부장제 이후를 위해 가부장제 속의 모든 기억들을 완전히 삭제하는 것이 어떻게 가능하며 얼마만큼 가능한가? 그 기억들이 '이후'에서는 전혀 쓸모 없는 것들인가?

동·서양의 역사에서 가부장제는 다양한 형식과 양식으로 등장하여 그 구조와 기능에서 변동과 변화를 보이며 오늘날까지 지속되어 왔다. 다시 말해 과거 대부분의 사상과 종교가 가부장적이었던 것은 사실이지만 그것이 곧 가부장제와 동일시될 수는 없다. 유교를 버린다면 유교 가부장제는 없어지겠지만 다른 형태의 가부장제까지 해결

440

되는 것은 아니다. 물론 가부장적인 모든 전통과 결별한 완전한 무의 상태를 상상할 수는 있다. 하지만 유교를 부정하듯이 불교를 부정하고 기독교를 부정한 그 자리, 완전한 무의 상태를 상상하는 것이 어디까지 가능한가? 상상이란 텍스트적인 것과 컨텍스트적인 것이 결합한 형태의 문화적 구성물이다. 따라서 유교가 아닌 방식으로 상상하는 것, 이 역시 유교를 전제로 하지 않을 수 없다. 가부장적인 모든 전통들과 결별하고 완전히 새로운 것을 상상하는 것이 현재로서는 불가능하다면 차선을 선택할 수밖에 없다.

그 전에 우리가 상상하는 '이후' 세계의 윤곽부터 그려보자. 전제와 독점이 아닌 방식으로 세계를 구성하고, 자기 중심에 빠지지 않는 방식으로 관계를 구성하며, 자신의 편의와 이해만을 고집하지 않는 방식으로 생활을 구성할 수 있다면 적어도 '이후'의 바탕은 될 수 있을 것 같다. 그리고 여성과 남성, 각각의 자기 주장이 공존의 조건이 되고 각 입장으로부터 보편이 만들어지는 정도라면 '이후'의 조건으로 손색이 없을 것 같다. 이러한 것이 '이후'의 윤곽이라면 반드시 유교가 아닐 필요도 없고 반드시 유교여야 할 필요도 없다. 유교를 버리고 갈 수도 있지만 유교와 함께 갈 수도 있다. 유교와 함께 갈 것을 선택할 경우 그 방법으로 먼저 떠오르는 것은 유교와 가부장제를 별거토록 하는 것이다.

'이후'를 위해 유교에서 함께 할 수 있는 부분과 함께 할 수 없는 부분을 먼저 가려내는 것이 필요하다. 이 책은 전반적으로 유교의 가부장성을 드러내는 데 주력하였다. 왜 함께 할 수 없는가를 설명하기 위해 기존에 아무런 의심 없이 사용되던 개념과 이론이 사실은 젠더 편파적이었음을 논증하는 방식이었다. 유교가 추구하는 이상적 인격과 성현聖賢의 모델이 젠더 정치학의 입장에서 재조명될 때 새로운 이야기가 구성될 수 있었다. 그러면 이 책의 연장선상에서 '이후'를 위한 유교 연구의 몇 가지 문제와 방법을 구체적 실례를 통해 찾아보자.

하나, 유교가 새로운 상상의 원천으로 활용될 수 있으려면 교의적인 유교로부터 벗어나야 한다. 유교는 일반적으로 형식적이고 교조적인 성향이 짙은 것으로 인식되고 있다. 이러한 인식은 유교의 중심 덕목 효孝·충忠이 지배이데올로기로 봉사해 온 긴 역사로 인해, 유교가 아랫사람을 지배하기 위한 수단으로 언제든 활용될 수 있다는 우려와 함께 하는 것이다. 유교가 지배 이데올로기로 활용될 가능성을 현재의 정치 환경에서는 그다지 염려하지 않아도 될 것 같다. 정작 문제가 되는 유교의 교의적 성격은 지식과 진리를 구성하고 전달하는 유교적 방법에서 찾을 수 있다.

송대宋代 정이천程伊川의 '출처出妻'의 논리는 좀 극단적인 예에 속한 경우이지만, 이러한 태도는 오늘날 유교 해석의 한 전통에서도 어렵지 않게 만날 수 있다. 예컨대 호주제와 동성동본금혼이 시대의 요구를 반영하지 못함에도 불구하고 개혁을 반대하는 논리는 유교를 교조화하는 태도와 연결되어 있기 때문이다. 정이천은 여성의 실절失節을 굶어 죽는 것보다 더 큰 사건으로 취급한 사람이다. 그는 "아내를 쫓아내는 것이 옳지 못한 행위가 아니냐"고 한 제자의 질문에 이렇게 대답했다. "처가 현명하지 못하다면 쫓아내는 것이 무슨 잘못이 있겠는가? 자사子思도 일찍이 출처出妻를 했는데, 오늘날에 와서 출처가 추행이라고 하니 말도 안 된다. …… 고인古人도 그렇게 생각하지 않았다."(『성리대전

性理大典』) 여기서 '고인古人'은 정이천 자신을 합리화하기 위한 일종의 수사 rhetoric이다. 정이천은 공자의 손자이자 도통의 계보에 속해 있는 자사에게 절대적인 지적 권력을 부여하고 있는 셈이다. 이러한 분위기에서 현실의 불합리한 구조에 의문을 제기하는 것은 상당한 지적 모험이 된다.

유교가 새로운 상상의 원천으로 활용되기 위해서는 '이미 해 놓은 말씀'에 각주를 다는 형식이 아닌 것으로, 지식 추구의 방법이 전환되어야 한다. 이때 '공자왈孔子曰'의 '왈曰'은 '말씀'이 아니라 '의견'이 되는 것이다. 나아가 공자의 '말씀'이 여성의 입장을 미처 고려하지 못했던 하나의 의견임을 인정할 수 있다면 이제 공자의 사상은 여성의 입장에서 자유롭게 비판할 수도 있고 활용할 수도 있을 것이다. 다시 말해 가부장제 이후의 유교를 상상하면서 다시 공자가 이야기될 수 있다면 그것은 교조화된 공자와 거리를 취하는 것이다. 그가 남자이긴 하지만 그는 자신의 시대를 누구보다도 치열하게 살았고, 세상의 유행과는 별도로 인간됨의 의미를 제시하기 위해 고군분투했던 한 역사적 인물이다. 그리고 그가 제시한 의견 중에 어떤 것은 동의할 수 있지만 어떤 것은 동의할 수 없게 되는데, 그 누구의 의견이건 일정한 정치적 입장을 가질 수밖에 없기 때문이다.

둘, 유교가 가부장제 이후의 상상에 활용되려면 보편의 신화로부터 벗어나야 한다. 유교가 인간 모두에게 삶의 가치를 제공하는 보편 진리로 강조되고 있는 한 그 유교에 계급과 성 등의 입장을 개입시키는 것은 진리를 왜곡하거나 보편성이 결여된 미숙한 행위로 이해되는 것이다. 여성의 입장을 가지고 사물이나 상황을 설명하려고 할 때 '여성의 입장'일 뿐 '보편'이 아니라고들 한다. 여기서 '여성의 입장'과 '보편'이 대립하게 되는데, 이것은 '보편'이 사실은 남성의 입장임을 고백하는 것이 된다. 즉 여성의 입장이 아니라면 남성의 입장인 것이지 그것을 보편이라고 말할 수는 없다. 그 누구도 모든 관점을 대변할 수는 없다. 각자의 관점과 각각의 연구자는 언제나 결정적인 무언가를 간과하거나 과소평가하기 마련이다. 따라서 '쓰여진 사상사'란 수많은 진리 중에서 하나의 진리일 수밖에 없다는 점을 인정하지 않을 수 없다. 그리고 보편성, 객관성을 자처하는 이론이란 종종 현재의 관행을 옹호하고 유지하기 위한 입장에 불과하다는 사실이 드러나기도 한다. 따라서 유교의 제 가치들은 '인간 본성'이나 '자연성'의 개념에서 접근되기보다 성별에 따른 입장의 차이에서 재조명되어야 한다.

셋, 유교 가부장제를 적극적으로 내면화하고 실천해 온 과거의 여성들을 어떻게 평가할 것인가? 이것은 새로운 상상을 위해 반드시 논의되어야 할 주제이다. 과거의 여성들을 정의하는 문제는 현재의 지향성과 연결되어 있을 뿐 아니라 '이후'를 상상하는 원천으로 작용할 수도 있기 때문이다. 유교 문화 속의 여성에 접근하는 일반적인 구도는 가부장제의 피해자 또는 수동적인 삶으로 일관한 노예적인 삶이다. 일면 타당하지만 이러한 구도로는 그 시대 여성들의 면면을 충분히 읽을 수 없다. 그들은 분명 우리의 지식과 정보로 잘 설명되지 않는 여성들이다. 하지만 미리 준비된 틀을 가지고 우리가 보고 싶은 것만 본다면 복합적인 동기에 의해 자신을 구성해 온 그 여성들을 지나치게 단순화하는 결과를 낳게 될 것이다.

종부宗婦라고 하는 유형의 강인한 여성들을 보자. 그녀들은 자신의

444

어깨에 한 집안의 흥망이 달려 있다고 믿었고, 집안의 대소사를 처리하고 구성원들의 관계를 조정하는 등 오늘날의 중소 기업체의 책임자에 상응하는 역할을 했던 여성들이다. 자신의 사적인 감정을 뒤로 한 채 강한 의무감으로 집안과 가정을 이끌어갔던 이들에게 수동적이고 피해자로서의 이미지를 부여하는 것은 어울리지 않다. 그녀를 포함한 동시대의 모든 여성들이 한결같이 희생적이었고 수동적이었다기보다 또한 자기 이해에 충실하였고 능동적이었음을 알 필요가 있다. 우리의 행동이 항상 이타적인 동기에 의해 유발되는 것이 아니라 도구적인 자기 이해관계에 의해 유발되기도 하듯이 그녀들 역시 그러했으리라.

여성들의 의식과 행위가 복합적인 동기의 결합임에도 불구하고 그녀들을 이데올로기화했던 희생과 수동으로 설명하고, 그 외의 동기들이 그녀들에게 아예 없었던 것으로 처리하는 것은 여성을 타자화하는 하나의 유형에 불과하다. 한 시대, 자신이 속한 사회 구조 속에서 치열하게 살다 간 여성들을 제대로 설명하기 위해서는 무엇보다 그녀들의 삶을 지나치게 단순화하는 태도를 조심해야 할 것이다. 여성들을 이타적인 동기에 의해 가부장제 가족에 적극 봉사해 온 것으로만 보거나 자기 의식 없이 그저 주어진 수동적인 삶을 감내해 온 것으로만 보는 것은 그녀들에 대한 부분적인 설명이다.

여성들이 가부장제의 단순한 피해자에 머물었기보다 오히려 강하고 적극적인 삶을 살았다면, 무엇이 그녀들을 그렇게 살도록 했는지, 그 사회의 구조에 주목해 볼 필요가 있다. 다시 말해 여성들 스스로 자신의 삶이 진리라고 여길 수 있었던 지식의 성격이 무엇이며 그녀들의 의식과 행위의 원천이 된 보다 큰 구성 체계가 무엇인가 하는 것이다. 그와 함께 자신의 행위를 결정하는 복합적인 동기 중에서 '자기이해'라고 하는 동기에 주목하게 된다. 다시 말해 여성들 각 자의 자기이해는 가부장제 구조 속에서 어떻게 갈등하고 타협하며 또는 저항하는가? 그리고 여성의 압력과 요구에 가부장제가 어떻게 적응해왔는가를 추적하는 작업이 필요하다.

넷, "억압이 있는 곳에 저항이 있다."는 오래된 명제가 유교 가부장제 속의 여성들에게도 적용될 수 있다. 부계를 중심으로 한 제도화되고 이념화된 가족은 그 반대편에 또 하나의 가족을 가능하게 하였다. 어머니를 중심으로 한 이 가족은 친밀성을 관계 원리로 한다. 이러한 형태를 '자궁가족'이라고도 하는데, 이들은 같은 어머니에서 난 자녀들과 그 배우자로 구성된, 서로 결속하고 친애하는 관계인 것이다. 여기서의 아버지는 제도가 지원하는 범위 내에서의 형식적인 존재에 불과하다. 제도와 이념으로부터 배제된 여성들이 그 구조 밖에서 자신들의 세계를 만든 것이라 할 수 있다. 『춘추공양전』에는 어머니가 같으면 '형제'라고 하였고, 어머니가 다르면 아버지가 같더라도 '지나가는 사람〔도로지인道路之人〕'에 불과하다고 하였다.

동아시아의 가부장제는 남성들에게 자신의 모든 행위를 합리화할 수 있는 권한을 부여하고 있다. 하나의 예로 '많은 자식'을 얻기 위한다는 명분으로 첩을 들이는 것을 들 수 있다. 중국 동진東晉 시대의 사대부 사안謝安이 첩을 들이려 하자 그의 처가 완강하게 반대하였다. 사안은 조카들을 동원하여 처를 설득하려고 했다. 사안의 조카들은 메뚜기를 비유로 많은 자손을 염원하는 내용의 『시경』「종사螽斯」편을 인용하였다. 메뚜기는 한번에 많은 새끼를 친다고 하여 자손 번식

446

을 상징하는 데 흔히 이용되는 곤충이다. 조카들은 숙모에게 자손을 많이 얻으려면 첩을 얻을 수밖에 없음을 설명하였다. 사안의 처는 "그 따위 시는 누가 쓴 것이냐"고 반문했다. 조카들이 주공周公이 지은 시라고 하자, 그녀는 "그가 남자이기 때문에 이 시를 쓴 것이지, 그가 여자였다면 이런 시를 썼겠느냐?"고 힐문하였다. 여훈서에서는 절대로 닮아서는 안될 모델들을 예시하였는데, 대체로 가부장제의 질서와 권위에 도전적인 유형들이다. 여성교육에 문제가 될 만큼 그 비중이 컸다는 말이다. 이러한 예를 통해 가부장제의 역사는 가부장제 저항의 역사와 늘 함께 해왔음을 알 수 있다. 따라서 가부장제 저항의 역사를 발굴하여 체계화한다면 가부장제 이후를 앞당길 수 있는 하나의 방법이 될 수 있을 것이다.

다섯, 유교 내부에서 바람직한 양성 관계의 모델을 찾는 것이 필요하다. 과거에는 주목되지 않았지만 여성주의 시각에서 볼 때 유용한 것들이 있다. 유교 경전이나 유교적 사유 체계 속에서 남녀평등의 모델이 찾아진다면 유교 가부장제를 넘어서는 방법으로 매우 유용한 자원이 될 것이다. 『춘추좌씨전』에는 부부를 지칭하는 용어로 '항려优儷'가 나오는데, 이것은 대립과 통일을 동시에 가지고 있는 개념이다. 주석가들은 "항려란 동일성과 차이성을 그 속에 동시에 가지고 있는 통일체"라고 하였다. 항려를 부부의 이칭으로 사용한 것은 부부란 "서로 대적하면서 짝을 이루어야 하는 관계"라고 보았기 때문이다. 반면에 역사 속의 유교가 제시한 부부의 모형 '여필종부女必從夫'에 의하면 여자는 남편이 어떤 행위를 하더라도 거부할 수 없을 뿐 아니라 반드시 순종해야 한다. 하지만 대립과 차이를 인정하는 항려는 어느 한쪽의 지배와 다른 한쪽의 종속을 용인하지 않는다. 다른 관계와 마찬가지로 부부 역시 각자의 요구가 상반될 수도 있으며, 자기 실현의 문제에서 갈등할 수도 있다. 대립과 통일을 부부의 속성으로 본 항려는 가부장제 이후의 유교를 상상하는 자원으로 활용될 수 있는 것 중에 하나이다.

무엇이 우리의 진실된 관계를 방해해 왔으며, 무엇이 우리의 왜곡된 관계를 합리화해 왔는가? 동아시아 문화 속의 여성들을 어떻게 설명할 것이며, 여성들이 자신을 합리화하는 동아시아적 방법은 무엇인가? 이러한 질문들은 이미 너무나 친숙하고 너무나 일반적이어서 아무도 주목하지 않았던 것을 밝히도록 하였고, 그것을 여성주의 전망으로 재구성하도록 하였다. 유교로 상상하는 가부장제 이후의 세계는 궁극적으로 전제와 독점이 아닌 방식으로 세계를 구성하고, 자기 중심에 빠지지 않는 방식으로 관계를 구성하며, 자신의 편의와 이해만을 고집하지 않는 방식으로 생활을 구성하는 것이다. 그것은 여성과 남성, 각각의 자기 주장이 공존의 조건이 되는 이론과 실천을 통할 때 가능해질 것이다.

🈂 1장

1) 『서경書經』이라는 명칭은 한무제(B.C.136)때 『서書』가 오경五經의 하나로 정해지면서 붙여진 것이다. 이 책에서는 맥락상의 미묘한 차이를 살리기 위해 『서』와 『서경』을 적절하게 혼용하여 사용하였다. 『서書』는 하夏·은殷·주周 삼대三代의 통치자들이 강화한 것을 기록한 것인데, 여기에는 중국 고대 각 왕조의 정치 사상이 들어있다. 현존하는 『서경』은 총 28편으로 「우서虞書」「하서夏書」「상서商書」「주서周書」에 나뉘어져 있다. 『서書』는 서주 이후의 작품이기 때문에 서주 이전 왕조에 대한 내용도 서주인西周人의 시각이 투영되어 있다고 할 수 있다.

2) 『書經』「周書·牧誓」.

3) 상商(B.C.1551~1066)은 탕왕湯王이 건설하였고, 간적簡狄이 낳은 설契을 시조로 한다. 무경武庚의 시대에 은殷 땅으로 천도하였는데, 그 이후 나라 이름을 은殷이라고도 하였다. 따라서 상商과 은殷은 같은 왕조를 가리키는 것으로 통용되었다. 상대商代, 상인商人, 상족商族, 상왕조商王朝, 상인商人 사회, 은대殷代, 은인殷人 등의 용어를 문맥에 따라 적절하게 혼용하여 사용하였다.

4) 기원전 11세기 무왕武王에 의해 창설된 주周(B.C.1066~249)는 강원姜嫄의 아들 후직后稷을 시조로 한다. 주는 서주 시대(B.C.1066~771)와 동주 시대(B.C.771~249)로 나누어지며 동주 시대는 춘추전국 시대에 해당된다. 이 책에서는 문맥에 따라 주周나라, 주족周族, 주인周人 사회, 서주西周 국가, 주왕조周王朝 등을 혼용하여 사용하였다.

5) "子曰, 周監於二代, 郁郁乎文哉. 吾從周."(『論語』「八佾」).

6) "述而不作, 信而好古."(『論語』述而).

7) "今商王受, 惟婦言是用, 昏棄厥肆祀弗答, 昏棄厥遺王父母弟不迪."(『書經』「牧誓」).

8) "郊社不修, 宗廟不享, 作奇技淫巧, 以悅婦人, ……"(『書經』「泰誓」下).

9) "帝紂資辨捷疾, 聞見甚敏. 材力過人, 手格猛獸. 知足以距諫, 言足以飾非. 矜人臣以能, 高天下以聲, 以爲皆出己之下."(『史記』「殷本記」).

10) 伊藤道治, 『古代殷王朝の謎』, 講談社, 2002.

11) "嬖于婦人, 愛妲己, 妲己之言是從."(『史記』「殷本記」).

12) 劉向, 『열녀전』, 이숙인 옮김, 예문서원, 1996.

13) "好酒淫樂, 不離妲己. 妲己之所譽貴之, 妲己之所憎誅之." (『列女傳』「孼嬖 · 殷紂妲己」 앞의 책, 387-389면).

14) "牝鷄而晨, 則陰陽反常, 是爲妖孼而家道索矣." (蔡沈, 『書經集傳』 上, 성백효 역주, 전통문화연구회, 2001).

15) 갑골문에 기록된 "辛巳卜, ⋯⋯ 貞, 登婦好三千, 登旅萬, 呼伐 ⋯⋯ " "癸酉卜, 恒貞, 生十二月婦好來." " ⋯⋯ 丑 ⋯⋯ 貞, 婦姘田獲." 등이 이것을 말해 준다.(王暉, 『商周文化比較硏究』, 人民出版社, 2000, 385-388면 참조).

16) 王國維, 「殷周制度論」 『觀堂集林』(券第十, 第二冊) 中華書局, 1959, 451면.

17) 鄒衡, 『夏商周文化考古學論文集』, 文物出版社, 1982, 141면.

18) 王暉, 앞의 책, 1-2면.

19) 張光直, 『中國靑銅器時代』(二集), 三聯書店, 1990, 34-38면.

20) 佐野學, 「殷人社會の氏族の編成」 『殷周革命』, 靑山書院, 1951, 42-43면.

21) 杜芳琴, 「男性中心社會的婦女觀念」, 『女性觀念的衍變』 河南人民出版社, 1988, 20면.

22) 王國維, 앞의 책, 453면.

23) 『史記』 「殷本紀」에 의하면 은말殷末의 네 왕 무을武乙 · 태정大丁 · 제을帝乙 · 제신帝辛은 모두 부자로 상속되었다.

24) 杜芳琴, 「男性中心社會的婦女觀念」, 앞의 책, 19면.

25) "帝乙長子曰, 微子啓, 啓母賤, 不得嗣. 少子辛, 辛母正后, 辛爲嗣." (『史記』 「殷本紀」).

26) 郭沫若, 『十批判書』(조성을 옮김, 『중국고대사상사』, 까치, 1992, 10면).

27) 『시경』은 기존에 존재하던 중국 고대의 시가 총집 『시詩』가 한나라 무제武帝 때의 국가 정책에 의해 정전正典으로 승격되면서 붙여진 명칭이다. 원래의 이름이 『시』라면 거기에 절대적 가치가 부여됨으로써 『시경』이 되었다. 이 책에서는 그 미묘한 차이를 살리기 위해 문맥에 따라 『시경』과 『시』를 혼용하여 사용하였다.

28) "爲酒爲醴, 烝畀祖妣, 以洽百禮, 降福孔皆." (『詩經』 「周頌 豊年」), "載穫濟濟, 有實其積, 萬億及秭. 爲酒爲醴, 烝畀祖妣." (『詩經』 「周頌 載芟」).

29) 黃壽祺, 「周易名義考」 『周易硏究論文集』, 北京師範大學出版社, 1987, 148-149면 .

30) 杜芳琴, 「乾坤陰陽說─男尊女卑的理据」, 앞의 책, 190면.

31) 杜芳琴, 「兩性天平的傾斜」, 앞의 책, 18면.

32) 邵桂珍 等著, 『中國歷史上的著名婦女』 上海人民出版社. 1-5면(이 책에서는 부호婦好를 최초의 여장군으로 소개하고 있다. 1976년 하남 안양시 교외에 위치한 상왕조商王朝 후기 유적지인 은허에서 잘 보존된 완벽한 묘를 발굴했는데 '부호婦好'라는 두 글자가 새겨진 정교한 청동 수장품이 대량으로 나왔다. 그녀는 갑골 복사에 많이 나오는 인물로 상 왕조 23대왕 무정의 부인이다.).

33) 『春秋左氏傳』 定公 4년에는 "노공魯公에게는 은민육족殷民六族을 주고, 강숙康叔에게는 은민칠족殷民七族을 주었다"는 기사가 있다. 이것은 은인殷人사회의 기초 조직이 '씨족'이었음을 말해 주는 것이다.

34) 佐野學, 「殷人社會の氏族的 編成」 앞의 책, 43~44면.

35) 佐野學, 「殷人の社會」, 앞의 책, 48~51면.

36) "殷道衰, 諸侯不至. 殷道復興, 諸侯來朝"(『史記』 「殷本紀」).

37) "受有億兆夷人, 離心離德. 予有亂臣十人, 同心同德, 雖有周親, 不如仁人."(『書經』 「泰誓」中)

38) 佐野學, 「農業生産力及び土地所有」 앞의 책, 141~142면

39) 상족商族을 유목민으로 보는 근거로는 제사에 사용된 희생犧牲의 수와 상왕조商王朝의 잦은 천도遷都를 들 수 있다. 복사卜辭에 의하면 은족의 제사에 사용된 가축이 500 두頭에 이르는 경우가 많았다. 또 상 왕조에서 반경盤庚 이전에 8번의 천도가 있었고, 반경盤庚은 5번의 천도를 했다. 『상서尙書』 「소고召誥」와 『상서尙書』 「낙고洛誥」에 의하면 주周에서는 제사용 희생犧牲의 수가 겨우 한 두 마리에 불과한데, 그만큼 목축업이 약했다는 것이다.(郭沫若, 『中國古代思想史』, 조성을 역, 20~21면, 28~29면).

40) 주족을 농업국으로 보는 근거로는 나라 이름인 '주周'의 글자가 밭을 상형한 것이고, 주족의 시조인 후직后稷은 요堯시대의 농업을 주관한 농관農官이었다는 점을 들 수 있다. 『서』 「주서周書 · 무일無逸」에 의하면 상 왕조의 서백西伯이었던 문왕文王은 스스로 비복의 자리로 내려가 대중과 함께 농업 생산에 종사하였다고 한다. 이러한 예들은 주나라의 산업 기초가 농업이었음을 말해 주는 것이다.

41) "思齊大任, 文王之母, 思媚周姜, 京室之婦, 大姒嗣徽音, 則百斯男, 至于兄弟, 以御于家邦."(『詩經』 「大雅 · 思齊」).

42) "周后稷, 名棄. 其母有邰氏女, 曰姜原."(『史記』 「周本紀」). "厥初生民, 時維姜嫄."(『詩經』 「大雅 · 生民」).

43) "今王嗣厥德. 罔不在初. 立愛惟親, 立敬惟長. 始于家邦, 終于四海."(『書經』 「商書 · 伊訓」).

44) "太后謂帝曰, '吾聞殷道親親, 周道尊尊, 其義一也. 安車大駕, 用梁孝王爲寄.' 景帝跪席擧身曰, '諾.' 罷酒出, 帝召袁盎諸大臣通經術者曰, '太后言如是, 何謂也?' 皆對曰, '太后意欲立梁王爲帝太子.' 帝問其狀, 袁盎等曰, '殷道親親者, 立弟. 周道尊尊者, 立子. 殷道質, 質者法天, 親其所親, 故立弟. 周道文, 文者法地, 尊者敬也, 敬其本始, 故立長子. 周道, 太子死, 立適孫. 殷道. 太子死, 立其弟.' 帝曰, '於公何如?' 皆對曰, '方今漢家法周, 周道不得立弟, 當立子.'"(『史記』 「梁孝王世家」).

45) 『史記』 「殷本紀」.

46) 佐野學, 「征服國家の成立, そのもたらした社會構造の變化」 앞의 책, 118~119면 참조.

47) 郭沫若, 「釋祖妣」 『甲骨文字研究』 《郭沫若金集》(제1권), 科學出版社, 1992.

48) 何新, 『諸神的起源』, 三聯書店, 1988.

49) "以酒爲池, 懸肉爲林, 使男女裸相逐其間, 爲長夜之飮."(『史記』「殷本紀」).

50) "今商王受, 弗敬上天, 降災下民. 沈湎冒色, 敢行暴虐, 罪人以族, 官人以世."(『書經』「泰誓」上).

51) "今商王受, 力行無度, 播棄犁老, 昵比罪人, 淫酗肆虐 ……"(『書經』「泰誓」中).

52) 敢有恒舞于宮, 酣歌于室, 時謂巫風. 敢有殉于貨色, 恒于遊畋, 時謂淫風. 敢有侮聖言, 逆忠直,
遠耆德, 比頑童, 時謂亂風."(『書經』「伊訓」).

53) 佐野學, 「父權的 家族の成立」, 앞의 책, 159면.

🐉 2장

1) "列爵惟五, 分土惟三. 建官惟賢, 位事惟能. 重民五敎, 惟食喪祭. 惇信明義, 崇德報功. 垂拱而天
下治."(『書經』「周書‧武成」, 蔡沈, 『書經集傳』참조).

2) 오교五敎의 구성 요소를 『춘추좌씨전』은 부의父義‧모자母慈‧형우兄友‧제공弟恭‧자효
子孝라고 하였고("使布五敎于四方, 父義, 母慈, 兄友, 弟恭, 子孝, 內平外成."『春秋左氏傳』文
公18), 채침蔡沈은 군신君臣‧부자父子‧부부夫婦‧형제兄弟‧장유長幼 간의 덕목이라고
보았다.

3) 陶希聖, 「宗法以前及宗法」『婚姻與家族』民國叢書(商務印書館, 1934年 影印本).

4) 崔適, 「五服異同考」『東壁遺書』.

5) 陶希聖, 앞의 책, 3-4면 참조.

6) 焦國成, 『中國古代人我關係論』, 人民大學出版社, 1991, 29면 참조.

7) 王國維, 「殷周制度論」『觀堂集林』(券第十, 第二冊) 中華書局, 1959, 473면.

8) "今商王受, …… 罪人以族, 官人以世."(『書經』「泰誓」上).

9) 佐野學, 「父權的 家族の成立」『殷周革命』, 靑山書院, 1951, 163-171면 참조.

10) "大宗者, 收族者也."(『儀禮』「齊衰」), "五曰宗, 以族得民"(『周禮』「大宰」).

11) "不敢以富貴, 入宗子之家. 雖衆車徒, 舍於外, 以寡約人."(『禮記』「內則」).

12) "不敢以貴富, 加父兄宗族"(『禮記』「內則」).

13) "昔武王克商, 光有天下, 其兄弟之國者十有五人, 姬姓之國者四十人, 皆擧親也."(『春秋左氏傳』
소공28년), 송영배, 『중국사회사상사』, 한길사, 1986 참조.

14) 焦國成, 앞의 책, 25-33면.

15) "不敢以富貴, 入宗子之家. 雖衆車徒, 舍於外, 以寡約人."(『禮記』「內則」), "不敢以貴富, 加父

兄宗族"(『禮記』「內則」).

16) 佐野學, 「父權的 家族の 成立」 앞의 책, 169면.

17) "雖百世而婚姻不得通."(『禮記』「大傳」).

18) "夏殷不嫌一姓之婚, 周制始絶同姓之娶."(『魏書』「高祖記」).

19) "夏殷五世之後則通婚姻. 周公制禮, 百世不通, 所以別于禽獸也."(『御覽』) "殷人五世以後可以通婚."(孔穎達, 『禮記』「大傳疏」).

20) "殷無世系, 六世而婚, 故婦人有不知姓者. 周則不然."(『禮記』「喪服小記疏」).

21) 任達榮, 「關於中國古代母系社會的考證」『中國婦女史論集』, 稻鄕出版社, 1987, 9-10면.

22) "…… 所以有氏者, 何所以貴功德, 賤伎力, 或氏其宮, 或氏其事."(『白虎通』).

23) "三代之前, 姓氏分而爲二. 男子稱氏, 婦人稱姓. 氏所以別貴賤, 故貴者有氏, 賤者有名無氏. 姓所以別婚姻, 故有同姓異姓庶姓之別 …… 氏同姓不同者婚姻可通, 姓同氏不同者婚姻不可通."(『通志氏族略序』).

24) 고염무顧炎武는 『일지록日知錄』에서 사마천司馬遷이 『사기史記』에서 처음으로 성姓과 씨氏를 혼합하여 하나로 하였다고 하였다. 예를 들면 '진시황秦始皇은 성姓이 영씨嬴氏, 한고조漢高祖는 성姓이 유씨劉氏'라는 방법을 사용했다는 것이다. 이것은 성姓의 원래 의미와 성을 둘러싼 습속이 소멸함으로서 가족명을 의미하는 씨氏에 흡수되었기 때문이다.(佐野學, 「父權的 家族の 成立」 앞의 책, 170면).

25) 佐野學, 「父權的 家族の 成立」 앞의 책, 170면.

26) "異姓則異德, 異德則異類, 異類雖近, 男女相及以生民也. 同姓則同德, 同德則同心, 同心則同志, 同志雖遠, 男女不相及, 畏黷敬也. 黷則生怨, 怨亂毓災, 災毓滅姓. 是故娶妻避其同姓, 畏亂災也."(『國語』「晉語四」).

27) 鄧偉志, 『唐前婚姻』, 上海文藝出版社, 1988, 78면.

28) 클로드 레비스트로스, 「서문」, 『가족의 역사』, 정철웅 옮김, 이학사, 2001, 10면.

29) "男女同姓, 其生不蕃."(『春秋左氏傳』僖公 23년).

30) "劉氏范氏, 世爲婚姻."(『春秋左氏傳』哀公 3년).

31) "公族以弱, 妃黨益强."(『公羊傳』僖公 25년 何休注).

32) "男女辨姓, 禮之大司也. 今君內實有四姬焉, 其無乃是也乎? 若由是二者, 弗可爲也已. 四姬有省猶有, 無則必生疾矣. 叔向曰, '善哉! 肹未之聞也, 此皆然矣.'"(『春秋左氏傳』昭公 원년).

33) "君取於吳爲同姓, 謂之吳孟子. 君而知禮, 孰不知禮?"(『論語』「述而」).

34) "娶妻不取同姓, 以厚別也. 故賣妾不知其姓, 則卜之, 以此坊民. 魯春秋, 猶去夫人之姓曰吳, 其死曰孟子卒."(『禮記』「坊記」).

35) 杜芳琴, 『女性觀念的衍變』, 河南人民出版社, 1988, 19면

36) "聘則爲妻, 奔則爲妾."(『禮記』「內則」) 빙聘은 폐백을 보내고 예를 갖추어 아내를 맞이하

는 것을 말하고, 분분이란 야합이나 예를 갖추지 않은 혼인을 말한다.

37) "娶妻不取同姓, 以厚別也. 故買妾不知其姓, 則卜之, 以此坊民."(『禮記』「坊記」).

38) 『戰國策』「燕策」에는 이러한 고사가 실려 있다. 남편이 장기간 외출해 있는 사이 처가 딴 마음을 품었는데, 남편이 돌아오자 독주를 첩을 시켜 올리게 하였다. 첩은 그것이 독주 임을 알았고, 남편과 처를 둘 다 배신할 수 없다고 생각, 일부러 넘어지면서 엎어버렸다. ("吾以此飮吾主父, 則殺吾主父. 以此事告吾主父, 則逐吾主母. 與殺吾主父, 逐吾主母者, 寧佯躓 而覆之.") 여기서 첩은 남편을 주부主父라고 부르고 처를 주모主母라고 부르고 있다.

39) "妾爲女君. 傳曰, 何以期也? 妾之事女君, 與婦之事舅姑等."(『儀禮』「喪服禮」).

40) "天子有后, 有夫人, 有世婦, 有嬪, 有妻, 有妾."(『禮記』「曲禮」下).

41) "天子之妃曰后, 諸侯曰夫人, 大夫曰孺人, 士曰婦人, 庶人曰妻."(『禮記』「曲禮」下).

42) "立子以貴不以長, 立嫡爲長不以賢, 乃傳子法之精髓."(王國維, 「殷周制度論」, 456-458면).

43) "諸侯無二嫡."(『春秋左氏傳』隱公 5년), "幷后, 匹嫡, 兩政, 偶國, 亂之本也."(『春秋左氏傳』 桓公 18년).

44) "太姒嗣徽音, 則百斯男"(『詩經』「大雅·思齊」), 즉 시의 원 뜻은 후비가 남편의 자손을 번 성시키기 위해 질투의 감정을 버리고 침실을 여러 첩에게 양보함으로써 많은 자식을 얻 을 수 있다는 것이다. 이것은 후덕한 여성만이 할 수 있는 '미덕'으로 칭송되었다.

45) "文王百子, 紹姜任太姒之徽."(『女範捷錄』「后德」).

46) "是故, 螽斯緝羽, 頌太姒之仁."(『女範捷錄』「慈愛」).

47) 杜芳琴, 앞의 책, 24-25면.

48) 귀매괘歸妹卦는 여자가 시집가는 괘이다. 初九 '歸妹以娣'는 "여동생을 시집보내는 데 잉첩 으로 간다"는 뜻이다. 이는 정식 처(적처嫡妻)를 따라 가는 수많은 잉첩을 말한 것이다.

49) "諸娣從之, 祁祁如云."의 구절은 귀족인 한후韓侯가 장가드는 성대한 모습으로, 신부의 여 동생과 질녀가 신부를 따라 구름처럼 많은 수가 같이 시집오는 장면을 묘사한 것이다.

50) 이숙인, 「'貞淫'과 '德色'의 개념으로 본 유교의 성담론」『철학』(67호), 한국철학회, 2001.

51) "子柳之母死, 子碩請具. 子柳曰, 何以哉. 子碩曰, 請粥庶弟之母. 子柳曰, 如之何其粥人之母 以 葬其母也, 不可."(『禮記』「檀弓」上).

52) "晉少姜卒, 公如晉, 及河, 晉侯使士文伯來辭.曰, '非伉儷也, 請君無辱.' 公還."(『春秋左氏傳』 昭公 2년).

53) 樊靜, 『中國婚姻的歷史與現狀』, 中國國際廣播出版社, 1990, 38면.

54) "昔武王克商, 光有天下, 其兄弟之國者十有五人, 姬姓之國者四十人, 皆擧親也."(『春秋左氏傳』 昭公 28년).

55) 鄭慧生, 『上古華夏婦女與婚姻』, 河南人民出版社, 1988, 162면.

56) "宋穆公疾, 召大司馬孔父而屬殤公焉, 曰, 先君舍與夷而立寡人, 寡人弗敢忘. 若以大夫之靈, 得保首領以沒, 先君若問與夷, 其將何辭以對? 請子奉之, 以主社稷. 寡人雖死, 亦無悔焉. 對曰, 羣臣願奉馮也. 公曰, 不可. 先君以寡人爲賢, 使主社稷. 若棄德不讓, 是廢先君之擧也, 豈曰能賢? 光昭先君之令德, 可不務乎? 吾子其無廢先君之功!. 使公子馮出居于鄭. 八月庚辰, 宋穆公卒, 殤公卽位. 君子曰, 宋宣公可謂知人矣. 立穆公, 其子饗之, 命以義夫!"(『春秋左氏傳』隱公 3년).

57) 姜躍濱,「中國妻妾制度的文化背景」『中國妻妾』, 河北人民出版社, 1991, 67면 참조.

58) "媒氏, 掌萬民之判."(『周禮』「地官 · 媒氏」) (정현鄭玄은 '판判'을 '반半'으로 보았다. 그는 매씨의 일이란 사람들에게 짝을 얻게 해주고, 그 반쪽이 합해져 부부가 되도록 하는 것이라고 하였다.).

59) "凡男女自成名以上, 皆書年月日名焉. 令男三十而娶, 女二十而嫁."(『周禮』「地官 · 媒氏」) 남자 30세, 여자 20세를 혼인 연령으로 삼은 것에 대해 정현鄭玄은 삼三과 이二는 천天과 지地를 상징하는 숫자이기 때문이라고 해석했다. 그는 『주역』 설괘說卦에서 천天은 삼三으로 하고 지地는 이二로 한다는 말을 근거로 삼았다.

60) "凡娶判妻入子者, 皆書之." "司男女之無夫家者而會之."(『周禮』「地官 · 媒氏」).

61) "中春之月, 令會男女. 於是時也, 奔者不禁. 若無故而不用令者, 罰之."(『周禮』「地官 · 媒氏」).

62) 『주례』「하관夏官 · 목사牧師」에는 "孟春焚牧, 中春通淫"이라 하였는데, 즉 초봄에는 목초지에 불은 놓고 중춘에는 말들을 서로 교배시킨다는 것이다.

63) "凡嫁子娶妻, 入幣純帛無過五兩. 禁遷葬者與嫁殤者."(『周禮』「地官 · 媒氏」).

64) "凡男女之陰訟, 聽之于勝國之社. 其附于刑者, 歸之于士."(『周禮』「地官 · 媒氏」) 鄭玄은 망국의 제단에서 위를 덮고 아래에 판을 깔아 놓고서 송사를 한 것은 치정에 관한 이야기가 밖으로 새어나가지 않게 하기 위해서라고 하였다.

65) "蓺麻如之何, 衡從其畝. 取妻如之何, 必告父母. 旣曰告止, 曷又鞠止. 析薪如之何, 匪斧不克. 取妻如之何, 匪媒不得. 旣曰得止, 曷又極止."(『詩經』「齊風 · 南山」).

66) "伐柯如何, 匪斧不克. 取妻如何, 匪媒不得. 伐柯伐柯, 其則不遠. 我覯之子, 籩豆有踐."(『詩經』「豳風 · 伐柯」).

67) "男女非有行媒, 不相知名. 非受幣, 不交不親."(『禮記』「曲禮」).

68) "處女無媒, 老且不嫁."(『戰國策』「燕策」).

69) "不待父母之命, 媒妁之言, 鑽穴隙相窺, 踰墻相從, 則父母國人皆賤之."(『孟子』「滕文公」下).

70) "將仲子兮, 無踰我里, 無折我樹杞. 豈敢愛之, 畏我父母. 仲可懷也, 父母之言, 亦可畏也."(『詩經』「鄭風 · 將仲子」).

71) "男不自專娶, 女不自專嫁. 必由父母, 須媒妁何. 遠恥防淫泆也."(『白虎通』「嫁娶」).

72) 『淮南子』「泰族訓」.

73) "萬章問曰, 詩云, 娶妻如之何? 必告父母. 信斯言也, 宜莫如舜. 舜之不告而娶, 何也? 孟子曰,告則不得娶. 男女居室, 人之大倫也. 如告, 則廢人之大倫, 以懟父母, 是以不告也. 萬章曰, 舜之不告而娶, 則吾旣得聞命矣. 帝之妻舜而不告, 何也? 曰, 帝亦知告焉, 則不得妻也."(『孟子』「萬章」上).

74) 郭沫若, 『中國古代社會硏究』 人民出版社, 1978, 76면.

75) 呂振羽, 『史前期中國社會硏究』, 1935, 86면.

76) 『書經』, 『列女傳』「有虞二妃」 등 참조.

77) "干戈朕, 琴朕弤朕, 二嫂, 使治朕棲."(『孟子』「萬章」上).

78) 『淮南子』「氾論訓」.

🐉 3장

1) "予有亂臣十人."(『書經』「泰誓」).

2) "孔子曰, 才亂不其然乎. 唐虞之際, 於斯爲盛. 有婦人焉, 九人而已."(『論語』「泰伯」).

3) "子曰, 唯女子與小人, 爲難養也, 近之則不孫, 遠之則怨."(『論語』「陽貨」).

4) 남男이라는 용어는 유가와 도가를 대표하는 『논어』와 『도덕경』에는 한 차례도 나오지 않으며, 오경五經 중의 하나인 『서경』에서도 남자의 '남男'은 한번도 나오지 않는다. 『시경』에서는 두 차례, 『주역』에는 16여 회 나오는 정도이다.

5) "夏之興也以塗山, 而桀之放也以末喜."(『史記』「外戚世家」).

6) "殷之興也以有娀, 紂之殺也嬖妲己."(『史記』「外戚世家」).

7) "周之興也, 以姜原及大任, 而幽王之禽也, 淫於褒姒."(『史記』「外戚世家」).

7) "啓母者, 塗山氏長女也."(劉向, 『열녀전』「母儀 · 啓母塗山」).

8) 陳東原, 『中國婦女生活史』, 商務印書館 民國叢書, 1937年版 影印本, 38면.

9) "末喜配桀, 惟亂驕揚, 桀旣無道, 又重其荒, 姦宄是用, 不恤法常, 夏后之國, 遂反爲商."(劉向, 『열녀전』「孽嬖 · 夏桀末喜」).

11) "妲己配紂, 惑亂是脩. 紂旣無道, 又重相謬. 指笑炮炙, 諫士剖囚. 遂敗牧野, 反商爲周."(劉向, 『열녀전』「孽嬖 · 殷紂妲己」).

12) "褒神龍變, 寔生褒姒. 興配幽王, 廢后太子. 擧烽致兵, 笑寇不至, 申侯伐周, 果滅其祀."(劉向, 『열녀전』「孽嬖 · 周幽褒姒」).

13) 司馬遷, 『史記』「周本紀」, 劉向, 『열녀전』「孽嬖 · 周幽褒姒」.

14) "哲夫成城, 哲婦傾城, 懿厥哲婦, 爲梟爲鴟. 婦有長舌, 維厲之阶, 亂非降自天, 生自婦人."(『詩經』「大雅‧瞻卬」).

15) "古公亶父, 來朝走馬. 率西水滸, 至于岐下. 爰及姜女, 聿來胥宇."(『詩經』「大雅‧緜」).

16) "昔者太王好色, 愛厥妃.『詩』云, '古公亶父, 來朝走馬, 率西水滸, 至于岐下. 爰及姜女, 聿來胥宇.' 當是時也, 內無怨女, 外無曠夫. 王如好色, 與百姓同之, 於王何有."(『孟子』「梁惠王」下).

17) "摯仲氏任, 自彼殷商, 來嫁于周, 曰嬪于京. 乃及王季, 維德之行. 大任有身, 生此文王."(『詩經』「大雅‧大明」).

18) "思齊大任, 文王之母, 思媚周姜, 京室之婦. 大姒嗣徽音, 則百斯男."(『詩經』「大雅‧思齊」).

19) "天監在下, 有命旣集. 文王初載, 天作之合. 在洽之陽, 在渭之陽. 文王嘉止, 大邦有子. 大邦有子, 俔天之妹. 文定厥祥, 親迎于渭. 造舟爲梁, 不顯其光. 有命自天, 命此文王. 于周于京, 纘女維莘. 長子維行, 篤生武王. 保右命爾, 燮伐大商."(『詩經』「大雅‧大明」).

20) 是故帝嚳三妃, 生稷契唐堯之聖. 文王百子, 紹姜任太姒之徽.(『女範捷錄』「后德」).

21) "爲伋也妻也, 是爲白也母. 不爲伋也妻者, 是不爲白也母. 故孔氏之不喪出母, 自子思始也."(『禮記』「檀弓」下).

22) 劉向, 『열녀전』「孽嬖‧夏桀末喜」.

23) "『紀年』, 后桀伐岷山, 岷山女于桀二人, 曰琬, 曰琰. 桀受二女, 無子, 刻其名于苕華之玉, 苕是琬, 華是琰. 而棄其元妃于洛, 曰末喜氏. 末喜氏以與伊尹交, 遂以間夏."(『太平御覽』권一三五 皇親部).

24) "桀之放也以末喜."(『史記』「外戚世家」).

25) "桀蔽於末喜"(『荀子』「解蔽」).

26) "伊尹又復往視曠夏, 聽於末喜. 末喜言曰, '今昔天子夢西方有日, 東方有日, 兩日相與鬪, 西方日勝, 東方日不勝.' 伊尹以告湯. 商涸旱, 湯猶發師, 以信伊尹之盟, 故令師從東方出於國, 西以進."(『呂氏春秋』「愼大」).

27) "周公之不有天下, 猶益之於夏, 伊尹之於殷也."(『孟子』「盡心」下).

28) "夏桀爲仍之會, 有緡叛之. …… 桀克有緡, 以喪其國."(『春秋左氏傳』昭公 3년).

29) "夫兩堯不能相王, 兩桀不能相亡, 亡王之機, 必其治亂, 其强弱相踦者也. 木之折也必通蠹, 牆之壞也必通隙. 然木雖蠹, 無疾風不折, 牆雖隙, 無大雨不壞."(『韓非子』「亡徵」).

30) 劉向, 『열녀전』「孽嬖‧夏桀末喜」.

31) "舜有天下, 選於衆擧皐陶, 不仁者遠矣. 湯有天下, 選於衆擧伊尹, 不仁者遠矣."(『論語』「顏淵」).

32) "何事非君, 何使非民, 治亦進, 亂亦進, 伊尹也."(『孟子』「公孫丑」上).

33) "孟子曰, 否, 不然. 伊尹耕於有莘之野, 而樂堯舜之道焉, 非其義也, 非其道也, 祿之以天下, 弗顧也, 繫馬千駟, 弗視也. 非其義也, 非其道也, 一介不以與人, 一介不以取諸人."(『孟子』「萬章」上).

34) "公孫丑曰, 伊尹曰, 予不狎于不順, 放太甲于桐, 民大悅, 太甲賢, 又反之, 民大悅. 賢者之爲臣也, 其君不賢, 則固可放與. 孟子曰, 有伊尹之志則可, 無伊尹之志則篡也."(『孟子』「盡心」上).

35) 『呂氏春秋』「愼大」.

36) "湯以伐桀, 而恐天下言己爲貪也, 因乃讓天下於務光. 而恐務光之受之也, 乃使人說務光曰, 「湯殺君而欲傳惡聲于子, 故讓天下於子.」務光因自投於河."(『韓非子』「說林」上).

37) "湯與務光, 務光怒之."(『莊子』「外物」).

38) "湯將伐桀, 因卞隨而謀. 卞隨辭曰, 非吾事也. 湯曰, 孰可? 卞隨曰, 吾不知也. 湯又因務光而謀. 務光曰, 非吾事也. 湯曰, 孰可? 務光曰, 吾不知也. 湯曰, 伊尹何如? 務光曰, 彊力忍詬, 吾不知其他也. 湯遂與伊尹謀夏伐桀, 克之, 以讓卞隨. 卞隨辭曰, 后之伐桀也, 謀乎我, 必以我爲賊也. 勝桀而讓我, 必以我爲貪也. 吾生乎亂世, 而無道之人再來詢我, 吾不忍數聞也. 乃自投於潁水而死. 湯又讓於務光曰, 智者謀之, 武者遂之, 仁者居之, 古之道也. 吾子胡不位之? 請相吾子. 務光辭曰, 廢上, 非義也. 殺民, 非仁也. 人犯其難, 我享其利, 非廉也. 吾聞之, 非其義, 不受其利. 無道之世, 不踐其土. 況於尊我乎? 吾不忍久見也. 乃負石而沈於募水."(『呂氏春秋』「離俗」).

39) 佐野學,「殷人末期の社會」,『殷周革命』, 青山書院, 1951, 83면.

40) 갑골문에 기록된 "辛巳卜, …… 貞, 登婦好三千, 登旅萬, 呼伐……" "癸酉卜, 恒貞, 生十二月婦好來." "…… 丑…… 貞, 婦姘田獲." 등이 이것을 말해 준다(王暉,『商周文化比較硏究』, 人民出版社, 2000, 385-388면 참조).

41) 『史記』「周本紀」에 의하면 신후申侯는 딸을 천자인 유왕幽王에게 시집보내어 태자 의구宜臼를 얻었다. 유왕이 신후申后와 태자를 폐하고 포사가 낳은 백복伯服를 태자로 세우자, 폐출된 왕후의 아버지인 신나라 제후는 군사를 일으켜 유왕을 공격하여 죽이고, 그의 외손자인 의구를 천자의 자리에 앉혔는데, 그가 바로 평왕平王이다.

42) "人有土田, 女反有之. 人有民人, 女覆奪之. 此宜無罪, 女反收之. 彼宜有罪, 女覆說之. 哲夫成城, 哲婦傾城. 懿厥哲婦, 爲梟爲鴟. 婦有長舌, 維厲之階. 亂匪降自天, 生自婦人. 匪教匪誨, 時維婦寺. 鞫人忮忒, 譖始竟背. 豈曰不極, 伊胡爲慝. 如賈三倍, 君子是識. 婦無公事, 休其蠶織."(『詩經』「大雅·瞻卬」).

43) 谷口義介,「西周王朝滅亡の一側面」『中國古代社會硏究』, 朋友書店, 1987, 125-147면.
谷口義介,「褒姒說話の形成」앞의 책, 303-319면.

44) 鄭慧生,『上古華夏婦女與婚姻』, 河南人民出版社, 1988, 164-165면.

45) "凡伯刺幽王大壞也."(『詩經』「大雅·瞻卬」의 毛詩序).

46) 朱熹,『詩集傳』.

47) 『詩經』「大雅·瞻卬」.

48) 『詩經』「小雅·正月」.

49) 「仲氏鹿門先生行狀」『雲湖集』제6권.

50) "三年, 王嬖褒姒. 冬, 大震電."(『竹書紀年』「周幽王」).

51) 劉詠聰,「漢代之婦人災異論」『中國婦女史論集』(四集), 稻鄕出版社, 1994, 2면.

52) 劉詠聰,「漢代"婦人言色亡國"論之發展」『中華文史論叢』(第五十輯), 上海古籍出版社, 1992, 231-246면.

53) Charles MEYER,「生きつづける古代」『中國女性の歷史』辻由美 譯, 白水社, 1995, 17-19면.

54) 杜芳琴,「周禮的興衰: 兩性關係模式的理性奠基」『陽剛與陰柔的變奏』, 中國社會科學出版社, 1995, 148-149면.

55) "內作色荒, 外作禽荒……"『尙書』「夏書 五子之歌」에 실린 태강太康의 교훈이다.

🐉 4장

1) "禹母, 天薏苡而生禹, 故夏姓曰姒."(『論衡』「奇怪」), "母曰修己, 出行, 見流星貫昴, 夢接意感, 旣而呑神珠. 修己背剖, 而生禹於石紐"(『竹書紀年』).

2) "夏禹, 名曰文命. 禹之父曰鯀."(『史記』「夏本紀」).

3) "禹曰, '予(辛壬)娶塗山, 癸甲, 生啓. 予不子, 以故能成水土功.'"(『史記』「夏本紀」).

4) 『열녀전』「母儀‧啓母塗山」.

5) "帝禹立而擧皋陶薦之, 且授政焉, 而皋陶卒. 封皋陶之後於英 六, 或在許. 而后擧益, 任之政. 十年, 帝禹東巡狩, 至于會稽而崩. 以天下授益. 三年之喪畢, 益讓帝禹之子啓, 而辟居箕山之陽. 禹子啓賢, 天下屬意焉."(『史記』「夏本紀」).

6) "實際益, 啓之間爭奪王位."(『紀年』)"益干啓位, 啓殺之."(『紀年』).

7) "丹朱之不肖, 舜之子亦不肖."(『孟子』「萬章」上).

8) "殷契, 母曰簡狄, 有娀氏之女, 爲帝嚳次妃. 三人行浴, 見玄鳥墮其卵, 簡狄取呑之, 因孕生契."(『史記』「殷本紀」).

9) "天命玄鳥, 降而生商"(『詩經』「商頌‧玄鳥」).

10) "有娀方將, 立子生商"(『詩經』「商頌‧長發」).

11) 『열녀전』「母儀‧契母簡狄」.

12) "姜源出野, 見巨人迹, 心忻忻悅, 欲踐之, 踐之而身動如孕者, 居期而生子."(『史記』「周本記」).

13) "厥初生民, 是維姜嫄. 生民如何, 克禋克祀, 以弗無子. 履帝武敏, 歆攸介攸止, 載震載夙, 載生載育, 時維后稷."(『詩經』「大雅‧生民」).

14) "誕寘之隘巷, 牛羊腓字之. 誕寘之平林, 會伐平林. 誕寘之寒冰, 鳥覆翼之. 鳥乃去矣, 后稷呱矣. 實覃實訏, 厥聲載路."(『詩經』「大雅‧生民」).

15) 『帝王世紀』.

16) "母曰附寶, 見大電繞北斗樞星, 光照郊野, 感而孕. 二十五月而生帝於壽丘."(『竹書紀年』).

17) "母曰慶都, …… 赤龍感之, 孕十四月而生堯於丹陵."(『竹書紀年』).

18) "母曰握登, 見大虹意感, 而生舜於姚墟."(『竹書紀年』).

19) 『博物志』 권9, 『列子』「天瑞」.

20) "昔太古嘗無君矣, 其民聚生羣處, 知母不知父, 無親戚兄弟夫妻男女之別, 無上下長幼之道." (『呂氏春秋』「恃君覽 · 恃君」).

21) "古之時未有三綱六紀, 民但知其母, 不知其父, 臥之詎詎, 行之吁吁, 於是伏羲仰觀象於天, 俯察法於地, 因夫婦, 正五行, 始定人道."(『白虎通』「號」).

22) "天地設, 而民生之. 當此之時也, 民知其母而不知其父, 其道親親而愛私. 親親則別, 愛私則險, 民衆而以別險爲務, 則民亂."(『商君書』「開塞」).

23) 陳顧遠, 『中國婚姻史』, 上海文藝出版社, 1987, 22면.

24) 任達榮, 「關於中國古代母系社會的考證」 『中國婦女史論集』, 稻鄉出版社, 1987, 10면.

25) "張夫子問褚先生曰, '詩言契 后稷皆無父而生. 今案諸傳記咸言有父, 父皆黃帝子也, 得無與詩謬乎?' 褚先生曰. '不然. 詩言契生於卵, 后稷人迹者也, 欲見其有天命精誠之意耳. 鬼神不能自成, 須人而生, 柰何無父而生乎! 一言有父, 一言無父, 信以傳信, 疑以傳疑, 故兩言之. 堯知契 稷皆賢人, 天之所生.'"(『史記』「世表」).

26) "民知其母, 不知其父."(『莊子』「盜跖」).

27) "仲春之月, 令會男女, 于是時也, 奔者不禁. 而無故而不用令者, 罰之."(『周禮』「地官 · 媒氏」).

28) 엘리아데, 『종교형태론』, 이은봉 역, 한길사, 1996, 462면.

29) M.Granet, 『支那古代の祭禮と歌謠』, 內田智雄 譯, 弘文堂, 1942, 14면.

30) 杜金鵬, 「縱橫交織的陰陽綱絡」 『陽剛與陰柔的變奏』, 中國社會科學出版社, 1995, 107면.

31) 고매高禖를 『주례周禮』에서는 교매郊禖라고 한다. 당唐의 공영달孔穎達은 『시詩』의 「생민生民」과 「현조玄鳥」에서도 교매郊禖라고 하고 있으니 「월령月令」의 고매高禖는 교매郊禖가 되어야 한다고 하였다. 그런데 이 고매高禖 또는 교매郊禖가 가리키는 것에 대해서는 이견이 많다. 제사 이름으로 보는 설이 있고 제사를 거행하는 장소로 보는 설이 있다. 정현鄭玄과 같은 학자는 장소를 가리킨다고 하지만 합의된 결론은 얻지 못한 것 같다. 단, 교매郊禖를 장소로 보거나 제사 명으로 보거나를 막론하고 그 목적은 '거무자구유자去無子求有子'에 있었다. 교매郊禖의 장소는 교외 야외였다는 것은 일치한다.(杜金鵬, 「縱橫交織的陰陽綱絡」 앞의 책, 108-109면).

32) "仲春之月 …… 玄鳥至, 至之日, 以大牢祠于高禖. 天子親往, 后妃率九嬪御."(『禮記』「月令」).

33) "燕之有祖, 當齊之社稷, 宋之有桑林, 楚之有雲夢也, 此男女之所屬而觀也."(『墨子』「明鬼」).

34) 郭沫若, 「卜辭中的古代社會」 『中國古代社會研究』, 人民出版社, 1978, 216-217면.

460

35) "紇與顏氏女野合而生孔子, 禱于尼丘得孔子."(『史記』「孔子世家」).

36) "關關雎鳩, 在河之洲. 窈窕淑女, 君子好逑. 參差荇菜, 左右流之. 窈窕淑女, 寤寐求之. 求之不得, 寤寐思服. 悠哉悠哉, 輾轉反側. 參差荇菜, 左右采之. 窈窕淑女, 琴瑟友之. 參差荇菜, 左右芼之. 窈窕淑女, 鐘鼓樂之."(『詩經』「召南 · 關雎」).

37) "蘀兮蘀兮, 風其吹女. 叔兮伯兮, 倡予和女. 蘀兮蘀兮, 風其漂女. 叔兮伯兮, 倡予要女."(『詩經』「鄭風 · 蘀兮」).

38) "有杕之杜, 生于道左. 彼君子兮, 噬肯適我. 中心好之, 曷飲食之. 有杕之杜, 生于道周. 彼君子兮, 噬肯來遊. 中心好之, 曷飲食之."(『詩經』「唐風 · 有杕之杜」).

39) "蟋蟀在堂, 歲聿其莫. 今我不樂, 日月其除."(『詩經』「唐風 · 蟋蟀」).

40) "將仲子兮, 無踰我里. 無折我樹杞. 豈敢愛之, 畏我父母. 仲可懷也, 父母之言, 亦可畏也. 豈敢愛之, 畏我諸兄. 仲可懷也, 諸兄之言, 亦可畏也. 豈敢愛之, 畏人之多言. 仲可懷也, 人之多言, 亦可畏也."(『詩經』「鄭風 · 將仲子」).

41) "野有死麕, 白茅包之. 有女懷春, 吉士誘之. 林有樸樕, 野有死鹿. 白茅純束, 有女如玉. 舒而脫脫兮, 無感我帨兮, 無使尨也吠."(『詩經』「召南 · 野有死麕」).

42) 金學主 譯著, 『詩經』, 明文堂, 1988, 63-64면.

43) "丘中有麻, 彼留子嗟, 將其來施施. 丘中有麥, 彼留子國. 彼留子國, 將其來食. 丘中有李, 彼留之子. 彼留之子, 貽我佩玖."(『詩經』「王風 · 丘中有麻」).

44) "彼采葛兮. 一日不見, 如三月兮. 彼采蕭兮. 一日不見, 如三秋兮. 彼采艾兮. 一日不見, 如三歲兮."(『詩經』「王風 · 采葛」).

45) "東門之池, 可以漚麻. 彼美淑姬, 可與晤歌."(『詩經』「陳風 · 東門之池」).

46) 殷楚英 編著, 『詩經中的情歌』, 武漢出版社, 1994, 53면.

47) "東門之楊, 其葉牂牂. 昏以爲期, 明星煌煌."(『詩經』「陳風 · 東門之楊」).

48) "東門之枌, 宛丘之栩. 子仲之子, 婆娑其下. 旦于差, 南方之原. 不績其麻, 市也婆娑. 旦于逝, 越以鬷邁. 視爾如荍, 貽我握椒."(『詩經』「陳風 · 東門之枌」).

49) "出其東門, 有女如雲. 雖則如雲, 匪我思存. 縞衣綦巾, 聊樂我員."(『詩經』「鄭風 · 出其東門」).

50) "溱與洧, 方渙渙兮. 士與女, 方秉蕳兮. 女曰觀乎, 士曰旣且. 且往觀乎, 洧之外, 洵訏且樂. 維士與女, 伊其相謔, 贈之以勺藥."(『詩經』「鄭風 · 溱洧」).

51) 상사上巳란 3월 첫째 사巳일을 말하는데, 위진魏晉 이후에는 상사 일을 3월 3일로 정했다고 한다.(殷楚英 編著, 앞의 책, 60면).

52) 高亨, 『詩經今注』.

53) "古代風習, 三月三日, 春意正濃時節, 擧行靑年男女的歡會, 可在歡會中選擇情侶, 這首歌就是描述這種盛況的."(袁梅, 『詩經譯注』).

54) "遵大路兮, 摻執子之祛兮. 無我惡兮, 不寁故也. 遵大路兮, 摻執子之手兮. 無我魗兮, 不寁好也."(『詩經』「鄭風·遵大路」).

55) "靜女其姝, 俟我於城隅. 愛而不見, 搔首踟蹰. 靜女其孌, 貽我彤管. 彤管有煒, 說懌女美."(『詩經』「邶風·靜女」).

56) 『朱子語類』.

57) "子惠思我, 褰裳涉溱. 子不我思, 豈無他人. 狂童之狂也且. 子惠思我, 褰裳涉洧. 子不我思, 豈無他士. 狂童之狂也且."(『詩經』「鄭風·褰裳」).

58) 衛聚賢, 『古史研究』, 上海文藝出版社(商務印書館 1936年版 影印本), 140면.

59) 『春秋左氏傳』桓公 15년.

60) "彼狡童兮, 不與我言兮. 維子之故, 使我不能餐兮. 彼狡童兮, 不與我食兮. 彼狡童兮, 不與我食兮."(『詩經』「鄭風·狡童」).

61) "江有汜, 之子歸, 不我以. 不我以, 其後也悔. 江有渚, 之子歸, 不我與. 不我與, 其後也處."(『詩經』「召南·江有汜」).

62) "汎彼柏舟, 亦汎其流. 耿耿不寐, 如有隱憂. 微我無酒, 以敖以遊."(『詩經』「邶風·柏舟」).

63) "日居月諸, 照臨下土. 乃如之人兮, 逝不古處. 胡能有定, 寧不我顧."(『詩經』「邶風·日月」).

64) "終風且暴, 顧我則笑. 謔浪笑敖, 中心是悼. 終風且霾, 惠然肯來. 莫往莫來, 悠悠我思. 終風且曀, 不日有曀. 寤言不寐, 願言則嚏. 曀曀其陰, 虺虺其雷. 寤言不寐, 願言則懷."(『詩經』「邶風·終風」).

65) 『漢書』「地理誌」.

66) "翟翟竹竿, 以釣于淇. 豈不爾思, 遠莫致之. 泉源在左, 淇水在右. 女子有行, 遠父母兄弟."(『詩經』「衛風·竹竿」).

67) "月出皎兮, 佼人僚兮. 舒窈糾兮. 勞心悄兮."(『詩經』「陳風·月出」).

68) "彼澤之陂, 有蒲與荷. 有美一人, 傷如之何. 寤寐無爲, 涕泗滂沱."(『詩經』「陳風·澤陂」).

69) "君子于役, 不知其期, 曷至哉. 雞棲于塒, 日之夕矣, 羊牛下來. 君子于役, 如之何勿思."(『詩經』「王風·君子于役」).

70) "君子陽陽, 左執簧, 右招我由房, 其樂只且. 君子陶陶, 左執翿, 右招我由敖, 其樂只且."(『詩經』「王風·君子陽陽」).

71) "揚之水, 不流束薪. 彼其之子, 不與我戍申. 懷哉懷哉, 曷月予還歸哉."(『詩經』「王風·揚之水」).

72) "擊鼓其鏜, 踊躍用兵. 土國城漕, 我獨南行. 死生契闊, 與子成說. 執子之手, 與子偕老. 于嗟闊兮, 不我活兮. 于嗟洵兮, 不我信兮."(『詩經』「邶風·擊鼓」).

73) "詩三百, 一言以蔽之曰, 思無邪."(『論語』「爲政」).

74) "古者詩三千余篇, 及至孔子去其重, 取可施于禮義, 三百五篇."(『史記』「孔子世家」).

75) "子謂伯魚曰, 女爲周南召南矣乎. 人而不爲周南召南, 其猶正牆面而立也與."(『論語』「陽貨」).

76) "嘗獨立鯉趨而過庭, 曰, 學詩乎. 對曰, 未也. 不學詩, 無以言. 鯉退而學詩."(『論語』「季氏」).

77) "子曰, 小子何莫學夫詩. 詩, 可以興, 可以觀, 可以群, 可以怨. 邇之事父邇之事君. 多識於鳥獸草木之名."(『論語』「陽貨」).

78) "溫柔敦厚, 詩教也."(『禮記』「經解」).

79) "子曰, 關雎, 樂而不淫, 哀而不傷."(『論語』「八佾」).

80) "關雎, 后妃之德也. 風之始也, 所以風天下而正夫婦也. …… 關雎, 樂得淑女以配君子, 愛在進賢, 不淫其色, 哀窈窕, 思賢才, 而無傷善之心焉, 是關雎之義也."(毛亨,「毛詩序」).

81) "此詩之作, 主美后妃進賢. 思賢才, 謂思賢才之善女."(孔穎達,「毛詩正義」).

82) "…… 盖指文王之妃太姒爲處子時而言也. 君子則指文王也. …… 周之文王生有聖德, 又得聖女姒氏以爲之配. 宮中之人, 于其始至, 見其有幽閑貞靜之德, 故作此詩."(朱熹,『詩集傳』).

83) "小序以爲后妃之德,『集傳』又謂宮人之咏太姒, 皆無確證. …… 此詩盖周邑之咏初昏者, 故以爲房中樂, 用之鄕人, 用之邦國, 而無不宜焉."(方玉潤,『詩經原始』).

84) 聞一多,「風詩類抄」『聞一多全集』(v.5) 湖北人民出版社, 1993.

85) "褰裳, 思見正也, 狂童恣行, 國人思大國之正已也."(『毛詩序』).

86) "一个女子告誡他的戀人說, 你不愛我, 我就愛別人. 這是情人之間的戲謔之詞."(高亨,『詩經今注』).

87) "如狡童子衿等篇, 皆淫亂之詩, 而說詩者誤以爲刺昭公, 刺學校廢耳. 衛詩尙可, 猶是男子戲婦人. 鄭詩則不然, 多是婦人戲男子, 所以聖人尤惡鄭聲也."(『朱子語類』).

88) "遵大路, 思君子也. 莊公失道, 君子去之, 國人思望焉."(『毛詩序』).

89) "淫婦爲人所棄, 故于其去也, 攬其袪而留之曰, 子無惡我而不留, 故舊不可以遽絶也."『詩集傳』

90) "這是一首戀歌, 男子(或女子)請求女子(或男子)不要與他(或她)絶交."(高亨,『詩經今注』).

91) "閔亂也. 公子五爭, 兵革不息, 男女相棄, 民人思保其室家焉."(「毛詩序」).

92) "人見淫奔之女, 而作此詩. 以爲此女雖美且衆, 而非我思之所存也. 不女己之室家雖貧且陋, 而聊可以自樂也. …… 是時淫風大行, 而其間乃有如此之人, 亦可謂能自好, 而不爲習俗所移矣." (『詩集傳』).

93) "아내가 닭이 운다고 하니 남편은 아직 어둡다고 한다. 일어나 밖을 보세요, 샛별이 반짝이네요. 밖으로 나가 주살로 오리나 기러기를 잡아오지요. 잡아온 새들은 당신 위해 안주로 만들지요. 안주 놓고 술 마시며 당신과 해로하리. 거문고 옆에 있으니 또한 즐겁고 행복하지요.("女日雞鳴, 士曰昧旦. 子興視夜, 明星有爛. 將翶將翔, 弋鳧與雁. 弋言加之, 與子宜之. 宜言飮酒, 與子偕老. 琴瑟在御, 莫不靜好."「鄭風·女曰雞鳴」).

94) "如鄭詩雖淫亂, 然出其東門一詩, 卻如此好. 女曰雞鳴一詩, 意思亦好. 讀之, 眞箇有不知手之舞足之蹈者!"(『朱子語類』).

95) "問, 靜女, 注以爲淫奔期會之詩, 以靜爲閒雅之意. 不知淫奔之人方相與狎溺, 又何取乎閒雅?" 曰, "淫奔之人不知其爲可醜, 但見其爲可愛耳. 以女而俟人於城隅, 安得謂之閒雅? 而此曰 '靜女' 者, 猶日月詩所謂 '德音無良' 也. 無良, 則不足以爲德音矣, 而此曰 '德音', 亦愛之之辭也." (『朱子語類』).

🐍 5장

1) (1)氓之蚩蚩, 抱布貿絲. 匪來貿絲, 來卽我謀. 送子涉淇, 至于頓丘. 匪我愆期, 子無良媒. 將子無怨, 秋以爲期. (2) 乘彼垝垣, 以望復關. 不見復關, 泣涕漣漣. 旣見復關, 載笑載言. 爾卜爾筮, 體無咎言.以爾車來, 以我賄遷. (3) 桑之未落, 其葉沃若. 于嗟鳩兮, 無食桑葚. 于嗟女兮, 無與士耽. 士之耽兮, 猶可說也, 女之耽兮, 不可說也. (4) 桑之落矣, 其黃而隕. 自我徂爾, 三歲食貧. 淇水湯湯, 漸車帷裳. 女也不爽, 士貳其行. 士也罔極, 二三其德. (5) 三歲爲婦, 靡室勞矣. 夙興夜寐, 靡有朝矣. 言旣遂矣, 至于暴矣. 兄弟不知, 咥其笑矣. 靜言思之, 躬自悼矣. (6) 及爾偕老, 老使我怨. 淇則有岸, 隰則有泮. 總角之宴, 言笑晏晏. 信誓旦旦, 不思其反. 反是不思, 亦已焉哉. (『詩經』「衛風 · 氓」).

2) 殷楚英, 『詩經中的情歌』, 武漢出版社, 1994, 414~417면.

3) 위풍衛風에 실려 있는 「맹氓」은 백거이白居易의 「비파행琵琶行」, 「장한가長恨歌」, 그리고 『옥대신영玉臺新詠』에 실려 있는 「공작동남비孔雀東南飛」의 저본이 되었다고 보았다.(袁愈荌·唐莫堯, 『詩經全譯』).

4) "此淫婦爲人所棄, 而自敘其事以道其悔恨之意也."(『詩集傳』).

5) "南風謂之凱風, 東風謂之谷風, 北風謂之涼風, 西風謂之泰風."(『爾雅』「釋天」).

6) "習習谷風, 維風及雨. 將恐將懼, 維予與女. 將安將樂, 女轉棄予. 習習谷風, 維風及頹. 將恐將懼, 寘予于懷. 將安將樂, 棄予如遺. 習習谷風, 維山崔嵬. 無草不死, 無木不萎. 忘我大德, 思我小怨."(『詩經』「小雅 · 谷風」).

7) "行道遲遲, 中心有違. 不遠伊邇, 薄送我畿. 誰謂荼苦, 其甘如薺. 宴爾新昏, 如兄如弟."(『詩經』「邶風 · 谷風」).

8) "中谷有蓷, 暵其脩矣. 有如妣離, 條其嘯矣. 條其嘯矣, 遇人之不淑矣."(『詩經』「王風 · 中谷有蓷」).

9) "山有扶蘇, 隰有荷華. 不見子都, 乃見狂且. 山有喬松, 隰有游龍. 不見子充, 乃見狡童."(『詩經』「鄭風 · 山有扶蘇」).

10) "男女構精 萬物化生."(『周易』「繫辭」下), "天地感而萬物化生."(『周易』咸卦 象).

11) "天地之大德曰生."(『周易』「繫辭」上).

12) "子曰, 關雎, 樂而不淫, 哀而不傷."(『論語』「八佾」).

13) "萬章問曰. 詩云, 娶妻如之何, 必告父母. 信斯言也, 宜莫如舜. 舜之不告而娶, 何也. 孟子曰, 告則不得娶. 男女居室, 人之大倫也. 如告, 則廢人之大倫, 以懟父母, 是以不告也."(『孟子』「萬章」上).

14) "凡溝必因水勢, 防必因地勢, 善溝者水漱之, 善防者水淫之."(『周禮』「考工記 · 冬官」).

464

15) "秋, 宋大水. 公使弔焉, 曰, 天作淫雨, 害於粢盛, 若之何不弔."(『春秋左氏傳』莊公 11년).

16) "久雨謂之淫. 淫謂之霖."(『爾雅』 釋天).

17) "穆子曰, 善人富謂之賞, 淫人富謂之殃."(『春秋左氏傳』襄公 28년).

18) "驕·奢·淫·佚, 所自邪也. 四者之來, 寵祿過也."(『春秋左氏傳』隱公 3년) 주신朱申의 주에 의하면 교교驕는 자기를 믿고 상대를 업신여기는 것이고, 사사奢는 뽐내며 윗사람을 참소하는 것이고, 음음淫은 욕심이 과도한 것이고 일일佚은 방자함이 그지없는 것이다.

19) "天有六氣, 降生五味, 發爲五色, 徵爲五聲. 淫生六疾. 六氣曰陰陽風雨晦明也.……陰淫寒疾, 陽淫熱疾, 風淫末疾, 雨淫腹疾, 晦淫惑疾, 明淫心疾."(『春秋左氏傳』昭公 元年).

20) "君子曰, 酒以成禮, 不繼以淫, 義也. 以君成禮, 弗納於淫, 仁也."(『春秋左氏傳』莊公 22년).

21) "今納夏姬, 貪其色也. 貪色爲淫, 淫爲大罰."(『春秋左氏傳』成公 2).

22) "樂而不淫, 哀而不傷."(『論語』「八佾」).

23) 劉達臨, 『中國의 性 文化』上, 강영매 외 옮김, 범우사, 2000.

24) "古之時未有三綱六紀, 民但知其母, 不知其父, 臥之詎詎, 行之吁吁, 於是伏羲仰觀象於天, 俯察法於地, 因夫婦, 正五行, 始定人道."(『白虎通』「號」).

25) "姑姉妹女子子已嫁而反, 男子不與同席而坐. 寡婦不夜哭. 婦人疾, 問之不問其疾. 以此坊民, 民猶淫爲而亂於族."(『禮記』「坊記」).

26) 원형리정元亨利貞의 일반적인 해석은 원은 시작, 형은 통함, 리는 조화, 정은 바름으로 해석한다.("文言曰, 元者, 善之長也, 亨者, 嘉之會也, 利者, 義之和也, 貞者, 事之幹也."『주역』「문언전」).

27) "恒其德貞, 婦人吉, 夫子凶."(『周易』恒卦 六五).

28) 小畜卦 上九爻"婦貞厲".

29) 家人卦: 家人, 利女貞.(彖曰, 家人, 女正位乎內, 男正位乎外, 男女正, 天地之大義也.) 家人 六二: 无攸遂, 在中饋, 貞吉.(象曰, 六二之吉, 順以巽也.)

30) 陳東原, 『中國婦女生活史』, 商務印書館(民國叢書, 1937年版 影印本), 29-30면.

31) "家人, 利女貞."(『周易』「家人卦」).

32) "彖曰, 家人, 女正位乎內, 男正位乎外, 男女正, 天地之大義也."(『周易』「象傳·家人」).

33) "六五, 恒其德, 貞, 婦人吉, 夫子凶."(『周易』「象傳·恒卦」六五 爻辭).

34) "一陰而遇五陽, 則女德不貞而壯之甚也. 取以自配, 必害乎陽."(『周易』「姤卦」의 "姤女壯, 勿用取女"에 대한 『周易本義』의 해석).

35) "夫婦之道, 不可以不久也. 故受之以恒."(『周易』「序卦」).

36) "……壹與之齊, 終身不改, 故夫死不可."(『禮記』「郊特牲」).

37) 趙鳳喈, 『中國婦女在法律上之地位』, 食貨月刊社, 1976, 79면.

38) 樊靜, 『中國婚姻的歷史與現狀』, 中國國際廣播出版社, 1990, 25-28면.

39) 이숙인, 「유교의 부부윤리와 그 현대적 전망: 『中庸』의 부부조단설을 중심으로」 『儒敎思想研究』(제9집), 1998.

40) "子云, 天無二日, 土無二王, 家無二主, 尊無二上, 示民有君臣之別也."(『禮記』「坊記」).

41) "有子而嫁, 倍死不貞"(진시황秦始皇은 회계 지방에서 정절을 강조하는 장문長文의 글을 남긴 것에 대해 고염무顧炎武는 『일지록日知錄』에서 이렇게 설명한다. 월越의 중심 도시였던 회계 지방은 월왕越王 구천勾踐의 인구 증강책이 파생한 문란한 성 생활이 일상화되어 있었기 때문에 진시황이 이 점을 주시한 것이다. 陳東原, 앞의 책, 42~43면).

42) "秦始皇帝, 令裸比封君以時與列臣朝淸而巴蜀寡婦淸. 其先得丹穴而擅其利數世家亦不訾. 淸寡婦也, 能守其業用財自衛不見侵犯. 秦始皇帝以爲貞婦而客之爲築女懷淸臺. 夫保鄙人牧長淸窮鄕寡婦禮抗萬乘名顯天下豈非以富邪."(『史記』「貨殖列傳」).

43) 劉達臨, 『中國古代性文化』, 寧夏人民出版社, 1993.

44) 유향, 『열녀전』 「정순편」 「절의편」 참조.

45) 徐復觀, 『兩漢思想史』, 學生書局, 1983, 42~45면.

46) 陳東原, 앞의 책, 188면.

47) 陳東原, 앞의 책, 189면.

48) 陳東原, 앞의 책, 189~210면.

49) 田汝康, 『공자의 이름으로 죽은 여인들: Male Anxiety and Female Chastity』, 이재정 옮김, 예문서원, 1999.

50) 고대 선진 시대에서 송宋 이전以前이 정절 관념이 형성되고 확대되는 시기라면 송과원, 명은 이론화되고 엄격화되는 시기이다. 그리고 청에서는 정절 관념을 종교화하여 그 절정을 맞이하는 시기로 평가된다. (劉紀華, 「婦女風俗考」 『中國婦女史論集』, 1994.)

51) 陳東原, 앞의 책, 210면.

52) "賢賢易色"(『論語』「學而」).

53) "吾未見, 好德如好色者也."(『論語』「衛靈公」, 「子罕」) 이에 대해 사씨가 말하였다. "아름다운 여인을 좋아하고 악취를 싫어함은 (속임이 없는) 성실함이니, 덕을 좋아하기를 여색을 좋아하듯이 한다면 진실로 덕을 좋아하는 것이다. 그러나 백성들은 이렇게 하는 자가 드물다."("謝氏曰, 好好色, 惡惡臭, 誠也. 好德如好色, 斯誠好德矣. 然民鮮能之."『論語集註』).

54) "所謂誠其意者, 毋自欺也. 如惡惡臭, 如好好色, 此之謂自謙."(『大學』).

55) "子云, '好德如好色.' 諸侯不下漁色, 故君子遠色, 以爲民紀."(『禮記』「坊記」).

56) "王曰, '寡人有疾, 寡人好色.' 對曰, '昔者大王好色, 愛厥妃. 詩云, 「古公亶甫, 來朝走馬, 率西水滸, 至于岐下. 爰及姜女, 聿來胥宇.」 當是時也, 內無怨女, 外無曠夫. 王如好色, 與百姓同之, 於王何有?'"(『孟子』「梁惠王」下).

57) "何畏乎, 巧言令色孔壬."(『書經』「虞書·皐陶謨」), "巧言令色, 鮮矣仁."(『論語』「學而」).

58) "語曰, 好女之色, 惡者之孽也. 公正之士, 衆人之痤也."(『荀子』「君道」).

59) "今納夏姬, 貪其色也. 貪色爲淫, 淫爲大罰."(『春秋左氏傳』成公6년).

60) "賢賢易色"(『論語』「學而」).

61) "已矣乎, 吾未見好德如好色者也."(『論語』「衛靈公」).

62) "好色, 人之所欲. 妻帝之二女, 而不足以解憂."(『孟子』「萬章」上).

63) "訓有之, 內作色荒, 外作禽荒. 甘酒嗜音, 峻宇彫牆, 有一于此, 未或不亡."(『書經』「夏書・五子之歌」).

64) "敢有殉于貨色, 恒于遊畋, 時謂淫風."(『書經』「商書・伊尹」).

65) "好田好女者, 亡其國."(『禮記』「郊特牲」).

66) "惟王不邇聲色, 不殖貨利."(『書經』「商書・仲虺之誥」).

67) "故君子耳不聽淫聲, 目不視女色, 口不出惡言. 此三者, 君子愼之."(『荀子』「樂論」).

68) "君子齊戒, 處必掩身, 毋躁. 止聲色, 毋或進."(『禮記』「月令」).

69) "敢有殉于貨色, ……"(『書經』「商書・伊尹」).

70) "貨色遠之."(『荀子』「大略」).

71) "王如好貨, 與百姓同之, 於王何有. …… 王如好色, 與百姓同之, 於王何有."(『孟子』「梁惠王」下).

72) "酒食聲色之中, 則瞞瞞然, 瞑瞑然."(『荀子』「非十二子」).

72) "食色, 性也."(『孟子』「告子」上).

74) "淫於色而害於德"(『禮記』「樂記」).

75) "以此坊民, 民猶以色厚於德."(『禮記』「坊記」).

76) 杜芳琴, 「男性中心社會的婦女觀念」『女性觀念的衍變』, 河南人民出版社, 1988, 80면.

77) "血氣未定, 戒之在色."(『論語』「季氏」).

78) "內作色荒, 外作禽荒."(『書經』「夏書・五子之歌」) "好田好女者, 亡其國."(『禮記』「郊特牲」).

79) 미셸 푸코, 『성의 역사』 2권 쾌락의 활용, 117면.

80) Kenneth Pomeranz, "Power, Gender, and Pluralism in the Cult of the Goddess of Taishan" Culture & State in Chinese History, Stanford University Press, Stanford, California 1997, 182~204면.

81) "姤女壯, 勿用取女."(『周易』「姤」).

82) "一陰而遇五陽, 則女德不貞而壯之甚也. 取以自配, 必害乎陽."(『周易』「姤卦」의 "姤女壯, 勿用取女"에 대한 『周易本義』의 해석).

83) 유향, 『열녀전』「孼嬖・夏桀未喜」.

84) 『여사서』에는 훌륭한 내조자의 전형들이 소개되고 있는데, 자신의 외모에 대해 관심이 없었음을 강조하는 방식을 통해 그들의 덕성이나 능력을 높이는 것을 의도하고 있음을

보게 된다. (『여사서』 이숙인 역주, 도서출판 여이연, 2003).

85) "信, 事人也. 信, 婦德也. 壹與之齊, 終身不改, 故夫死不嫁." (『禮記』 「郊特牲」).

86) "婦德, 不必才明絶異也." (『女誡』).

87) "婦言, 不必辯口利辭也. 婦容, 不必顔色美麗也. 婦功, 不必工巧過人也." (『女誡』).

88) "有奇福者, 必有奇禍. 而有甚美者, 必有甚惡." (『열녀전』 「仁智·晉羊叔姬」).

89) 『열녀전』 「變通·齊鍾離春」.

90) 『열녀전』 「變通·齊宿瘤女」.

91) 『열녀전』 「變通·齊孤逐女」.

92) 『열녀전』 「貞順·梁寡高行」.

93) "吾聞之, '好內女死之, 好外士死之.' 今吾子夭死, 吾惡其以好內聞也. 二三婦之辱共祀先祀者. 請毋瘠色, 毋揮涕, 毋陷膺, 毋憂容. 有降服毋加服, 從禮而靜, 是昭吾子." (劉向, 『열녀전』 「賢明·魯季敬姜」).

94) "帝曰, 衛公女有五可, 賈公女有五不可. 衛氏種賢而多子, 美而長白. (五可, 種賢一也, 多子二也, 美三也, 長四也, 白五也.) …… 賈氏種妒而少子, 醜而短黑." (『資治通鑑』 「晉紀」 世祖武皇帝 七年).

95) 『詩經』 「大雅·思齊」.

96) "寡婦不夜哭." (『禮記』 「坊記』).

97) 유향, 『열녀전』 「賢明·魯季敬姜」.

98) "男女構精, 萬物化生" (『易』 「繫辭」 下).

99) 미셀 푸코, 앞의 책, 158-160면(여기서 반 훌릭(『中國性風俗史』, 까치)의 주장이 인용되고 있다.).

100) 劉達臨, 『中國의 性 文化』 上, 강영매 외 옮김, 범우사, 2000, 49면.

101) "陰陽配偶, 天地之大義也. 天地未有生而無偶者. 終身不適, 是乖陰陽之氣, 而傷天地之和也." "女未嫁人而爲其夫死, 又有終身不改適者, 非禮也." "夫女子未有以身許人之道也, 未嫁而爲其夫死且不改適者, 是以身許人也 …… 女子在室, 唯其父母爲之許聘於人也, 而己無所與, 純乎女道而已矣." (歸有光, 「貞女論」).

102) "夫婦之道如陰陽表裏, 無陽則陰不能立, 無表則裡無所附. 妾今不幸失所天, 且生必有死, 理之自然, …… 妾身此酷罰, 復何依恃, ……" (『遼史』 권 107).

6장

1) "夫婚姻, 禍福之階也."(『國語』「周語」).

2) "夫昏禮, 萬世之始也."(『禮記』「郊特牲」).

3) "昏禮者, 禮之本也."(『禮記』「昏義」).

4) "昔宇宙初開之時, 只有女媧兄妹二人, 在崑崙山上, 而天下未有人民. 議以爲夫婦, 又自羞恥. 兄卽與其妹上崑崙山, 呪曰, '天若遣我兄妹爲夫婦, 而煙悉合, 若不使煙散, 則煙卽合.' 其妹卽來就, 兄乃結草爲扇, 以障其面. 今時人取婦執扇, 象其事也."(『獨異志』).

5) "女媧, 伏羲之妹."(『風俗通義』).

6) "女媧本身是伏羲婦."(『玉川子集』).

7) 大竹秀男, 『家と女性の歷史』, 弘文堂, 1977, 190면.

8) 『춘추春秋』라고 하는 연대기의 이름에 따라 이 시기를 춘추 시대라고 하는데, 춘추 시대의 시작은 주나라 평왕平王이 동천하여 천자에 즉위한 기원전 770년으로 보고 있다. 춘추시대의 끝은 두 가지 설이 있는데, 진晉의 대부 위사魏斯·조적趙籍·한건韓虔이 군주 지백智伯을 없애고 진晉을 삼분三分한 기원전 453년이라고도 하고, 이들을 각각 위魏·조趙·한韓의 독립된 제후국으로 인정한 기원전 403년이라고 한다. 춘추시대가 끝나면 전국戰國시대가 시작되는데, 전국시대는 기원전 221년 진시황秦始皇이 천하를 통일함으로써 끝이 나는데, 이것은 고대국가 주 왕실의 완전한 멸망을 의미한다.

9) 李春植, 『中國古代史의 展開』, 藝文出版社, 1986, 93면.

10) "娣, 女弟也."(『說文』).

11) 李玄伯, 『中國古代社會新硏』, 上海文藝出版社, 1988, 254면.

12) "婦人謂嫁曰歸."(『周易本義』).

13) "妹, 少女之稱."(『易傳』).

14) "歸妹以娣, 跛能履, 征吉."(『周易』歸妹卦 初九 爻辭).

15) "象曰, 歸妹以娣 以恒也. 跛能履, 吉, 相承也."(歸妹卦, 初九, 象傳).

16) "雖在下, 不能有所爲, 如跛者之能履, 然征而吉者, 以其能相承助也. 能助其君, 娣之吉也."(『周易』歸妹卦).

17) "歸妹以須, 反歸以娣."(『周易』歸妹卦 六三 爻辭).

18) "帝乙歸妹, 其君之袂, 不如其娣之袂良, 月幾望吉."(『周易』歸妹卦, 六五 爻辭).

19) "韓侯取妻, 汾王之甥, 蹶父之子. 韓侯迎止, 于蹶之里. 百兩彭彭, 八鸞鏘鏘, 不顯其光. 諸娣從之, 祁祁如雲. 韓侯顧之, 爛其盈門."(『詩經』「大雅·韓奕」) 분왕汾王은 여왕厲王의 다른 이

름이다. 여왕이 귀양 갔던 체彘땅이 분수汾水가에 있었으므로 분왕이라도 불렀다(『鄭箋』) 궤보蹶父는 주나라의 경사卿士이다.(『詩集傳』).

20) "蹶父孔武, 靡國不到. 爲韓姞相攸, 莫如韓樂. 孔樂韓土, 川澤訏訏, 魴鱮甫甫, 麀鹿噳噳, 有熊有羆, 有貓有虎. 慶旣令居, 韓姞燕譽."(『詩經』「大雅 · 韓奕」).

21) "帝曰, '我其試哉' 女于時, 觀厥刑于二女. 釐降二女于嬀汭, 嬪于虞. 帝曰, '欽哉！'"(『書經』「虞書 · 堯典」).

22) "萬章曰, 父母使舜, 完廩捐階, 瞽瞍焚廩, 使浚井, 出, 從而揜之. 象曰, 謨蓋都君, 咸我績. 牛羊父母, 倉廩父母, 干戈朕, 琴朕, 弤朕. 二嫂, 使治朕棲, 象往入舜宮, 舜在牀琴, 象曰, 鬱陶思君爾, 忸怩, 舜曰, 惟玆臣庶, 汝其于予治, 不識, 舜不知象之將殺己與. 曰, 奚而不知也, 象憂亦憂, 象喜亦喜."(『孟子』「萬章」上).

23) "衛莊公娶于齊東宮, 得臣之妹, 曰莊姜. 美而無子, 衛人所爲賦碩人也. 又娶于陳, 曰厲嬀, 生孝伯, 早死. 其娣戴嬀, 生桓公, 莊姜以爲己子."(『春秋左氏傳』隱公 3年).

24) "晉獻公 晉伐驪戎, 驪戎男女以驪姬, 歸, 生奚齊, 其娣生卓子."(『春秋左氏傳』莊公 28年).

25) "閔公, 哀姜之娣叔姜之子也, 故齊人立之."(『春秋左氏傳』閔公 2年).

26) "穆伯娶于莒, 曰戴己, 生文伯, 其娣聲己生惠叔."(『春秋左氏傳』文公 7年).

27) "孟孝伯卒. 立敬歸之娣齊歸之子, 公子裯."(『春秋左氏傳』襄公 31年).

28) "伯姬歸於紀."(隱公 2년) "叔姬歸於紀."(隱公 7년).

29) 楊伯峻, 『春秋左氏傳註』, 中華書局, 1986, 21면.

30) "秦伯歸女五人, 懷嬴與焉."(『春秋左氏傳』僖公 23년).

31) 『春秋左氏傳』文公 6년.

32) 楊伯峻, 『春秋左氏傳註』, 中華書局, 1986, 410면.

33) 楊伯峻, 앞의 책, 52면.

34) "古者, 嫁女必以姪弟從之, 謂之媵. 姪, 兄之子, 弟, 女弟也."(『禮記』「士昏禮」鄭注).

35) "齊侯娶于魯, 曰顔懿姬, 無子. 其姪鬷聲姬, 生光, 以爲太子."(『春秋左氏傳』襄公 19년).

36) "初, 臧宣叔娶于鑄, 生賈及爲而死. 繼室以其姪, 穆姜之姨子也, 生紇, 長於公宮."(『春秋左氏傳』襄公 23년).

37) "衛人來媵, 共姬, 禮也. 凡諸侯嫁女, 同姓媵之, 異姓則否."(『春秋左氏傳』성공 8년).

38) "晉人來媵, 禮也."(『春秋左氏傳』成公 9년).

39) "凡嫁女於諸侯, 同姓媵之, 異姓則否."(『春秋左氏傳』成公 8년).

40) "媵者, 何, 諸侯取一國, 則二國往媵以姪娣從."(『春秋公羊傳』莊公 19년).

41) 衛聚賢, 『古史硏究』上海文藝出版社, 1936, 191-196면.

42) "上淫曰烝, 下淫曰報, 旁淫曰通."(『爾雅』).

43) "初, 衛宣公烝於夷姜, 生急子, 屬諸右公子. 爲之娶於齊, 而美, 公取之. 生壽及朔, 屬壽於左公

470

子."(『春秋左氏傳』환공 16년).

44) "晉獻公娶於賈, 無子. 烝於齊姜, 生秦穆夫人及大子申生. 又娶二女於戎, 大戎狐姬生重耳, 小戎子生夷吾."(『春秋左氏傳』莊公 28년) 두예杜預의 주注에 의하면 제강은 헌공의 부父 무공武公의 첩이었다.

45) "初, 惠公之卽位也少, 齊人使昭伯烝於宣姜, 不可, 强之. 生齊子戴公文公宋桓夫人許穆夫人."(『春秋左氏傳』閔公 2년).

46) "晉侯之入也, 秦穆姬屬賈君焉, 且曰: '盡納群公子'. 晉侯烝於賈君, 又不納群公子, 是以穆姬怨之."(『春秋左氏傳』僖公 15년).

47) 두예杜預는 가군賈君이 진헌공晉獻公의 차비次妃라고 하면서 장공莊公 28년의 전傳을 근거로 제시하였다. 그렇다면 가군은 헌공의 적모嫡母가 된다. 그러나 가군이 헌공의 비라고 한다면 혜공보다 나이가 20-30세 정도가 많아 성적 대상이 되기에는 설득력이 없다. 따라서 다른 주석에서는 이러한 정황을 참작하여 헌공의 비도 가군賈君이었지만 신생의 비妃도 가군이었다고 보고 있다. 목희가 부탁한 가군은 아버지의 여자인 가군이기보다 동생의 비인 가군이었다는 것이다. (『春秋左氏傳』僖公15년. 楊伯峻, 앞의 책, 351-352면).

48) "文公報鄭子之妃曰陳嬀, 生子華子臧."(『春秋左氏傳』宣公3년).

49) 『시경』「패풍邶風 · 웅치雄稚」의 공소孔疏에서 복건服虔의 말을 인용하며 보報를 설명한 것이다.

50) 楊伯峻, 앞의 책, 674면.

51) 鄧偉志, 『唐前婚姻』, 上海文藝出版社, 1988, 46-48면.

52) 이혼離婚이라는 용어는 당唐 이후에 통용되었는데 이 용어가 최초로 보이는 곳은 『진서晉書 · 형법지刑法誌』이다. 즉 부처夫妻가 헤어짐으로써 혼인 관계를 중단함을 의미하는데 『춘추좌씨전』에는 절혼絶婚이라 하였다.

53) "祭仲專, 鄭伯患之, 使其壻雍糾殺之. 將享諸郊, 雍姬知之, 謂其母曰, '父與夫孰親?' 其母曰, 人盡夫也, 父一而已, 胡可比也."(『春秋左氏傳』桓公 15년).

54) "子不我思 豈無他人"(『詩經』「鄭風 · 蹇裳」).

55) 衛聚賢, 앞의 책, 150면.

56) "子貢問曰, 孔文子何以謂之文也. 子曰, 敏而好學, 不恥下問, 是以謂之文也."(『論語』「公冶長」) 이 구절에 대해 다산 정약용은 '자왈子曰' 이하의 문장은 공문자와 무관한 내용이라고 보았다. 즉 문文이라는 시호를 붙이는 것의 원리를 말한 것일 뿐이라고 하였다.

57) "冬, 衛大叔疾出奔宋. 初, 疾娶于宋子朝, 其娣嬖. 子朝出, 孔文子使疾出其妻, 而妻之. 疾使侍人誘其初妻之娣寘於犁, 而爲之一宮, 如二妻. 文子怒, 欲攻之, 仲尼止之. 遂奪其妻. 或淫于外州, 外州人奪之軒以獻. 恥是二者, 故出. 衛人立遺, 使室孔姞."(『春秋左氏傳』哀公 11년).

58) "齊侯與蔡姬乘舟于囿, 蕩公. 公懼變色, 禁之不可. 公怒歸之, 未之絶也. 蔡人嫁之."(『春秋左氏

傳』僖公 3년).

59) 楊伯峻, 앞의 책, 286면.

60) "怒而出之, 乃且復召之."(『韓非子』「外儲說」).

61) "子上之母死而不喪. 門人問諸子思曰, 昔者子之先君子喪出母乎. 曰, 然."(『禮記』「檀弓」上), "伯魚之母死, 期而猶哭. 夫子聞之曰, 誰與哭者? 門人曰, 鯉也. 夫子曰, 嘻, 其甚也! 伯魚聞之, 遂除之."(『禮記』「檀弓」上).

62) "子思之母死於衛, 赴於子思, 子思哭於廟. 門人至曰, 庶氏之母死, 何爲哭於孔氏之廟乎. 子思曰, 吾過矣, 吾過矣. 遂哭於他室."(『禮記』「檀弓」下).

63) "子上之母死而不喪. 門人問諸子思曰, 昔者子之先君子喪出母乎. 曰, 然. 子之不使白也喪之, 何也. 子思曰, 昔者吾先君子無所失道. 道隆則從而隆, 道隆則從而隆. 伋則安能. 爲伋也妻者, 是白也母. 不爲伋也妻者, 是不爲白也母. 故孔氏之不喪出母, 自子思始也."(『禮記』「檀弓」上).

64) 鄧偉志, 앞의 책, 67-68면.

65) 공녀들의 이혼에 관한 기록은 『춘추좌씨전』의 장공莊公 27년, 선공宣公 16년, 문공文公 18년, 장공莊公 1년 등 그 외 많은 곳에 나온다.

66) '諸侯不再娶'에 대해 공양전公羊傳은 석례釋例에서 "夫人薨不再聘, 必以姪娣腰繼室."이라 하였다.

67) "齊侯娶於魯 曰顔懿姬, 無子, 其姪鬷聲姬生光, 以爲太子."(『春秋左氏傳』襄公 19년), "臧宣叔娶於鑄, 生賈及孝而死, 繼室以其姪."(『春秋左氏傳』襄公 23년).

68) 『春秋左氏傳』文公 12년, "歸妹以須, 反歸以娣."(『周易』歸妹卦 六三 爻辭).

69) 宋兆麟, 『共夫制與共妻制』(劉達臨, 『中國古代 性文化』, 84면에서 재인용).

70) 劉達臨, 『中國古代 性文化』, 寧夏人民出版社, 1993, 84면.

71) 李玄伯, 『中國古代社會新硏』, 上海文藝出版社, 1988, 267면.

72) 劉達臨, 앞의 책, 85면.

73) 李玄伯, 앞의 책, 262면.

74) "兄亡則納釐嫂."(『後漢書』「西羌傳」), "兄弟死, 皆娶其妻妻之."(『史記』「匈奴傳」), "兄死娶嫂"(『後漢書』「東夷列傳」), "兄弟皆納其妻."(『北史』「稽胡傳」).

75) 『後漢書』「郞階傳」.

76) "天子諸侯一娶九女者, 何, 重國廣繼嗣也."(『白虎通』).

77) 엥겔스, 『가족의 기원』, 김대웅 역, 아침, 1985.

78) "齊悼公之來也, 季康子以其妹妻之, 卽位而逆之. 季魴侯通焉, 女言其情, 弗敢如也. 齊侯怒. 夏五月, 齊鮑牧帥師伐我, 取讙及闡. …… 冬十二月, 齊人歸讙及闡, 季姬嬖故也."(『春秋左氏傳』哀公 8년).

472

79) "秦伯歸女五人, 懷嬴與焉. 公使奉匜沃盥, 旣而揮之. 嬴怒曰, 秦晉匹也, 何以卑我! 公子懼, 降服囚命." (『國語』「晉語」, 『春秋左氏傳』僖公 23년).

80) 『公羊傳』『穀梁傳』의 僖公 3년, 僖公 9년.

81) 여기서 첩을 아내로 삼지 말라는 규정이 마련되었다. ("五霸, 桓公爲盛. 葵丘之會諸侯, 束牲 載書而不歃血. 初命曰, '誅不孝, 無易樹子, 無以妾爲妻.'"『孟子』「告子」下).

82) 환공桓公 11년, 장공莊公 2년, 7년, 희공僖公 11년, 17년, 21년, 문공文公 9년, 17년 등에 부인이 직접 본국 제후와 공식적으로 회맹한 기록이 많다. 경문經文에 나오는 예를 들면 희공僖公 11년의 "婦人姜氏, 會齊侯于卞", 17년의 "公及婦人姜氏, 會齊侯於陽穀"의 기록이 그것이다.

83) "女德無極, 婦怨無終." (『春秋左氏傳』僖公 24년).

84) "公之未昏於齊也, 齊侯欲以文姜妻鄭太子忽. 太子忽辭. 人問其故. 太子曰, '人各有耦, 齊大, 非吾耦也.「詩」云, "自求多福 在我而已, 大國何爲.' 君子曰, '善自爲謀.' 及其敗戎師也. 齊侯又請妻之, 固辭. 人問其故. 太子曰, '無事於齊, 吾猶不敢. 今以君命奔齊之急, 而受室以歸, 是以師昏也. 民其謂我何.'" (『春秋左氏傳』桓公 6년).

85) 월왕越王이 국력증강책으로 제시한 법령은 다음과 같다. "장년은 늙은 여성을 아내로 맞이할 수 없다. 또 늙은 남성 역시 청장년의 여성을 아내로 맞이할 수 없다. 여자가 17세가 되어도 출가하지 않고, 남자가 20세가 되도록 결혼하지 않았다면 그 부모에게 죄가 돌아간다." 또 아이를 출산했을 경우 국가가 마련한 선물을 주었다. 쌍둥이, 세 쌍둥이를 낳았을 경우는 국가에서 유모와 음식을 제공하였다. (『國語』「越語」上).

86) "士庶人, 毋專棄妻." (『管子』「大匡」).

87) "士三出妻, 逐于境外, 女三嫁, 入于舂谷." (『管子』「小匡」) 여기서 '용곡'이 무엇을 의미하는지 잘 알 수 없지만, '용舂'의 글자를 통해 추측할 수 있는 것은 하루종일 곡식 찧는 일을 하는 형벌에 처한다는 의미로 생각된다. 그러나 '찧다'를 성적 이미지와 연관시킨다면 매춘을 하는 곳이 아닐까도 생각된다.

88) "有天地然後有萬物, 有萬物然後有男女, 有男女然後有夫婦, 有夫婦然後有父子, 有父子然後有君臣, 有君臣然後有上下, 有上下然後禮義有所錯." (『周易』「序卦」).

89) "男女有別, 而后夫婦有義, 夫婦有義, 而后父子有親, 父子有親, 而后君臣有正. 故曰, 昏禮者, 禮之本也." (『禮記』「昏義」).

90) E. Westermarch, 「婚姻」第1項(陳顧遠, 「婚姻範圍」『中國婚姻史』재인용).

91) "是以昏禮納采, 問名, 納吉, 納徵, 請期, 皆主人筵几於廟, 而拜迎於門外, 入揖讓而升, 聽命於廟. 所以敬愼重正昏禮也." (『禮記』「昏義」).

92) "大邦有子, 俔天之妹. 文定厥祥, 親迎于渭. 造舟爲梁, 不顯其光." (『詩經』「大雅·大明」).

93) "父親醮子, 而命之迎, 男先於女也. 子承命以迎, 主人筵几於廟, 而拜迎于門外. 婿執雁入, 揖讓升堂, 再拜奠雁, 蓋親受之於父母也. 降出御婦車, 而婿授綏, 御輪三周. 先俟於門外, 婦至, 婿揖婦以入, 共牢而食, 合 而", 所以合體同尊卑以親之也. (『禮記』「昏義」).

94) "子云, 婚禮, 壻親迎, 見於舅姑, 舅姑承子以授壻, 恐事之違也. 以此坊民, 婦猶有不至者." (『禮記』「坊記」).

95) "昏姻之禮, 所以明男女之別也. 夫禮, 禁亂之所由生, 猶坊止水之所自來也. …… 故昏姻之禮廢, 則夫婦之道苦, 而淫辟之罪多矣. (『禮記』「經解」).

96) "六二, 屯如邅如, 乘馬班如. 匪寇, 婚媾, 女子貞不字, 十年乃字." (『周易』屯卦 六二)

97) "六四, 賁如皤如, 白馬翰如. 匪寇, 婚媾." (『周易』賁卦 六四).

98) "天地設, 而民生之. 當此之時也, 民知其母而不知其父, 其道親親而愛私." (『商君書』「開塞」).

99) "昔太古嘗無君矣. 其民聚生羣處, 知母不知父, 無親戚兄弟夫妻男女之別, 無上下長幼之道, 無進退揖讓之禮, 無衣服履帶宮室蓄積之便, 無器械舟車城郭險阻之備. 此無君之患." (『呂氏春秋』「恃君」).

100) "古者未有君臣上下之別, 未有夫婦妃匹之合. 獸處群居, 以力相征. 於是智者詐愚, 彊者凌弱, 老幼孤獨, 不得其所." (『管子』「君臣」).

101) "古之時未有三綱六紀, 民但知其母, 不知其父, 臥之詎詎, 行之吁吁, 於是伏羲仰觀象於天, 俯察法於地, 因夫婦, 正五行, 始定人道." (『白虎通』「號」).

102) "神農之世, 臥則居居, 起則于于, 民知其母, 不知其父, 與麋鹿共處, 耕而食, 織而衣, 無有相害之心, 此至德之隆也." (『莊子』「盜跖」).

103) "夫昏禮, 萬世之始也." (『禮記』「郊特牲」).

104) "…… 幣必誠, 辭無不腆. 告之以直信. …… 男子親迎, 男先於女, 剛柔之義也. 天先乎地, 君先乎臣, 其義一也." (『禮記』「郊特牲」).

105) "昏禮不用樂, 幽陰之義也. 樂, 陽氣也. 昏禮不賀, 人之序也." (『禮記』「郊特牲」).

106) "昏禮者, 將合二姓之好, 上以事宗廟, 而下以繼後世也. 故君子重之." (『禮記』「昏義」).

107) "萬章問曰, 詩云, '娶妻如之何. 必告父母.' 信斯言也, 宜莫如舜. 舜之不告而娶, 何也. 孟子曰, '告則不得娶. 男女居室, 人之大倫也. 如告則廢人之大倫, 以懟父母, 是以不告也.'" (『孟子』「萬章」上).

108) "天子諸侯一娶九女者, 何, 重國廣繼嗣也." (『白虎通』).

109) "毖彼泉水, 亦流于淇. 有懷于衛, 靡日不思. 孌彼諸姬, 聊與之謀. 出宿于泲, 飲餞于禰. 女子有行, 遠父母兄弟. 問我諸姑, 遂及伯姊." (『詩經』「邶風·泉水」).

110) "女子有行, 遠父母兄弟." (『詩經』「邶風·泉水」, 「鄘風·蝃蝀」, 「衛風·竹竿」).

111) "歸妹, 天地之大義也. 天地不交而萬物不興, 歸妹, 人之終始也." (『周易』「歸妹·彖」).

112) "歸者, 女之終, 生育者, 人之始." (『周易傳義』).

7장

1) 『說文解字』家部.

2) "古人有言曰, 牝鷄無晨, 牝鷄之晨, 惟家之索."(『書經』「牧誓」).

3) "陽貨欲見孔子, 而惡無禮. 大夫有賜於士, 不得受於其家, 則往拜其門."(『孟子』「滕文公」下).

4) "천자는 국國을 만들고, 제후는 가家를 세우며, 경卿은 실室을 만든다."(天子建國, 諸侯立家, 卿置側室, ……『춘추좌씨전』桓公 2년) "신의를 버리고 그 주인을 무너뜨리는 일이 나라[國國]에서 생기면 반드시 난리가 나고, 가家에서 생기면 그 가는 반드시 망한다."("棄信而壞其主, 在國必亂, 在家必亡."『春秋左氏傳』文公 4년).

5) "丘也聞, 有國有家者, 不患寡而患不均, 不患貧而患不安. 蓋均無貧和無寡安無傾."(『論語』「季氏」).

6) "왕은 자신의 국國을 이롭게 할 방법을 찾고, 대부는 자신의 가家를 이롭게 할 방법을 찾고 사서인士庶人은 자신의 몸을 이롭게 할 방법을 찾는데, 그렇게 하기 때문에 상하上下가 서로 이익을 다투어 나라가 위험스러운 지경에 이른다"(王曰, 何以利吾國, 大夫曰, 何以利吾家, 士庶人曰, 何以利吾身, 上下交征利而國危矣.『孟子』「梁惠王」上).

7) "나라에 소문이 나고 집안에 소문이 난다."(子張對曰, 在邦必聞, 在家必聞.", "…… 在邦必達, 在家必達.『論語』「子張」).

8) "禮, 經國家, 定社稷, 序民人, 利後嗣者也."(『春秋左氏傳』隱公 11년), "國家之敗, 由官邪也."(『春秋左氏傳』桓公), "大道廢有仁義, 慧智出有大僞, 六親不和有孝慈, 國家昏亂有忠臣."(『道德經』18장).

9) "夫子之得邦家者 ……"(『論語』「子張」), "惡利口之覆邦家者"(『論語』「陽貨」), "樂只君子, 邦家之基."(『詩經』「小雅·南山有臺」), "爾不我畜, 復我邦家."(『詩經』「小雅·我行其野」).

10) "孟子曰, 人有恒言, 皆曰, 天下國家. 天下之本在國, 國之本在家, 家之本在身"(『孟子』「離婁」上).

11) "夫人必自侮然後, 人侮之, 家必自毀而後, 人毀之, 國必自伐而後, 人伐之."(『孟子』「離婁」上)

12) "故以身觀身, 以家觀家, 以鄕觀鄕, 以國觀國, 以天下觀天下, 吾何以知天下然哉, 以此."(『道德經』54장).

13) "申繻曰, '女有家, 男有室, 無相瀆也. 謂之有禮. 逆此, 必敗.'"(『春秋左氏傳』桓公 18년).

14) "丈夫生而願爲之有室, 女子生而願爲之有家, 父母之心, 人皆有之."(『孟子』「滕文公」下)

15) "男以女爲室, 女以男爲家"(『孟子集註』「滕文公」下).

16) 班固, 『白虎通』「德論」.

17) 許愼, 『說文解字』, "族, 矢鏠也, 束之族族也." 이에 대한 段玉裁注는 "族族, 聚貌. 毛傳云, 五十矢爲束, 引伸爲凡族類之稱"이라고 했다.

18) 서양걸, 『중국가족제도사』, 윤재석 옮김, 아카넷, 2000, 14-15면.

19) 동거同居는 가정의 모든 성원이 임시로 외출하는 것을 제외하고는 장기간 한 장소 또는 이웃해 있는 가옥에서 안정되게 거주하는 것을 의미하며, 공재共財는 가정의 모든 생산 자료와 생활 자료를 가정 성원 전체가 공유하는 것을 의미하며, 합찬合爨은 '한 솥 밥을 먹는다' 는 의미이다.(서양걸, 앞의 책, 16면).

20) "四海之內, 若一家." (『荀子』「議兵」).

21) 『孟子』「梁惠王」上.

22) 서양걸, 앞의 책, 18면.

23) 기시모토 미오 · 미야지마 히로시 지음, 『조선과 중국, 근세 오백년을 가다』, 역사비평사, 2003, 366면.

24) "君者, 國之隆也, 父者, 家之隆也. 隆一而治, 二而亂. 自古及今, 未有二隆爭重而能長久者." (『荀子』「致士」).

25) "家人有嚴君焉, 父母之謂也. 父父, 子子, 兄兄, 弟弟, 夫夫, 婦婦, 而家道正, 正家而天下定矣." (『周易』「彖傳 · 家人卦」).

26) "川淵者, 龍魚之居也, 山林者, 鳥獸之居也, 國家者, 士民之居也. (『荀子』「致仕」).

27) "古者未有君臣上下之別, 未有夫婦妃匹之合. 獸處群居, 以力相征. 於是智者詐愚, 彊者凌弱, 老幼孤獨, 不得其所." (『管子』「君臣」).

28) "孔子遂言曰, 昔三代明王之政, 必敬其妻子也, 有道. 妻也者, 親之主也, 敢不敬與. 子也者, 親之後也, 敢不敬與. 君子無不敬也, 敬身爲大. 身也者, 親之枝也, 敢不敬與." (『禮記』「哀公問」).

29) "家人, 利女貞." (『周易』家人卦).

30) "家人之道, 利在女貞, 女貞則家道正矣. 夫夫婦婦而家道正, 獨云利女貞者, 夫正者, 身正也. 女正者, 家正也, 女正則男正, 可知矣." (『伊川易傳』家人卦).

31) "彖曰, 家人, 女正位乎內, 男正位乎外, 男女正, 天地之大義也." (『周易』「彖傳 · 家人卦」)

32) 『伊川易傳』家人卦 六二.

33) "初九, 閑有家, 悔亡." (『周易』家人卦 初九).

34) "象曰, 閑有家, 志未變也." (『周易』家人卦 初九 象辭).

35) "九三, 家人嘀嘀, 悔厲, 吉. 婦子嘻嘻, 終吝." (『周易』家人卦 九三).

36) "象曰, 家人嘀嘀, 未失也, 婦子嘻嘻, 失家節也." (『周易』家人卦 九三 象辭).

37) "六二, 无攸遂, 在中饋, 貞吉." (『周易』家人卦 六二).

38) 『伊川易傳』家人卦 六二.

39) "六四, 富家, 大吉." (『周易』家人卦 六四).

476

40) "陽主義, 陰主利, 以陰居陰而在上位, 能富其家者也." (『周易本義』家人卦 六四).

41) "九五, 王假有家, 勿恤, 吉." (『周易』家人卦 九五).

42) "上九, 有孚, 威如, 終吉." (『周易』家人卦 上九).

43) "象曰, 威如之吉, 反身之謂也." (『周易』家人卦 九五 象辭).

44) 『伊川易傳』家人卦 上九.

45) "子曰, 吾未見好德, 如好色者也." (『論語』「子罕」) "子曰已矣乎. 吾未見好德, 如好色者也." (『論語』「衛靈公」).

46) "男女居室, 人之大倫也." (『孟子』「萬章」上).

47) "告子曰, 食色性也." (『孟子』「告子」上).

48) "飮食男女, 人之大欲存焉." (『禮記』「禮運」).

49) "是故丈夫不織而衣, 婦人不耕而食, 男女貿功, 以長生, 此聖人之制也. 故敬時愛日, 非老不休, 非疾不息, 非死不舍." (『呂氏春秋』, 「上農」).

50) 유향, 『열녀전』「母儀・棄母姜嫄」.

51) "象曰, 家人, 女正位乎內, 男正位乎外, 男女正, 天地之大義也." (『周易』「彖傳・家人卦」).

52) "남녀가 있고 난 후 부부가 존재하게 되었고, 부부가 있고 난 후 부자가 존재하게 되었다."("有男女然後有夫婦, 有夫婦然後有父子"『周易』序卦傳).

53) "孟子曰, '告則不得娶. 男女居室, 人之大倫也. 如告則廢人之大倫, 以懟父母, 是以不告也.'" (『孟子』「萬章」上).

54) "咸感也. 柔上而剛下, 二氣感應以相與, 止而說, 男下女. 是以亨利貞取女吉也." (『周易』咸卦 彖傳).

55) "孟子曰, 仕非爲貧也, 而有時乎爲貧. 娶妻非爲養也, 而有時乎爲養." (『孟子』「萬章」下)

56) "乃生男子, 載寢之牀, 載衣之裳, 載弄之璋 …… 乃生女子, 載寢之地, 載衣之裼, 載弄之瓦 ……" (『詩經』「小雅・斯干」).

57) 이숙인, 「『여사서』읽기의 방법과 사상」, 『여/성이론』(5호), 2002.

58) 배리쏘온・매릴린 엮음, 『페미니즘의 시각에서 본 가족』, 한울아카데미, 1991, 40면.

59) '婦事舅姑, 如事父母.'『禮記』「內則」.

60) "子甚宜其妻, 父母不悅出. 子不宜其妻, 父母曰是善事我, 子行夫婦之禮焉. 沒身不衰." (『禮記』「內則」).

61) "生之畜之. 生而不有, 爲而不恃, 長而不宰, 是謂玄德." (『道德經』10장).

62) "道生之畜之長之遂之, 亨之毒之養之覆之. 生而弗有也, 爲而弗恃也, 長而弗宰也, 此之謂玄德." (『道德經』51장).

63) "父母存, 不許友以死, 不有私財." (『禮記』「曲禮」).

64) "子婦無私貨, 無私畜, 無私器. 不敢私假, 不敢私與." (『禮記』「內則」).

65) "子女未冠笄者, 鷄初鳴, 咸盥漱櫛縰, 總角衣紳, 皆佩容臭, 昧爽而朝. 問何食飲矣, 若已食則退, 未食則佐長者視具."(『禮記』「內則」).

66) 仁井田 陞, 『中國法制史』, 岩波書店, 1959, 205면.

67) 守屋美都雄, 『中國古代の家族と國家』, 京都大 東洋史研究會, 301-302면.

68) "天地之大德曰生."(『周易』「繫辭」下).

69) "生生之謂易."(『周易』「繫辭」上).

70) "孟子曰, 人皆有不忍人之心."(『孟子』「公孫丑」上), "天地以生物爲心, 而所生之物因各得. 夫天地生物之心, 以爲心所以人皆有不忍人之心也."(朱子註).

71) "婚禮不用樂, 幽陰之意也. 婚禮不賀, 人之序也."(『禮記』「郊特牲」).

72) "孔子曰, 嫁女之家, 三夜不息燭, 思相離也. 取婦之家, 三日不擧樂, 思嗣親也. 三月而廟見, 稱來婦也."(『禮記』「曾子問」).

73) 馮友蘭, 『中國哲學史新編』, 人民出版社. 1984, 93면.

74) "不孝者有三, 無後爲大."(『孟子』「離婁」上).

75) "身體髮膚, 受之父母, 不敢毀傷, 孝之始也."(『孝經』「經一章」).

76) 馮友蘭, 『중국철학사』上, 박성규 역, 까치, 1999.

77) 벤자민 슈왈츠, 『중국 고대사상의 세계』, 나성 옮김, 살림, 1996.

78) 加地伸行, 『家族の思想-儒敎的の死生觀の果實』, PHP研究所, 1998.

79) "天地絪縕, 萬物化醇, 男女構精, 萬物化生."(『周易』「繫辭」下).

80) "乾, 天也, 故稱乎父. 坤, 地也, 故稱乎母. 震一索而得男, 故謂之長男. 巽一索而得女, 故謂之長女. 坎再索而得男, 故謂之中男. 離再索而得女, 故謂之中女. 艮三索而得男, 故謂之少男. 兌三索而得女, 故謂之少女."(『周易』「說卦傳」).

81) 기시모토 미오 · 미야지마 히로시, 앞의 책, 368-374면.

82) 崔適, 「五服異同考」『東壁遺書』.

83) "立子以貴不以長, 立嫡爲長不以賢, 乃傳子法之精髓."(王國維, 「殷周制度論」『觀堂集林』(券第十, 第二冊) 中華書局, 1959.).

84) "爲伋也妻也, 是爲白也母. 不爲伋也妻者, 是不爲白也母. 故孔氏之不喪出母, 自子思始也."(『禮記』「檀弓」下).

85) "今商王受, …… 昏棄厥遺王父母弟不迪."(『書經』「牧誓」).

86) 『史記』「殷本紀」.

87) "昔武王克商, 光有天下, 其兄弟之國者十有五人, 姬姓之國者四十人, 皆擧親也."(『春秋左氏傳』昭公 28년). 『荀子』「儒效」에 의하면 71개국의 봉국 중에서 희성이 53개국이라고 하였다.

88) "君子是以知息之將亡也. '不度德, 不量力, 不親親, 不徵辭, 不察有罪.'"(『春秋左氏傳』隱公 11년).

89) "吾兄弟之不協, 焉能怨諸侯之不睦?"(『춘추좌씨전』僖公 22년).

90) "凡今之人, 莫如兄弟. 兄弟閱于牆, 外禦其侮. 如是, 則兄弟雖有小忿, 不廢懿親. …… 周之有懿德也, 猶曰, '莫如兄弟', 故封建之. 其懷柔天下也, 猶懼有外侮. 扞禦侮者, 莫如親親, 故以親屛周."(『春秋左氏傳』僖公 24년. 楊伯峻, 『春秋左氏傳注』, 423-425면 참조).

91) "太后謂帝曰, 吾聞殷道親親, 周道尊尊, 其義一也."(『史記』「梁孝王世家」).

92) "天地設, 而民生之. 當此之時也, 民知其母而不知其父, 其道親親而愛私. 親親則別, 愛私則險, 民衆而以別險爲務, 則民亂."(『商君書』「開塞」).

93) "親親仁也, 敬長義也, 無他達之天下也."(『孟子』「盡心」上).

94) "立愛惟親, 立敬惟長. 始于家邦, 終于四海."(『書經』「伊訓」) 이에 대해 채침蔡沈은 『書經集傳』에서 "孔子曰, 立愛, 自親始, 敎民睦也. 立敬, 自長始, 敎民順也."이라고 하였다.

95) "…… 父義, 母慈, 兄友, 弟恭, 子孝, 內平外成."(『春秋左氏傳』文公 18년).

96) 프랑주아즈 조나뱅, 「친족 관계와 가족에 대한 민족학적 시각」, 『가족의 역사』 39면 재인용.

97) "帝堯曰, 欽哉, 愼徽五典, 五典克從."(『書經』「堯典」).

98) "擧八元, 使布五敎于四方, 父義, 母慈, 兄友, 弟恭, 子孝, 內平外成."(『春秋左氏傳』文公 18년).

99) 譚戒甫, 「論思孟五行說的演邊」『哲學研究』第四輯, 三聯書店, 107면.

100) "君子務本, 本立而道生, 孝弟也者, 其爲仁之本與."(『論語』「學而」).

101) "有子曰, 其爲人也, 孝弟而好犯上者, 鮮矣. 不好犯上而好作亂者, 未之有也."(『論語』「學而」).

102) "子夏曰, 賢賢易色. 事父母能竭其力, 事君能致其身, 與朋友交言而有信, 雖曰, 未學吾必謂之學矣."(『論語』「學而」).

103) "君子之道四, 丘未能一焉. 所求乎子以事父, 未能也. 所求乎臣以事君, 未能也. 所求乎弟以事兄, 未能也. 所求乎朋友先施之, 未能也."(『禮記』「中庸」).

104) "齊景公問政于孔子, 孔子對曰, 君君, 臣臣, 父父, 子子."(『論語』「顔淵」).

105) "子曰, 出則事公卿, 入則事父兄, 喪事不敢不勉, 不爲酒困, 何有於我哉."(『論語』「子罕」).

106) "爲伋也妻也, 是爲白也母. 不爲伋也妻者, 是不爲白也母. 故孔氏之不喪出母, 自子思始也."(『禮記』「檀弓」下).

107) "使契爲司徒, 敎以人倫, 父子有親, 君臣有義, 夫婦有別, 長幼有序, 朋友有信."(『孟子』「滕文公」上).

108) "內則父子, 外則君臣, 人之大倫也. 父子主恩, 君臣主敬."(『孟子』「公孫丑」下).

109) "父子之間, 不責善. 責善則離, 離則不祥, 莫大焉."(『孟子』「離婁」上) "責善, 朋友之道也. 父子責善, 賊恩之大者."(『孟子』「離婁」下).

110) "…… 言擧斯心加諸彼而已. 故推恩足以保四海, 不推恩無以保妻子. ……"(『孟子』「梁惠王」上).

111) "孟子謂齊宣王曰, 王之臣, 有託其妻子於其友, 而之楚遊者, 比其反也, 則凍餒其妻子, 則如之何. 王曰, 棄之."(『孟子』「梁惠王」下).

112) "훌륭한 군주가 백성의 생산물을 관리하는 것은 위로는 충분히 부모를 모실 수 있게 하고, 아래로는 충분히 처자를 거둘 수 있게 하여 ……"("是故, 明君制民之産, 必使仰足以事父母, 俯足以畜妻子, 樂歲終身飽, 凶年免於死亡, 然後驅而之善, 故民之從之也輕."『孟子』「梁惠王」上).

113) "齊人有一妻一妾, 而處室者其良人, 出則必饜酒肉而後反. 其妻問所與飮食者, 則盡富貴也.其妻告其妾曰, 良人出則必饜酒肉而後反, 問其與飮食者, 盡富貴也. 而未嘗有顯者來, 吾將瞷良人之所之也. 蚤起施從良人之所之, 徧國中無與立談者. 卒之東郭墦間之祭者乞, 其餘不足又顧而之他. 此其謂饜足之道也.其妻歸告其妾曰, 良人者, 所仰望而終身也. 今若此與其妾訕. 其良人而相泣於中庭, 而良人未之知也. 施施從外來驕其妻妾. (『孟子』「離婁」下).

114) "孟子曰, 身不行道, 不行於妻子."(『孟子』「盡心」下).

115) "夫禽獸有父子而無父子之親, 有牡牝而無男女之別. 故人道莫不有辨."(『荀子』「非相」).

116) "若夫君臣之義, 父子之親, 夫婦之別, 則日切磋而不舍也."(『荀子』「天論」).

117) "君臣, 父子, 兄弟, 夫婦, 始則終, 終則始, 與天地同理, 與萬世同久, 夫是之謂大本."(『荀子』「王制」).

118) "『易』之「咸」, 見夫婦. 夫婦之道, 不可不正也, 君臣父子之本也."(『荀子』「王制」).

119) "君子之道, 造端乎夫婦, 及其至也, 察乎天地."(『禮記』「中庸」).

120) "君子之道費而隱. 夫婦之愚, 可以與知焉, 及其至也, 雖聖人亦有所不知焉. 夫婦之不肖,可以能行焉, 及其至也, 雖聖人亦有所不能焉."(『禮記』「中庸」).

121) "三綱者, 何謂也. 謂君臣, 父子, 夫婦也. …… 君爲臣綱, 父爲子綱, 夫爲婦綱.""六紀者, 謂諸父, 兄弟, 族人, 諸舅, 師長, 朋友也."(『春秋繁露』).

122) 아무리 부귀하다고 하여 그것으로 宗子의 家에 어떤 작용을 할 수 없으며 종자宗子의 집안에 들어오고 나가는 데 일정한 규범을 준수해야 한다.("不敢以富貴, 入宗子之家. 雖衆車徒, 舍於外, 以寡約人."『禮記』「內則」) 또 부귀富貴로 부형종족父兄宗族에게 어떤 권한을 행사할 수는 없다.("不敢以貴富, 加父兄宗族."『禮記』「內則」)는 것이 같은 종인宗人이지만 각 가에 따라 빈부의 격차가 생겼음을 뜻하는 내용이다.

123) 佐野學,「父權的 家族の成立」앞의 책, 169면.

124) 『孟子』「梁惠王」上.

125) 仁井田 陞, 앞의 책, 1959. 205면.

126) "民有二男以上, 不分異者, 倍其賦."(『史記』「商君列傳」).

127) 仁井田 陞, 앞의 책, 1959, 206-208면 참조. 尹乃鉉, 『商周史』, 民音社, 1988. 238-240면 참조.

480

128) 李春植,『中國古代史의 展開』, 藝文出版社, 1986, 131면.

129) 구족九族 내의 사람이 죽으면 전족全族의 사람이 모두 죽은 자를 위해 복상의 의무를
지는데 자기의 친속 감정의 정도를 표시하기 위한 것으로 혈연 친속 관계를 연결시키는
정신적인 공동체이다. 종족 공유의 정전제와 결합한 종족조직에서는 정치단위이자 경
제단위였다면 한초 이후에는 개인 행위를 조절하여 봉건 질서를 유지하는 정신적인 공
동체의 역할만을 담당하게 되었다.(余敦康,『中國古代佚名哲學名著評述』(第二卷) 齊魯書
社, 1983).

130) "今農夫五口之家, 其服役者, 不上二人, 其能耕者, 不過百畝."(『漢書』「食貨誌」).

131) 鄭玄의『周禮』「地官小司徒」의 注에서 "有夫有婦, 然後爲家, 自二人以至於十, 爲九等."

🌱 8장

1)『說文解字』「阜部」.

2)『書經』「夏書 · 禹貢」.

3) "彭蠡旣豬, 陽鳥攸居"에 대한 채침蔡沈의 설명이다.

4) "嗚呼. 箕子. 惟天陰騭下民, 相協厥居, 我不知其彝倫攸叙."(『書經』「周書 · 洪範」) 여기서 '음
즐陰騭'이란 '속으로 정하다'는 뜻으로 '음陰'이 부사로 쓰였다.

5) "梧桐生矣, 于彼朝陽."(『詩經』「大雅 · 卷阿」).

6) "용 그림의 깃발은 산뜻하고, 수레와 깃대의 방울은 짤랑거리네."("龍旂陽陽, 和鈴央央."
『詩經』「周頌 · 載見」).

7) "君子陽陽"에서 '陽陽'은 득지得志한 모습을 가리킨다.(『詩經』「王風 · 君子陽陽」).

8) 여기서 능음淩陰이라는 용어가 나오는데, 이것은 얼음 창고를 말한다.(『詩經』「豳風 · 七
月」).

9) "迨天之未陰雨, 徹彼桑土, 綢繆牖戶."(『詩經』「豳風 · 鴟鴞」), "終其永懷, 又窘陰雨."(『詩經』
「小雅 · 正月」) 여기서 '음우陰雨'는 장맛비를 말함. "曀曀其陰, 虺虺其雷."(『詩經』「邶風 · 終
風」)'에에기음曀曀其陰'은 어둑어둑하고 음산한 날씨를 뜻한다.

10) "習習谷風, 以陰以雨."(『詩經』「邶風 · 谷風」).

11) "旣景迺岡, 相其陰陽."(『詩經』「大雅 · 公劉」).

12) "鳴鶴在陰, 其子和之."(『周易』中孚卦 九二爻).

13) "隕石于宋五, 隕星也. 六鷁退飛, 過宋都, 風也. 周內史叔興聘于宋, 宋襄公問焉, 曰 '是何祥也, 吉

凶焉在' 退而告人曰, 君失問. 是陰陽之事, 非吉凶所在也. 吉凶由人. 吾不敢逆君故也."(『春秋左氏傳』僖公 16년).

14) "天有六氣, 六氣曰, 陰陽風雨晦明也. 陰淫寒疾, 陽淫熱疾, 風淫末疾, 雨淫腹疾, 晦淫惑疾, 明淫心疾. 女陽物而晦時, 淫則生內熱惑蠱之疾."(『春秋左氏傳』昭公 元年).

15) "陽伏而不能出, 陰迫而不能蒸, 于是有地震."(『國語』「周語」上).

16) 徐復觀, 「음양오행설과 관련 문헌의 연구」『음양오행설 연구』 김홍경 역, 신지서원, 1993, 66-67면 참조.

17) "道生一, 一生二, 二生三, 三生萬物, 萬物負陰而抱陽, 沖氣以爲和."(『道德經』42장).

18) "陰陽不和, 寒暑不時, 以傷庶物, 諸侯暴亂, 擅相攘伐, 以殘民人, 禮樂不節, 財用窮匱, 人倫不飭, 百姓淫亂, 天子有司之憂也."(『莊子』「漁父」).

19) "兩者交通成和, 而萬物生焉"(『莊子』「田子方」).

20) "陰陽並毗, 四時不至, 寒暑之和不成, 其反傷人之形乎."(『莊子』「在宥」).

21) "陰陽四時運行, 各得其序."(『莊子』「知北遊」).

22) "陰陽, 相照相蓋相治, 四時, 相代相生相殺."(『莊子』「則陽」).

23) "是故天地者, 形之大者也. 陰陽者, 氣之大者也."(『莊子』「則陽」).

24) "自以比形於天地, 而受氣於陰陽."(『莊子』「秋水」).

25) "凡回于天地之間, 包于四海之內, 天壤之情, 陰陽之和, 莫不有也. 雖至聖不能更也."(『墨子』「節用」上).

26) "陰陽者, 天地之大理也."(『管子』「四時」).

27) "人主者立于陰, 陰者靜, 故曰動則失位."(『管子』「心術」上).

28) "陰相善而陽相惡"(『韓非子』「備內」).

29) "凡物不並盛, 陰陽是也. 理相奪予, 威德是也."(『韓非子』「解老」).

30) "列星隨旋, 日月遞昭, 四時代御, 陰陽大化, 風雨博施, 萬物各得. 其和以生, 各得其養以成."(『荀子』「天論」).

31) "天地合而萬物生, 陰陽接而變化起, 性僞合而天下治."(『荀子』「禮論」).

32) "星隊, 木鳴, 國人皆恐. 曰, 是何也. 曰, 無何也. 是天地之變, 陰陽之化, 物之罕至者也. 怪之, 可也, 而畏之, 非也."(『荀子』「天論」).

33) 徐復觀, 『兩漢思想史』, 學生書局, 1983, 120면.

34) 張立文, 「周易」『中國古代哲學名著評述』(第一卷), 齊魯書社. 1983.

35) 朱伯崑, 『易學哲學史』, 華夏出版社. 1995.

36) 張立文, 「周易」 앞의 책, 109-112면. 장립문張立文는 주역의 형성시기가 은말주초殷末周初임을 논증하는 자료의 하나로 『주역』의 「태泰 육오六五」 효사爻辭와 「귀매歸妹 육오六五」 효사爻辭를 들고 있다. "帝乙歸妹, 以祉, 元吉"(「泰 六五」爻辭), "帝乙歸妹, 其君之袂不如

482

其娣之袂良,月几望,吉"(「歸妹 六五」효사爻辭)에서 제을帝乙은 주紂의 아버지로 제을의 딸을 시집보내는 상황이 반영된 것이라고 하였다. 이것은『시경』「대아大雅ㆍ대명大明」에서 문왕이 장가드는 모습을 묘사한 것과 부합한다고 보았다. 즉 은왕의 딸이 곧 문왕의 처가 된다는 것이다. 은나라는 화친和親의 방법을 통해 상과 주의 모순을 해결하려 하였고, 제을과 문왕은 동시대의 사람이었다. 주인周人은 은殷을 '대방大邦'이라 하였고 자신들을 '소방小邦'이라 하였다.

37) 鈴木田次郎,「易經」上『新釋漢文大系』(26) 明治書院, 1983, 25면.

38) 「십입十翼」에는 문언文言, 단전彖傳(上ㆍ下), 상전象傳(上ㆍ下), 계사系辭(上ㆍ下), 설괘說卦, 서괘序卦, 잡괘雜卦가 있다. 그것은 괘卦, 괘사卦辭, 효사爻辭를 설명하고 보충한 것이다.

39) "昔者聖人之作易也, …… 觀變於陰陽而立卦, 發揮於剛柔而生爻, ……"(『周易』「說卦」).

40) "子曰, 乾坤, 其易之門邪. 乾, 陽物也, 坤, 陰物也. 陰陽合德而剛柔有體."(『周易』「繫辭」下).

41) "昔者聖人之作易也, 將以順性命之理. 是以立天之道, 曰陰與陽, 立地之道, 曰柔與剛, 立人之道, 曰仁與義."(『周易』「說卦」).

42) "天尊地卑, 乾坤定矣. 卑高以陳, 貴賤位矣. 動靜有常, 剛柔斷矣. 方以類聚, 物以群分, 吉凶生矣. 在天成象, 在地成形, 變化見矣."(『周易』「繫辭」上).

43) "乾道成男, 坤道成女. 乾知大始, 坤作成物."(『周易』「繫辭」上).

44) "乾剛坤柔"(『周易』「雜卦」).

45) "夫乾, 天下之至健也. 夫坤, 天下之至順也."(『周易』「繫辭」下).
    "乾, 健也. 坤, 順也."(『周易』「說卦」).

46) "大哉乾元, 萬物資始, 乃統天."(『周易』乾卦 彖), "至哉坤元, 萬物資生, 乃順承天."(『周易』坤卦 彖).

47) "先迷後得主利"(『周易』坤卦).

48) "陰從陽者也, 待唱而和. 陰而先陽, 則爲迷錯. 居後乃得其常也."(『伊川易傳』).

49) "陽先陰後, 陽主義, 陰主利."(『周易本義』).

50) "陰雖有美, 含之, 以從王事, 弗敢成也. 地道也, 妻道也, 臣道也. 地道無成, 而代有終也."(『周易』「坤卦ㆍ文言」).

51) 이운구,「漢字文化圈에 있어서 男女平等意識의 變遷」『人文科學』(第23輯), 成均館大學校 人文科學研究所, 1993, 13면.

52) 閔家胤 主編,「陰陽槪念與兩性關係」『陽剛與陰柔的變奏』, 中國社會科學出版社, 1995 20~21면.

53) "是故男敎不修, 陽事不得, 適見於天, 日爲之食. 婦順不修, 陰事不得, 適見於天, 月爲之食. 是故日食, 則天子素服而修六官之職, 蕩天下之陽事. 月食, 則后素服而修六官之職, 蕩天下之陰事. 故天子之與后, 猶日之與月, 陰之與陽, 相須而后成者也."(『禮記』「昏義」).

54) "易之道, 廣大悉備. 以之學佛則佛, 以之學仙則仙, 以之修齊治平則修齊治平." (李道純, 「全眞集玄秘要」『正統道藏』第七册).

55) 『詩經』以道志, 『書』以道事, 『禮』以道行, 『樂』以道和, 『易』以道陰陽, 『春秋』以道名分." (『莊子』「天下」).

56) "昔者, 聖人建陰陽天地之情, 立以爲易." (『禮記』「祭儀」).

57) 조셉 니담, 『중국의 과학과 문명』, 을유문화사, 1989, 제13장에서 응용하였다.

58) "一陰一陽之謂道, 繼之者善也, 成之者性也. 仁者見之謂之仁, 知者見之謂之知." (『周易』「繫辭」上).

59) 슈츠스키는 주역 해석의 두 계열을 전통적 입장과 비판적 입장으로 나누어 전자의 대표로 공영달, 정이천과 주회 등을 들고, 후자의 대표로 구양수, 조포구包, 이토토가이 등을 들었다. 왕필(226-249)이 역이 도가에서 본 것이라면, 지욱智旭(1598-1654)은 불교에서 역을 보았고, 이토 토가이(1670-1736)는 유가에서 보았다고 한다.(슈츠스키, 『주역연구』 오진탁 옮김, 흐겨레, 1989.).

60) 조셉 니담, 앞의 책, 384-385면.

61) "天尊地卑, 乾坤定矣. 卑高以陳, 貴賤位矣." (『周易』「繫辭」上).

62) 梁啓超, 「陰陽五行說之來歷」『古史辨』(第五册), 上海古籍出版社.

63) "天地萬物之理, 無獨必有對. …… 獨陰不生, 獨陽不生." (『二程全書』권11 明道語錄).

64) "三人行, 則損一人, 一人行, 則得其友." (『周易』「繫辭」下).

65) 『世說新語』「文學」.

66) 『河南程氏遺書』「二程集」.

67) "咸, 感也, 柔上而剛下, 二氣感應以相與." (『周易』「咸卦·彖辭」).

68) "山上有澤, 咸, 君子以虛受人." (『周易』「咸卦·象辭」).

69) "天地感而萬物化生, 聖人感人心而天下和平, 觀其所感, 而天地萬物之情可見矣!" (『周易』「咸卦·彖辭」), "天地交而萬物通也, 上下交而其志同也." (「泰卦·彖辭」), "天地相遇, 品物咸章也." (「姤卦·彖辭」), "天地不交, 而萬物不興." (「歸妹卦·彖辭」), "天地不交而萬物不通也, 上下不交而天下无邦也." (「否卦·彖辭」).

70) 조셉 니담, 앞의 책, 387-389면.

71) "生生之謂易." (『周易』「繫辭」上), "天地之大德曰生." (『周易』「繫辭」下).

72) "天地絪縕, 萬物化醇. 男女構精, 萬物化生." (『周易』「繫辭」下).

73) "乾剛坤柔, 配合相包, 陽稟陰受, 雌雄相須." "男女相須." (『周易參同契』).

74) "剛柔相推, 而生變化." (『周易』「繫辭」上).

75) "日月相推, 而明生焉." (『周易』「繫辭」下).

76) "寒暑相推, 而歲成焉." (『周易』「繫辭」下).

484

77) "君臣父子夫婦之義, 皆取諸陰陽之道. 君爲陽, 臣爲陰. 父爲陽, 子爲陰. 夫爲陽, 妻爲陰……陽爲夫而生之, 陰爲婦而助之……"(『春秋繁露』「基義」).

78) 『荀子』「大略」(순자의 함괘 해석은 『역전』의 함괘 단사彖辭의 의미와 같다. 하간상태下艮上兌로 이루어진 함괘는 높은 것이 낮은 것 아래에 있고, 남자가 여자 아래에 있는 괘이다.).

79) "得意一人, 是謂永畢, 失意一人, 是謂永訖."(『女誡』「專心」).

80) "음양의 변화를 헤아릴 수 없는 것을 신神이라 한다"(陰陽不測之謂神. 『周易』「繫辭」上).

81) "神無方而易无體."(『周易』「繫辭」上).

82) "陽中有陰, 陰中有陽" "陽至而陰, 陰至而陽."(『內經』「素問」).

83) "陰勝則陽病, 陽勝則陰病."(『國語』「越語」).

84) "明者, 吐氣者也, 是故外景. 幽者, 含氣者也, 是故內景. 吐氣者施而含氣者化."(『大戴禮記』「天圓」).

85) Wm. 시어도어 드 배리, 『중국의 '자유' 전통』, 표정훈 옮김, 이산, 1998. 100-106면

86) "一實萬分, 萬一各正, 大小有定……萬物之中又各具一理. 所謂乾道變化, 各正性命.……如一粒粟生爲苗, 苗便生花, 花便結實, 又成粟, 還復本形.……生生只管不已."(『朱子語類』권94).

87) "竝行而不同路, 交會而各代理 此其文" "天之常道, 相反之物也, 不得兩起, 故謂之一. 一而不二者, 天之行也."(『春秋繁露』「天道無二」).

88) "天地之常, 一陰一陽. 陽者, 天之德也, 陰者, 天之刑也."(『春秋繁露』「陰陽義」).

89) "任陽不任陰, 好德不好刑."(『春秋繁露』「陰陽位」).

90) 『白虎通義』「天地」.

91) 溝口雄三 외 지음, 『유교사』 조성을 · 이동철 옮김, 1990, 67면.

92) 주백곤, 『주역산책』, 155면(장재의 음양겸체설陰陽兼體說에 관한 설명 참조).

93) "乾無對, 只是一箇物事, 至陰則有對待. 大抵陰常虧於陽."(『朱子語類』下권 69).

94) "陰體不足, 常虧欠."(『朱子語類』下권 69).

95) "大抵陰陽二物. 本別無陰, 只陽盡處, 便是陰."(『朱子語類』下권 69).

96) "所以陽常兼陰, 陰不得兼陽, 陽大陰小, 陰必附陽, 皆是此意也."(『朱子語類』下권 69).

97) "大哉乾乎, 陽氣方流行. 固已包了全體, 陰便在裏了."(『朱子語類』下권 69).

98) "極而言之, 天地一夫婦也. 是故有天地然後有萬物. 然則天下萬物皆生於兩, 不生於一, 明矣. 而又謂一能生二, 理能生氣, 太極能生兩儀, 何歟."(『焚書』권3, 「夫婦論」).

99) 『朱子語類』권 65.

100) 『性理大典』권 1.

101) 송항룡, 「易論에 있어서의 흐름과 머무름」 『주역의 현대적 조명』 한국주역학회, 1992.

102) 이상익, 『역사철학과 역학사상』, 성균관대출판국, 1997, 177-178면.

103) 周桂細, 강좌 중국철학, 문재곤 외 옮김, 예문서원, 1992, 376면.

9장

1) "食色性也." (『孟子』「告子」上).

2) "天下之士悅之, 人之所欲也, 不足以解憂. 好色, 人之所欲, 妻帝之二女, 而不足以解憂. 富, 人之所欲, 富有天下, 而不足以解憂. 貴, 人之所欲, 貴爲天子, 而不足以解憂. 人悅之, 好色, 富貴, 無足以解憂者, 惟順於父母, 可以解憂." (『孟子』「萬章」上).

3) "任人有問屋廬子曰, '禮與食孰重.' 曰, '禮重.' '色與禮孰重.' 曰, '禮重.' 曰, '以禮食, 則飢而死, 不以禮食, 則得食, 必以禮乎. 親迎, 則不得妻, 不親迎, 則得妻, 必親迎乎.'" (『孟子』「告子」下).

4) "屋廬子不能對, 明日之鄒以告孟子. 孟子曰, 於答是也何有. 不揣其本而齊其末, 方寸之木可使高於岑樓. 金重於羽者, 豈謂一鉤金與一輿羽之謂哉. 取食之重者, 與禮之輕者而比之, 奚翅食重. 取色之重者, 與禮之輕者而比之, 奚翅色重. 往應之曰, '紾兄之臂而奪之食, 則得食, 不紾, 則不得食, 則將紾之乎. 踰東家牆而摟其處子, 則得妻, 不摟, 則不得妻, 則將摟之乎.'" (『孟子』「告子」下).

5) "楊子取爲我, 拔一毛而利天下, 不爲也." (『孟子』「盡心」上).

6) "楊氏爲我, 是無君也." (『孟子』「滕文公」下).

7) 『韓非子』「顯學」.

8) "楊朱曰, 原憲窶於魯, 子貢殖於衛. 原憲之窶損生, 子貢之殖累身. 然則窶亦不可, 殖亦不可, 其可爲在. 曰, 可在樂生, 可在逸身. 故善樂生者不窶, 善逸身者不殖." (『列子』「楊朱 · 樂生」)

9) "子華子曰, 全生爲上, 虧生次之, 死次之, 迫生爲下. 故所謂尊生者, 全生之謂. 所謂全生者, 六欲皆得其宜也. 所謂虧生者, 六欲分得其宜也. 虧生則於其尊之者薄矣. 其虧彌甚者也, 其尊彌薄. 所謂死者, 無有所以知, 復其未生也. 所謂迫生者, 六欲莫得其宜也, 皆獲其所甚惡者, 服是也, 辱是也. 辱莫大於不義, 故不義, 迫生也, 而迫生非獨不義也, 故曰迫生不若死." (『呂氏春秋』「仲春紀」).

10) 김병환,「양주학파의 자연 생명사상」『중국철학』, 2000, 23면.

11) 이운구,『중국의 비판사상』, 여강출판사, 1987, 162-163면.

12) "血氣未定, 戒之在色." (『論語』「季氏」).

13) "內作色荒, 外作禽荒." (『書經』「夏書 · 五子之歌」).

14) "好田好色, 喪其國." (『孟子』「梁惠王」下), "好田好女者, 亡其國." (『禮記』「郊特牲」).

15) "吾未見好德, 如好色者也." (『論語』「衛靈公」).

16) "所謂誠其意者, 毋自欺也. 如惡惡臭, 如好好色, 此之謂自謙." (『大學』).

17) "好德如好色, 諸侯不下漁色, 故君子遠色, 以爲民紀." (『禮記』「坊記」).

18) "名與身孰親, 身與貨孰多." (『道德經』44장).

19) "貴以身爲天下, 若可寄天下. 愛以身爲天下, 若可託天下." (『道德經』13장).

486

20) 장회익, 『삶과 온생명』, 솔출판사, 1998, 191면.

21) 溝口雄三 등저, 『유교사』, 이론과 실천, 341-345면.

22) 溝口雄三 등저, 앞의 책, 351면.

23) "凡人有所一同, 飢而欲食, 寒而欲煖, 勞而欲息, 好利而惡害, 是人之所生而有也, 是無待而然者也 是禹, 桀之所同也."(『荀子』「榮辱」).

24) "夫貴爲天子 富有天下, 是人情之所同欲也, 然則從人之欲, 則埶不能容, 物不能贍也. 故先王案爲之制禮義以分之, 使有貴賤之等, 長幼之差, 知愚, 能不能之分, 皆使人載其事而各得其宜, 然後使穀祿多少厚薄之稱, 是夫群居和一之道也."(『荀子』「榮辱」).

25) "夫仁者, 己欲立而立人, 己欲達而達人."(『論語』「雍也」), "其恕乎, 己所不欲, 勿施於人."(『論語』「衛靈公」).

26) "憲問

27) 焦循, 『論語補疏』(馮友蘭, 『중국철학사』上, 박성규 역, 까치. 1999, 119면 재인용).

28) "所求乎子以事父, 未能也. 所求乎臣以事君, 未能也. 所求乎弟以事兄, 未能也. 所求乎朋友先施之, 未能也."(『禮記』「中庸」).

29) "子曰, 君子喩於義, 小人喩於利."(『論語』「里仁」).

30) "君子求諸己, 小人求諸人."(『論語』「衛靈公」).

10장

1) "孟子曰, 伯夷聖之淸者也, 伊尹聖之任者也, 柳下惠聖之和者也, 孔子聖之時者也."(『孟子』「萬章」下).

2) "柳下惠, 不羞汚君, 不卑小官, 進不隱賢, 必以其道, 遺佚而不怨, 阨窮而不憫, 故曰, 爾爲爾我爲我, 雖袒裼裸裎於我側爾, 焉能浼我哉. 故由由然, 與之偕而不自失焉, 援而止之而止. 援而止之而止者, 是亦不屑去已."(『孟子』「公孫丑」上).

3) "公曰, 和與同異乎. 對曰, 異. 和如羹焉. 水火醯醢鹽梅, 以烹魚肉. 燀之以薪, 宰夫和之, 齊之以味, 濟其不及, 以洩其過, 君子食之, 以平其心. 君臣亦然. 君所謂可, 而有否焉, 臣獻其否, 以成其可. 君所謂否, 而有可焉, 臣獻其可, 以去其否. 是以政平而不干, 民無爭心."(『晏子春秋』, 『春秋左氏傳』昭公 20년).

4) "晏子曰, 所謂和者, 君甘則臣酸, 君淡則臣鹹. 今據也, 君甘亦甘, 所謂同也, 安得爲和."(『晏子春秋』).

5) "君子和而不同, 小人同而不和."(『論語』「子路」).

6) "五味不同, 物而能和."(『管子』「宙合」).

7) 『春秋左氏傳』昭公 20년.

8) "喜怒哀樂之未發, 謂之中."(『中庸』).

9) "發而皆中節, 謂之和."(『中庸』).

10) "中者, 不偏不倚 …… 之名."(朱熹, 『中庸章句注』).

11) "中者, …… 無過不及之名."(朱熹, 『中庸章句注』).

12) "君子矜而不爭, 群而不黨."(『論語』「衛靈公」), "君子不黨."(『論語』「述而」).

13) "人之過也, 各於其黨."(『論語』「里仁」).

14) "和其光, 同其塵."(『道德經』4장).

15) "論至德者, 不和於俗, 成大功者, 不謀於衆."(『商君書』「更法」).

16) 윤천근, 『원시유학의 새로운 해석』, 온누리, 1987, 70-71면.

17) "天下非一人之天下也, 天下之天下也. 陰陽之和, 不長一類."(『呂氏春秋』「孟春紀」).

18) "夫民見其禮則上下援. 援則樂, 樂則無憂, 以此怨者而亂不作也."(『大戴禮記』「浩志」).

19) "樂者爲同, 禮者爲異. 同則相親, 異則相敬, 樂勝則流, 禮勝則離. 合情飾貌者, 禮樂之事也.禮義 立則貴賤等矣. 樂文同則上下和矣."(『禮記』「樂記」).

20) 『近思錄』.

21) "大樂與天地同和, 大禮與天地同節."(『禮記』「樂記」).

22) "樂也者, 動於內者也, 禮也者, 動於外者也. 樂極和, 禮極順. 內和而外順, 則民瞻其顏色而弗與 爭也. 望其容貌而民不生易傲焉."(『禮記』「樂記」).

23) 이운구, 「先秦諸子의 樂論 비판」『大東文化硏究』(제24집), 대동문화연구원, 1989.

24) "天地睽而其事同也, 男女睽而其志通也, 萬物睽而其事類也."(『周易』睽卦 彖傳).

25) 이운구, 『중국의 비판사상』, 여강출판사, 1987, 239면.

26) 『書經』「洪範」.

27) "謙讓恭敬, 先人後己. 有善莫名, 有惡莫辭. 忍辱含垢, 常若畏懼. 卑弱下人也."(班昭, 『女誡』 「卑弱」).

28) "姑云不, 爾而是, 固宜從令. 姑云是, 爾而非, 猶宜順命. 勿得違戾是非, 爭分曲直, 此則所謂曲 從矣."(班昭, 『女誡』「曲從」).

29) 『열녀전』「節義」.

30) "善政, 民畏之, 善教, 民愛之. 善政, 得民財, 善教, 得民心."(『孟子』「盡心」上) 이것을 주자 는 "得民財者, 百姓足而君無不足也. 得民心者, 不遺其親不後其君也."로 해석하였다.

31) "善政, 不如善教之得民也."(『孟子』「盡心」上).

32) "子張問仁於孔子, 孔子曰, 能行五者於天下, 爲仁矣. 請問之. 曰恭寬信敏惠. 恭則不侮, 寬則得

488

衆, 信則人任焉, 敏則有功, 惠則足以使人."(『論語』「陽貨」).

33) "子謂子産, 有君子之道四焉. 其行己也恭, 其事上也敬, 其養民也惠, 其使民也義."(『論語』「公冶長」).

34) "分人以財謂之惠, 教人以善謂之忠."(『孟子』「滕文公」上).

35) "上之親下也如腹心, 則下之親上也如保子之見慈母也. 上下之相親也如此, 然後令則從, 施則行."(『大戴禮記』「主言」).

36) "子曰, 善人, 教民七年, 亦可以即戎矣."(『論語』「子路」)에 대해 주자는 "민을 가르친다는 것은 효제충신의 행실과 농사에 힘쓰고 무예를 연마하는 법을 가르치는 것이다. …… 민을 가르치면 자신의 윗사람을 위해 죽을 줄 안다. 教民者, 教之以孝弟忠信之行, 務農講武之法. 即, 就也. 戎, 兵也. 民知親其上死其長, 故可以即戎."고 하였다.

37) 吳虞, 「家族制度爲專制主義之根據論」(『新靑年』 II-6(1917.2.1).

38) "男子者, 言任天地之道, 而長萬物之義也. …… 女子者, 言如男子之教, 而長其義理者也."(『大戴禮』「本命解」).

39) "是故, 男教不修, 陽事不得, 適見於天, 日爲之食. 婦順不修, 陰事不得, 適見於天, 月爲之食."(『禮記』「昏義」).

40) "以善先人者, 謂之教, 以善和人者, 謂之順"(『荀子』「修身」).

✦ 11장

1) "大公調曰, 陰陽相照, 相蓋相治. 四時相代, 相生相殺. …… 安危相易, 禍福相生, 緩急相摩, 聚散以成."(『莊子』「則陽」).

2) "天地交而萬物通也."(『周易』泰卦 象), "天地感而萬物化生."(『周易』咸卦 象).

3) "天地不交而萬物不通也."(『周易』否卦 象).

4) "天視自我民視, 天聽自我民聽."(『書經』「泰誓」).

5) 焦國成, 『中國古代人我關係論』, 人民大學出版社, 1991, 4면.

6) "己所不欲, 勿施於人."(『論語』「顔淵」, 「衛靈公」), "己欲立而立人, 己欲達而達人."(『論語』「雍也」).

7) "所求乎子以事父, 未能也. 所求乎臣以事君, 未能也. 所求乎弟以事兄, 未能也. 所求乎朋友先施之, 未能也."(『禮記』「中庸」).

8) C. Fred Alford, 「한국인의 선과 악」『전통과 현대』, 1997, 여름호.

9) "父子相夷, 則惡矣."(『孟子』「離婁」上).

10) "元惡大憝, 矧惟不孝不友."(『書經』「康誥」).

11) "老而無妻曰鰥, 老而無夫曰寡, 老而無子曰獨, 幼而無父曰孤. 此四者, 天下之窮民而無告者. 文王發政施仁, 必先斯四者. 詩云, 哿矣富人, 哀此獨煢"(『孟子』「梁惠王」下).

12) "葉公語孔子曰, 吾黨有直躬者, 其父攘羊而子證之. 孔子曰, 吾黨之直者, 異於是. 父爲子隱, 子爲父隱, 直在其中矣."(『論語』「子路」).

13) "公孫丑曰, 君子之不教子, 何也. 孟子曰, 勢不行也. 教者必以正, 以正不行, 繼之以怒, 繼之以怒, 則反夷矣. 夫子教我以正, 夫子, 未出於正也. 則是父子相夷也. 父子相夷則惡矣. 古者易, 子而教之. 父子之間, 不責善, 責善則離, 離則不祥, 莫大焉."(『孟子』「離婁」上).

14) "惻隱之心, 人皆有之, 羞惡之心, 人皆有之, 恭敬之心, 人皆有之, 是非之心, 人皆有之."(『孟子』「告子」上).

15) "子曰, 道之以政, 齊之以刑, 民免而無恥. 道之以德, 齊之以禮, 有恥且格."(『論語』「爲政」)

16) "禮者禁於將然之前, 而法者禁於已然之後."(『大戴禮』「禮察」).

17) "帝堯曰, 欽哉, 愼徽五典, 五典克從."(『書經』「堯典」) 오전五典이란 부모형제자父母兄弟子의 다섯 가지 모범을 말한다.

18) "…… 使布五教于四方, 父義, 母慈, 兄友, 弟恭, 子孝, 內平外成."(『春秋左氏傳』文公 18년).

19) "齊景公問政於孔子, 孔子對曰, 君君臣臣父父子子."(『論語』「顏淵」).

20) 『禮記』「中庸」

21) "使契爲司徒, 教以人倫, 父子有親, 君臣有義, 夫婦有別, 長幼有序, 朋友有信."(『孟子』「滕文公」上).

22) "子夏曰, 賢賢易色. 事父母能竭其力, 事君能致其身, 與朋友交言而有信, 雖曰未學, 吾必謂之學矣."(『論語』「學而」).

23) "老吾老, 以及人之老, 幼吾幼, 以及人之幼, 天下可運於掌."(『孟子』「梁惠王」上).

24) "修身齊家治國平天下."(『大學』), "孟子曰, 人有恒言, 皆曰天下國家, 天下之本, 在國, 國之本, 在家, 家之本, 在身."(『孟子』「離婁」上).

25) "先王有不忍人之心, 斯有不忍人之政矣. 以不忍人之心, 行不忍人之政, 治天下可運於掌上."(『孟子』「公孫丑」上).

26) 『書經』「周官」.

27) "君子篤於親, 則民興於仁, 故舊不遺, 則民不偸."(『論語』「泰伯」).

28) 한비자는 효와 충이 같은 뿌리를 가진다는 유가의 이론을 모순이라고 반박하였다. 노나라 사람 중에 군주의 명을 받고 세 번이나 참전했다가 세 번 모두 도망친 사람의 이야기를 하고 있다. 공자가 그 까닭을 물으니 늙은 부모를 봉양해야 하기 때문이라고 한 것이다. 공자는 효심이 극진한 이 남자를 군주에게 추천하였다. 이에 대해 한비자는 부모에

게 효자이면 군주에게는 충신이 될 수 없다고 하였다.("魯人從君戰, 三戰三北, 仲尼問其
故. 對曰, 吾有老父, 身死莫之養也. 仲尼以爲孝, 擧而上之. 以是觀之, 夫父之孝子, 君之背
臣也."『韓非子』「五蠹」).

29) 이운구,『동아시아 비판사상의 뿌리』, 도서출판 길, 2004, 182-183면

30) "子曰, 惟仁者, 能好人, 能惡人."(『論語』「里仁」).

31) "子曰, 君子求諸己, 小人求諸人."(『論語』「衛靈公」).

32) "康誥曰, 父不慈, 子不祗, 兄不友, 弟不恭, 不相及也."(『春秋左氏傳』僖公 33년).

33) "君之視臣如手足, 則臣視君如腹心. 君之視臣如犬馬, 則臣視君如國人. 君之視臣如土芥, 則臣視
君如寇讎."(『孟子』「離婁」下).

34) "『周易』曰, 隨元亨利貞無咎. 元善之長也, 亨嘉之會也, 利義之和也, 貞事之幹也. …… 今我婦
人而與于亂. 固在下位而有不仁, 不可謂元. 不靖國家, 不可謂亨. 作而害身, 不可謂利. 棄位而
放, 不可謂貞."(『春秋左氏傳』襄公 9년).

35) 신정근,「고대 중국의 사람(人)에서 인(仁)의 발견」『哲學』제53집, 한국철학회, 1997.

36) "…… 父義, 母慈, 兄友, 弟恭, 子孝, 內平外成."(『春秋左氏傳』文公 18년).

37) "女有家, 男有室, 無相瀆也. 謂之有禮, 易此必敗."(『春秋左氏傳』桓公 18년).

38) "士之二三, 猶喪配偶, 而況霸主."(『春秋左氏傳』成公 8년).

39) "…… 見冀缺耨, 其妻饁之, 敬, 相待如賓. 與之歸, 言諸文公曰

40) "社稷無常奉, 君臣無常位, 自古以然. 故『詩經』曰, 高岸爲谷, 深谷爲陵."(『春秋左氏傳』昭公
32년).

41) "信, 事人也. 信, 婦德也. 壹與之齊, 終身不改, 故夫死不嫁."(『禮記』「郊特牲」).

42) "婦如影響, 焉不可賞."(班昭,『女誡』「曲從」).

43) "故女憲曰, '得意一人, 是謂永畢. 失意一人, 是謂永訖.' 由斯言之, 夫不可不求其心."(班昭,
『女誡』「專心」).

44) "婦人之得意於夫主, 由舅姑之愛己也. 舅姑之愛己, 由叔妹之譽己也. 由此言之, 我之臧否毁譽,
一由叔妹. 叔妹之心, 不可失也."(班昭,『女誡』「和叔妹」).

45) "…… 年十有四, 執箕帚于曹氏. 今四十餘載矣. 戰戰兢兢, 常懼黜辱, 以增父母之羞, 以益中外
之累. 是以夙夜劬心, 勤不告勞, 而今而後, 乃知免耳."(班昭,『女誡』序文).

📍 12장

1) 장자莊子는 오경五經의 의미를 이렇게 말했다. "『시詩』로써 뜻을 말하였고 『서書』로써 일을 말하였으며 『예禮』로써 행위를 말하였고 『악樂』으로써 조화를 말하였으며 『역易』으로써 음양을 말하였고 『춘추春秋』로써 명분을 말하였다."("詩』以道志, 『書』以道事, 『禮』以道行, 『樂』以道和, 『易』以道陰陽, 『春秋』以道名分."『莊子』「天下」).

2) "易基乾坤, 詩始關雎, 書美釐降, 春秋譏不親迎. 夫婦之際, 人道之大倫也."(『史記』「外戚世家」).

3) "唯會稽一刻, 其辭曰, 飾省宣義, 有子而嫁 倍死不貞. 防隔內外, 禁止淫佚, 男女潔誠. 夫爲寄豭, 殺之無罪, 男秉義程. 妻爲逃嫁, 子不得母, 感化廉淸."(『日知錄』권13).

4) 『漢書』「董仲舒傳」.

5) "天下英雄, 盡入彀中."(文皇帝修文偃武, …… 喜曰, 天下英雄入吾彀中矣.) 馮友蘭, 『중국철학사』上, 박성규 역, 까치, 1999, 41면 재인용.

6) 馮友蘭, 앞의 책, 1999, 41면.

7) 馮友蘭, 앞의 책, 1999, 639면.

8) 馮友蘭, 앞의 책, 1999, 643면.

9) "子曰, 有敎無類."(『論語』「衛靈公」).

10) "其爲人也, 孝弟而好犯上者鮮矣. 不好犯上而好作亂者, 未之有也. (『論語』「學而」).

11) "事君以忠"(『論語』「八佾」).

12) 馮友蘭, 앞의 책, 1999, 678면.

13) "若夫君臣之義, 父子之親, 夫婦之別, 朋友之序, 此儒者所謹守, 日切磋而不舍也."(『韓詩外傳』권5).

14) 사마천이 그 주장하는 바가 다 다르다고 한 육가六家는 음양가陰陽家, 유가儒家, 묵가墨家, 명가名家, 법가法家, 도덕가道德家이다.

15) "儒者博而寡要, 勞而少功, 是以其事難盡從. 然其序君臣父子之禮, 列夫婦長幼之別, 不可易也."(『史記』「太史公自序」論六家之要指).

16) 余敦康, 「禮記」, 『中國古代佚名哲學名著評述』第二卷, 齊魯書社, 1983, 314면.

17) 余敦康, 앞의 책, 312면.

18) "夫禮之初, 始諸飮食, 其燔黍捭豚, 汚尊而杯飮, 蕢桴而土鼓, 猶若可以致其敬於鬼神"(『禮記』「禮運」).

19) 尹乃鉉, 앞의 책, 1988, 117면.

20) "禮不下庶人, 刑不上大夫."(『禮記』「曲禮」上)

21) 尹乃鉉, 앞의 책, 1988, 117면.

492

22) "예는 나라를 세우고 사직을 정하고 백성을 질서지우고 후손을 이롭게 하는 것이다."(禮, 經國家, 定社稷, 序人民, 利後嗣者也.『春秋左氏傳』隱公 11年), "예禮는 나라의 기둥이다."(禮, 國之紀也.『國語』「晉語」), "예禮는 통치자가 큰 원리로 삼는 것이다."(禮, 王之大經也.『春秋左氏傳』昭公 15年), "예禮는 상하上下의 근본이 되고 천지天地의 기초가 되니 민민이 그것에 의해 살아가는 것이다."(禮, 上下之經, 天地之經緯, 民之所以生也.『春秋左氏傳』昭公 25年).

23) "효孝는 예禮의 시작이다."(孝, 禮之施也.『春秋左氏傳』文公2年), "예禮로써 충충, 신신, 인仁, 의義를 엿볼 수 있다."(禮, 所以觀忠臣仁義也.『國語』「周語」上), "군자君子는 항상 아랫사람을 보살피는 데 힘써야 하고, 소인小人은 농사에 힘써서 그 윗사람을 섬겨야 한다. 따라서 상하上下간에는 예禮가 있는 것이다."(君子常能而讓其下, 小人農力以事其上, 是以上下有禮.『春秋左氏傳』襄公 13年), "미루어 행하고 덕에 맞추는 것이 예禮의 근본이다."(恕而行之, 德之則也, 禮之經也.『春秋左氏傳』隱公 11年).

24) 劉澤華,『先秦政治思想史』, 南開大學出版社, 1984, 94면.

25) 허버트 핑가레트,『공자의 철학』, 송영배 옮김, 서광사, 1993, 29면.

26) 허버트 핑가레트, 앞의 책, 28면.

27) 西嶋定生,『중국 고대사회경제사』, 변인석 편역, 한울, 1994, 68면.

28) "立權度量, 考文章, 改正朔, 易服色, 殊徵號, 異器械, 別衣服, 此其所得與變革者也. 其不可得變革者有矣, 親親也, 尊尊也, 長長也, 男女有別, 此其不可得與民變革也."(『禮記』「大傳」).

29) 趙鳳喈,『中國婦女在法律上之地位』, 食貨月刊社, 1976, 123면.

30) 山綺純一,『教育からみた 中國女性史資料の研究』, 明治書院, 1986, 71면

31) 구족九族은 자기를 중심으로 위로는 고조高祖, 아래로는 현손玄孫에 이르는 구대九代를 말하고 오복五服은 다섯 종류의 다른 복상喪服의 등급으로 참체斬衰 · 재최齊衰 · 대공大功 · 소공小功 · 시마緦麻를 말한다. 구족九族 내의 사람이 죽으면 전족全族의 사람이 모두 죽은 자를 위해 복상의 의무를 지는데 자기의 친속 감정의 정도를 표시하기 위한 것이다. 여돈강余敦康에 의하면 이 오복구족五服九族은 일가일호一家一戶의 봉건 경제적 요구에 적응하기 위한 것으로 노예 사회의 종족 공유의 정전제와 결합한 종족 조직과는 다른 것이다. 따라서 독립적 정치 단위도 경제 단위도 아니며, 단지 혈연친속 관계를 연결시키는 정신적인 공동체로서 봉건질서를 유지하는 데 중대한 작용을 한다. 그렇지만 오복구족은 국가와 사회를 위해 개인 행위를 조절하고 사회 질서를 안정시키는 강력한 근간이 된다.(余敦康,『中國古代佚名哲學名著評述』(第二卷) 참조).

32) 余敦康,「禮記」, 앞의 책, 300-304면.

33) 송영배,『중국사회사상사』, 한길사, 1986, 37면.

34) "今農夫五口之家, 其服役者, 不上二人, 其能耕者, 不過百畝."(『漢書』「食貨誌」).

35) 韓連琪, 『先秦兩漢史論叢』, 齊魯書社, 1986, 72-76면.

36) "子事父母, 雞初鳴, 咸盥, 漱, 櫛, 縰, 笄總, 拂髦, 冠, 緌, 纓, 端, 韠, 紳, 搢笏, 左右佩用, 左佩
紛帨, 刀, 礪, 小觿, 金燧. 右佩玦, 捍, 管, 遰, 大觿, 木燧, 偪, 屨著綦." (『禮記』 「內則」).

37) "子女未冠笄者, 雞初鳴, 咸盥漱櫛縰, 總角衿紳, 皆佩容臭, 昧爽而朝. 問何食飲矣, 若已食則退,
未食則佐長者視具." (『禮記』 「內則」).

38) "在父母舅姑之所, 有命之, 應唯敬對, 進退周旋愼齊, 升降出入揖遊不敢噦噫嚏咳欠伸跛倚睇視,
不敢唾洟. ……" (『禮記』 「內則」).

39) "曾子曰, 身也者, 父母之遺體也. 行父母之遺體, 敢不敬乎? 居處不莊, 非孝也. 事君不忠, 非孝
也. 涖官不敬, 非孝也. 朋友不信, 非孝也. 戰陳無勇, 非孝也." (『禮記』 「祭義」).

40) "父者, 子之天也." (『儀禮』 「喪服傳」).

41) "爲人子者, 居不主奧, 坐不中席, 行不中道, 立不中門. 食饗不爲槩, 祭祀不爲尸, 聽於無聲, 視於
無形. 不登高, 不臨深. 不苟訾, 不苟笑. 孝子不服闇, 不登危, 懼辱親也." (『禮記』 「曲禮」上).

42) "父命呼, 唯而不諾, 手執業則投之, 食在口則吐之, 走而不趨." (『禮記』 「玉藻」).

43) 余敦康, 앞의 책, 329-332면.

44) "孝者, 所以事君也. 弟者, 所以事長也." (『禮記』 「大學」).

45) "天子修男敎, 父道也. 后修女順, 母道也. 故曰, "天子之與后, 猶父之與母也." (『禮記』 「昏義」).

46) "子云, 天無二日, 土無二王, 家無二主, 尊無二上, 示民有君臣之別也." (『禮記』 「坊記」).

47) 湯淺幸孫, 『中國思想槪論』300면.

48) "忠臣以事其君, 孝子以事其親, 其本一也. 上則順於鬼神, 外則順於君長, 內則以孝於親, 如此之
謂備." (『禮記』 「祭統」).

49) "子云, 孝以事君, 弟以事長, 示民不貳也." (『禮記』 「坊記」).

50) "父母存, 不許友以死, 不有私財." (『禮記』 「曲禮」).

51) "子婦無私貨, 無私畜, 無私器. 不敢私假, 不敢私與." (『禮記』 「內則」).

52) 吳虞, 「家族制度爲專制主義之根據論」 (송영배, 앞의 책, 1986, 317면에서 재인용).

53) "夫者, 妻之天也." (『儀禮』 「喪服傳」).

54) "信, 事人也. 信, 婦德也. 壹與之齊, 終身不改, 故未死不嫁." (『禮記』 「郊特牲」).

55) "禮, 夫有再娶之義, 婦無二適之文. 故曰, 夫者天也, 天固不可逃, 夫固不可離也." (『女誡』 「專
心」).

56) 吳虞, 「說孝」 『吳虞文錄』 (송영배, 앞의 책, 1986, 316면에서 재인용).

57) 송영배, 앞의 책, 1986, 316면.

58) "忠臣不事二君, 貞女不更二夫." (『史記』 권28 「田單列傳」).

59) "乃生男子, 載寢之牀, 載衣之裳, 載弄之璋 …… 乃生女子, 載寢之地, 載衣之裼, 載弄之瓦."
(『詩經』 「小雅·斯干」).

494

60) "古者, 女生三日, 臥之床下, 弄之瓦塼, 而齊告焉. 臥之床下, 明其卑弱, 主下人也. 弄之瓦塼, 明其習勞, 主執勤也. 齊告先君, 明當主繼祭祀也."(班昭, 『女誡』「卑弱第一」).

61) "三者, 盖女人之常道, 禮法之典教矣."(班昭, 『女誡』「卑弱第一」).

62) "且父母之於子也, 産男則相賀, 産女則殺之. 此俱出父母之懷妊, 然男子受賀, 女子殺之者,慮其後便, 計之長利也. 故父母之於子也, 猶用計算之心, 以相待也."(『韓非子』「六反」).

63) "然天生蒸民, 先人傳體, 其如之何? 世人多不擧女, 賊行骨肉, 豈當如此, 而望福於天乎?"(『顏氏家訓』「治家」).

64) "…… 資於事父以事母而愛同. 天無二日, 土無二王, 國無二君, 家無二尊, 以一治之也, 故父在爲母齊衰期者, 見無二尊也."(『禮記』「喪服四制」).

65) "爲父後者, 爲出母無服."(『禮記』「喪服小記」).

66) "祖父卒而后, 爲祖母後者三年."(『禮記』「喪服」).

67) "士妾有子而爲之緦, 無子則已."(『禮記』「喪服」).

68) "故爲父斬衰三年, 以恩制者也. 門內之治恩揜義, 門外之治義斷恩. 資於事父以事君而敬同, 貴貴尊尊, 義之大者也. 故爲君亦斬衰三年, 以義制者也."(『禮記』「喪服四制」).

69) 『女範捷錄』「貞烈」.

70) "是皆貞心貫乎日月, 烈志塞乎兩儀, 正氣凜於丈夫, 節操播乎青史者也. 可不勉歟."(『女範捷錄』「貞烈」).

71) 딸의 부모 봉양이 강조된 경우도 있는데, 이것은 시대적 차이와 지역적 차이로 설명될 수 있다.

72) "天子之妃曰后, 諸侯曰夫人, 大夫曰孺人, 士曰婦人, 庶人曰妻."(『禮記』「曲禮」).

73) "后之言后也, 夫之言扶也, 孺之言屬, 婦之言服, 妻之言齊."(『禮記』「曲禮」鄭玄注).

74) '처妻'는 '첩妾'의 相對的인 용어이다. 은대殷代사회에서는 처첩妻妾의 구별이 엄격하지 않았다. 은대殷代사회를 설명해 주는 갑골문에는 처妻와 첩妾이 같은 의미로 왕의 배우자를 지칭하였다. 처첩의 구별은 서주 국가의 작품이다.

75) "妻, 婦, 與夫齊者也."(『說文解字』「女部」).

76) "妻者, 齊也, 與夫齊體. 自天子至于庶人, 其義一也. 妻之言齊也."(『白虎通』「嫁娶」).

77) "妻者, 齊也, 與夫齊體."(『毛詩』「十月之交」鄭玄注).

78) "天子之妃曰后, 后, 後也, 言在后不敢以副言也. 諸侯之妃曰夫人, 夫, 扶也, 扶助其君也.卿之妃曰內子, 在閨門之內治家也. 大夫之妃曰命婦, 婦, 服也, 服家事也, 夫受命於朝, 妻受命於家也. 士庶人曰妻, 夫賤不足以尊稱, 故齊等言也."(『釋名』).

79) "共牢而食, 同尊卑也. 故婦人無爵, 從夫之爵, 坐以夫之齒."(『禮記』「郊特牲」).

80) "父者, 子之天也. 夫者, 妻之天也."(『儀禮』「喪服傳」).

81) "男帥女, 女從男, 夫婦之義由此始也. 婦人, 從人者也. …… 夫也者, 夫也, 夫也者, 以知帥人者也."(『禮記』「郊特牲」).

82) 『女範捷錄』「才德」.

83) 姜躍濱, 「中國妻妾制度的文化背景」『中國妻妾』, 河北人民出版社, 1991. 65-68면.

84) 陳東原, 『中國婦女生活史』, 商務印書館(民國叢書, 1937年版 影印本), 18-38면

85) "婦事舅姑, 如事父母."(『禮記』「內則」).

86) "子甚宜其妻, 父母不悅, 出. 子不宜其妻, 父母曰是善事我, 子行夫婦之禮焉. 沒身不衰."(『禮記』「內則」).

87) "子有二妾, 父母愛一人焉, 子愛一人焉. 由衣服飲食, 由執事, 毋敢視父母所愛, 雖父母沒, 不衰."(『禮記』「內則」).

88) "婦, 服也. 從女持箒洒掃也."(『說文解字』).

89) "未嫁爲之女, 已嫁爲之婦."(『彙苑』).

90) 加地伸行, 『沈默の宗教 : 儒教』筑摩書房, 1994, 154면에서 재인용.

91) 곽말약郭沫若과 그의 견해를 수용한 호후선胡厚宣은 '부모婦某'를 상 왕국의 왕비 이름으로 보았고, 도방남島邦男은 상왕의 신임을 받은 대관大官으로 보았다. 이 두 견해는 '부모婦某'가 상왕국에서 중요한 위치에 있었던 것으로 갑골문에 나타나기 때문이었다.(尹乃鉉, 「甲骨文에 보이는 "婦某"가 상대사에서 갖는 意味」『史學志』, 第29輯, 檀國史學會, 1996, 67-69면 참조).

92) 尹乃鉉, 앞의 글, 1996, 73면.

93) "男者, 任也. 子者, 孳也. 男子者, 言任天地之道, 如而長萬物之義也. 故謂之丈夫. 丈者, 長也. 夫者, 扶也. 言長萬物也. 知可爲者, 知不可爲者, 知可言者, 知不可言者, 知可行者, 知不可行者, 是故審論而明其別謂之知, 所以正夫德也."(『大戴禮』「本命解」).

94) "女者, 如也. 子者, 孳也. 女子者, 言如男子之教而長其義理者也. 故謂之婦人. 婦人, 伏于人也. …… 行無獨成之道. 參知而后動, 可驗而后言, 宵衣, 燭官事必量, 六蓄于宮中, 謂之信也, 所以正婦德也."(『大戴禮』「本命解」).

95) "女有四行, 一曰婦德, 二曰婦言, 三曰婦容, 四曰婦功. 夫云婦德, 不必才明絶異也. 婦言, 不必辯口利辭也. 婦容, 不必顔色美麗也. 婦功, 不必技巧過人也."(班昭, 『女誡』「婦行」).

96) "君子之道, 造端乎夫婦. 及其至也, 察乎天地."(『禮記』「中庸」).

97) 赤塚忠, 「大學 · 中庸」『新釋漢文大系』4, 明治書院, 225면.

98) 李又寧, 「中華文明與婦女角色」『中國婦女史論集』(第三集), 1992, 10-11면.

99) "여자와 소인은 상대하기가 쉽지 않다. 가까이 해주면 불손해지고 멀리하면 원망을 한다."('惟女子與小人爲難養也. 近之則不遜, 遠之則怨.'『論語』「陽貨」) 여기서 여자가 누구인가를 놓고 여성 일반을 가리킨다는 주장과 이익을 밝히는 여자를 가리킨다는 주장이 있어 왔다. 일반적으로 소인小人은 군자君子의 상대 개념으로 쓰인다. 소인과 나란히 여

496

자를 썼으므로 여자는 곧 군자와도 상대 개념이 된다. 따라서 '여자'는 여성 일반의 의미로 '군자'는 남자를 지칭한다고 볼 수 있다. 「關雎」의 "窈窕淑女, 君子好逑."에서처럼 군자는 숙녀와 대칭되어 쓰였음을 볼 때 군자의 젠더는 남성임을 알 수 있다.

100) "君子之道, 費而隱. 夫婦之愚, 可以與知焉. 及其至也, 雖聖人亦有所不知焉. 夫婦之不肖, 可以能行焉. 及其至也, 雖聖人亦有所不能焉."(『禮記』「中庸」).

101) "…… 故君子語大, 天下莫能載焉. 語小, 天下莫能破焉."(『禮記』「中庸」).

102) "君子中庸, 小人反中庸"(『禮記』「中庸」).

103) "君子之中庸, 君子而時中"(『禮記』「中庸」).

104) "君子素其位而行, 不願乎其外"(『禮記』「中庸」).

105) "子曰, 天下國家可均也. 爵祿可辭也. 白刃可踏也. 中庸不可能也."(『禮記』「中庸」). 천하국가를 다스리는 일, 벼슬을 사양하는 일, 날카로운 칼날을 밟는 일은 오히려 가능한 일이지만 중용을 행하는 것은 어렵다는 것이다. 이것은 곧 중용의 실천성을 강조한 것이다.

106) "君子之道, 譬如行遠, 必自邇. 譬如登高, 必自卑."(『禮記』「中庸」).

107) "詩云, 鳶飛戻天, 魚躍于淵. 言其上下察也."(『禮記』「中庸」).

108) 馮友蘭, 앞의 책, 1984, 94-95면.

109) 劉向, 『열녀전』, 이숙인 옮김, 예문서원, 1996.

110) "妻賢夫禍少.", "賢婦令夫貴, 惡婦令夫敗.", "國亂思良將, 家貧思賢妻.", "寧可無官, 不可無婚."(중국의 속담).

111) "出乎大門而先. 男帥女, 女從男, 夫婦之義由此始也."(『禮記』「郊特牲」).

112) "婦人有三從之義, 無專用之道. 故未嫁從父, 旣家從夫, 夫死從子."(『儀禮』「喪服傳」).

113) "婦人伏于人也, 是故無制之義. 有三從之道, 在家從父, 適人從夫, 夫死從子. 無所敢自遂也, 故令不出閨門, 事在饋食之間而已矣."(『大戴禮記』「本命解」).

114) "婦人, 從人者也. 幼從父兄, 嫁從夫, 夫死從子."(『禮記』「郊特牲」).

115) 趙鳳喈, 앞의 책, 91면

116) "夫婦別, 父子親, 君臣嚴. 三者正, 則庶物從之矣."(『禮記』「哀公問」).

117) Alison M.Jaggar, 『여성해방론과 인간본성』, 공미혜 공역, 이론과 실천, 1992, 26면.

118) "婦人許嫁纓."(『禮記』「曲禮」上) 여자의 혼처가 정해지면 끈과 같은 장식물을 목에 걸었다고 하는데, 이에 대해 정현鄭玄은 종속자임을 주지시키기 위한 것이라고 해석했다.

119) "男不言內, 女不言外. 內言不出, 外言不入."(『禮記』「內則」).

120) "남자만 가르치고 여자를 가르치지 않으니, 서로 간에 필요한 도리가 소통되지 못하는 것 아니겠는가?"("但教男而不教女, 不亦蔽於彼此之數乎."『女誡』) 이에 대해 『여사서』를 주석한 왕상王相은 여자에게 옛 서적과 경전을 공부하게 하여 자손을 훈육하는 데 이용할 것을 주장했다.(이숙인 역주, 『여사서』, 도서출판 여이연, 2003, 30-31면).

121) "父之讐, 弗與共戴天. 兄弟之讐, 不反兵. 交遊之讐, 不同國."(『禮記』「曲禮」上).

122) "子夏問於孔子曰, 居父母之仇, 如之何. 夫子曰, 寢苫枕干, 不仕, 弗與共天下也. 遇諸市朝, 不反兵而鬪."(『禮記』「檀弓」上).

123) 劉向, 앞의 책,「節義篇」참조.

124) 趙鳳喈, 앞의 책, 123면.

125) 맹자孟子는 가장 큰 불효를 후사를 잇지 못한 것이라 하여 생자생손生子生孫에서 효의 의미를 찾고 있다. ("不孝者有三, 無後爲大"『孟子』「離婁」上).

126) 『儀禮』「士昏禮」고주古注에 의하면 "모姆는 직업인으로 부인婦人으로서 50세가 되어도 자식이 없어 이혼 당한 사람이 재혼하지 않고 남을 가르치는 사람이다"라고 하였다.

127) 仁井田 陞, 『中國法制史』, 岩波書店, 1959, 180면.

128) 村私 暎,「中國列女傳」, 中央公論社, 1968, 1면.

129) 仁井田 陞, 앞의 책, 1959, 244면.

130) "宗子雖七十, 無無主婦. 非宗子, 雖無主婦可也."(『禮記』「曾子問」).

131) "婦功不必工巧過人也. 專心紡績, 不好戲笑, 潔齊酒食, 以奉賓客, 是謂婦功."(『女誡』「婦行」).

132) 『열녀전』「母儀・鄒孟軻母」.

133) 岸邊成雄 편, 『儒教社會の女性たち』, 評論社, 1977, 83면.

134) 岸邊成雄 편, 앞의 책, 132면.

135) 陳東原, 앞의 책, 52-53면.

136) 이운구, 『중국의 비판사상』, 여강출판사, 1987, 292면.

137) 이운구, 앞의 책, 1987, 290면.

■ 참고문헌

🄓 원전

『서경 書經』·『시경 詩經』·『예기 禮記』·『춘추좌씨전 春秋左氏傳』·『주역 周易』·『논어 論語』·
『주례 周禮』·『국어 國語』·『맹자 孟子』·『순자 荀子』·『전국책戰國策』·『효경 孝經』·『중용中
庸』·『대학大學』·『사기 史記』·『한서 漢書』·『여씨춘추呂氏春秋』·『백호통 白虎通』·『진서
晉書』·『위서 魏書』·『어람 御覽』·『춘추공양전 春秋公羊傳』·『의례 儀禮』·『도덕경 道德經』·
『장자 莊子』·『한비자 韓非子』·『열녀전 列女傳』·『황제내경 皇帝內經』·『상군서 商君書』·『설
문해자 說文解字』·『여사서 女四書』·『여계 女誡』·『내훈 內訓』·『여논어 女論語』·『여범첩록
女範捷錄』·『회남자 淮南子』·『자치통감 資治通鑑』·『요사 遼史』·『풍속통의 風俗通義』·『옥천
자집 玉川子集』·『독이지 獨異志』·『이아 爾雅』·『안씨가훈 顔氏家訓』·『주자어류 朱子語類』·
『동벽유서 東壁遺書』·『소학언해 小學諺解』·『일지록 日知錄』·『안자춘추 晏子春秋』·『한시외
전 韓詩外傳』·『시집전 詩集傳』·『모시정의 毛詩正義』·『죽서기년 竹書紀年』·『열자 列子』·
『관자 管子』·『공자가어 孔子家語』·『춘추번로 春秋繁露』

郭沫若, 『管子集校』(上·中·下), 中華書局, 1984.

金啓華 譯注, 『詩經全譯』, 江蘇古籍出版社, 1995.

高亨, 『詩經今注』上海古籍出版社, 1996.

屈萬里, 『詩經詮釋』, 聯經出版事業公司, 1983.

方玉潤, 『詩經原始』(上·下), 藝文印書館, 1981.

楊伯峻 譯註, 『春秋左氏傳』(I-Ⅳ), 中華書局, 1990.

_____, 『孟子譯注』(上·下), 中華書國, 1990.

劉寶楠 撰, 『論語正義』, 中華書局, 1990.

王先謙 撰, 『荀子集解』(上·下), 中華書局, 1988.

焦循 撰, 『孟子正義』(上·下), 中華書局, 1988.

陳奇猷 校釋, 『呂氏春秋校釋』(I-Ⅳ), 學林出版社, 1984.

『周禮通釋』(上·下), 本田二郎 著, 汲古書院, 소화 54년.

김학주 편저, 『시경』, 명문당, 1988.

_____ 옮김, 『순자』, 을유문화사, 2001.

蔡沈,『書經集傳』(上·下), 성백효 역주, 전통문화연구회, 2001.

韓非,『한비자』, 이운구 옮김, 한길사, 2002.

성백효 역주,『周易傳義』, 전통문화연구회, 1998.

＿＿＿,『孟子集註』, 전통문화연구회, 1991.

鄭太鉉 譯註,『春秋左氏傳』(1), 전통문화연구회, 2001.

李相玉 譯著,『禮記』(上·中·下), 명문당, 1985.

이우재,『이우재의 논어 읽기』, 세계인, 2000.

정범진 외 옮김,『史記』, 까치, 1995.

임동석 역주,『한시외전』, 예문서원, 2000.

이민수 옮김,『공자가어』, 을유문화사, 2003.

崔亨注·李俊寧 편저,『爾雅注疏』, 자유문고, 2002.

劉向,『열녀전』, 이숙인 옮김, 예문서원, 1996.

이숙인 역주,『여사서』, 도서출판 여이연, 2003.

🄓 국내자료

江曉原,『중국인의 性』, 예문서원 옮김, 예문서원, 1993.

거다 러너,『가부장제의 창조』강세영 옮김, 당대, 2004.

기시모토 미오·미야지마 히로시 지음,『조선과 중국, 근세 오백년을 가다』, 역사비평사, 2003.

김경방·여소강,『易의 哲學』, 한국철학사상연구회 역, 예문지, 1993.

김병환,「양주학파의 자연 생명사상」『중국철학』(7집), 중국철학회, 2000.

김수중 외,『공동체란 무엇인가? : 동서양의 공동체 사상』, 이학사, 2002.

김종흥,「楊朱思想의 새로운 理解」(고려대 석사학위논문) 1986.

김용헌 옮김, F.W.모트 지음,『중국의 철학적 기초』, 서광사, 1994.

로즈마리 통,『페미니즘 사상』, 이소영 옮김, 한신문화사, 1994.

르네 지라르,『폭력과 성스러움』, 김진식·박무호 역, 민음사, 2000.

리타M. 그로스,『페미니즘과 종교』, 김윤성·이유나 옮김, 청년사, 1999.

린 헌트,『프랑스 혁명의 가족 로망스』, 조한욱 옮김, 새물결, 1999.

＿＿＿,『포르노그라피의 발명』, 책세상, 1996.

미셸 푸코, 『性의 歷史』(1 · 2 · 3), 이규현 역, 나남, 1990.

박원재, 『유학은 어떻게 현실과 만났는가』, 예문서원, 2001.

배리쏘온 · 매릴린 얄롬 엮음, 『페미니즘의 시각에서 본 가족』, 한울아카데미, 1991.

벤자민 슈월츠, 『中國古代思想의 世界』, 나성 옮김, 살림, 1996.

서동욱, 『차이와 타자』, 문학과 지성사, 2000.

葉舒憲, 『노자와 성』, 노승현 옮김, 문학동네, 2000.

송영배, 『중국사회사상사』, 한길사, 1986.

西嶋定生, 『중국고대사회경제사』, 변인석 편역, 한울, 1994.

徐揚杰, 『중국가족제도사』, 윤재석 옮김, 아카넷, 2000.

송항룡, 「易論에 있어서의 흐름과 머무름」 『주역의 현대적 조명』, 한국주역학회, 1992.

슈츠스키, 『주역연구』, 오진탁 옮김, 흐겨레, 1988.

신정근, 「고대 중국의 사람(人)에서 인仁의 발견」 『철학哲學』(53집), 한국철학회, 1997.

신옥희, 「한국여성의 삶의 맥락에서 본 여성주의 윤리학」 『한국여성학』제15권1호, 1999.

심재훈 엮음, 『甲骨文』 민음사, 1990.

앙리 마스페로, 『고대중국』, 김선민 옮김, 까치, 1995.

梁啓超 · 馮友蘭 외, 『음양오행설의 연구』, 김홍경 역, 신지서원, 1993.

양동숙, 「甲骨文으로 본 商代 武丁妃 婦好」 『아세아여성연구』(31집), 1992.

_____, 「중국고대 유물에 나타난 좌우대칭의 상징성」 『중국학연구』(8 · 9호), 숙명여대 중국
　　　연구소, 1994.

에두아르트 푹스 저, 『풍속의 역사』(I-IV), 이기웅 · 박종만 공역, 까치, 2001.

엘리 자레스키, 『자본주의와 가족제도』, 김정희 옮김, 한마당, 1987.

엘리아데, 『종교형태론』, 이은봉 역, 한길사, 1996.

엘리슨 재거, 『여성 해방론과 인간본성』, 공미혜 공역, 이론과 실천, 1992.

윤내현, 『商周史』, 민음사, 1988.

_____, 「甲骨文에 보이는 "婦某"가 商代史에서 갖는 意味」 『史學志』(29집) 단국사학회,
　　　1996.

윤천근, 『원시유학의 새로운 해석』, 온누리, 1987.

이능화, 『조선여속고』, 김상억 옮김, 동문선, 1990.

이상익, 『역사철학과 역학사상』, 성균관대출판국, 1997.

이상화, 「중국의 가부장제와 공 · 사 영역에 관한 고찰」 『여성학논집』(14 · 15집) 이화여자대
　　　한국여성연구원, 1998.

이숙인, 「『여사서』 읽기의 방법과 사상」 『여/성이론』(6호), 여성문화이론연구소, 2002.

_____, 「중국고대의 질서담론 : 혈통과 젠더의 서사」 『철학연구』(63집) 철학연구회, 2003.

_____,「'貞淫' 과 '德色'의 개념으로 본 유교의 성담론」『철학』(67집) 한국철학회, 2001.

이운구,『中國의 批判思想』, 여강출판사, 1987.

_____,『동아시아 비판사상의 뿌리』, 도서출판 길, 2004.

_____,「漢字文化圈에 있어서 男女平等意識의 變遷」『인문과학』,성균관대 인문과학연구소, 1993.

_____,「先秦諸子의 樂論批判」『大東文化研究』(第24輯), 大東文化研究院, 1989.

이춘식,『中國古代史의 展開』, 예문출판사, 1986.

이혜순 · 김경미,『한국의 열녀전』, 월인, 2003.

이효재 편,『가족연구의 관점과 쟁점』, 까치, 1988.

藏原惟人,『중국고대철학의 세계』, 김교빈 외 옮김, 竹山, 1991.

장회익,『삶과 온생명』, 솔출판사, 1998.

전여강,『공자이 이름으로 죽은 여인들』, 이재정 옮김, 예문서원, 1999.

조기빈,『반논어』, 조남호 · 신정근 옮김, 예문서원, 1996.

조셉 M. 키타가와,『동양의 종교』, 이진구 역, 사상사, 1994.

조셉 니담,『중국의 과학과 문명』(I- III), 이석호 등 역, 을유문화사, 1988.

조 은 외,『가족과 성의 사회학』, 사회비평사, 1995.

周桂細,『강좌 중국철학』, 문재곤 외 옮김, 예문서원, 1992.

주백곤 외,『주역산책』, 김학권 옮김, 예문서원, 2000.

중국철학회,『현대의 위기 동양철학의 모색』, 예문서원, 1997.

陳正炎 · 林其錟,『中國大同思想研究』, 이성규 역, 지식산업사, 1990.

캐롤 길리건,『다른 목소리로』, 허란주 옮김, 동녘, 1997.

클로드 레비스트로스 외 엮음,『가족의 역사』, 정철웅 옮김, 이학사, 2001.

태혜숙,『탈식민주의 페미니즘』, 도서출판 여이연, 2001.

馮禹,『천인관계론』, 김갑수 옮김, 신지서원, 1993.

프리드리히 엥겔스,『가족의 기원』, 김대웅 옮김, 아침, 1985.

한국고전여성문학회,『조선시대 열녀담론』, 월인, 2002.

한국사회사연구회 편,『한국 근현대가족의 재조명』, 문학과 지성사, 1998.

허라금,『원칙의 윤리에서 여성주의 윤리로』, 철학과 현실사, 2004.

허버트 핑가레트 지음,『공자의 철학』, 송영배 옮김, 서광사, 1993.

許進雄,『중국고대사회』홍희 옮김, 동문선, 1991

溝口雄三 외,『유교사』, 조성을 · 이동철 역, 이론과 실천, 1990.

A.C.그레이엄,『음양과 상관적 사유』, 이창일 옮김, 청계, 2001.

C. Fred Alford,「한국인의 선과 악」『전통과 현대』, 1997(여름호).

D.L.카모디, 『여성과 종교』, 강돈구 옮김, 서광사, 1992.

R.H.반훌릭, 『中國性風俗史』, 장원철 옮김, 까치, 1933.

W.쉬바르츠 외, 『사적 유물론과 여성해방』, 엄명숙외 옮김, 중원문화, 1990.

Wm. 시어도어 드 배리, 『중국의 '자유' 전통』, 표정훈 옮김, 1998.

_____, 『다섯 단계의 대화로 본 동아시아 문명』, 한평수 옮김, 실천문학사, 2001.

❶ 국외자료

葛榮晉, 『中國哲學範疇史』, 黑龍江人民出版社, 1987.

姜躍濱, 『中國妻妾』, 河北人民出版社, 1991.

顧頡剛, 『顧頡剛選集』, 天津人民出版社, 1988.

_____, 『中國上古史研究講義』, 中華書局, 1988.

郭沫若, 『中國古代社會研究』, 人民出版社, 1978.

_____, 『十批判書』(조성을 옮김, 『중국고대사상사』 까치, 1992).

_____, 『甲骨文字研究』《郭沫若全集(제1권) 科學出版社, 1992.

魯迅, 「貞操論」 『中國婦女問題討論集』(民國叢書18), 上海書店, 1923.

段玉裁, 『說文解字注』, 上海古籍出版社, 1981.

賣素, 「貞操觀念的變遷和經濟的價值」 『中國婦女問題討論集』(民國叢書18), 1923.

譚戒甫, 「論思孟五行說的演變」 『中國哲學』(第四輯), 三聯書店, 1993.

董作賓, 『殷歷譜』, 中央研究院, 1945.

杜芳琴, 『女性觀念的衍變』, 河南人民出版社, 1988.

_____, 『中國社會性別的歷史文化尋踪』, 天津社會科學院出版社, 1998.

陶希聖, 『婚姻與家族』(民國叢書), 商務印書館, 1934년 影印本.

鄧偉志, 『唐前婚姻』, 上海文藝出版社, 1988.

鄧偉志 · 張岱玉 編, 『中國家庭的演變』, 上海人民出版社 1987.

梅生 編, 『中國婦女問題討論集』(民國叢書18), 上海書店, 1923 影印本.

牟潤孫, 「春秋時代母系遺俗公羊證義」 『中國婦女史論集』, 稻鄉出版社, 1987.

聞一多, 『聞一多全集』(V.4-V.5), 湖北人民出版社, 1993.

文幸福, 『孔子詩學研究』, 學生書局, 1990.

閔家胤 主編, 『陽剛與陰柔的變奏』, 中國社會科學出版社, 1995.

樊靜, 『中國婚姻的歷史與現狀』, 中國國際廣播出版社, 1990.

謝松齡, 『天人象:陰陽五行學說史導論』, 山東文藝出版社, 1991.

謝晉靑, 『詩經之女性的研究』, 商務印書館, 1933.

史鳳儀, 『中國古代婚姻與家庭』, 湖北人民出版社, 1987.

徐復觀, 『兩漢思想史』, 學生書局, 1983.

邵桂珍 等著, 『中國歷史上的著名婦女』, 上海人民出版社, 1988.

宋鎭豪, 『夏商社會生活史』, 中國社會科學出版社, 1996.

宋兆麟, 『共夫制與共妻制』, 上海三聯書店, 1990.

孫曉, 『中國婚姻小史』, 光明日報出版社, 1988.

楊利慧, 『女媧遡源』, 北京師範大學出版社, 1999.

楊向奎, 『宗周社會與禮樂文明』, 人民出版社, 1992.

余敦康 外, 『中國古代佚名哲學名著評述』(Ⅰ-Ⅴ), 齊魯書社, 1983.

呂思勉, 『中國制度史』, 上海教育出版社, 1985.

呂振羽, 『支那原始社會史考』, 後藤富男 譯, 改造社, 1937.

閻韜, 「專制宗法與中國哲學」 『中國哲學』 第四輯, 三聯書店, 1993.

葉舒憲, 『高唐神女與維納斯』, 中國社會科學出版社, 1997.

吳榮曾, 「對春秋戰國家父長制奴隷制殘餘的考察」 『北京大學報』(第二期), 1987.

吳虞, 『吳虞集』, 四川人民出版社, 1985.

吳浩坤·潘悠, 『中國甲骨學史』, 上海人民出版社, 1985.

王國維, 「殷周制度論」 『觀堂集林』, 中華書局, 1959.

王暉, 『商周文化比較研究』, 人民出版社, 2000.

劉紀華, 「中國貞節觀念的歷史演變」 『中國婦女史論集』(四集), 稻鄕出版社, 1994.

劉達臨, 『中國古代性文化』, 寧夏人民出版社, 1993.

_____, 『중국의 성문화』 上, 강영매 옮김, 범우사, 2000.

劉士聖, 『中國古代婦女史』, 靑島出版社, 1991.

劉詠聰, 「漢代"婦人言色亡國"論之發展」 『中華文史論叢』(五十輯), 上海古籍出版社, 1992.

_____, 「漢代之婦人災異論」 『中國婦女史論集』(四集), 稻鄕出版社, 1994.

劉增貴, 「試論漢代婚姻關係中的禮法觀念」 『中國婦女史論集』, 稻鄕出版社, 1990.

劉澤華, 『先秦政治思想史』, 南開大學出版社, 1984.

_____, 『中國傳統政治思想反思』, 三聯書店, 1986.

殷楚英 編著, 『詩經中的情歌』, 武漢出版社, 1994.

李又寧, 「中華文明與婦女角色」 『中國婦女史論集』(三集), 稻鄕出版社, 1992.

李又寧·張玉法 編, 『中國婦女史論文集』, 商務印書館, 1987.

李澤厚, 『中國古代思想史論』, 人民出版社, 1986.

李玄伯, 『中國古代社會新研』, 上海文藝出版社, 1988 影印本.

林慶彰 編, 『詩經研究論集』(一・二), 學生書局, 1983.

任達榮, 「關於中國古代母系社會的考證」 『中國婦女史論集』, 稻鄉出版社, 1987.

衛聚賢, 『古史研究』, 上海文藝出版社, 商務印書館, 1936年版 影印本.

張吉良, 『周易哲學和古代社會思想』, 齊魯書社, 1998.

張岱年, 『中國哲學大綱』, 中國社會科學出版社 1982.

張光直, 『中國青銅器時代』(二集), 三聯書店, 1990.

張允熠, 『陰陽聚裂論』, 北方婦女兒童出版社, 1988.

鄭慧生, 『上古華夏婦女與婚姻』, 河南人民出版社, 1988.

晁福林, 『夏商西周的社會變遷』, 北京師範大學出版社, 1996.

陳顧遠, 『中國婚姻史』, 上海文藝出版社, 1987.

陳獨秀, 「婦女問題與社會主義」 『中國婦女問題討論集』(民國叢書18), 上海書店, 1923.

陳東原, 『中國婦女生活史』(民國叢書), 商務印書館, 1937年版 影印本.

陳維禮, 「孔子不輕視婦女嗎」 『吉林大學社會科學』 1988.

趙鳳喈, 『中國婦女在法律上之地位』, 食貨月刊社, 1976.

朱伯崑, 『易學哲學史』(I-Ⅳ), 華夏出版社, 1995.

蔡尙思, 『中國禮教思想史』, 中華書局, 1991.

蔡獻榮, 「中國多妻制度的起源」 『中國婦女史論集』, 稻鄉出版社, 1987.

詹石窗, 『道教與女性』, 上海古籍出版社, 1991.

_____, 『여성과 도교』, 안동준・김영수 옮김, 여강, 1993.

焦國成, 『中國古代人我關係論』, 中國人民大學出版社, 1991.

秋瑾, 「纏足反對」 『中國女報』, 1906.

鄒衡, 『夏商周文化考古學論文集』, 文物出版社, 1982.

鮑家麟, 「陰陽學說與婦女地位」 『中國婦女史論集』(二集), 稻鄉出版社, 1990.

_____ 編, 『中國婦女史論集』(一集-四集), 稻鄉出版社, 1987/1990/1992/1994.

馮友蘭, 『中國哲學史新編』, 人民出版社, 1984.

_____, 『중국철학사』上, 박성규 역, 까치, 1999.

皮錫瑞, 『經學通論』, 中華書局, 1954.

何新, 『諸神的 起源』, 三聯書店, 1988.

韓連琪, 『先秦兩漢史論叢』, 齊魯書社, 1986.

許倬云, 『西周史』, 三聯書店, 1995.

_____, 「從周禮中推測遠古的婦女工作」 『中國婦女史論集』, 稻鄉出版社, 1987.

胡厚宣,「殷代婚姻家族宗法生育制度考」『甲骨學商史論叢』(初集1冊), 1944.

黄壽祺・張善文 編,『周易研究論文集』, 北京師範大學出版社, 1987.

佐野學,『殷周革命』, 青山書院, 1951.

渡辺信一郎,『中國古代國家の思想構造-專制國家とイデオロギー』, 校倉書房, 1994.

加賀榮治,『中國古典解釋史』, 勁草書房, 1964.

島邦男,『殷墟卜辭研究』, 汲古書院, 1975.

中國古代史研究會 編,『中國古代の社會と文化』, 東京大出版會, 1957.

小野澤精一,『中國古代說話の思想史的考察』, 汲古書院, 1982.

谷口義介,『中國古代社會史研究』, 朋友書店, 1987.

滋賀秀三,『中國家族法の原理』, 創文社, 1969.

根本 誠,『中國傳統社會とその法思想』, 東洋哲學研究所, 1978.

內山俊彦,『中國古代思想史における自然認識』, 創文社, 1987.

柳田節子 編,『中國の傳統社會と家族』, 汲古書院, 1993.

伊藤道治,『中國古代王朝の形成』, 創文社, 1975.

_____,『古代殷王朝の謎』, 講談社, 2002.

白川 靜,『中國古代民俗』, 平凡社, 1980.

_____,『孔子傳』, 中央公論社, 1972.

_____,『甲骨文の世界』, 平凡社, 1972.

溝口雄三,『方法としての中國』, 東京大學出版會, 1989.

中山義弘,『近代中國における女性解放の思想と行動』, 北九州中國書店, 1983.

加地伸行,『沈默の宗敎-儒敎』, 筑摩書房, 1994.

_____,『家族の思想-儒敎的死生觀の果實』, PHP研究所, 1998.

山崎純一,『中國女性史資料の研究』, 明治書院, 1986.

岸辺成雄編,『儒敎社會の 女性たち』, 評論社, 1977.

大竹秀男,『家と女性の歷史』, 弘文堂, 1977.

仁井田 陞,『中國法制史』, 岩波書店, 1959.

_____,『中國社會の法と倫理』, 弘文堂, 1967.

岡本 正,「湘君湘夫人傳說について」『中國古代の社會と文化』, 東京大學出版會, 1957.

下見隆雄,『劉向列女傳の研究』, 東海大學出版會, 1989.

_____,『儒敎社會と母性』, 研文出版, 1994.

小野和子,『中國女性史:太平天國から現代まで』, 平凡社, 1978.

岡本隆三,『中國の奇習』, 弘文堂, 1965.

村松暎,『中國列女傳』, 中央公論社, 1968.

荒城孝臣, 『列女傳』, 明德出版社, 1969.

M.Granet, 『支那古代の祭禮と歌謠』, 內田智雄 譯, 弘文堂, 1942.

Julia Kristeva, 『中國の女たち』, 丸山靜 外譯, せりか書房, 1988.

Charles MEYER, 『中國女性の歷史』, 辻由美 譯, 白水社, 1995.

Dorothy Ko, JaHyun Kim Haboush, and Joan R. Piggott, *Women and Confucian Cultures in Premodern China*, Korea, and Japan, University of California Press, Ltd. 2003.

Kenneth Pomeranz, *Power, Gender, and Pluralism in the Cult of the Goddess of Taishan*, Stanford University Press, Stanford, California. 1997.

Lee, Sookin, "Transforming Gender Relations through Intimacy." *Korea Journal*(Vol.42 No.4) winter 2002.

Lisa Raphals, *Sharing the Light :Representation of Women and Virtue in Early China*, State University of New York Press, Albany. 1998.

| 가 |

가국동체家國同體 52, 254

가부장(제)家父長(制) 20, 22, 27, 88, 104,
109, 122, 166, 179, 184, 187, 200,
202, 254, 258, 259, 260, 269, 291,
292, 293, 332, 333, 399, 408, 425,
434, 435, 437, 438, 440

가인괘家人卦 176, 257, 259, 260

가족(제도)家族(制度) 34, 45, 55, 211,
248, 252, 371

가취(혼)嫁娶(婚) 92, 231, 244, 245, 246, 418

간이簡易 330, 331

간적簡狄 83, 119, 126, 172

감응感應 53, 109, 121, 123, 205, 265,
317, 318, 320, 321, 377

감정이입感情移入 351

감천탄생설 123

갑골문甲骨文 23, 103, 419, 423

강원姜嫄 35, 54, 83, 89, 119, 120, 172, 264

강유위康有爲 402, 407

개가改嫁 178, 181, 182, 183, 196, 219,
227, 228, 229, 302, 413

건곤乾坤 30, 301, 306, 309, 308, 313, 400

걸왕桀王 83, 85, 94, 95, 96, 97, 98, 103, 194

경강敬姜 203, 218

경국경성설傾國傾城說 110

계啓 28, 83, 116, 117, 118

계력季歷 89, 90

「계사繫辭」 307, 313

고매高禖 126

고수瞽瞍 118

고요皐陶 117

고자告子 262

고형高亨 154, 156, 164

『곡량전穀梁傳』 212

곤괘坤卦 29, 30, 306, 308, 309

곤鯀 118

공부제共夫制 231

공안국孔安國 285

『공양전公羊傳』 212

공영달孔穎達 21, 53, 110, 126, 149, 153

공자 18, 80, 81, 99, 100, 126, 149, 150,
228, 229, 285, 286, 287, 306, 344,
349, 350, 351, 353, 354, 380, 403

『공자가어孔子家語』 430

공처제共妻制 231

과욕寡慾 339

곽말약郭沫若 24, 28, 39, 77, 126

관계론 374, 376, 379, 381, 382, 383, 386,
387, 388, 394

관자管子·『관자管子』 172, 237, 242, 255,
302, 359

「관저關雎」 129, 130, 151, 152, 153, 154,
160, 161, 400

관혼상제冠婚喪祭 406, 416

교감交感 217, 318, 377

교역交易 318

구괘姤卦 177, 194, 317

구생(국)舅甥(國) 58, 235

『국어國語』 56, 209, 238, 299, 301

국풍國風 128, 138, 145, 149, 150, 158

군자君子 81, 105, 129, 132, 146, 151,
　　156, 178, 187, 189, 202, 244, 285,
　　286, 290, 317, 322, 344, 351, 352,
　　353, 370, 425, 426, 427, 429

군주권君主權 411

군혼(제)羣昏(制) 67, 77, 116, 124, 222, 231

귀매괘歸妹卦 64, 214, 215, 246, 247, 317

귀유광歸有光 205

귀장歸藏 30

규괘睽卦 365

근친혼 57, 58, 59

금욕禁慾 167

기결冀缺 392

기棄 120

기자箕子 281

| 나 |

난혼亂昏 116, 213, 226

남귀여가혼男歸女家昏 92, 246

남녀대대 316

남녀동론男女同論 332

남녀유별男女有別 407

남녀이론男女異論 332

남존여비男尊女卑 297, 305, 306, 311, 333,
　　370, 373

노자老子·『도덕경』 251, 268, 302, 345

『논어』 60, 80, 188, 191, 226, 229, 250,

　　285, 286, 350, 352, 371, 384, 386,
　　404, 426

『논형論衡』 116

| 다 |

달기妲己 19, 20, 21, 41, 83, 84, 85, 86,
　　103, 110, 111

당풍唐風 132

대대對待 315, 316, 318, 319, 327, 329, 330

『대대례기大戴禮記』 323, 423

대우혼對偶婚 78

대일통大一統 293, 402, 403

대종大宗 47, 48, 49, 291

대진戴震 346

『대학』 186, 251, 344, 408

덕녀德女 184, 187, 199, 200

도가道家 252

도산씨塗山氏 83, 116, 117, 126

동기감각同氣感覺 276

동모(형·제)同母(兄·弟) 48, 230, 281

동성同姓 50, 52, 56, 57, 60, 62, 221,
　　250, 281

동성불혼(제)同姓不婚(制) 39, 52, 53, 55,
　　56, 57, 58, 59, 60, 61, 79, 230, 233

동이족東夷族 233

동중서董仲舒 290, 311, 320, 326, 401, 402

두(가지) 힘 313, 314, 319, 334, 335

두竇태후 37

두예杜預 219

두팡친杜芳琴 64, 65

| 마 |

만물일체萬物一體 332
말희末喜 83, 84, 85, 94, 95, 96, 97, 98, 99, 100, 107, 194
매씨媒氏 54, 73, 74
매작(혼)媒妁(婚) 52, 72, 74,75
맹자·『맹자』 16, 76, 77, 79, 90, 99, 100, 101, 168, 186, 187, 188, 190, 216, 244, 245, 250, 251, 253, 264, 265, 287, 288, 291, 292, 338, 339, 340, 343, 344, 357, 370, 378, 380, 384, 385, 386, 403, 404
멸욕滅慾 347
모계(제) 25, 28, 29, 31, 33, 35, 36, 38, 39, 41, 45, 52, 55, 58,232
모권(제) 33, 232
『모시毛詩』 107, 141, 142, 143, 149, 151, 152, 153, 154, 155, 156, 158
『모시정의毛詩正義』 149, 151, 153
『모시정전毛詩鄭箋』 149, 153, 154
모자母慈 284, 285, 383
모치제 45
목강穆姜 388
목야牧野 15, 16, 43
무부無父 124
무왕武王 15, 16, 18, 19, 27, 32, 35, 43, 48, 63, 69, 80, 89, 90, 91, 92, 143, 280, 430
무욕無慾 339
무정武丁 23, 24, 31
묵자墨子·『묵자墨子』 126, 302, 436
문왕文王 35, 63, 64, 69, 83, 89, 90, 91, 92, 152, 153, 239
미자微子 28, 281

| 바 |

『박물지博物志』 121
반고班固 75, 233
반소班昭 196, 321, 394, 407, 414, 415, 436
방옥윤方玉潤 152, 164
백거이白居易 164
백천정白川靜 422
『백호통白虎通』 75, 76, 121, 122, 173, 242, 245
『백호통의白虎通義』326
법가法家 252, 401
벽하원군 193
변역變易 322, 330, 331
복사卜辭 28, 31
복희伏羲 173, 211
봉제사奉祭祀 436
부거제夫居制 267
부계 33, 34, 35, 42, 44, 45, 49, 52, 55, 56, 58, 59, 76, 79, 115, 117, 118, 232, 246, 279
부공婦功 196, 425, 436, 437
부권 27, 28, 29, 33, 35, 38, 39, 41, 44, 52, 79, 117, 231, 232
부덕婦德 35, 72, 196, 199, 200, 203, 413, 421, 423, 424, 425, 434
부부조단(설)夫婦造端(說) 290, 425, 426, 427, 428, 429
부사자계父死子繼 25, 44
부언婦言 196, 425
부용婦容 196, 425
부의父義 283, 285, 383
부자상속 25, 27, 38, 68, 69, 70, 71
부자유친 283
부정婦姃 23, 423

510

부치父治 44, 45
부호婦好 23, 31, 103, 423
『북사北史』 233
불역不易 315, 318, 330, 331
비간比干 281

| 사 |

사교매祠郊媒 73, 126, 138
『사기』 28, 37, 71, 87, 96, 104, 105, 109,
    116, 117, 119, 123, 125, 179, 233,
    292, 414
사마천司馬遷 21, 179, 400, 401, 404
삼강육기三綱六紀 121, 290
삼불거三不去 437, 438
삼종지도(론)三從之道(論) 429, 430, 431,
    432, 433
삼황오제三皇五帝 120
상商(나라 · 왕조) 16, 22, 24, 25, 28, 32,
    34, 36, 40, 42, 43, 83, 84, 85, 91,
    97, 103, 119, 143, 280, 423
상商(인 · 족 · 사회) 15, 23, 25, 27, 28,
    31, 32, 33, 35, 36, 39, 41, 49, 61,
    103, 172
『상군서商君書』 122, 172, 242, 283, 292, 361
상림桑林 126
상복제喪服制 27, 39
상앙商鞅 236, 292
상역商易 29, 30
상출모喪出母 228
색色 164, 171, 185, 187, 188, 197, 200,
    262, 264
색녀色女 184, 187, 199
생생生生 167, 211, 272, 319

생육(관)生育(觀) 124, 126, 172, 236, 247, 268
『서경書經』·『서書』 15, 16, 17, 18, 21, 36,
    42, 80, 81, 86, 110, 188, 189, 190,
    191, 250, 285, 287, 298, 299, 304,
    312, 344, 379, 383, 384, 386, 400
『서경집전書經集傳』 22
서복관徐復觀 181
서주(인)西周(人) 18, 20, 23, 29, 33, 39,
    41, 42, 56, 63, 70, 78, 79, 84, 86,
    106, 125, 279, 399, 404, 405, 408
선비(특제)先妣(特祭) 28, 29
설契 83, 93, 116, 119, 123, 124, 172
『설문說文』 53, 123
『설문신의說文新義』 422
『설문해자說文解字』 249, 298, 422
성gender 42, 81, 111, 188, 205, 261,
    266, 270, 298, 373, 407, 434, 440
성sexuality 76, 179, 180, 181, 193, 197,
    198, 199, 264, 401
성(담)론 186, 192, 203, 204, 205, 206
성군聖君 100, 101
성모聖母 80
성색聲色 189
성속聖俗 204
성왕成王 27
성욕 186, 187
성인聖人 40, 53, 79, 81, 96, 97, 124, 155,
    289, 302, 306, 312, 357, 426
성현聖賢 100, 101
『세설신어世說新語』 317
소남召南 129, 130, 134, 141, 150
소농가족小農家族 178, 269, 292, 293, 425, 427
소아小雅 164
소인小人 81, 196, 311, 322, 351, 352, 353,
소종小宗 47, 48, 49

『송사宋史』 182

순순舜(임금) 77, 78, 79, 89, 100, 118, 121,
168, 188, 216, 244, 245, 339, 400

순결(정貞) 168, 169, 174, 184

순자 · 『순자荀子』 96, 189, 190, 253, 288,
289, 291, 303, 348, 349, 372

『시경詩經』 · 『시詩』 29, 63, 64, 65, 69, 70,
74, 81, 87, 89, 90, 91, 92, 106, 107,
109, 119, 120, 123, 127, 128, 129,
134, 137, 143, 145, 146, 147, 148,
149, 150, 151, 152, 153, 154, 158,
159, 160, 161, 163, 164, 165, 168,
226, 239, 246, 266, 299, 304, 312,
392, 399, 400, 414, 415, 420, 436

『시경원시詩經原始』 152, 164

시마緦麻 417

시조 35, 115, 116, 120, 123, 124, 127,
172, 173

『시집전詩集傳』 107, 132, 141, 149, 151,
155, 156

식부주의息婦主義 85, 421

식색食色 337, 341, 344, 351

식욕 186

실가室家 251

실절失節 183

십익十翼 305

씨족(사회) 31, 33, 34, 38, 39, 44, 45,
52, 55, 67, 84, 127, 211, 408

| 아 |

아황娥皇 78, 216, 245, 400

『악樂』 312

안영晏嬰 357, 358

안지추顔之推 416

애친愛親 36, 283

양강陽剛 310

양곡지회陽谷之會 235

양존음비陽尊陰卑 311, 326

양주楊朱 341, 342, 343

『여계』 321, 407

여귀남가혼女歸男家昏 92

여불간정女不干政 111, 430

『여사서女四書』 367, 420

여색女色 110, 186, 188, 189, 190, 191,
199, 201, 344

여성망국론女性亡國論 106, 107, 109, 110, 111

『여씨춘추呂氏春秋』 28, 95, 96, 101, 102,
121, 122, 172, 242, 263, 342, 362

여영女英 78, 216, 245, 400

여와女媧 210, 211

여자재이론女子災異論 110

여필종부女必從夫 309

여화(론)女禍(論) 30, 80, 109, 110, 311, 430

역지사지易地思之 351

연산連山 30

『열녀전』 21, 85, 86, 87, 88, 94, 104,
109, 181, 197, 217, 218, 221, 368,
384, 407, 428, 433

『열자列子』 121, 342

영혼 불멸 272

예교禮教 407

『예기禮記』 · 『예禮』 62, 66, 75, 93, 125,
126, 174, 186, 189, 190, 191, 196,
202, 228, 238, 240, 241, 243, 244,
262, 268, 269, 288, 310, 312, 344,
372, 393, 400, 405, 407, 408, 409,
410, 411, 412, 416, 419, 421, 425, 436

예악이론 364

예제禮制 413, 431, 432, 438

예치禮治 405

오경五經 128, 148, 213, 298, 399, 405

『오경정의五經正義』 21

오교五敎 44, 285, 384

오륜五倫 287

오복구족五服九族 292, 408

오우吳虞 371, 413

오전五典 285, 384

왕국유王國維 24, 25, 27, 28, 48, 49, 70

왕상王相 420, 421

왕풍王風 134, 135, 145, 146

외혼제外婚制 55

요堯(임금) 77, 78, 89, 100, 118, 119, 121, 124, 188, 216

욕망(론) 336, 337, 338, 339, 341, 343, 346, 347, 348, 354

용풍 143

우禹(임금) 83, 89, 91, 116, 117, 118, 172

운몽雲夢 126

원매袁梅 137

원헌原憲 342, 350

위아爲我 341,

위풍衛風 143, 144, 161

유가儒家 252

유시(족)有施(族) 95,99

유신(족)有藝(族) 91, 93, 98, 100

유왕幽王 70, 83, 86, 87, 104

유융(족)有娀(族) 83, 98, 119

유태(족)有邰(族) 35, 83, 89, 120

유하혜柳下惠 357

유행流行 321

유향劉向 21, 85, 88, 180, 368, 384, 407, 428, 433

유희劉熙 419

육기六氣 301

육례六禮 239

은殷(나라) 21, 22, 24, 25, 30, 33, 37, 40, 283

『은주제도론殷周制度論』 27

음녀淫女 165, 166, 167

음덕陰德 276

음란 76, 154, 156, 157, 166, 168, 169, 174, 184, 189, 421

음례陰禮 74

음분淫奔 154

음양陰陽 205, 297, 298, 299, 300, 304, 306, 309, 313, 318, 319, 323, 333, 362, 377

음양실체 314, 315, 319, 320, 322, 331, 333

음양원리 · 음양유행 314, 321, 322, 323, 324, 325, 331, 333

음양이기陰陽二氣 301

음양이원론 315

음양일원론 325

음유陰柔 310

음정淫 167, 170, 171, 172, 175

음풍淫風 40, 156, 189

의례儀禮 · 『의례儀禮』 219, 239, 430

이성(혼)異姓(婚) 48, 50, 56, 57, 59, 60, 339

『이아爾雅』 170

이운구李雲九 366, 437

이윤伊尹 40, 96, 97, 98, 99, 100, 101, 102

익益 117

인욕人慾 158, 346, 354

인친姻親 45, 56

일물양체설一物兩體說 327

일부다처제一夫多妻制 66, 67, 204

일부일처(제)一夫一妻(制) 66, 67, 231, 435

일부제一夫制 231

일음일양一陰一陽 310, 313, 315, 321

일처제一妻制 231

잉첩媵妾 62, 219, 221, 230

| 자 |

자매공부姉妹共夫 214, 216, 219, 230, 231, 232

자매공일부姉妹共一夫 231

자사子思 228, 229, 278, 287

자연 교감설 127

장광직張光直 24

장자 · 『장자』 47, 102, 124, 242, 243, 302, 312, 332

장재張載 327

저소손褚少孫 37

적서嫡庶 27, 69

적(장)자 47, 48, 68, 69

적장자계승(제)嫡長子繼承(制) 36, 62, 63, 68, 106

전자(제)傳子(制) 25, 27, 49, 70

절녀節女 369

절부節婦 182

절욕絶慾 339

절욕節慾 339, 347

절의節義 181, 433

정녀貞女 166, 167, 414

정부貞婦 179, 180

정음鄭淫 136

정이程頤 215, 257, 259, 317, 322

정전설井田說 291

정(절)貞(節) 167, 174, 175, 177, 179, 180, 181, 183, 184, 392

정풍鄭風 131, 132, 133, 137, 138, 139, 140, 155, 156, 165

정현鄭玄 73, 126, 149, 285, 292, 419

제로연인齊魯聯姻 58

제사법祭祀法 27

제잉(제)娣媵(制) 213, 214, 220, 221, 229, 230, 232, 233

제최齊衰 416

제환공齊桓公 227, 235

조비祖妣 29

조상祖上 29, 43, 44, 56, 119, 124, 167, 183, 252, 253, 261, 266, 272, 273, 274, 276, 277, 279, 284, 326, 378, 415

조선(제사)祖先(祭祀) 29, 39, 49, 76

조화(론)調和(論) 355, 356, 357, 358, 359, 362, 365, 367, 368, 369, 370

존모비처尊母卑妻 85

존존尊尊 36, 37, 38, 44, 50, 51, 283, 407

종가宗家 50, 51

종법(제)宗法(制) 25, 27, 39, 44, 45, 47, 48, 49, 51, 52, 55, 61, 63, 66, 67, 69, 70, 71, 76, 77, 79, 106, 125, 147, 230, 279, 291, 404, 407, 408

종인宗人 51, 291

종자宗子 47, 48, 49, 292, 408, 436

종족 32, 33, 35, 50, 51, 61, 115, 269, 408

좌야학佐野學 24, 25, 31

주周(나라 · 왕조) 18, 21, 22, 24, 25, 34, 36, 37, 41, 42, 43, 54, 63, 80, 83, 86, 90, 97, 103, 119, 120, 143, 146, 280

주공周公 27, 48, 65, 69, 97, 143

주남周南 150

『주례周禮』 54, 73, 74, 125, 126, 170

『주역』 · 『역』 · 『역전』 · 『역경』 30, 64, 175, 176, 177, 193, 194, 214, 215, 237, 238, 241, 246, 257, 260, 264, 265, 272, 289, 299, 304, 305, 307,

309, 312, 313, 316, 317, 322, 365, 388, 400

『주역본의周易本義』308

주왕紂王 19, 20, 21, 22, 24, 28, 32, 39, 40, 49, 69, 83, 86, 103, 104, 111, 143, 281, 305

주인周人 · 주족周族 15, 34, 35, 38, 39, 40, 41, 47, 54, 55, 70, 89, 103, 120, 172, 263

주희朱熹 107, 132, 139, 149, 151, 152, 154, 155, 156, 157, 158, 164, 247, 309, 324, 327, 371

『죽서기년竹書紀年』95, 109, 116, 117

중궤中饋 258, 436

중매(혼) 74, 75, 76, 77, 78, 79, 125, 133, 230

『중용中庸』238, 289, 290, 366, 425, 427, 428

중中 359, 360, 361, 362, 366

중화(론)中和(論) 359, 361, 362

증보(증음)烝報(烝淫) 213, 222, 224, 225, 232

지모부지부知母不知父 172

지산砥山 116, 126

지임摯任 84, 90

진고원陳顧遠 122

진동원陳東原 84, 176, 177, 181, 184, 194, 421

진시황秦始皇 147, 179, 401

진진지호秦晉之好 58

진풍陳風 135, 136, 144

| 차 |

참최斬衰 416, 417

채구지맹葵丘之盟 235

채침蔡沈 22

처첩(제)妻妾(制) 27, 28, 52, 61, 62, 63, 64, 66, 67, 68, 71, 72, 79, 230

천리天理 346, 354

천인감응(설)天人感應(說) 109, 320, 377

천인상관天人相關 377

천인합일天人合一 204, 293

초례醮禮 240

초서혼招婿婚 246

초순焦循 350

『춘추』228, 312

『춘추공양전』221

『춘추번로』326

『춘추좌씨전春秋左氏傳』31, 59, 66, 98, 140, 171, 188, 213, 214, 216, 219, 221, 222, 229, 234, 250, 281, 285, 287, 299, 300, 301, 383, 384, 388, 391, 400

출모出母 228, 229, 287

취리수娶釐嫂 232

친영례親迎禮 92, 244

친영親迎 239, 400

친친親親 36, 37, 38, 44, 50, 51, 280, 281, 282, 284, 407

칠거지악七去之惡 · 칠출七出 434, 435, 437, 438

| 카 |

쾌락 184, 185, 186, 187, 191, 192, 194, 204, 205

| 타 |

탕湯(임금) 25, 89, 91, 96, 97, 101, 102, 119

태강太姜 54, 88, 89, 90, 91, 92, 93

태극太極 327

태사太姒 35, 54, 63, 64, 65, 69, 88, 89,
　91, 92, 93, 108, 152, 239

태왕太王 89, 90

태임太任 54, 83, 88, 89, 90, 91, 92, 93, 108

통음通淫 126, 138

| 파 |

패풍邶風 138, 139, 142, 143, 147, 164, 165

포사褒姒 83, 84, 86, 87, 104, 105, 107,
　109, 110

풍우란馮友蘭 273, 428

| 하 |

하夏(나라·왕조) 30, 83, 84, 85, 88, 91,
　94, 95, 96, 97, 103, 116, 172, 194

하역夏易 30

하휴何休 219

한무제漢武帝 401, 402

한비자·『한비자韓非子』 98, 99, 101,
　228, 302, 303, 342, 386, 415

『한시외전』 404

한혁韓奕 64, 214, 215

함괘咸卦 265, 289, 317, 321

항괘恒卦 177

항려伉儷 67

허신許愼 249, 422

현모양처주의賢母良妻主義 85

혈연·혈족·혈친 45, 53, 56, 61, 212,
　245, 274, 275, 293

혈통 45, 49, 50, 52, 55, 180, 186, 245,
　256, 261, 277, 284

형사취(리)수兄死娶(釐)嫂 233

형제공처兄弟共妻 230, 231, 232

형제상속 25, 27, 68, 70, 71

형제애 56, 280

형종제급(제)兄終弟及(制) 25, 36, 232

혜시惠施 332

호덕好德 262

호색好色 262

혼구婚媾 241

혼례昏禮 209, 238, 243, 245

혼인(제) 25, 28, 45, 53, 60, 79, 209,
　210, 212, 213, 225, 229, 231, 238,
　244, 264, 420

화동론和同論 359, 362

환과고독鰥寡孤獨 379

황하黃河 35, 102, 128, 130

『회남자淮南子』 76, 78

『효경孝經』 385

효제(충신)孝悌(忠信) 285, 286, 403

후직后稷 35, 83, 89, 93, 116, 119, 120,
　123, 124, 126, 172, 264

『후한서後漢書』 233

『휘원彙苑』 422

희발姬發 16, 18, 31

516